Zwischen Vorderbühne und Hinterbühne

Interdisziplinäre Arbeitsgruppen
Forschungsberichte

Herausgegeben von der
Berlin-Brandenburgischen Akademie der Wissenschaften
Band 12

THERESA WOBBE (HG.)

Zwischen Vorderbühne und Hinterbühne

Beiträge zum Wandel der Geschlechterbeziehungen in der Wissenschaft vom 17. Jahrhundert bis zur Gegenwart

[transcript]

Diese Publikation erscheint mit Unterstützung der Senatsverwaltung für Wissenschaft, Forschung und Kultur des Landes Berlin.

Bibliografische Information der Deutschen Bibliothek
Die Deutsche Bibliothek verzeichnet diese Publikation in der Deutschen Nationalbibliografie; detaillierte bibliografische Daten sind im Internet über http://dnb.ddb.de abrufbar.

Umschlaggestaltung und Innenlayout: Kordula Röckenhaus, Bielefeld
Satz: digitron GmbH, Bielefeld
Druck: Majuskel Medienproduktion GmbH, Wetzlar
ISBN 3-89942-118-3

Inhalt

Vorwort

Die Beiträge dieses Bandes gehen auf eine internationale Konferenz zurück, die im Juni 2000 an der *Berlin-Brandenburgischen Akademie der Wissenschaften* in Berlin stattfand. Die Akademie beging auf der Schwelle zum neuen Jahrtausend ihr dreihundertjähriges Jubiläum, bei der ihre eigene Geschichte auch in einer Geschlechterperspektive reflektiert werden sollte. Aus diesem Anlaß wurde dem Arbeitskreis *Frauen in Akademie und Wissenschaft* die Aufgabe übertragen, die Geschichte der Akademie in einer geschlechterbezogenen Perspektive zu reflektieren und zu dokumentieren. Dem Arbeitskreis *Frauen in Akademie und Wissenschaft* gehörten als Mitglieder an: Lorraine Daston (1. Sprecherin), Karin Hausen (2. Sprecherin), Bettina Heintz, Wolf-Hagen Krauth, Annette Vogt und Theresa Wobbe.

Vom Arbeitskreis wurde ein Forschungsvorhaben konzipiert, das sich mit der Arbeitsweise der Geschlechter in der Wissenschaft befaßte. Das Konzept zeichnete sich dadurch aus, daß es in der longue durée verschiedene historische Sequenzen, insbesondere Umbruchsphasen von Wissenschaft und Geschlechterverhältnis näher untersuchen sollte. Die Ergebnisse dieser Forschung sind bereits 2002 in dem Band *Frauen in Akademie und Wissenschaft. Arbeitsorte und Forschungspraktiken 1700-2000*, herausgegeben von Theresa Wobbe, im Akademie Verlag (Berlin) publiziert worden.

Im Rahmen der internationalen Konferenz *The Work of Science. Gender in the Coordinates of Profession, Family and Discipline 1700-2000* wurde im Sommer 2000 das Konzept diskutiert. Am Abend des ersten Konferenztags präsentierte Gisela Zies ihre szenische Lesung *Stimmen: Schauspielerinnen begegnen gelehrten Frauen aus drei Jahrhunderten* unter der Glaskuppel der *Berlin-Brandenburgischen Akademie der Wissenschaften*. Die Schauspielerinnen präsentierten die Schwierigkeiten dieser Frauen, sich ihre Probleme in der Wissenschaft verständlich zu machen. Gisela Zies übersetzte damit eine historische und theoretische Problematik in die Welt der darstellenden Kunst, die in diesem Band als die Doppelbödigkeit des Sozialen diskutiert wird.

Die Geschichte der Geschlechter in der Wissenschaft ist durch Zäsuren und Umbrüche gekennzeichnet. Mit dem Gleichheitskonzept verabschieden wir uns heute von einer Differenzsemantik des 19. Jahrhunderts, in dem die modernen wissenschaftlichen Rollen auf der Geschlechterdifferenz aufbauten. Dem 17. Jahrhundert war diese Trennung von Bereichen und Personal unbekannt, aber auch Wissenschaft als lebenslange Tätigkeit und Erwerbsgrundlage. Diese unterschiedlichen Geschlechtskonzepte und Differenzierungsformen der Wissenschaft, insbesondere ihre Dynamik der Vorder- und Hinterbühne, sind Thema dieses Bandes.

Der Band gliedert sich in drei Teile. Der einleitende Beitrag geht von der soziologischen Debatte aus, ob das Geschlecht eine Grundstrukturierung des Sozialen darstellt und somit ubiquitär ist, oder ob heute eher von der instabilen Persistenz der Geschlechterungleichheit und somit von einer Kontingenz der sozialen Bedeutung des Geschlechts auszugehen wäre. Der Beitrag diskutiert diese Frage in bezug auf die Wissenschaft und verwendet dafür einen institutionalistischen Ansatz.

Die erste Sektion bezieht sich auf das ständisch-korporative Geschlechterkonzept. Wie *Catherine Goldstein* am Netzwerk des französischen Mathematikers Marin Mersenne zeigt, waren in der früh-neuzeitlichen Wissenschaft des 17. Jahrhunderts die Grenzen der Genres, der Geschlechter und der Wissenschaft anders vermessen als heute. Goldstein macht uns mit einem intermediären Kommunikationsnetz, mit einer *Akademie per Briefwechsel* bekannt, die sich über ganz Europa erstreckte und spezifische Regeln der Intervention hatte. Auch der Beitrag von *Dorinda Outram* wirft die Frage auf, ob das Geschlecht die geeignete Kategorie darstellt, um die institutionellen Strukturen von Familien- und Haushaltsnetzwerken des 18. Jahrhunderts zu verstehen. Sie zeigt uns mit dem Kreis um den französischen Naturforscher Georges Cuvier ein Netzwerk, in dem Forschungsprogramme ebenso verhandelt wurden wie Brautwerbung oder Haushaltsfragen.

Die Beiträge der zweiten Sektion behandeln mit dem neuen Differenzkonzept der Geschlechter einen Zeitraum, in dem sich die Spezialisierung und Professionalisierung der Wissenschaft zeitgleich mit der Privatisierung der Familie und der modernen Differenzsemantik durchzusetzen begann. Die ersten beiden Beiträge verhandeln die Ökonomie der Geschlechterdifferenz auf zwei Bühnen, nämlich die der Fabrik und die der Familie des Wissenschaftlers. *Karin Hausen* diskutiert das Wirtschaften mit der Geschlechterdifferenz in bezug auf die erfolgreichen Versuche, die Frauen von der Fabrikarbeit auszuschließen und sie fragt, welche Ordnungsfunktion diese wissenschaftlich begründete Trennung der Geschlechter für die soziale Ordnung hat.

Im beginnenden 19. Jahrhundert, als sich die *wissenschaftliche persona* herausbildete, stellte die Hinterbühne der Familie geradezu eine conditio sine qua non der neuen Rolle des arbeitenden Wissenschaftlers dar. Der häusliche Bereich fungiert nach *Lorraine Daston* als moralische Ökonomie der *wissenschaftlichen persona*. Diese gibt sich der beruflichen Ausübung der Wissenschaft mit großen Obsessionen hin, ist dafür freilich auf ein subtiles Arrangement angewiesen, das einerseits die Verpflichtungen des Alltags von ihr fernhält und das andererseits eine gesellige Umwelt für Kommunikation und Repräsentation bereitstellt.

Am Ende des 19. Jahrhunderts ist die Trennung in private und öffentliche Bereiche weitgehend vollzogen. Dieser Triumph des Differenzkonzepts manifestiert sich am Ort der Wissenschaft selbst, in ihrer Architektur. Am Beispiel englischer Universitäten legt *Sophie Forgan* dar, auf welche bauliche Ordnung die ersten Studentinnen trafen. Frauen erhielten in der Universität eigene Gebäude, in denen sie eine akademische Kultur der Häuslichkeit entwickelten. Auf zweierlei Weise steuerte diese räumliche Topographie zur sozialen Ordnung bei. Die räumliche Segregation zog zum einen die Grenze zur wissenschaftlichen Gemeinschaft des anderen Geschlechts, sie hielt also Frauen und Männer auseinander. Auf diese Weise wurden zum anderen Studentinnen in die Grenzen der Häuslichkeit verwiesen, von der eine geringere Bedrohung der Geschlechterordnung auszugehen schien als von der Vermischung.

An der Wende zum 20. Jahrhundert zeichneten sich neue Entwicklungen ab. *Annette Vogt* gibt am Beispiel der *alten* Akademie der Wissenschaften und den *neuen* Instituten der Kaiser-Wilhelm-Gesellschaft Einblick in zwei unterschiedliche Wissenschaftsorganisationen. Die naturwissenschaftlich ausgerichteten Forschungsinstitute, die im Kaiserreich als moderne Alternative zur Gelehrteninstitution der Akademie gegründet wurden, stellten im Vergleich zur Universität erstaunlich viele Frauen ein. Die von Vogt erforschte Entwicklung macht uns darauf aufmerksam, daß sich damals erste Übergänge zum Gleichheitsmodell vollzogen, die durch die Zäsur von 1933 bisher verdeckt wurden.

Die dritte Sektion bezieht sich auf die Verbreitung des Gleichberechtigungskonzepts. Das im 19. Jahrhundert institutionalisierte Arrangement der Vorder- und Hinterbühne geriet nun erheblich in Bewegung. In dem Maße wie Frauen formalen Zugang erlangten, verschob sich die Hinterbühne der Familie und auf der Vorderbühne der Wissenschaft wurden neue Arrangements aufgebaut. Daher befassen sich die Beiträge des dritten Teils mit den Strukturdynamiken und Einstellungen, auf die Frauen in ihrer wissenschaftlichen Karriere stoßen.

Margaret W. Rossiter diskutiert die Frage, wie die Konversion wissenschaftlicher Leistung in Anerkennung funktioniert und welche geschlechtsspezifischen Unterschiede damit im Belohnungssystem erzeugt werden. Mit ihrem programmatischen Titel *Matilda-Effekt* nimmt sie auf Robert K. Mertons Klassiker vom *Matthäus-Effekt* Bezug. Die folgenden Beiträge diskutieren, ob und bis zu welchem Grad organisations- und disziplinspezifische Arbeitsweisen Einfluß auf die Karrieren von Wissenschaftlerinnen haben. *Jutta Allmendinger* belegt international vergleichend, daß Rekrutierungs- und Selektionskriterien einen unterschiedlichen Grad der Formalisierung und Standardisierung aufweisen und nachhaltig für Frauen sind. Ausgangspunkt des Beitrags von *Bettina Heintz* ist die Frage, auf welche Weise die Geschlechterdifferenz überhaupt sozial relevant werden kann, wenn die Wissenschaft die Regeln der Inklusion konditioniert. Sie schlägt daher vor, die unterschiedlichen wissenschaftlichen Begründungsverfahren und deren Folgen für soziale Aushandlungen und Ungleichheit zu erforschen. In dem Beitrag von *Mary Frank Fox* geht es darum, welche Rolle die geschlechtliche Zusammensetzung des Lehrkörpers und der Forschungsteams für die Promovenden und Promovendinnen in den Natur- und Ingenieurwissenschaften hat.

Francisco O. Ramirez macht nicht das Fortbestehen von Ungleichheit, sondern den globalen Wandel in den Geschlechterbeziehungen zum Thema. Die Gleichheitsnorm im Geschlechterverhältnis hat gemeinsam mit Rationalitätsimperativen von Fortschritt, Gerechtigkeit und Gleichheit eine weltweite Autorität erhalten, zu der sich Staaten verpflichten und in die feministische Positionen eingebettet sind.

Mit dieser Publikation wird die Dokumentation des Projekts *Frauen in Akademie und Wissenschaft* abgeschlossen. Vielen gilt mein Dank, die von Beginn an das Projekt begleitet haben, die durch ihren Rat, ihre Diskussionsbereitschaft oder ihre Mitarbeit zum guten Gelingen beigetragen haben. Zunächst möchte ich denjenigen danken, die sich an den beiden Workshops sowie kleineren Colloquien beteiligt haben, die ab 1998 der Konferenz im Jahr 2000 vorausgingen. Rüdiger vom Bruch, Soraya de Chadarevian, Conrad Grau (†), Rainer Hohlfeld, Ellen Kuhlmann, Sarah Jansen, Jeffrey Johnson, Beate Krais, Martina Merz, Peter Nötzoldt, Kathryn M. Olesko, Brita Rang, Londa Schiebinger, Peter Th. Walther, Norton Wise, Nina von Stebut, Christina Schumacher, Helga Satzinger, Dagmar Simon, Mirjam Wiemeler, Gisela Zies sowie die Stipendiatinnen und freien Mitarbeiterinnen des Forschungsvorhabens Britta Görs, Petra Hoffmann, Gerdien Jonker, Ina Lelke, Annemarie Lüchauer, Monika Mommertz, Gudrun Wedel. Besonders danke ich Kira Kosnick, ohne die die Konferenz, die damit verbundene Kommunikation sowie die Übersetzung der Beiträge für diesen Band nicht zustande gekommen wäre. Außerdem hat sie das Konzept für die Filmpräsentation während der Konferenz erstellt und durchgeführt. Londa Schiebinger hat das Projekt von Beginn an beraten. Ihr Konferenzbeitrag ist in diesem Band nicht abgedruckt worden. (Bereits 2000 erschienen ist hingegen ihre umfassende Monographie zum Thema *Frauen forschen anders. Wie weiblich ist die Wissenschaft?* im C.H. Beck Verlag.) Hier ebenfalls nicht wiedergegeben ist der Vortrag von Mary Osborn über die Förderung der *Agenda für Frauen in der Wissenschaft in der Europäischen Union* (http://www.cordis.lu/improving/women/policies.htm). Die Mitglieder des Arbeitskreises haben mich durch ihr Wissen, ihre Netzwerke und ihre Solidarität immer unterstützt. Für das Vertrauen, das sie mir entgegengebracht haben, und die stete Bereitschaft, den Fortgang des Bandes zu unterstützen, bin ich ihnen zu Dank verpflichtet. Lorraine Daston und Karin Hausen insistierten darauf, die Wissenschaft als Arbeitssystem zu konzipieren. Bettina Heintz schärfte den soziologischen Blick. Durch Annette Vogt erhielt ich Einblicke in die Geschichte der Naturwissenschaften. Von ihnen allen habe ich viele Anregungen empfangen, die sich in dem Band wiederfinden. Ohne sie läge dieses Ergebnis nicht vor. Wolf-Hagen Krauth, Renate Neumann und Regina Reimann aus der Verwaltung der *Interdisziplinären Arbeitsgruppen* gebührt mein Dank für ihre Begleitung des Projekts seit 1998. Ein besonderer Dank gilt meinen Mitarbeiterinnen Heike Scheidemann und Heidemarie Winkel für ihre klugen Hinweise, mit denen sie nicht nur zum technischen Abschluß des Manuskripts beigetragen haben. Sehr gern danke ich schließlich Karin Werner und Andreas Hüllinghorst vom *transcript* Verlag, die das Projekt mit fachlicher Kompetenz und Begeisterung unterstützten.

Theresa Wobbe, Erfurt im Februar 2003

Instabile Beziehungen. Die kulturelle Dynamik von Wissenschaft und Geschlecht[1]

Theresa Wobbe

Einleitung

In der soziologischen Frauen- und Geschlechterforschung war die Auffassung von Geschlecht als Strukturkategorie lange der Garant dafür, in allen gesellschaftlichen Bereichen eine soziale Relevanz des Geschlechterunterschieds anzunehmen. Dies führte zu einer Arbeitsteilung mit soziologischen Theorien, die ihrerseits in der Regel von einer Geschlechtsneutralität sozialer Kontexte ausgingen (vgl. Hirschauer 1994, 2001). Einige Koordinaten dieser Arbeitsteilung sind in der letzten Zeit erfreulicherweise in Bewegung geraten. So hat sich eine Debatte über den veränderten Grad geschlechtlicher Differenzierung und Ungleichheit entwickelt, in der die Ordnungsfunktion des Geschlechts zur Diskussion gestellt wird. Für die Geschlechtersoziologie ist in diesem Zusammenhang vorgeschlagen worden, die Relevanz von Geschlecht nicht vorauszusetzen, sondern systematisch zu fragen, unter welchen spezifischen Bedingungen und in welchen Kontexten Geschlecht überhaupt sozial Geltung erlangt. Diesem Vorschlag liegt die These zugrunde, daß durch die Einbeziehung von Frauen in alle gesellschaftlichen Bereiche die Geschlechterungleichheit strukturell weitgehend nicht mehr abgesichert ist wie etwa vor hundert Jahren, daß sie heute vielmehr über indirekte und informale Mechanismen, insbesondere auf der interaktiven Ebene reproduziert wird (Heintz/Nadai 1998; Heintz 2001b). Damit wird auch die Frage aufgeworfen, ob die Geschlechterungleichheit heute als ein instabiles Phänomen aufzufassen ist (vgl. Heintz in diesem

Band; Heintz 2001b; Weinbach/Stichweh 2001) oder ob sie als soziale Grundstrukturierung fortbesteht (Knapp 2001).

Im Prinzip lassen sich diese Überlegungen auf alle sozialen Kontexte anwenden. Sie sollen hier auf die Wissenschaft bezogen werden, auf die Frage, ob und wie der Geschlechtsbezug in der Wissenschaft sozial bedeutsam ist. Die Wissenschaft ist inzwischen ein Unternehmen geworden, das für die Geschlechter gleiche Zugangsmöglichkeiten bietet. Die unterschiedlichen Barrieren, die seit dem 19. Jahrhundert dazu dienten, Frauen aus der Wissenschaft fern zu halten, fielen im 20. Jahrhundert. Diese Entwicklungslinie ließe sich modernisierungstheoretisch als nachholende Modernisierung beschreiben, als Inklusionstrend, der die Relikte einer funktional irrelevanten Geltung der Geschlechtsdifferenz endgültig aufhebt. So ist es heute auch nicht mehr legitim, Frauen aufgrund ihres Geschlechts geringere wissenschaftliche Leistungen zu unterstellen als Männern.

Zugleich können geschlechtsspezifische Verteilungsmuster in der Wissenschaft nicht übersehen werden. In den Spitzenpositionen sind Frauen und Männer ungleich vertreten, der Anteil von Frauen sinkt systematisch mit der Aufstiegsposition sowie mit der Reputation von Institutionen und Disziplinen (vgl. BLK 2002). Nun sind diese Asymmetrien nicht notwendigerweise ein Beleg für Diskriminierung. Und die Abwesenheit von Differenzen ist nicht automatisch ein Beleg dafür, daß keine Diskriminierung stattfindet (vgl. Long/Fox 1995). Von Benachteiligung oder Bevorzugung ist erst dann zu sprechen, wenn partikularistische Kriterien ins Spiel kommen, also nicht etwa die unterschiedliche Leistung, sondern das Geschlecht (oder auch Rasse, Nationalität oder Alter).

Rückt man diesen Befund in die historische Perspektive, dann zeichnen sich zwei Entwicklungslinien ab. Zum einen vollzieht sich seit dem 20. Jahrhundert weltweit eine Inklusion der Frauen in die Wissenschaft (vgl. Ramirez in diesem Band; Bradely/Ramirez 1996; Ramirez/Wotipka 2001). Zum anderen enthalten die Inklusionsbedingungen einen Geschlechtsbezug, der entsprechend der Universalismusnorm der Wissenschaft nicht relevant sein dürfte und eher den Frauen als den Männern zum Nachteil gereicht (vgl. Heintz 1998 und in diesem Band). Historisch hat sich dieses Verhältnis von Gleichheit und Ungleichheit geändert. Meine These ist, daß der Wandel von Wissenschaft und Geschlechterverhältnis verzahnt ist. So korrespondierte die früh-neuzeitliche Genese der Wissenschaft mit einem ständisch-korporativen Geschlechterverständnis. Erst die Institutionalisierung der modernen Wissenschaft im 19. Jahrhundert war eng an das Differenzkonzept der Geschlechter gekoppelt. Im 20. Jahrhundert breitete sich zunehmend das Gleichberechtigungsprinzip in der Wissenschaft aus, ohne daß dies freilich zur Auflösung der Differenzsemantik führte.

Aufgrund der heutigen Koexistenz von Gleichheits- und Differenzkonzepten spreche ich im Anschluß an Erving Goffmans Bühnen-Metapher des Sozialen (Goffman 1983) von einer Vorderbühne, auf der die formalstrukturelle Anpassung an das Gleichberechtigungsprinzip stattfindet, während auf der Hinterbühne die Differenzsemantik fortexistiert. Goffmans Konzept diente der neo-institutionalistischen Organisationsforschung als einer der sozialphänomenologischen Referenzen, um die kognitiven Gesichtspunkte und die Routineaspekte von Institutionen zu konzipieren (vgl. DiMaggio/Powell 1991a; Hasse/Krücken 1999). Das Doppelbödige des Sozialen bei Goffman bot einen Ausgangspunkt, um den Unterschied zwischen Formalstruktur und Handlungsstruktur von Organisationen zu analysieren (vgl. Meyer/Rowan 1991). Nach diesem Verständnis wohnen der Strategie von Organisationen durchaus andere als rationale Elemente inne, die vorwiegend zur Legitimation des modernen und rationalen Imperativs einer Organisation dienen und folglich auch symbolische Funktion haben.

Mit diesem Konzept der losen Koppelung von Anpassung und Handlung können Diskrepanzen und Ungleichzeitigkeiten z. B. zwischen der formalen Verpflichtung zur Gleichberechtigung und ihrer Umsetzung erklärt werden. Dieser Ansatz besagt freilich nicht, daß die symbolische Funktion der Formalstruktur ohne Wirkung wäre, also bloßes *Gerede*, das keine Spuren hinterläßt.[2] Wie neo-institutionalistische Studien zeigen, entstehen mit der Übernahme von Gleichberechtigungsprinzipien neue kognitive Schemata, also Maßstäbe und Interpretationskriterien, die von Experten und sozialen Bewegungen aufgegriffen werden und neue Dynamiken erzeugen.[3] Für die Vorder- und Hinterbühne der Wissenschaft bedeutet dies, historisch und sozial nach den Kontexten und dem jeweiligen Grad der Verschränkung von Formal- und Handlungsstruktur unter dem Gesichtspunkt des Geschlechtsbezugs zu fragen. In diesem Sinne schließe auch ich an Goffman an, um die Institutionalisierung, De-Institutionalisierung und Re-Institutionalisierung (vgl. Jepperson 1991; Nedelmann 1995) des Geschlechterverhältnisses zu diskutieren.

Der Bezug zu Goffman ergibt sich außerdem aus einem weiteren Gesichtspunkt, der im Neo-Institutionalismus weitgehend einen *missing link* ausmacht. Der Neo-Institutionalismus führt seine Untersuchungen überwiegend auf der Makroebene der Weltgesellschaft und der Mesoebene der Organisation durch (vgl. Meyer 2003; Hasse/Krücken 1999; Wobbe 2000). Demgegenüber verweist der Name Goffman auf die Ebene der Interaktion als einer eigenständigen Ordnung des Sozialen, die eine lose Koppelung zur Sozialstruktur aufweist (Goffman 1994: 85). In der Metapher der *Vorderbühne und Hinterbühne* klingt damit auch die Frage an, welchen Effekt die Elemente der Formal- und Realstruktur und deren Wechselwirkung auf berufsbezogene Interaktionen in der Wissenschaft haben und Geschlechterungleichheit reproduzieren.[4]

Darüber hinaus verwende ich Goffmans Konzept in einem weiteren Sinne für die historische Rekonstruktion der Relation von Wissenschaft und Geschlecht. Denn historisch wurden die Geschlechter bzw. die Bedeutungen des Geschlechterunterschieds in einer spezifischen Phase der gesellschaftlichen Entwicklung auch tatsächlich auf verschiedene Bühnen verteilt, d.h. auf die Vorderbühne der Institutionen des Wissenschaftssystems (Akademie, Universität, Labor) und die Hinterbühne der Familie als Funktionssystem für personale Kommunikation. In der Frühen Neuzeit scheinen andere Bühnen existiert zu haben, die weder die kontrastive Unterscheidung zwischen Familie und Beruf kannten noch die entsprechenden Hierarchisierungen vornahmen. Die Bühnen-Metapher erlaubt es, auch diese Relationen zu thematisieren. Seit dem 19. Jahrhundert führte die Trennung von Personen und Bereichen dazu, daß eine Verbindung zwischen beiden zunehmend problematischer wurde. Es entstanden vielfältige und widersprüchliche Bedeutungen des Geschlechterunterschieds, die polare Bewertungen erzeugten, so daß etwa die Assoziation von Männern und Kindererziehung nicht weniger verstörend wirkte wie die von Frauen und Wissenschaft (vgl. Daston, Hausen und Rossiter in diesem Band).

Die Beiträge dieses Bandes diskutieren in einem breiteren historischen Rahmen, wie diese *Gender*-Dimension in der wissenschaftlichen Arbeitsweise und Forschungspraktik historisch Evidenz und kulturell Autorität erlangte und in welchem Maß sie heute noch von Bedeutung ist. Sie fragen dabei zum einen nach den normativen Konzepten, die die Grenzen der wissenschaftlichen Arbeitsweise und des Forschungshandelns festlegen, und sie treffen dabei die Annahme, daß dem Geschlechterschema für die Kriterien der Grenzziehung eine Funktion zukommt. Sie sondieren zum anderen die Zusammenhänge, durch die eine Koppelung von Wissenschaft und Geschlechtsbezug ihre intellektuelle Überzeugungskraft und ihre strukturbildende Wirksamkeit erhalten konnte.

Ich werde diesen historischen Wandel auf die Verschränkung von wissenschaftlicher Arbeitsweise und Geschlechtssemantik beziehen. Zur Strukturierung dieser Diskussion möchte ich zunächst die Sicht der Geschlechter- und Wissenschaftsforschung umreißen und anschließend das Arbeits- und Berufskonzept als strukturelles Merkmal der Differenzsemantik im 19. Jahrhundert skizzieren.

Geschlechterforschung und Wissenschaftsforschung

Zunächst fällt auf, daß der Übergang von der frühen neuzeitlichen zur modernen Wissenschaft des 19. Jahrhunderts mit der Ausdifferenzierung des Sozialsystems der Familie als privatisierter Sphäre zusammenfiel. In diesen

Transformationsprozessen wechselten der Ort und die Methoden der Wissenschaft; die Vorstellung von der wissenschaftlichen Arbeit und der Arbeit der Geschlechter veränderte sich ebenfalls. Als die alte europäische Ordnung der ständischen Differenzierung zusammenfiel, führte dieser Einschnitt zu einem durchgreifenden Wandel der Positionen von Frauen und Männern. Das moderne Konzept der Familie als private Intimsphäre und die Professionalisierung der Forschungspraktik begründeten neue Auffassungen von Arbeit und Arbeitsteilung, die geschlechtlich definiert wurden (vgl. Bock/Duden 1977; Hausen 1976 und in diesem Band; Scott 1988, 1994). Die wissenschaftliche Tätigkeit, die sich zu einem eigenständigen Handlungstypus herausbildete, wurde nun an ein Konzept der geschlechtlichen Arbeitsteilung gekoppelt, das zur gleichen Zeit als neues, die Funktionssysteme übergreifendes Prinzip, entstand. Dieser Transformationsprozeß wird von der Wissenschafts- und Geschlechterforschung unterschiedlich aufgegriffen.

Die makrosoziologisch orientierten Konzepte der Wissenschaftssoziologie (vgl. Weingart 2003), die Institutionentheorie (vgl. Merton 1985a) und die Systemtheorie (vgl. Luhmann 1990; Stichweh 1991, 1994a) gehen von der Ausdifferenzierung der gesellschaftlichen Funktionssysteme im Prozeß der Modernisierung aus. Auch die Wissenschaft entwickelte sich demzufolge als autonomes Handlungssystem, das seine Leistungsanforderungen auf Basis von Eigenrationalität erzeugte und dadurch die Grenze zu den anderen Teilsystemen zog. Was als Wissenschaft gilt, als Wahrheit oder Nicht-Wahrheit, bestimmt die Wissenschaft, nicht aber der Arbeitsmarkt, die Kunst oder die Politik. Die Systemtheorie plausibilisiert diese These über ihre Kommunikationstheorie der autopoietischen selbstreferentiellen Systeme (vgl. Luhmann 1994; Stichweh 1994a) und die Institutionentheorie über das Normsystem der Wissenschaft (vgl. Merton 1985b; Felt et al. 1995).

Trotz ihrer theoretischen Unterschiede ist beiden Konzepten gemeinsam, daß sie die Anforderungen für die Einbeziehung in das Funktionssystem der Wissenschaft – in einem unterschiedlichen Grad – durch interne, d.h. wissenschaftliche Maßstäbe geregelt sehen. Danach ist es die Wissenschaft, die Anforderungen für die Inklusion konditioniert (vgl. Stichweh 1979, 1991). Aufgrund dieser analytischen Ausrichtung kann die moderne geschlechtliche Differenzierung (vgl. Tyrell 1986), die sich in demselben Zeitraum wie die Institutionalisierung der modernen Wissenschaft herausbildet, kaum ins Blickfeld geraten. Das Augenmerk richtet sich auf die Abgrenzung der Wissenschaft aus nicht-wissenschaftlichen Kontexten, auf die Etablierung neuer, wissenschaftsinterner Normen und Rollen, die sich gegen Restriktionen durch andere Rationalitäten stabilisieren.

Bezieht man mit der geschlechtlichen Differenzierung eine weitere Differenzierungsform ein, so rückt die erste Erzählung in ein anderes Licht.

Zunächst einmal kann die Form der geschlechtlichen Differenzierung, die sich im 19. Jahrhundert institutionell durchsetzt, nicht als Relikt einer Tradition aufgefaßt werden. Die geschlechtliche Differenzierung, die quer zur funktionalen Differenzierung verläuft, stellt vielmehr eine moderne europäische Innovation dar. In der alteuropäischen Ordnung bezeichnete Geschlecht einen Herkunfts- und Familienzusammenhang, also eine korporative Kategorie nach ständischer Differenzierung (vgl. Dilcher 1997; Wunder 1997, 1999). Im ausgehenden 18. Jahrhundert bildete sich langsam eine andere Bedeutung heraus und verdichtete sich zu einem neuen kulturellen Schema, das die Differenz zwischen dem Weiblichen und Männlichen als Grundcharakter physischer, psychischer und sozialer Organisation codierte. Geschlecht bezog sich nun auf eine individuelle Zugehörigkeit und bezeichnete die Differenz zwischen dem Weiblichen und dem Männlichen als Polarität und Ergänzung, die (natur-)wissenschaftlich begründet wurde (Frevert 1995; Hausen 1976).

Die Studien der Geschlechterforschung zeigen, daß das moderne Geschlechtskonzept sich nicht auf die Familie beschränkte, vielmehr lag seine neue Qualität darin, ein übergreifendes und universales Prinzip darzustellen, das die Funktionssysteme überwölbte. Die Differenzsemantik hinterließ im 19. Jahrhundert ihre Spuren in staatswissenschaftlichen Abhandlungen (vgl. Frevert 1995) und humanwissenschaftlicher Grundlagenliteratur (vgl. Honegger 1991), aber auch in Fabrikordnungen (vgl. Hausen 1997) und prägte bis in die zweite Hälfte des 20. Jahrhunderts die Rechtsnormen (vgl. Gerhard 1997; Leicht-Scholten 2000). Das Differenzkonzept folgte einem anderen Muster der Modernisierung als die funktionale Differenzierung, d.h., es infiltrierte alle Funktionssysteme, war funktional nicht abgegrenzt und produzierte Einschränkungen, die mit der normativen Vorstellung von Eigenrationalität nicht konvergierten.

Die Wissenschaftsforschung hat sich mit diesem Zusammenhang von funktionaler und geschlechtlicher Differenzierung systematisch kaum beschäftigt (vgl. Weingart 2003). Die Wissenschaftssoziologie in Anschluß an Merton hat bei ihrer Prüfung der Universalitätsnorm zwar Probleme der Geschlechterungleichheit untersucht, die für heutige Studien zum Partikularismus in der Wissenschaft entscheidend sind (vgl. die Beiträge in Zukkermann 1991; Long/Fox 1995). Die Frage nach dem besonderen Zusammenhang von funktionaler und geschlechtlicher Differenzierung hat sie nicht vertieft. Die Geschlechterforschung bietet sich als Feld an, auf dem diese Frage bearbeitet wird.

Der Zugang der Geschlechterforschung verläuft überwiegend professionssoziologisch, d.h. über die Professionsseite der Wissenschaft und weniger über die Forschungsseite der Disziplinen (vgl. zu dieser Unterscheidung Stichweh 1994b). Wissenschaft und die institutionelle Geschichte von

Wissenschaftlerinnen in ihren Disziplinen ist vor allem an den Schnittstellen von Professionsentwicklung und Berufskonstruktion untersucht worden (für viele vgl. Wetterer 1992, 1995; Schultz 1990; vgl. hierzu als Überblick Krais 2000b). Zumeist nehmen diese Studien keine systematische Unterscheidung nach dem Kontext vor, so daß Sektoren, Organisationen, Disziplinen und Forschungspraktiken als besondere Kontexte für Karrieren in der Regel wenig Beachtung finden (vgl. anders Kuhlmann/Matthies 2001; Lüchauer 2002; Tobies 1997; Vogt in diesem Band). Folglich treten die unterschiedlichen Bedingungen von Wissenschaftlerinnen nicht ins Blickfeld.

Für die Verschränkung spezifischer wissenschaftlicher Arbeitsprozesse und geschlechtlicher Arbeitsteilung hat sich die Geschlechterforschung also ebenfalls nicht sehr interessiert, so daß die Gewichtung geschlechtlicher und funktionaler Differenzierung kaum behandelt wurde. Während die Wissenschaftssoziologie den Fokus auf die Eigenrationalität des Teilsystems legt und dabei die Relevanz der geschlechtlichen Differenzierung unterschätzt, verkennt die Geschlechterforschung oftmals den Eigensinn der Wissenschaft, also die Binnendynamik ihrer Arbeitsweisen und deren Bedeutung für die Geschlechter (vgl. Heintz in diesem Band).

Dieses etwas ungleichgewichtige Bild, das durch die einseitige Fokussierung auf das Geschlecht einerseits und das wissenschaftliche Teilsystem andererseits entsteht, verändert sich durch neuere Studien der Wissenschaftsgeschichte, d.h. durch eine von der Geschlechterforschung informierte Wissenschaftsgeschichte. Diese Studien verknüpfen die Geschlechterperspektive mit Fragen der wissenschaftlichen Arbeitsweise und Forschungspraktiken. So konzipieren die Herausgeberinnen des Bands *Creative Couples in the Sciences* die Arbeitsform des Wissenschaftspaares als Analyseeinheit der Wissenschafts- und Gendergeschichte (vgl. Pycior/Slack/Abir-Am 1996). Bildeten im 19. Jahrhundert die sog. *family firms* (Ogilvie 1987: 104) spezifische Formen der Zusammenarbeit, die von Familienmitgliedern oder sogar gesamten Familien durchgeführt wurde, so entwickelte sich im frühen 20. Jahrhundert das neue Modell des Arbeitspaares. Die verschiedenen Ausprägungen dieser Kooperation reichen von egalitären Formen der Kooperation, die beiden Partnern Anerkennung verschafft, über die *Schülerin-Lehrer*-Relation bis zu einem Muster, bei dem die Frau auf der Hinterbühne die wissenschaftliche Arbeit des Ehemannes unterstützt (vgl. Abir-Am/Outram 1987; Pycior/Slack/Abir-Am 1996).

Weitere Untersuchungen belegen, daß die *Gender*-Dimension der Wissenschaft, also die Bedeutung, die dem Geschlechterunterschied zukommt, erstaunliche Variationen aufweist, und daß diese nicht nur in der Differenzierung der Wissenschaft, sondern ebenso in dem Wandel des Geschlechterverhältnisses begründet sind (vgl. die Beiträge in Kohlstedt 1999). Bezogen auf die Frühe Neuzeit wird vom *experimental household* (Harkness

1999) gesprochen, in dem die Tätigkeitsbereiche von Männern und Frauen sich überschnitten und keineswegs mit der späteren *Dissoziation von Familie und Beruf* (vgl. Hausen 1976) identisch waren. Das Sozialsystem des Haushalts war zudem der Ort, an dem sowohl die handwerklich-wissenschaftliche Ausbildung als auch die Forschung erfolgte (Mommertz 2002; Schiebinger 1993). Die Differenzierung der Wissenschaft war in der Frühen Neuzeit intern noch gering ausgeprägt, so daß lebensweltliche Verflechtungen nicht nur möglich, sondern angesichts einer Ökonomie der Knappheit sogar nützlich sein konnten (Mommertz 2002: 57).

Nimmt man also einen Blickwechsel vor, nämlich von der Abwesenheit der Frauen in der Wissenschaft hin zur wissenschaftlichen Arbeitsweise und Forschungspraktik, dann ergeben sich einige andere Akzente. So zeigt Margaret Rossiter für die Vereinigten Staaten, daß die veränderte Struktur der wissenschaftlichen Arbeit einer der ausschlaggebenden Gründe dafür war, daß zwischen 1880 und 1910 Frauen erstmals in einem bis dahin unbekanntem Ausmaß berufliche Positionen in der Wissenschaft erhielten. In dem Maße wie die Wissenschaft sich in Form von Forschungsinstituten, Industrielaboren und staatlichen Einrichtungen differenzierte, spezialisierte und ausbreitete, entstanden neue Tätigkeitsfelder in den unteren Segmenten der Arbeitshierarchie, die mit Frauen besetzt wurden (vgl. Rossiter 1980, 1982; für Deutschland Wobbe 2002a,b). Diese Anfänge eines segregierten wissenschaftlichen Arbeitsmarktes bestätigen auch Arbeiten auf dem Gebiet der Chemie, die im frühen 20. Jahrhundert ein instruktives Disziplinbeispiel für die Neujustierung wissenschaftlicher Tätigkeiten und Arbeitsplätze bietet (vgl. Görs 2002; Johnson 1998; Wiemeler 1996).

Neuere soziologische Studien wenden die Ergebnisse der Arbeitsmarkt- und Segregationsforschung systematisch auf die Wissenschaft an, um herauszufinden, auf welchen Ebenen und unter welchen Bedingungen das Geschlecht überhaupt soziale Bedeutung erhält und Effekte auf das Fortkommen hat. Sie nutzen die Konzepte der Segregationsforschung, die eine strukturbildende Bedeutung des Organisationskontexts annimmt (vgl. Kanter 1977) und die organisatorischen und interaktiven Mechanismen herausgearbeitet hat, durch die askriptive Prozesse, also Zuschreibungen entlang der Geschlechtszugehörigkeit, bekräftigt werden (vgl. Allmendinger et al. 1999a; Heintz et al. 1997; Reskin/McBrier 2000; Ridgeway 2001). Diese Untersuchungen legen die Vermutung nahe, daß der Geschlechterunterschied als partikularistisches Kriterium für wissenschaftliche Karrieren keineswegs bedeutungslos geworden ist, daß diese Mechanismen aber heute, nach der Auflösung formaler Behinderungen und normativer Restriktionen, zumeist indirekt oder informal wirken (vgl. Allmendinger und Heintz in diesem Band).

Die Forschung grenzt daher die Faktoren, die den Zugang der Frauen zur Wissenschaft erschweren, von denen ab, die den Aufstieg behindern, nachdem der Zugang erfolgte. Hierbei wird zwischen der Schwelle (*threshold*) und der Glasdecke (*glass ceiling*) unterschieden (Etzkowitz/Kemelgor/Neuschatz/Uzzi 1992: S. 163). Die Schwelle, also die Passage von außen nach innen, erschwert zwar den Zugang, aber nachdem sie überschritten wurde, spielt das Geschlecht keine Rolle mehr. Die Glasdecke behindert hingegen das weitere Fortkommen der Frauen *innerhalb* der Wissenschaft, d.h., Frauen erreichen bestimmte Positionen schwerer oder später, ihre Leistungen werden anders beurteilt wie die ihrer männlichen Kollegen oder sind weniger sichtbar und lassen sich schwieriger in Reputation konvertieren (vgl. Fox 1995; Long/Fox 1995; Rossiter in diesem Band; die Beiträge in Zuckermann 1991). Faktisch sind beide Faktoren oftmals miteinander verschränkt. Im Unterschied etwa zu vor hundert Jahren sind Frauen also nicht mehr mit formalen und handgreiflichen Mechanismen konfrontiert, über die ihre Integration verhindert wurde. Heute haben sie gleichen Zugang zur Wissenschaft, scheinen allerdings beim Aufstieg an eine gläserne Decke zu stoßen, an eine unsichtbare Grenze. Dies ist der strukturelle Hintergrund dafür, daß Studien die Situation von Wissenschaftlerinnen als *outer circle* (Zuckermann et al. 1991) oder *permanent unfaculty* (Reskin 1976) charakterisieren.

So belegen Studien aus der Arbeitsmarkt- und Segregationsforschung, daß traditionelle Erklärungen der Sozialisations-, Geschlechterrollen- und Humankapitaltheorie nicht greifen, d.h., fehlende Orientierung auf die Wissenschaft als Beruf oder unzureichende Ressourcenausstattung in Form von Ausbildung und beruflichen Abschlüssen werden nicht als Ursache für das *cooling out*, das Verlorengehen der Frauen in der Wissenschaft identifiziert (Allmendinger et al. 1999a, 1999b). Wissenschaftlerinnen stoßen bei gleichen Rekrutierungs- und Selektionskriterien, also bei formal neutralen Verfahren, an die unsichtbare Glasdecke. Im nationalen Vergleich läßt sich zeigen, daß unterschiedliche Strukturmerkmale der Personalselektion auf die Einstiegsposition und den Verbleib von Frauen und Männern im Wissenschaftssystem Effekte haben (vgl. Allmendinger in diesem Band).

Organisatorische und disziplinspezifische Merkmale sowie informale Selbstverständlichkeiten des wissenschaftlichen Alltags (vgl. Krais 2000c; Krais/Krumpeter 1997) scheinen die Karriere der Geschlechter unterschiedlich zu begünstigen oder zu bremsen, wie etwa für den Zugang zu Netzwerken oder Mentoren nachgewiesen worden ist (vgl. Heintz 1998; Wimbauer 1999) oder sogar für das Begutachtungsverfahren (vgl. Wennerås/Wold 1997). Wissenschaftssoziologische Studien weisen darauf hin, daß Diskriminierungsmöglichkeiten sich mit der Ambiguität und dem Fehlen klarer Bewertungsverfahren erhöhen und mit zunehmender Transparenz sinken und daher disziplinspezifisch untersucht werden sollten (vgl. Long/

Fox 1995; 63f.; vgl. Heintz in diesem Band). An diese neueren Forschungsstränge der Wissenschaftsgeschichte und Soziologie knüpft der Band an.

Arbeit, Beruf, Differenzsemantik

Die Umstellung zur modernen Wissenschaft ist in einen Transformationsprozeß eingebettet, der strukturell und historisch einen entscheidenden Wendepunkt der Geschlechterordnung markiert. Denn die Institutionalisierung der neuen Form des wissenschaftlichen Berufs setzt bereits die Separierung von Familie und Erwerbstätigkeit voraus und unterstützt diese. Zuvor war der früh-neuzeitliche Haushalt der Ort der Wissensproduktion, die Werkstatt, in der naturwissenschaftliche Experimente oder astronomische Beobachtungen durchgeführt wurden und sich vielfach mit den alltäglichen Haushaltsabläufen überschnitten. Es sollte lange dauern, bis die Wissenschaft die Schwelle des Haushalts überschritt und die der Akademie erreichte. Freilich dauerte es noch länger, bis die Wissenschaft nicht mehr im Haushalt *gemacht* wurde, sondern im eigenständigen Laboratorium (vgl. Harkness 1997; Shapin 1988, 1989; die Beiträge in Wobbe 2002a).

Seit der Frühen Neuzeit veränderte sich die räumliche Organisation der Wissenschaft. Steven Shapin hat für England gezeigt, daß die Versuchsanlage von der *back stage* im Haus auf die *front stage*, nämlich in den öffentlichen Raum der *Royal Society*, gebracht wurde (vgl. Shapin 1988, 1989). Einem Wandel unterlagen auch die Vorstellungen darüber, was unter Wissenschaft und wissenschaftliche Arbeit überhaupt zu verstehen und wo sie durchzuführen ist, wer Wissenschaft betreiben darf und was einen Wissenschaftler charakterisiert, worin eine wissenschaftliche Leistung besteht und wie sie in Anerkennung konvertierbar ist (vgl. Daston in diesem Band; Stichweh 1991, 2000). Als die *wissenschaftliche Gemeinschaft* im 19. Jahrhundert den Platz des Netzwerks von Verwandtschaft und Haushalt einzunehmen begann, entstand ein neues Koordinatensystem, das den Frauen den Zugang zu wissenschaftlicher Kommunikation weitgehend abschnitt. Die Wissenschaft durchlief in diesem Zeitraum einen Prozeß der Verberuflichung und die Positionen auf ihrer Bühne wurden dabei nicht nur anders verteilt, sondern es kamen auch neue Einsätze ins Spiel (vgl. Daston und Outram in diesem Band; Mommertz 2002).

Welche Vorstellungen über die geschlechtliche Differenzierung liegen diesem neuen Konzept der Wissenschaft als Beruf zugrunde und welche Annahmen über einen Lebens- und Karrierelauf in der Wissenschaft enthalten sie? Gaia di Luzio hat für die Berufsbeamten untersucht, ob die stabile geschlechtsspezifische Exklusivität dieser Profession sich auf die Semantik des öffentlichen Amtes und die Staatsbezogenheit dieses Berufs zurückführen läßt (di Luzio 2002: 56f). Sie ist zu dem Ergebnis gekommen, daß die Berufssemantik in besonderer Weise an die Systematisierungen der geschlechtlichen Differenzierung anschließen konnte. Die Geschlechtersemantik wurde im frühen 19. Jahrhundert in der Unterscheidung des *Privaten* und *Öffentlichen* institutionalisiert, diese diente wiederum politischen und sozialen Theorien als übergreifendes Prinzip der Grenzziehung. Es entstand somit ein kognitives Schema aus zwei Teilen, das alle Elemente dieser Teile »unter wechselseitigem Ausschluß wieder aufnehmen« (ebd.: 59) konnte. So ließen sich etwa Staat und Familie unterscheiden, wobei die Familie dem Staat als komplexere und allgemeinere Einheit untergeordnet und die Frauen als Staatsbürgerinnen ausgeschlossen wurden. Gleichzeitig erhielt die Familie in ihrer Zuständigkeit für Reproduktion eine funktionale Stellung in der staatlichen Ordnung und demzufolge wurden auch die Frauen wieder in diese Ordnung eingeschlossen.[5]

Die Berufsstruktur, die bei Beamten und Wissenschaftlern auf den männlichen Familienernährer ausgerichtet wurde, setzte eine »parallele Entwicklung der Verallgemeinerung einer familialen Normalität und der Durchsetzung eines neuen einheitlichen Modus der Differenzierung nach Geschlecht voraus« (di Luzio 2002: 75). Nicht nur die öffentliche Verwaltung, auch die Wissenschaft stützte sich auf die Dissoziation von Familie und Erwerbstätigkeit, die wiederum ihre Codierung durch die Differenzsemantik erhielten. Der berufliche Ort der Wissenschaft und der Ort der Familie wurden zum einen getrennt, der erstere war nur für die Männer zugänglich. Sie wurden zum anderen verbunden, denn der Wissenschaftler und die Wissenschaft waren in der Familie nicht abwesend. Häuslichkeit und die bürgerliche Kultur der Geselligkeit boten nach Daston (in diesem Band) geradezu eine Ressource für die Stabilisierung der *wissenschaftlichen persona* (vgl. für die Geselligkeit Lelke 2002).

Zu dieser beruflichen Konstruktion der wissenschaftlichen Tätigkeit tritt im 19. Jahrhundert außerdem ein neues Verständnis von Arbeit. Die Spur der Verschränkung von Familien- und Berufssystem führt in einem weiteren Sinne ins frühe 19. Jahrhundert zurück, als das Konzept der ökonomischen Arbeitsteilung mit der Leitdifferenz des geschlechtlichen Unterschiedes spezifiziert wurde. Frauenarbeit in dem Sinne einer billigen, zweitrangigen und mechanischen Arbeit wurde über die Unterscheidung von männlicher Ernährer- und weiblicher Familienrolle plausibilisiert (Hausen 1997 und in diesem Band; Scott 1988, 1994, 1996).

Das *Wirtschaften mit der Geschlechterordnung* (Hausen) ist an den Gesetzen über den Arbeiterinnenschutz untersucht worden, die die Unterscheidung von Frauen- und Männerarbeit normalisierten. Diese Gesetzesvorhaben institutionalisierten Restriktionen für erwerbstätige Frauen, indem sie ihre Sonderstellung über ihren Hausfrauen- und Mutterstatus begründeten.

So belegen Studien, daß seit den 1830er Jahren die Bemühungen um die Erzeugung dieses Sonderstatus keineswegs zu einer Verbesserung der Arbeitsbedingungen von Frauen führten. Auf diese Weise wurde die Arbeiterin als eine Arbeitskraft mit einem rechtlichen Sonderstatus etabliert und ihre geringere Bewertung legitimiert. Die Bestimmungen wurden in der Regel auf diejenigen industriellen Bereiche angewandt wurden, in denen zwar auch Männer arbeiteten, die aber nur einen geringfügigen Teil der Frauenarbeitsbereiche, nämlich Heimarbeit etc. ausmachten, d.h., sie hatten vor allem die Funktion, Frauen von den industriellen Erwerbstätigkeiten fern zu halten, die Männern vorbehalten war (vgl. Hausen 1997 und in diesem Band; Schmitt 1995).

Frauen wurden für Arbeiten eingestellt, die als *Frauenarbeit* definiert wurde, d.h., sie sollte den besonderen Fertigkeiten und körperlichen Eigenschaften von Frauen entsprechen. Diese Sichtweise führte im 19. Jahrhundert zu einer Arbeitsteilung, die wir heute in der Sozialwissenschaft als geschlechtsspezifische vertikale Segregation kennzeichnen. Einige Frauen wurden auf der untersten Ebene der Tätigkeitshierarchie eingestellt und erhielten Löhne, die den Lebensunterhalt nicht sicherten. Joan Scott situiert den Diskurs über die Arbeiterin in einem breiteren Kontext als einen Redezusammenhang, der im 19. Jahrhundert »das Geschlecht im Sinne einer natürlichen Arbeitsteilung zwischen Frauen und Männern konzeptualisierte« (Scott 1994: 453) und damit sozial überhaupt erst konstituierte (vgl. für den Arbeiter im 19. Jahrhundert Vincent 1999).

Arbeitsteilung entstand im 19. Jahrhundert als ein kulturelles Schema der Arbeitsorganisation, das ebenso wie die Berufssemantik an die parallele Entwicklung von familialer Normalität und Geschlechterdifferenz anschloß. Das im 18. Jahrhundert entwickelte ökonomische Konzept der Arbeitsteilung (Smith 1963: 10f.) breitete sich in die staatlichen und nicht-staatlichen Organisationen aus. Der Gedanke der Aufgabenteilung entsprach zum einen der funktionalen Differenzierung und wurde zum anderen mit dem Geschlechtsbezug konnotiert. Émile Durkheim führte die geschlechtliche Arbeitsteilung als Prototyp für sein neues soziologisches Konzept der Arbeitsteilung ein und trug damit in der Soziologie zur Institutionalisierung dieses neuen Schemas erheblich bei.[6] Im 19. Jahrhundert wurde Arbeitsteilung im Zuge der Spezialisierung und Differenzierung der Wissenschaft zum zentralen Thema des theoretischen und wissenschaftspolitischen Diskurses, in dem Max Webers Rede zum Beruf der Wissenschaft (vgl. Weber 1919) den Endpunkt einer Debatte darstellt, die im 19. Jahrhundert u.a. in der *Preußischen Akademie der Wissenschaften* begonnen hatte (Wobbe 2002b).

An der Identifizierung der Frauenarbeit waren die unterschiedlichsten Akteure – Nationalökonomen, Sozialstatistiker, Soziologen, Mediziner, Arbeitgeber, aber auch Rechtswissenschaftler sowie Gewerbevereinigungen und Gewerkschaften – beteiligt. Insgesamt beriefen sich die Akteure in ihren Argumentationssystemen auf die Befunde medizinischer und biologischer Studien, mit deren Hilfe die mangelnde Befähigung der Frauen zur rationalen Wissenschaft nachgewiesen wurde.[7] Im 19. Jahrhundert wurden folglich mit Hilfe der Differenzsemantik Normalitätsvorstellungen über Frauen- und Männerarbeit institutionalisiert und bildeten den Ausgangspunkt für geschlechtlich segregierte Arbeitsmärkte in der Industrie, der Verwaltung, der Wissenschaft und der Politik.

Gleichwohl verliefen diese Prozesse keineswegs kontinuierlich und zudem waren sie äußerst heterogen, ob sie sich auf der Hinterbühne oder der Vorderbühne, im häuslichen oder universitären Bereich, abspielten. Die Grenzen zwischen Familie und Beruf mußten im 19. Jahrhundert allererst gezogen werden, und sie waren in verschiedener Hinsicht noch nicht ausgemessen, sondern erwiesen sich als durchlässig (vgl. Lindsay 1998). So konnte sich etwa die vollständige räumliche Trennung von Wissenschaft und Haushalt nur langsam durchsetzen. Als eine universitäre Dienstleistungsstruktur noch in weiter Ferne lag, war es die Familie, die dem Wissenschaftler eine Arbeitsstruktur bereitstellte. Ehefrauen und Kinder unterstützten seine Arbeit durch Korrekturlesen, Exzerpte-Verfassen, Register-Anlegen oder durch Arbeiten in der häuslichen Bibliothek (vgl. Lelke 2002; Hoffmann 2002).

Die bürgerliche Familie hielt dem Wissenschaftler freilich auch in einem ganz anderen Sinn den Rücken frei. Als seine soziale Rolle im 19. Jahrhundert erste Konturen erhielt, bot die Familie den Resonanzraum für die Entstehung und Stabilisierung der *wissenschaftlichen persona*. Die neue moralische Ökonomie der unbedingten Hingabe an die Wissenschaft (Daston in diesem Band), die institutionelle Stabilisierung des Vorrangs der Wissenschaft vor allen anderen Bindungen, konnte im ausgehenden 18. Jahrhundert noch keineswegs als wahrscheinlich gelten. So diskutierte Max Weber in seinem Vortrag über den Beruf der Wissenschaft (Weber 1919) eine Normalitätsannahme, die kulturell höchst voraussetzungsreich und historisch noch vergleichsweise jung war. Die wissenschaftliche Rolle wurde dann im 19. Jahrhundert erprobt und gefestigt. Es waren wohl maßgeblich bildungsbürgerliche Mütter, Ehefrauen, Schwestern und Töchter, die bei eigener Rollenrestriktion, auf der Hinterbühne der Familie die kulturellen Ressourcen für die *wissenschaftliche persona* beisteuerten.[8]

Im ausgehenden 19. Jahrhundert zeichnete sich eine Veränderung dieser Konstellation ab. Zum einen war es die Differenzierung und Expansion von Industrie und Wissenschaft sowie das Wachstum des Dienstleistungssektors, die neue berufliche Positionen schufen, welche nun mehr Arbeitskräfte mit neuartigen Profilen erforderten (Rossiter 1980, 1982). Zum anderen richtete die Frauenbewegung ihre Forderungen auf die Öffnung der

Höheren Bildung und der Professionen. War den Frauen im 19. Jahrhundert der öffentliche Weg zur Wissenschaft versperrt und konnten sie nur durch familiäre, informale Netzwerke an ihr partizipieren, so erhielten sie mit der Wende zum 20. Jahrhundert den formalen Zugang zur universitären Ausbildung, zu Lehre und Forschung.

Den Frauen öffnete sich nun historisch erstmals die Perspektive auf eine Erwerbsgrundlage, unabhängig von Vätern, Brüdern und Ehemännern. Damit begann im frühen 20. Jahrhundert der *Kampf um Sprache und Bild*, nämlich der Streit nicht nur um die Frage, wie Frauen in der Wissenschaft Fuß fassen konnten, sondern vor allem darum, unter welchen Bedingungen auch das symbolische Kapital der Anerkennung zu erringen sei.

Im Laufe des 20. Jahrhunderts erwarben Frauen also Ausbildungsgrade und Spezialisierungen, sie wurden Mitglieder von disziplinären Gemeinschaften und Wissenschaftsorganisationen, d.h., ihr Weg in die Wissenschaft erfolgte nun zunehmend über formale Handlungserwartungen. Hiermit begann sich auch für Frauen die Form der sozialen Inklusion zu wandeln, welche durch Herkunft bestimmt war, hin zu einer, die durch die der Karriere bestimmt wurde. Im Zuge dieser Entwicklung setzte sich das Gleichberechtigungsprinzip der Geschlechter durch.

Somit haben sich die Maßstäbe und Interpretationskriterien für das Geschlechterverhältnis seit dem 17. Jahrhundert grundlegend gewandelt und die Orientierungshorizonte haben sich erheblich verschoben. Die Vorstellungen vom Unterschied der Geschlechter, die Vorstellung, was ein Unterschied ist, ob er überhaupt zählt und welche legitimen Ansprüche sich daraus ergeben, sind andere geworden. Heute trennt uns von der Frühen Neuzeit die Umwälzung eines korporativ-ständischen zu einem modernen Geschlechterverständnis mit universalen Prinzipien und individuellen Zurechnungen. Aber auch an das 19. Jahrhundert ist nicht mehr ohne weiteres anknüpfen. Die *Anatomie der Differenz* (Schiebinger 1993b), die in der modernen Gesellschaft des 19. Jahrhunderts zum Prüfstein nicht nur politischer Rechte wurde, sondern auch darüber entschied, wer zur Wissenschaft Zugang erhielt, gilt heute nicht mehr als ein legitimer Grund für Separierung und ungleiche Bewertung.

Die kognitiven Schemata, mit denen im 21. Jahrhundert Unterschiede zwischen Frauen und Männern als Ungleichheiten klassifiziert und als Ungerechtigkeit delegitimiert werden, sind historisch neu. Anders als im vormodernen Geschlechterkonzept, das die Ausübung der Wissenschaft nach ständischer Zugehörigkeit regelte, und im Unterschied zum 19. Jahrhundert, in dem neben funktionalen Kriterien *Geschlechtscharaktere* zum Organisationsprinzip sozialer Exklusion und Inklusion erhoben wurden, institutionalisierte das 20. Jahrhundert eine Gleichheitsnorm, die Abweichungen begründungsbedürftig macht. Diese Umstellung erfordert andere Fragen.

Instabile Beziehungen und kontingente Dynamiken

Die Beiträge dieses Bandes geben Auskunft über ein multidimensionales Muster von Inklusion und Ungleichheit der Frauen in der Wissenschaft. Damit erweitern sie unsere Sicht auf die Verknüpfung von Wissenschaft und Geschlecht. Sie lassen das Bild einer Relation erkennen, die eher als instabile denn als stabile Beziehung zu charakterisieren ist (vgl. Bock 2000). Die Entstehung dieser Dynamik läßt sich freilich weder am Faden einer eindeutigen Chronologie erzählen noch als Vektor in eine Graphik eintragen. Vielmehr tritt deutlich hervor, daß erst im 19. Jahrhundert die scharfe Trennung zwischen Kontexten und Personal vorgenommen wird und im Zuge der funktionalen Differenzierung ein Geschlechterkonzept institutionalisiert wird, das dem 17. und 18. Jahrhundert nicht bekannt war.

Die Beiträge dieses Bandes plausibilisieren die These, daß von Stabilität in der Relation Geschlecht und Wissenschaft wohl nur im 19. Jahrhundert zu sprechen wäre, und auch hier keineswegs für alle Bereiche. Daher scheint es erfolgsversprechender, die Geschichte der instabilen Beziehung zwischen Wissenschaft und Geschlecht in der Wechselwirkung von Vorderbühne und Hinterbühne in einer institutionalistischen Perspektive zu diskutieren.

Die Beiträge, die sich mit der gegenwärtigen Situation beschäftigen, zeigen, daß die Differenzsemantik des 19. Jahrhunderts keineswegs verschwunden ist, sondern unter bestimmten Bedingungen über indirekte und informale Mechanismen aktualisiert wird und Ungleichheit reproduziert. Diese Entwicklung ist auf einen größeren gesellschaftlichen Zusammenhang zu beziehen. Seit der zweiten Hälfte des 20. Jahrhunderts findet eine De-Institutionalisierung des Geschlechterverhältnisses statt, d.h., die normativen Vorgaben der Differenzsemantik sind strukturell zunehmend weniger abgesichert (vgl. Heintz/Nadai 1998). De-Institutionalisierung bedeutet indes nicht, daß der Geschlechtsbezug sozial irrelevant geworden ist. So weitreichend hat sich das Gleichberechtigungsprinzip nicht durchgesetzt. Die Beiträge argumentieren vielmehr, daß strukturelle Merkmale – wie Standardisierung und Formalisierung – auf der Ebene der Organisation und auf der Ebene der Disziplinen Effekte auf die soziale Relevanz und Aktualisierung des Geschlechtsbezugs haben (vgl. III. Sektion). In dem Maße wie formale Vorregulierungen entfallen und sich Organisationen und Personal an der Gleichberechtigungssemantik orientieren, treten informale Mechanismen auf den Plan, allerdings auch nicht immer und nicht überall.

Daher spreche ich von De-Institutionalisierung, nämlich der Lockerung gesellschaftlicher Vorgaben, und zudem von Re-Instutionalisierung, d.h. von einem Prozeß der Umstellung auf andere Reproduktionsweisen des Geschlechterverhältnisses (vgl. Jepperson 1991; Nedelmann 1995). Damit komme ich auf die eingangs erwähnte Debatte über den Wandel der Geschlechterordnung zurück. Dieser Band zeigt, daß sich im Laufe der letzten dreihundert Jahre die kognitiven Schemata und normativen Konzepte – öffentlich/privat, männlich/weiblich, wissenschaftlich/nicht-wissenschaftlich – gewandelt haben. Wissenschaft als Vollzeitbeschäftigung und Erwerbsgrundlage war Frauen und Männern der Frühen Neuzeit unbekannt und sie würden daher für die heutige Klassifizierung der Geschlechter in Förderprogrammen Übersetzungshilfen von EthnologInnen benötigen. Denn ihre kognitiven Schemata enthielten damals andere Schwellen der Zugehörigkeit und andere Märkte.

Das Geschlechterverhältnis, an dem sich heute nationale Förderprogramme und internationale Konferenzen im Sinne der Gleichberechtigung und des Fortschritts abarbeiten, wurde in dem Jahrhundert geboren, in dem auch die Rolle des *Wissenschaftlers* institutionell stabilisiert wurde. Die kontingente Dynamik der Relation Wissenschaft und Geschlecht betrifft also nicht erst das 20. Jahrhundert, sondern auch die Frühe Neuzeit vor der Schwelle zur modernen funktional differenzierten Wissenschaft. Eine geschlechtsbezogene stabile Exklusivität der Wissenschaft besteht heute nicht mehr, sondern eher ein multidimensionales Muster von Inklusion und Ungleichheit. In Bereichen, die die Geschlechter formal gleich behandeln, werden oftmals informal Zuschreibungen, Stereotypisierungen und Präferenzen aktiviert, die faktisch eine Ungleichbehandlung der Frauen zur Folge haben.

Hiermit ist das äußerste Ende des Bogens erreicht, den dieser Band von der früh-neuzeitlichen Wissenschaft im 17. Jahrhundert bis zur globalen Autorität von Wissenschaft und Gleichberechtigung im 21. Jahrhundert spannt. Die Positionen auf der Vorderbühne der Wissenschaft sind nun anders verteilt und die Einsätze haben sich geändert. Im Gegensatz zur Frühen Neuzeit – als in der *Republic of Letters* (Daston 1991) weder die Nationalität noch die Sprache Kriterien der Affiliation darstellten und die korporative Einheit der Familie einen entscheidenden Kontext bildete – bestimmen im 21. Jahrhundert andere Akteure die Szene (vgl. Stichweh 1996). Wie im Nationalstaat des 19. Jahrhunderts ist auch heute die Geschlechterordnung eine Staatsaufgabe, allerdings haben die normativen Vorzeichen gewechselt (vgl. Ramirez 2001). Wurde seit dem 19. Jahrhundert durch das Rechtssystem ein Sonderstatus für Frauen etabliert, intervenieren heute staatliche Instanzen in öffentliche und zunehmend auch mehr in private Bereiche, um unter dem Banner der Gleichberechtigung Ordnung in die Geschlechterverhältnisse zu bringen.

Staatlichen Interventionen sind indes Grenzen gesetzt und nicht alle Dimensionen sozialer Verhältnisse sind administrativen Programmen zugänglich. Wer die Wäsche wäscht oder welche Geschlechtsstereotypen in der Teambesprechung der Laborgruppe aktiviert werden, – Interaktionen dieser Art signalisieren Dimensionen einer anderen Ökonomie, durch die auch die kulturelle Dynamik der Wissenschaft in Gang gehalten wird.

Anmerkungen

1 | Ich möchte Bettina Heintz danken, die mit mir das Konzept des Bandes diskutiert hat. Ein ganz besonderer Dank gilt meiner Mitarbeiterin Heike Scheidemann für ihre wichtigen Anregungen und Hinweise bei der konzeptionellen Diskussion des Beitrags.

2 | Vgl. dazu die Beiträge in Meyer (2003), in denen der Herausgeber an vielen Stellen dieses Wort für die deutsche Fassung wählte. Ein gute Entscheidung, weil in dem Bedeutungsfeld von *Gerede* die Ambiguität und somit die unterschiedlichen Anschußmöglichkeiten präsent gehalten werden. Diese reichen vom *bloßen Gerede* (man denke an den *Klatsch*) bis zu einer Geschichte, die die Runde macht, d.h. in die Zirkulation eingeht und somit für Vergesellschaftungsformen keineswegs unbedeutend ist (vgl. Simmel 1983b).

3 | Für den Bereich ökonomischer Rechte hat Berkovitch (1999) diese Wirkungsmächtigkeit am Beispiel von Internationalen Organisationen, Nationalstaaten und Frauenbewegungen demonstriert. Für einen weiteren Bereich ökonomischer Rechte im Bereich der Europäischen Union vgl. Wobbe (2001, 2003a).

4 | Insbesondere Arbeiten aus der Segregationsforschung verbinden Hypothesen der konstruktivistischen Geschlechterforschung mit denen der Organisationsforschung. Für erwerbsbezogene Interaktion vgl. Heintz et al. 1997; vgl. Ridgeway 2001.

5 | Ein instruktives Beispiel für diesen Modus von Exklusion und Inklusion unter anderen Vorzeichen liefert die Staatsbürgerschaft (vgl. Gosewinkel 2001; Löther 1994) sowie die damit eng zusammenhängende Kriegs- und Militärsemantik (vgl. Hagemann/Schüler-Springorum 2002; Planert 2000). Der klassische Bezugstext für den Gedanken des Aus- und Einschlusses ist Pateman 1988.

6 | Vgl. hierzu den Essay von Guenther Roth über die politischen Implikationen dieses Konzepts bei Durkheim und über die intellektuellen Blockaden, die die Differenzsemantik bewirkte (Roth 1992; Durkheim 1909-1911).

7 | Georg Simmel (1983a) hat diese historisch neue Arbeitsteilung in seiner Kultursoziologie wiederum in Form von subjektiver und objektiver Kultur institutionalisiert. Zur neueren Diskussion bezüglich der *Maskulinität* der klassischen Soziologie vgl. Witz/Marshall 2003; Wobbe 2003b. Zum

Geschlechtsbezug der Soziologie vgl. Silverberg 1998; Wobbe 1997. Im 19. Jahrhundert, in dem sich die Autonomie und das Leistungsprinzip durchsetzten, wurde die Rechtlosigkeit der Frauen »mit dem zentralen Leistungsprinzip, der vermeintlich geringeren Eignung« (Gosewinkel 2001: 295) gerechtfertigt. Gegen den Zugang von Frauen zu politischen Rechten wurde dieses Argument ebenso vorgebracht wie gegen ihre Teilnahme an der Wissenschaft.

8 | So zeigen die Nahaufnahmen etwa der bildungs- und wirtschaftsbürgerlichen Gelehrtenfamilien Mommsen und Weber, daß die Geselligkeit, aber auch die wissenschaftliche Hilfsarbeit in der Familie eine wichtige Rolle spielte; vgl. für Mommsen Rebenich 2002 und für Weber die Familienbiographie von Guenther Roth (2001).

Literatur

Abir-Am, Pnina G./Outram, Dorinda (Hg.) (1987): *Uneasy Careers and Intimate Lives. Women in Science 1789-1979*, New Brunswick, London: Rutgers University Press.

Allmendinger, Jutta/Fuchs, Stefan/von Stebut, Janina (1999a): »Drehtüre oder Paternoster? Zur Frage der Verzinsung der Integration in wissenschaftliche Gesellschaften«, in: Honegger, Claudia/Hradil, Stefan/Taxler, Franz (Hg.), *Grenzenlose Gesellschaft*, Opladen: Leske + Budrich, S. 181-197.

Allmendinger, Jutta/Brückner, Hannah/Fuchs, Stefan/von Stebut, Janina (1999b): »Eine Liga für sich? Berufliche Werdegänge von Wissenschaftlerinnen in der Max-Planck-Gesellschaft«, in: Aylâ Neusel/Angelika Wetterer (Hg.), *Vielfältige Verschiedenheiten*, Frankfurt/Main, New York: Campus, S. 193-220.

Berkovitch, Nitza (1999): *From Motherhood to Citizenship. Women's Right and International Organizations*, Baltimore: Johns Hopkins University Press.

Bock, Gisela (2000): *Frauen in der Geschichte Europas. Vom Mittelalter bis zur Gegenwart*, München: C.H. Beck.

Bock, Gisela/Duden, Barbara (1977): »Arbeit aus Liebe – Liebe als Arbeit. Zur Entstehung der Hausarbeit im Kapitalismus«, in: Berliner Dozentinnen (Hg.), *Frauen und Wissenschaft. Beiträge zur Berliner Sommeruniversität 1976*, Berlin: Krin, S. 118-199.

BLK (2002): Bund-Länder-Kommission für Bildungsplanung und Forschungsförderung, Frauen in Führungspositionen an Hochschulen und außerhochschulischen Forschungseinrichtungen, Sechste Fortschreibung des Datenmaterials, Bonn, Stand: Juli 2002.

Daston, Lorraine J. (1991): »The Ideal und Reality of the Republic of Letters in the Enlightenment«, *Science in Context* 4, S. 367-386.

Dilcher, Gerhard (1997): »Die Ordnung der Ungleichheit. Haus, Stand und Geschlecht«, in: Gerhard (Hg.), S. 55-72.

di Luzio, Gaia (2002): *Verwaltungsreform und Reorganisation der Geschlechterbeziehungen*, Frankfurt/Main, New York: Campus.

DiMaggio, Paul J.,/Powell, Walter W. (1991a): »Introduction«, in: Powell/DiMaggio (Hg.), S. 1-38.

DiMaggio, Paul J./Powell, Walter W. (1991b): »The Iron Cage Revisited. Institutional Isomorphism and Collective Rationality in Organizational Fields«, in: Powell/DiMaggio (Hg.), S. 63-82.

Durkheim, Émile (1988 [1893]): *Über soziale Arbeitsteilung*. Studie über die Organisation höherer Gesellschaften, Frankfurt/Main: Suhrkamp.

Durkheim, Émile (1906-1909): Besprechung »Marianne WEBER, Ehefrau und Mutter in der Rechtsentwicklung«, in: *l'Année Sociologique* 1906-1909, Nachdruck in: Émile Durkheim, *Journal Sociologique*, Paris 1969, S. 644-649.

Etzkowitz, Henry/Kemelgor, Carol/Neuschatz, Michael/Uzzi, Brian (1992): »Athena Unbound. Barriers to Women in Academic Science and Engineering«, in: *Science and Public Policy* 19, S. 157-179.

Felt, Ulrike/Nowotny, Helga/Taschwer, Klaus (1995): *Wissenschaftsforschung*, Frankfurt/Main, New York: Campus.

Fox, Mary Frank (1995): »Women and Scientific Careers«, in: Sheila Jasanoff/Gerald E. Markle/James C. Petersen/Trevor Pinch (Hg.), *Handbook of Science and Technology Studies*, Thousand Oaks, London, New Dehli: Sage, S. 205-223.

Fox, Mary Frank (1996): »Women, Academia, and Careers in Science and Engineering«, in: Cinda Davis/Angela Ginorino/Carol Hollenshed/Barbarar Lazarus/Paula Reyman Holland (Hg.), *The Equity Equation: Fostering the Advancement of Women in the Sciences, Mathematics, and Engineering*, San Francisco: Jossey-Bass, S. 265-289.

Fox, Mary Frank (1999): »Gender, Hierarchy, and Science«, in: Janet S. Chafetz (Hg.), *Handbook of the Sociology of Gender*, New York: Kluver Academic/Plenum Publishers, S. 441-451.

Frevert, Ute (1995): *»Mann und Weib, und Weib und Mann«. Geschlechter-Differenzen in der Moderne*, München: C.H. Beck.

Frevert, Ute/Haupt, Heinz-Gerhard (Hg.) (1999): *Der Mensch des 19. Jahrhunderts*, Frankfurt/Main, New York: Campus.

Gerhard, Ute (Hg.) (1997): *Frauen in der Geschichte des Rechts*, München: C.H. Beck.

Görs, Britta (2002): Die chemisch-technische Assistenz. Zur Entwicklung eines neuen beruflichen Tätigkeitsfeldes in der Chemie zu Beginn des 20. Jahrhunderts, in: Wobbe (Hg.), S. 169-195.

Goffman, Erving (1983 [1959]): *Wir alle spielen Theater.* Die Selbstdarstellung im Alltag, München: Piper.

Goffman, Erving (1994): *Interaktion und Geschlecht,* Frankfurt/Main, New York: Campus.

Gosewinkel, Dieter (2001): *Einbürgern und Ausschließen: Die Nationalisierung der Staatsangehörigkeit vom Deutschen Bund bis zur Bundesrepublik Deutschland,* Göttingen: Vandenhoeck & Rupprecht.

Hagemann, Karen/Schüler-Springorum, Stefanie (Hg.) (2002): *Heimat-Front. Militär und Geschlechterverhältnisse im Zeitalter der Weltkriege,* Frankfurt/Main, New York: Campus.

Harkness, Deborah E. (1999): »Managing an Experimental Household. The Dees of Mortlake and the Practice of Natural Philosophy«, in: Kohlstedt (Hg.), S. 23-38.

Hasse, Raimund/Krücken, Georg (1999): *Neo-Institutionalismus,* Bielefeld: transcript.

Hausen, Karin (1976): »Die Polarisierung der ›Geschlechtscharaktere‹ – eine Spiegelung der Dissoziation von Erwerbs- und Familienleben«, in: Werner Conze (Hg.), *Sozialgeschichte der Familie in der Neuzeit,* Stuttgart: Klett-Cotta, S. 363-393.

Hausen, Karin (1993): »Wirtschaften mit der Geschlechterordnung. Ein Essay«, in: dies. (Hg.), *Geschlechterhierarchie und Arbeitsteilung. Zur Geschichte ungleicher Erwerbschancen von Männern und Frauen,* Göttingen: Vandenhoeck & Rupprecht, S. 40-67.

Hausen, Karin (1997): »Arbeiterinnenschutz, Mutterschutz und gesetzliche Krankenversicherung im Deutschen Kaiserreich und in der Weimarer Republik. Zur Funktion von Arbeits- und Sozialrecht für die Normierung und Stabilisierung der Geschlechterverhältnisse«, in: Gerhard (Hg.), S. 713-743.

Heintz, Bettina (1993): »Wissenschaft im Kontext. Neuere Entwicklungstendenzen in der Wissenschaftssoziologie«, in: *Kölner Zeitschrift für Soziologie und Sozialpsychologie* 45, S. 528-552.

Heintz, Bettina (1998): »Die soziale Welt der Wissenschaft. Entwicklungen, Ansätze und Ergebnisse der Wissenschaftsforschung«, in: Bettina Heintz/Bernhard Nievergelt (Hg.), *Wissenschafts- und Technikforschung in der Schweiz,* Zürich: Ergon, S. 55-94.

Heintz, Bettina (Hg.) (2001a): *Geschlechtersoziologie.* Sonderband 41 der Kölner Zeitschrift für Soziologie und Sozialpsychologie, Opladen: Westdeutscher Verlag.

Heintz, Bettina (2001b): »Geschlecht als (Un-)Ordnungsprinzip. Entwicklungen und Perspektiven der Geschlechtersoziologie«, in: dies. (Hg.), *Geschlechtersoziologie*, S. 9-29.

Heintz, Bettina/Nadai, Eva (1998): »Geschlecht und Kontext. De-Institutionalisierungsprozesse und geschlechtliche Differenzierung«, in: *Zeitschrift für Soziologie* 27, S. 75-93.

Heintz, Bettina/Nadai, Eva/Fischer, Regula/Ummel, Hannes (1997): *Ungleich unter Gleichen.* Studien zur Segregation des Arbeitsmarktes, Frankfurt/Main, New York: Campus.

Hirschauer, Stefan (1994): »Die soziale Fortpflanzung der Zweigeschlechtlichkeit«, in: *Kölner Zeitschrift für Soziologie und Sozialpsychologie* 46, S. 668-692.

Hirschauer, Stefan (2001): »Das Vergessen des Geschlechts. Zur Praxeologie einer Kategorie sozialer Ordnung«, in: Heintz (Hg.), *Geschlechtersoziologie*, S. 208-235.

Hoffmann, Petra (2002): »Innenansichten der Forschungsarbeit an der Akademie. Zur Geschichte von Mitarbeiterinnen in den wissenschaftlichen Projekten der Preußischen Akademie der Wissenschaften zu Berlin (1890-1945)«, in: Wobbe (Hg.) (2002a), S. 93-123.

Honegger, Claudia (1991): *Die Ordnung der Geschlechter. Die Wissenschaften vom Menschen und das Weib 1750-1850*, Frankfurt/Main, New York: Campus.

Honegger, Claudia/Wobbe, Theresa (Hg.) (1998): *Frauen in der Soziologie. Neun Porträts*, München: C.H. Beck.

Hornig, Lilly S. (Hg.) (2003): *Equal Rites, Unequal Outcomes: Women in American Research Universities*, New York: Kluwer Academic/Plenum Publishers.

Jepperson, Ronald L. (1991): »Institutions, Institutional Effects, and Institutionalism«, in: Powell/DiMaggio (Hg.), S. 143-163.

Johnson, Jeffrey A. (1998): »German Women in Chemistry, 1895-1925 (Part I und Part II)«, in: *Zeitschrift für Geschichte der Naturwissenschaften, Technik und Medizin* 6, S. 1-21, 65-90.

Kanter, Rosabeth Moss (1977a): »Some Effects of Proportions on Group Life: Skewed Sex Ratios and Responses to Token Women«, in: *American Journal of Sociology* 82, S. 965-990.

Kanter, Rosabeth Moss (1977b): *Men and Women of the Corporation*, New York: Basic Books, S. 206-242.

Keller, Fox Evelyn (1985): *Reflections on Gender and Science*, New Haven: Yale University Press.

Knapp, Gudrun-Axeli (2001): »Grundlagenkritik und stille Post. Zur Debatte um einen Bedeutungsverlust der Katetgorie ›Geschlecht‹«, in: Heintz (Hg.), *Geschlechtersoziologie*, S. 53-74.

Kohlstedt, Sally Gregory (Hg.) (1999): *History of Women in the Sciences.* Readings from ISIS, Chicago, London: University of Chicago Press.

Krais, Beate (Hg.) (2000a): *Wissenschaftskultur und Geschlechterordnung. Über die verborgenen Mechanismen männlicher Dominanz in der akademischen Welt,* Frankfurt/Main, New York: Campus.

Krais, Beate (2000b): »Einleitung: Die Wissenschaft und die Frauen«, in: dies. (Hg.), *Wissenschaftskultur und Geschlechterordnung,* S. 9-30.

Krais, Beate (2000c): »Das soziale Feld der Wissenschaft und die Geschlechterverhältnisse. Theoretische Sondierungen«, in: dies. (Hg.), *Wissenschaftskultur und Geschlechterordnung,* S. 31-54.

Krais, Beate/Krumpeter, Tanja (1997): »Wissenschaftskultur und weibliche Karrieren«, in: *MPG-Spiegel* 3, S. 31-35.

Kuhlmann, Ellen/Matthies, Hildegard (2001): »Geschlechterasymmetrie im Wissenschaftsbetrieb. Eine vergleichende Fallstudie in außeruniversitären Forschungsinstituten«, in: *Berliner Journal für Soziologie* 11, S. 31-50.

Leicht-Scholten, Carmen (2000): *Das Recht auf Gleichberechtigung im Grundgesetz. Die Entscheidungen des Bundesverfassungsgerichts von 1949 bis heute,* Frankfurt/Main, New York: Campus.

Lelke, Ina (2002): »Die Berliner Akademie der Wissenschaften und die ›arbeitende Geselligkeit‹«, in: Wobbe (Hg.) (2002a), S. 65-91.

Lindsay, Debra (1988): »Intimate Inmates. Wives, Households, and Science in Nineteenth-Century America«, in: *Isis* 89, S. 631-652.

Löther, Andrea (1994): »Unpolitische Bürger. Frauen und Partizipation in der vormodernen praktischen Philosophie«, in: Reinhart Koselleck/Klaus Schreiner (Hg.), *Bürgerschaft. Rezeption und Innovation der Begrifflichkeit vom Hohen Mittelalter bis ins 19. Jahrhundert,* Stuttgart: Klett-Cotta, S. 239-273.

Long, Scott J./Fox, Mary Frank (1995): »Scientific Careers: Universalism and Particularism«, in: *Annual Reviews of Sociology* 21, S. 45-71.

Lüchauer, Annemarie (2002): »Arbeitssysteme als Karrierekontexte: Erfahrungen von Biologinnen«, in: Wobbe (Hg.) (2002a), S. 197-227.

Luhmann, Niklas (1984): *Soziale Systeme,* Frankfurt/Main: Suhrkamp.

Luhmann, Niklas (1990): *Die Wissenschaft der Gesellschaft,* Frankfurt/Main: Suhrkamp.

Merton, Robert K. (1985a [1942]): *Entwicklung und Wandel von Forschungsinteressen.* Aufsätze zur Wissenschaftssoziologie, übers. von Reinhard Kaiser, mit einer Einleitung von Nico Stehr, Frankfurt/Main: Suhrkamp.

Merton, Robert K. (1985b [1942]): »Die normative Struktur der Wissenschaft«, in: ders., *Entwicklung und Wandel von Forschungsinteressen,* S. 86-99.

Merton, Robert K. (1985c [1945]): »Zur Wissenssoziologie«, in: ders., *Entwicklung und Wandel von Forschungsinteressen*, S. 217-257.

Merton, Robert K. (1985d [1968]): »Der Matthäus-Effekt in der Wissenschaft«, in: ders., *Entwicklung und Wandel von Forschungsinteressen*, S. 147-171.

Meyer, John W. (2003): *Der ›world-polity‹-Ansatz in der Globalisierungsdiskussion*, hg. und eingeleitet von Georg Krücken, Frankfurt/Main: Suhrkamp.

Meyer, John W./Rowan, Brian (1991): »Institutional Organizations. Formal Structures as Myth and Ceremony«, in: Powell/DiMaggio. (Hg.), S. 41-62.

Mommertz, Monika (2002): »Schattenökonomie der Wissenschaft. Geschlechterordnung und Arbeitssysteme in der Astronomie der Berliner Akademie der Wissenschaften im 18. Jahrhundert«, in: Wobbe (Hg.) (2002a), S. 31-63.

Nedelmann, Birgitta (1995): »Gegensätze und Dynamik politischer Institutionen«, in: dies. (Hg.), *Politische Institutionen im Wandel, Sonderband 35 der Kölner Zeitschrift für Soziologie und Sozialpsychologie*, Opladen: Westdeutscher Verlag, S. 15-40.

Ogilvie, Marilyn Bailey (1987): »Marital Collaboration: An Approach to Science«, in: Abir-Am/Outram (Hg.), S. 104-125.

Outram, Dorinda (1989): »Before Objectivity: Wives, Patronage, and Cultural Reproduction in Early Nineteenth-Century French Science«, in: Abir-Am/Outram (Hg.), S. 19-30.

Pateman, Carole (1988): *The Sexual Contract*, Oxford: Polity Press.

Planert, Ute, (Hg.) (2000): *Nation, Politik und Geschlecht*, Franfurt/Main, New York: Campus.

Powell, Walter W./DiMaggio, Paul J. (Hg.) (1991): *The New Institutionalism in Organizational Analysis*, Chicago: Chicago University Press.

Pycior, Helena M./Slack, Nancy G./Abir-Am, Pnina G. (Hg.) (1996): *Creative Couples in the Sciences*, New Brunswick, New Jersey: Rutgers University Press.

Ramirez, Francisco (2001): »Frauenrechte, Weltgesellschaft und die gesellschaftliche Integration von Frauen«, in: Heintz (Hg.), *Geschlechtersoziologie*, S. 356-376.

Rebenich, Stefan (2002): *Theodor Mommsen. Eine Biographie*, München: C.H. Beck.

Reskin, Barbara F. (1976): »Sex Differences in Status Attainment in Science: The Case of Postdoctoral Fellowship«, in: *American Sociological Review* 41, S. 597-612.

Reskin, Barbara F./McBrier, Debra Branch (2000): »Why not Ascription? Organization's Employment of Male and Female Managers«, in: *American Sociological Review* 65, S. 210-233.

Ridgeway, Cecilia L. (2001): »Interaktion und die Hartnäckigkeit der Geschlechter-Ungleichheit in der Arbeitswelt«, in: Heintz (Hg.), *Geschlechtersoziologie*, S. 250-275.

Robert, Vincent (1999): »Arbeiter«, in: Frevert/Haupt (Hg.), S. 163-196.

Rossiter, Margaret W. (1980): »›Women's Work‹ in Science, 1880-1910«, in: *Isis* 71, S. 381-398.

Rossiter, Margaret W. (1982): *Women Scientists in America. Struggles and Strategies to 1940*, Baltimore, London: Johns Hopkins University Press.

Rossiter, Margaret W. (1993): »The ~~Matthew~~ Matilda Effect in Science«, in: *Social Studies of Science* 23, S. 325-341.

Rossiter, Margaret W. (1995): *Women Scientists in America. Before Affirmative Action 1940-1972*, Baltimore, London: Johns Hopkins University Press.

Roth, Guenther (1992): »Emile Durkheim und die Prinzipien von 1789. Zum Problem der Geschlechtergleichheit«, in: Ilona Ostner/Klaus Lichtblau (Hg.), *Feministische Vernunftskritik. Ansätze und Traditionslinien*, Frankfurt/Main, New York: Campus, S. 167-188.

Roth, Guenther (2001): *Max Webers deutsch-englische Familiengeschichte 1800-1950 mit Briefen und Dokumenten*, Tübingen: Mohr Siebeck.

Schiebinger, Londa (1993a): *Schöne Geister. Frauen in den Anfängen der modernen Wissenschaft*, Stuttgart: Klett-Cotta.

Schiebinger, Londa (1993b): *Nature's Body. Gender in the Making of Modern Science*, Boston/MA: Harvard University Press.

Schiebinger, Londa (2000): *Frauen forschen anders. Wie weiblich ist die Wissenschaft?*, München: C.H. Beck.

Schmitt, Sabine (1995): *Der Arbeiterinnenschutz im deutschen Kaiserreich. Zur Konstruktion der schutzbedürftigen Arbeiterin*, Stuttgart, Weimar: Metzler.

Scott, Joan W. (1994): »Die Arbeiterin«, in: Geneviève Fraisse/Michelle Perrot (Hg.), *Geschichte der Frauen*, Bd. 4, 19. Jahrhundert, Frankfurt/Main: Campus, S. 451-480.

Scott, Joan W. (1988): *Gender and the Politics of History*, New York: Columbia University Press.

Scott, Joan W. (1996): *Only Paradoxes to Offer. French Feminists and the Rights of Men*, Cambridge u.a.: Harvard University Press.

Schultz, Dagmar (1991): *»Das Geschlecht läuft immer mit ...«. Die Arbeitswelt von Professorinnen und Professoren*, Pfaffenweiler: Centaurus.

Shapin, Steven (1988): »The House of Experiment in Seventeen-Century England«, in: *Isis* 79, S. 373-404.

Shapin, Steven (1989): »The Invisible Technician«, in: *American Scientist* 77, S. 554-563.

Silverberg, Helen (Hg.) (1998): *Gender and American Social Sciences. The Formative Years*, Princeton: Princeton University Press.

Simmel, Georg (1983a [1902]): »Weibliche Kultur«, in: ders., *Philosophische*

Kultur. Über das Abenteuer, die Geschlechter und die Krise der Moderne. Gesammelte Essais, mit einem Nachwort von Jürgen Habermas, Berlin: Wagenbach, S. 207-241.

Simmel, Georg (1983b [1908]): *Soziologie. Untersuchung über die Formen der Vergesellschaftung*, Berlin: Duncker & Humblot.

Smith, Adam (1963 [1776]): *Eine Untersuchung über das Wesen und die Ursachen des Reichtums der Nationen*, Bd. 1, Berlin (DDR): Akademie Verlag.

Stichweh, Rudolf (1979): »Differenzierung der Wissenschaft«, in: *Zeitschrift für Soziologie* 8, S.82-101.

Stichweh, Rudolf (1984): *Zur Entstehung des modernen Systems wissenschaftlicher Disziplinen. Physik in Deutschland 1740-1890*, Frankfurt/Main: Suhrkamp.

Stichweh, Rudolf (1991): *Der frühmoderne Staat und die europäische Universität. Zur Interaktion von Politik und Erziehungssystem im Prozeß ihrer Ausdifferenzierung (16.-18. Jahrhundert)*, Frankfurt/Main: Suhrkamp.

Stichweh, Rudolf (1994a): *Wissenschaft, Universität, Professionen. Soziologische Analysen*, Frankfurt/Main: Suhrkamp.

Stichweh, Rudolf (1994b): »Professionen und Disziplinen: Formen der Differenzierung zweier Systeme beruflichen Handelns in modernen Gesellschaften«, in: ders., *Wissenschaft, Universität, Professionen*, S. 278-336.

Stichweh, Rudolf (1996): »Science in the System of World Society«, in: *Social Science Information* 35, S. 327-340.

Stichweh, Rudolf (2000): »Der Wissenschaftler«, in: Frevert/Haupt (Hg.), S. 163-196.

Tobies, Renate (Hg.) (1997): *»Aller Männerkultur zum Trotz«: Frauen in Mathematik und Naturwissenschaften*, Frankfurt/Main, New York: Campus.

Tyrell, Hartmann (1986): »Geschlechtliche Differenzierung und Geschlechterklassifikation«, in: *Kölner Zeitschrift für Soziologie und Sozialpsychologie* 38, S. 450-489.

Vogt, Annette (2000): *Women Members of the Academies of Science – A Comparative Study With Special Consideration of the Kaiser Wilhelm Society (1912-1945)*, Max-Planck-Institut für Wissenschaftsgeschichte, Preprint 155, Berlin.

Weber, Max (1919): »Wissenschaft als Beruf«, in: ders., *Gesammelte Aufsätze zur Wissenschaftslehre*, hg. von Johannes Winkelmann, Tübingen: Mohr Siebeck, S. 502-613.

Weinbach, Christine/Stichweh, Rudolf (2001): »Die Geschlechterdifferenz in der funktional differenzierten Gesellschaft«, in: Heintz (Hg.), *Geschlechtersoziologie*, S. 30-51.

Weingart, Peter (2003): *Wissenschaftssoziologie*, Bielefeld: transcript.

Wennerås, Christine/Wold, Agnes (1997): »Nepotism and Sexism in Peer-Review«, in: *Nature* 387, S. 341-343.

Wetterer, Angelika (Hg.) (1992): *Profession und Geschlecht. Über die Marginalität von Frauen in hochqualifizierten Berufen*, Frankfurt/Main, New York: Campus.

Wetterer, Angelika (Hg.) (1995): *Die soziale Konstruktion von Geschlecht in Professionalisierungsprozessen*, Frankfurt/Main, New York: Campus.

Wiemeler, Mirjam (1996): »›Zur Zeit sind alle für Damen geeigneten Posten besetzt‹ – Promovierte Chemikerinnen bei der BASF, 1918-1933«, in: Christoph Meinel/Monika Renneberg (Hg.), *Geschlechterverhältnisse in Medizin, Naturwissenschaft und Technik*, Stuttgart: Verlag für Geschichte der Naturwissenschaften und Technik, S. 237-244.

Wimbauer, Christine (1999): *Organisation, Geschlecht, Karriere. Fallstudien aus einem Forschungsinstitut*, Opladen: Leske + Budrich.

Witz, Anne/Marshall, Barbara (Hg.), *The Masculinity of the Classics*, London: Open University Press.

Wobbe, Theresa (1997): *Wahlverwandtschaften. Die Soziologie und die Frauen auf dem Weg zur Wissenschaft (1890-1933)*, Frankfurt/Main, New York: Campus.

Wobbe, Theresa (2000): *Weltgesellschaft*, Bielefeld: transcript.

Wobbe, Theresa (2001): »Institutionalisierung von Gleichberechtigungsnormen im supranationalen Kontext: Die EU-Geschlechterpolitik«, in: Heintz (Hg.), *Geschlechtersoziologie*, S. 332-355.

Wobbe, Theresa (2002a): *Frauen in Akademie und Wissenschaft. Arbeitsorte und Forschungspraktiken (1700-2000)*, Berlin: Akademie Verlag.

Wobbe, Theresa (2002b): »Die *longue durée* von Frauen in der Wissenschaft: Orte, Organisationen, Anerkennung«, in: dies. (Hg.), *Frauen in Akademie und Wissenschaft*, S. 1-28.

Wobbe, Theresa (2003a): »From Protecting to Promoting: Evolving EU Sex Equality Norms in an Organisational Field«, in: Jo Shaw/Antje Wiener, *European Law Journal, Special Issue on Constitutionalism* 9.

Wobbe, Theresa (2003b): »Georg Simmel and Marianne Weber: Elective Affinities between Sociological Classics and Feminist Politics«, in: Witz/Marshall (Hg.) (im Erscheinen).

Wunder, Heide (1997): »Herrschaft und öffentliches Handeln von Frauen in der Gesellschaft der Frühen Neuzeit«, in: Gerhard (Hg.), S. 27-54.

Wunder, Heide (1999): *Der Andere Blick auf die Frühe Neuzeit. Forschungen 1974-1995*, hg. von Barbara Hoffmann/Renate Dürr/Ulrike Gleixner/Helga Zöttlein, Frankfurt/Main: Ulrike Helmer Verlag.

Zuckerman, Harriet/Cole, Jonathan R. Cole/Bruer, John T. (Hg.) (1991): *The Outer Circle. Women in the Scientific Community*, New Haven, London: Yale University Press.

Ständisch-korporatives Konzept. Netzwerke und Familienbeziehungen

Weder öffentlich noch privat: Mathematik im Frankreich des frühen 17. Jahrhunderts

Catherine Goldstein

Unter den verschiedenen Hypothesen, mit denen in den letzten Jahrzehnten versucht wurde, die offensichtliche geschlechtliche Bestimmtheit moderner wissenschaftlicher Aktivitäten zu erklären, bildet die Professionalisierung der Wissenschaft einen der überzeugensten Ansatzpunkte. Diesem Ansatz zufolge schuf die Entwicklung wissenschaftlicher Karrieren eine verbindliche Verknüpfung von wissenschaftlicher Leistung und Anerkennung mit der Öffentlichkeit – zunächst an offiziellen, staatlich geförderten Akademien, dann an Universitäten, Fachhochschulen und Forschungsinstituten. In dieser Periode wurden Frauen in ihren Aktivitäten jedoch mehr und mehr auf den Bereich des Häuslichen eingegrenzt. Während also die Organisationsform der frühen modernen Wissenschaft in privaten Akademien oder Salons Frauen neue Möglichkeiten eröffnet und ihre Teilnahme an wissenschaftlichen Aktivitäten begünstigt hatte, so schloß der Prozeß der Institutionalisierung sie in drastischer Form von der Wissenschaft aus. Diese These läßt sich auf verschiedene Weise belegen. Es lassen sich beispielsweise die aufschlußreichen Debatten analysieren, die die Zulassung oder Ablehnung von Frauen an wissenschaftlichen Institutionen begleiteten. Man kann ebenso die Schwierigkeiten untersuchen, mit denen jene wenigen Wissenschaftlerinnen zu kämpfen hatten, die vor dem 20. Jahrhundert Berühmtheit erlangten. Umgekehrt läßt sich die (geschlechtliche) Arbeitsteilung in jenen Disziplinen untersuchen, die wie die Naturgeschichte, parallel zur institutionalisierten wissenschaftlichen Arbeit immer noch beträchtliche Leistungen im privaten Bereich ermöglichten. Emblematisch kann diese These auch bereits für das Ende des 17. Jahrhunderts illustriert werden: Während dem offiziellen Besuch des französischen Königs am Observatorium der neu gegründeten Akademie der Wissenschaften nur Männer beiwohnten, zeigt eine andere Darstellung zeitgenössische an Wissenschaft interessierte Frauen, wie sie allein oder in kleinen privaten Gruppen *vor einem Bild* des besagten Observatoriums in Träumereien versinken.[1]

Natürlich werde ich nicht der These widersprechen, daß der Ausschluß von den wissenschaftlichen Institutionen Frauen an einer Teilnahme gehindert und ihren Leistungen Grenzen gesetzt hat.[2] Doch über die direkten Folgen des unmittelbaren Verbots hinaus sind wir noch mit einer Reihe von Rätseln konfrontiert: Warum ist es so schwer – und ich denke sogar, unmöglich –, Frauen des 17. Jahrhunderts ausfindig zu machen, deren Leistungen mit denen der archetypischen Amateure der damaligen Zeit, Pierre Fermat oder Robert Boyle, verglichen werden können? Wie geschah es, daß bestimmte Verhaltensweisen und Qualitäten wie Bescheidenheit und Altruismus, die einen wichtigen Bestandteil des wissenschaftlichen Ethos ausmachen, zugleich effizient zu häuslichen Tugenden umgeformt wurden, um so Frauen auf den Haushalt zu beschränken? Warum konnte kreative Arbeit nur zu bestimmten Zeitpunkten und in bestimmten Fachgebieten mit beruflichen Praktiken verknüpft werden? Wie genau kreuzt sich Geschlecht mit anderen Systemen der Hierarchisierung sowohl in der Gesamtgesellschaft als auch innerhalb wissenschaftlicher Institutionen?

Diese und viele andere Fragen legen nahe, daß die einmal etablierte Institutionalisierung zwar zu den Mechanismen des Ausschlusses gehörte, sie funktionierte indes nicht als eindeutiger, langfristiger historischer Prozeß einer zunehmenden Entfremdung zwischen häuslichen Frauen und öffentlicher Wissenschaft. In diesem Beitrag will ich in drei Argumentationsschritten die These angreifen, daß die frühe moderne Wissenschaft als vermeintlich private Angelegenheit ein goldenes Zeitalter für die Beteiligung von Frauen gewesen sei. Erstens war die Wissenschaft damals auf gewisse Weise öffentlicher, als dies in der Regel wahrgenommen wird. Zweitens scheint dieses öffentliche Interesse Frauen durchaus nicht entmutigt zu haben. Drittens waren auch unter diesen Umständen die Zugangsmöglichkeiten von Frauen zu wissenschaftlicher Arbeit im Hinblick auf Umfang, Örtlichkeit und Art beschränkt. Die Wissenschaft war damals nicht häuslich, doch wenn so wenig Frauen in ihr zu finden waren, so lag dies nicht an ihrem öffentlichen Charakter.

Ich werde mich auf die Situation in Frankreich[3] beschränken, und auf die Jahrzehnte, die zwischen der Eröffnung der *Académie française* (1634-35) und der *Académie des sciences* (1666) lagen. Es sollen Beispiele für drei Arten von Unternehmungen diskutiert werden: Die Lösung neuer mathematischer Probleme, das Schreiben von Lehrbüchern, und die Lobpreisung gelehrter Frauen. Meine drei Beispiele stammen größtenteils aus demselben kulturellen Milieu, in dem sich dieselben Personen bewegten. Es speiste sich aus vielerlei Formen von Austausch und ihm lag ein überwiegend geteiltes Verständnis von Schicklichkeit zugrunde. Meine Beispiele könnten somit leicht als verschiedene Aspekte desselben allgemeinen Unterfangens interpretiert werden, nämlich der Entwicklung und Förderung der Wissenschaften in ihrem neuen, frühmodernen Kontext. Doch wenn man ihre unmittelbaren Umfelder stärker abgrenzt, die sozialen Formen und Textarten, die sie hervorbrachten, sowie die Ziele, die sie artikulierten und ihre Verbindungen zu anderen Disziplinen, so scheinen die Beispiele fast zusammenhangslos. Sie sind mit unterschiedlichen wissenschaftlichen Arbeitsmöglichkeiten verbunden, die sich für Männer wie auch für Frauen auftaten, allerdings auf verschiedene Weise. Eine solche Herangehensweise zeigt nicht nur auf, wie die gleichberechtigte Teilnahme von Frauen an der frühneuzeitlichen Wissenschaft während der Anfänge ihrer Institutionalisierung und davor verhindert wurde, sondern verweist auch auf Alternativen, durch die Frauen ihre intellektuellen Ambitionen realisieren konnten. Sie legt ebenfalls nahe, daß die Institutionalisierung für die an der Wissenschaft interessierten Frauen nicht einfach den Ausschluß bedeutete, sondern komplexere Folgen hatte.

Mathematische Akademien als Briefwechsel

Wenn wir uns die Orte der frühen modernen Wissenschaft vergegenwärtigen, insbesondere in bezug auf Frauen, so ziehen zunächst die gewohnten Bilder von privaten Akademien und Salons an unserem inneren Auge vorbei. Ohne Zweifel nahmen auch die Helden der frühen neuzeitlichen Mathematik wie Pierre Fermat oder René Descartes an solchen Treffen in verschiedenen Städten teil. Doch während der stürmischen Debatte über die Erstellung von Tangenten für algebraische Kurven saß Fermat in Toulouse, Descartes in Holland und einige ihrer Vermittler (Gilles Personne de Roberval oder Etienne Pascal, der Vater von Blaise Pascal) in Paris. Ihr gegenseitiger Austausch wurde durch ein Netzwerk von Korrespondenzen ermöglicht, in dessen Zentrum der Mönch Marin Mersenne vom religiösen Orden der *Minim* stand. Mersennes Netzwerk war ein Mittelpunkt der europäischen Wissenschaft und vereinte die bekanntesten Wissenschaftler und Gelehrten seiner Zeit. Zu den regelmäßigen oder unregelmäßigen Teilnehmern gehörten Evangelista Toricelli, John Pell, die Huyghens Familie, Thomas Hobbes und Pierre Gassendi. Mersenne nahm seine Aktivitäten als Vermittler und Förderer der Wissenschaft in den 20er Jahren des 17. Jahrhunderts auf, doch erst Mitte der 30er Jahre, im Zuge der Gründung der *Académie française*, verkündete er verschiedenen Korrespondenzpartnern stolz die Gründung einer ›wahrhaft mathematischen‹ Akademie in Paris (später bekannt als *Academia parisiensis*).

Doch neben den Treffen auf lokaler Ebene verstand Mersenne auch die Korrespondenz als eine Art Akademie per Briefwechsel. Sie diente tatsächlich zu mehr als nur zum Austausch von Neuigkeiten. Sie war selbst ein Arbeitsort, auch wenn die Empfehlung Bacons bezüglich des gemeinschaftlichen Arbeitens trotz gelegentlicher Bekenntnisse von Mersenne und anderen Teilnehmern nur selten in die Tat umgesetzt wurde. Die Briefpartner unternahmen keine kollektiven Anstrengungen, um ein vorliegendes Problem zu lösen (obwohl manchmal Kleingruppen von zwei oder drei Teilnehmern dies taten), sondern diverse Fragestellungen wurden speziell für den Briefwechsel formuliert. Die meisten Probleme wurden in den Briefen getestet, überprüft und gelöst, und die Grenzen und weitergehende Folgerungen der Lösungen wurden ausführlich kommentiert. Durch dieses gemeinsame, wenn auch nicht unbedingt gemeinschaftliche Unterfangen, wurde einiges an Wissen produziert. Der Briefwechsel scheint zudem ein Ort gewesen zu sein, an dem Arbeit angestoßen, beurteilt und anerkannt wurde, die eigentlich in anderen Kontexten erfolgte, wie zum Beispiel in örtlichen Akademien, Lehrbüchern, Klosterzellen und Bibliotheken. »Ich bin mir sicher, Sie überzeugen zu können, daß meine Arbeit nicht ohne Nutzen geblieben ist«, versprach Fermat (1894: 244) Mersenne im November 1642, während er zugleich einige arithmetische Fragen als Test für die Mathematiker des Netzwerks vorschlug.

Mersennes Traum war, wie er es nannte, die konfrontativen Auseinandersetzungen zu vermeiden, die wahrscheinlich waren, wenn Personen direkt aufeinander trafen. Darüber hinaus wollte er auch die Forschung und Erkenntnisse von Nicht-Parisern sowie von Personen ohne Zugang zu formalen Bildungsangeboten oder bestimmten gesellschaftlichen Kreisen integrieren und zirkulieren lassen. Die mehr als eintausend vorliegenden Briefe, die viele tausend Personen erwähnen und mehr als einhundert mathematisch interessierte Briefpartner ausweisen, belegen die Effizienz seines Unterfangens.[4] Viele Historiker haben auf die gesellschaftliche Durchmischung hingewiesen, die die neuen Zirkel des frühen neuzeitlichen Wissens möglich machten. Vielfalt war in der Tat ihr Markenzeichen, und sie bedeutete zumeist, daß den Teilnehmern die gleiche Behandlung widerfuhr, die trotz der Bandbreite ihrer gesellschaftlichen Positionen der vorhandenen Uniformität in bezug auf Verhaltensweisen und Talente entsprach. Die Korrespondenten von Mersenne repräsentierten im Hinblick auf die soziale Hierarchie ein Spektrum, das noch größer als üblich war (es umfaßte Aristokraten und Geistliche verschiedenen Rangs, *officiers de robe* und Ärzte, Mathematiklehrer und Sekretäre). Vielfalt herrschte auch in bezug auf den mathematischen Hintergrund, das Engagement und das

Können. Einige Personen hatten auf fast jede mathematische Frage eine Antwort, andere agierten als Schirmherren und wieder andere hatten weder Rang noch besondere wissenschaftliche Kenntnisse, sondern offenbar nur den einfachen Wunsch, dazuzugehören, zu helfen und zu lernen.

Die Kakophonie, die daraus resultiert – wenn wir sämtliche Teilnehmer mit einbeziehen und nicht nur die, die noch heute berühmt sind –, scheint besonders geeignet, auch atypischen Korrespondenten Platz zu bieten, in erster Linie Frauen. Und tatsächlich, auch wenn Frauen nicht aktiv an den tatsächlichen Zusammenkünften der *Academia parisiensis* teilnahmen[5], so wurden doch einige in den Briefen erwähnt oder schrieben sie auch selbst.[6] Mersenne gab sich besondere Mühe, mit Anna-Maria Van Schurman in einen epistolarischen Briefwechsel zu treten, da er von ihrer großen Gelehrtheit gehört hatte. Und während sich Elisabeth von Böhmen bitterlich darüber beschwerte, daß »der Fluch meines Geschlechts mich der Freude beraubt, die eine Reise nach Egmont (wo Descartes lebte) mir bereitet hätte, um dort zu erfahren, welche Einsichten Ihnen Ihr neuer Garten gewährt« (Descartes OC IV: 234), so war sie dennoch in der Lage, eine umfangreiche Korrespondenz mit dem Philosophen zu pflegen. Gleichwohl ist die Anzahl der Frauen sehr gering, und, was noch stärker ins Gewicht fällt, sie spielen in der Mathematik kaum eine Rolle. Statt der Berichte über ihre Aktivitäten finden wir lediglich ein schwaches Echo ihres Interesses. Elisabeth ist die einzige, die bei der Bearbeitung einer mathematischen Fragestellung tatsächlich in Erscheinung tritt. Um besser zu verstehen, woraus diese Situation resultiert, werde ich anhand der Korrespondenz von Mersenne[7] zwei wohlbekannte, subtilere Mechanismen des Ausschlusses betrachten: Die konkrete Arbeitsorganisation in der Korrespondenz und die Frage des Arbeitsortes, öffentlich oder privat.

Bei der Arbeitsorganisation lassen sich drei Hauptformen der mathematischen Interaktion unterscheiden. Die erste kommt dem Unterrichten sehr nahe und besteht aus zwei Personen, die sich oftmals in bezug auf Alter und Status unterscheiden. Mersenne beantwortet beispielsweise die Frage eines Schirmherrn oder schlägt ein Problem vor, indem er es als Übung für die Söhne des betreffenden Briefpartners deklariert. »Da Sie Kinder haben, die sich gerne mit Mathematik beschäftigen, will ich Ihnen ein numerisches Theorem schicken« (Mersenne 1980: 494), schreibt er Constantin Huygens im September 1646. Die Themen sind dieselben, die auch im Netzwerk zirkulieren oder bereits zirkuliert wurden, und werden manchmal in vereinfachter Form dargelegt, doch der Schüler hat ansonsten keinen Anteil an der Ausarbeitung der jeweiligen Problematik.

Die zweite Form der Interaktion ist die des Gesprächs. Sie verbindet offene Fragen (auf die der Fragesteller die Antwort nicht bereits weiß) mit Informationen, die die Aktivitäten anderer Mitglieder, Buchprojekte oder andere mathematische Dinge betreffen. Hier sind die Fragen oft vage und allgemein, und die Antworten werden als »Meinung« formuliert. So antwortet der Arzt Theodore Deschamps auf die Frage Mersennes nach magischen Quadraten: »Meiner Meinung nach hängt ihre Konstruktion von dem Zusammenspiel mehrerer unterschiedlicher Zahlen ab, die in Paaren von zwei die gleiche Summe ergeben«, und fügt einige unsystematische Beispiele von magischen 4 x 4 Quadraten an, »um Sie die Vielfalt der reziproken Zahlenpaare erkennen zu lassen« (Mersenne 1965: 544). Über ihre bloße Existenz hinaus scheint die Antwort keinen weiteren Bedingungen (wie Vollständigkeit oder Angabe von Beispielen) genügen zu müssen, und ihre Vortragsweise zeugt am ehesten von einer liebenswürdigen Gelassenheit. Das sich ergebende Resultat wird in einigen von Mersennes Büchern deutlich, so zum Beispiel in seinen *Questions harmoniques* von 1634. Sie bestehen aus einer Gegenüberstellung variierender Themen, ohne deutlichen Versuch, sie in eine Rangfolge zu bringen oder eine Antwort der anderen vorzuziehen. Einige Male richtet Fermat allerdings präzise offene Fragen an einige auserwählte Briefpartner, doch kommentiert er sogleich seine Kühnheit und unterstreicht damit den ungewöhnlichen Charakter dieses Benehmens.

Die letzte Form der Interaktion, die aus der Korrespondenz hervorgeht, ist die der Herausforderung, d.h., der Verfasser präsentiert eine Problematik, deren Lösung (oder zumindest eine Lösung) er bereits kennt. Um nur ein Beispiel von vielen zu nennen, schreibt Fermat an Pierre de Carcavi: »Um mit meinem Beispiel die Gelehrten an Ihrem Ort [i.e. Paris] anzuregen, schlage ich vor, dass sie eine unbegrenzte Anzahl von Dreiecken mit Seitenlängen in rationalen Zahlen und gleichem Flächeninhalt finden mögen« (Fermat OC II: 248f.). Bevorzugt werden Fragestellungen, die eine konkrete Lösung haben, eine eindeutige geometrische Konstruktion oder eine Zahl. Diese sind leicht zu überprüfen und in Briefen weiterzugeben. Doch sollten sie kompliziert genug sein, um nicht durch wiederholte Versuche, sondern nur durch eine allgemeine Methode lösbar zu sein. Diese Herausforderungen stellen absolut keine Ausnahme dar (Fermat zum Beispiel stellt eine seiner bevorzugten arithmetischen Fragen jedem neuen Briefpartner), und sie scheinen den notwendigen Anreiz zur Lösung mathematischer Schwierigkeiten zu bieten (mehr als die offenen Fragen). Manchmal resultiert aus diesen Herausforderungen sogar eine lokale Zusammenarbeit zwischen zwei oder drei Teilnehmern. Wir entdecken auch die seltenen Spuren von delegierter Arbeit, so wenn Descartes den ihm nahestehenden, aber gesellschaftlich unter ihm stehenden begabten Mathematiker Jean Gillot damit beauftragt, einige Fragen von Fermat zu beantworten.

Paradigmatisch für die verschiedenen Formen der Interaktion[8] ist die

Suche nach den sogenannten multiplen Zahlen, d.h. Zahlen, die in einem festen Verhältnis zur Summe ihrer Teiler stehen. So ist zum Beispiel 120 durch 1, 2, 3, 4, 5, 6, 8, 10, 12, 15, 20, 24, 30, 40 und 60 teilbar, deren Summe 240 beträgt, genau das Doppelte von 120. Im Jahr 1631 fragt Mersenne Descartes nach »seiner Meinung« bezüglich der möglichen Existenz von anderen Zahlen, die der 120 gleichen. Doch diese Art von Austausch führt sicherlich nicht dazu, sich der Frage zu widmen, und so lehnt Descartes sie ab: »Zu dieser Thematik habe ich nichts zu sagen, denn ich kenne sie nicht, noch hatte ich jemals den Wunsch, sie zu kennen« (Mersenne 1969: 211). Als die Problematik aber 1638 im Kontext einer gemeinsamen Herausforderung von André Jumeau de Sainte-Croix und Bernard Frenicle de Bessy wieder auftaucht, und Fermat ein weiteres Beispiel findet, macht sich Descartes an die Arbeit und gelangt sogar zu Listen mit Zahlen wie 120 oder 30240 (die zur Summe ihrer Teiler im Verhältnis von 1 zu 3 steht). In den darauffolgenden Jahren befaßte man sich weiter mit verwandten Fragen und die ursprünglichen Ergebnisse wurden an verschiedene Briefpartner, Gönner und Neuankömmlinge weitergegeben.

Descartes reagierte heftig auf eine weitere Herausforderung, die Mersenne ihm übermittelte: »Ebenso wie Einige sich weigern mögen, sich mit Personen zu duellieren, die nicht über gleiche Qualitäten verfügen, so glaube ich im Recht zu sein, wenn ich ihnen nicht weiter antworte« (Descartes OC II: 149). Man ist versucht, diese Metapher weiter zu verfolgen, und die Herausforderungen den anderen Formen von Interaktion gegenüberzustellen, in diesem Fall allerdings unter dem Gesichtspunkt Geschlecht. Während in dieser Lesart der Unterricht und das Gespräch besonders frauenfreundlich scheinen mögen, wäre die Herausforderung – jene Form der Interaktion, die hier mit innovativen Resultaten verbunden scheint – fester Bestandteil einer spezifisch maskulinen Kultur.

Doch leider darf man dieser Versuchung nicht nachgeben, und zwar aus verschiedenen Gründen. Zunächst kann jede Form der Interaktion mit einer Reihe von möglichen Modellen in Verbindung gebracht werden. Herausforderungen können natürlich mit der Kultur des Duells assoziiert werden, und die Prahlerei, die einige der Teilnehmer im Zusammenhang mit mathematischen Herausforderungen an den Tag legen, erinnern die moderne Leserschaft unweigerlich an das stereotype Gruppenverhalten junger Männer.

Die Herausforderungen stehen auch in der Tradition eher beruflicher Formen von Auseinandersetzungen um Gönnerschaft, Prestige und Geld, an denen Mathematiker im Kontext von höfischen Disputen oder des Werbens für die eigene *Abakus*-Schule teilgenommen hatten. Doch die Rätselkultur bietet eine weitere interessante Möglichkeit, Parallelen zu ziehen, will man diese Form der wissenschaftlichen Herausforderung verstehen.

Diese hatte ihre Wurzeln in den höfischen Spielen, die auf die wachsende Beteiligung von Frauen (und Männern) am intellektuellen Leben verweisen. »Ihr fragt mich, was sind die Dinge, die wir leicht verlieren aber niemals zurücknehmen können. Als Antwort auf diese Frage nenne ich vier: Reichtum, Zeit, [Nieren]Stein und Sprache« (Antonio de Guevara, zit. nach Redondo 1982: 451). Dies ist ein klassisches Beispiel für diese Spiele, das an die Antwort erinnert, die Fermat Mersenne erteilt: »Sie fragten mich [ob 100895598169] eine Primzahl ist oder nicht [...] Auf diese zweite Frage antworte ich, daß [diese Zahl] keine Primzahl ist und das Produkt zweier Primzahlen ist, 898423 und 112303.«[9] Allerdings waren die Verhaltensweisen der männlichen Teilnehmer nicht einheitlich. Sie unterschieden sich stark in ihren eigenen Interpretationen des Briefwechsels, und einige von ihnen beteiligten sich gar nicht erst an den Herausforderungen. Einige Wenige beharrten auf Beweisen und endgültigen Antworten, selbst wenn diese im Konversationsstil in Umlauf gesetzt wurden, während andere eher dazu bereit waren, nachzugeben oder eine Frage unentschieden zu lassen, selbst im Fall einer Herausforderung. Einige befürworteten die Ansicht, daß jede korrekte Antwort interessant sei. Doch andere taten die typischen Probleme, die in den Herausforderungen behandelt wurden, und oft eine Suche nach extrem großen Zahlen oder komplizierten Konstruktionen verlangten, als etwas ab, das nur Geduld und Beharrlichkeit, nicht aber Geist, methodische Nützlichkeit und Effizienz erfordere. Einige sprangen von einer Thematik zur nächsten, während andere sich hingebungsvoll nur einem bestimmten Thema widmeten.

Ein letzter Grund, der gegen die Beschreibung der Herausforderung als maskuline Kultur spricht, ist jedoch der gewichtigste: Wenn auch wahr ist, daß Frauen sich, wie oben beschrieben, nicht an Herausforderungen beteiligten, so ist festzuhalten, daß sich kaum eine von ihnen überhaupt ernsthaft auf einen mathematischen Briefwechsel einließ. Eine Ausnahme bildet Elisabeth von Böhmen, die mit Descartes nicht nur philosophische Fragen erörterte[10], sondern auch versuchte, sich seine analytische Geometrie anzueignen. Ihre Position ist die einer (begabten) Schülerin, und man mag die Bescheidenheit bemerkenswert finden, mit der sie schreibt und arbeitet. Diese verweist aber meiner Ansicht nach vor allem auf die extremen Höflichkeitsformen, die als Ausdruck perfekter Umgangsformen für eine Person von höherem Status galten, insbesondere für eine Frau. Descartes ist voll des Lobes für ihre mathematischen und philosophischen Fähigkeiten, doch seine Haltung ist typisch für die Lehrbeziehung zu einem (potentiellen) Gönner. Den Pariser Analytikern hatte er 1630 das Problem der vier Sphären (gegeben sind vier Kugeln, und es ist eine fünfte zu finden, die alle berührt) als Herausforderung gestellt, und herablassend hinzugefügt: »Es wäre mir ein Leichtes, schwierigere Probleme zu finden, wenn ich darüber nachdenken wollte, doch ich denke nicht, daß dies notwendig ist« (Descartes OC I: 139). Elisabeth stellt er die gleiche Frage in nur zwei Dimensionen (d.h., gegeben sind drei Kreise, egal in welcher Position, und ein vierter ist zu finden, der sie berührt), und bedauert dann einer Mittelsperson gegenüber, eine derart schwierige Frage gestellt zu haben. Elisabeth versucht das Problem offenbar dadurch zu lösen, daß sie eine einzige Unbekannte postuliert, und Descartes kommentiert ausführlich die verschiedenen Lösungswege. Nachdem die Hauptgleichung gefunden ist, schlägt er vor, daß sie sich nicht weiter mit den Berechnungen befassen soll, »die den Geist weder kultivieren noch amüsieren« (Descartes OC III: 42), wie er auch sonst sogar im Kontext von Herausforderungen den Berechnungen zu entrinnen versucht. Die höchste Wertschätzung, die Descartes hier zum Ausdruck kommen läßt, steht in starkem Kontrast zu seiner Haltung anderen Teilnehmern gegenüber, doch hier geht es weniger um Geschlecht als um sozialen Rang. »Geduld«, wie Descartes in einem anderen Kontext sagt, »ist eine überaus seltene Eigenschaft in überlegenen Geistern und hochstehenden Persönlichkeiten« (Descartes OC IV: 46). Auf diese Weise stellt er sich mit Elisabeth auf eine Stufe, während er sich zugleich von den verbissenen Rechnern des Netzwerks distanziert.

Doch weder die Neigung zu geduldiger Arbeit statt zu gewagter Originalität, noch zu neuen Ideen statt zu technischer Perfektion hätte Frauen wirklich an einer Teilnahme hindern können. Die Arbeit des Netzwerks bot verschiedene Nebentätigkeiten, wo diese gebraucht wurden, doch Frauen wurden nicht in besonderem Maße in diese hineingedrängt. In der Tat sind es nur Männer, die für prominente Teilnehmer Berechnungen anstellen oder Experimente wiederholen. Wie steht es also um den zweiten vorgeschlagenen Ansatz, um die Abwesenheit von Frauen zu erklären? Wo befindet sich dieser Arbeitsort im Spannungsfeld zwischen privat und öffentlich?

Hier begegnen uns zwei Schwierigkeiten. Zunächst wurde das Spannungsfeld zwischen diesen beiden Begriffen natürlich nur langsam aufgebaut, und hauptsächlich nach der Periode, die uns hier interessiert. Die Bedeutung dieser beiden Pole muß auf jeden Fall behutsam in ihren geschichtlichen Kontext gestellt werden.[11] Darüber hinaus spiegelt sich die Vielfalt der Teilnehmer in der Art und Weise wider, wie sie ihre Arbeit in ihren Briefen situierten. Isoliert betrachtet, kann man für die beteiligten Einzelpersonen bestimmte Zuordnungen treffen, die fast alle Nuancen der beiden Begriffe privat und öffentlich reflektieren. Doch betrachtet man das Netzwerk als Ganzes, so verhindern dessen vielfältige Verflechtungen eine eindeutige Zuordnung der Aktivitäten zu einem der beiden Begriffspole, und die Intentionen der einzelnen Teilnehmer werden im Gesamtzusammenhang des Briefwechsels relativiert.

Zunächst sind verschiedene zeitgenössische Modelle verfügbar, um private Orte zu repräsentieren. Eines davon ist das der gelehrten Zurückgezogenheit, der Selbstisolation fern von den Störungen sowohl des Berufs als auch des Haushalts. In der *arrière-boutique*, die Michel de Montaigne so sehr schätzte, widmet man sich der Meditation, der Erbauung und der Erholung. Dieses Motiv durchzieht die Bemerkung Florimond de Beaunes gegenüber Mersenne. »Ich war lange Zeit in meine städtischen Ablenkungen vertieft und konnte diverse Probleme der [Descarteschen] Geometrie nicht lösen«, doch »da ich auf dem Land die Muße hatte, mich ihnen ganz zu widmen, habe ich sie nun lösen können« (Mersenne 1964: 86). Ähnlich beklagt sich Elisabeth bei Descartes: »das Leben, das ich zu führen gezwungen bin, lässt mir nicht genug Zeit, um mich Ihren Gesetzen gemäß regelmäßig der Meditation zu widmen. Manchmal [sind es] die häuslichen Anliegen, denen ich mich widmen muß, manchmal der gesellschaftliche Umgang und Pflichten, die ich nicht vernachlässigen darf« (Descartes OC III: 684). Wiederkehrendes Thema in den Briefen ist, wie man bestimmte Orte vermeiden (aufgrund der dort stattfindenden beruflichen oder weltlichen Aktivitäten) oder sie aufsuchen kann (aufgrund der dort zu findenden Ruhe, Bücher, Schriften oder der guten postalischen Anbindung), und wie man Zeit von seinen Verpflichtungen abzweigt. Doch abgesehen von einigen bestimmten Briefwechseln reflektiert die Korrespondenz keinesfalls die friedvollen Resultate einsamen mathematischen Sinnierens. Der geschäftliche Ton mancher Briefe – mit ellenlangen Listen von Antworten, Herausforderungen und Anfragen, die von wenigen höflichen Sätzen eingerahmt werden – unterstreicht, daß der Briefwechsel ebenso ein Ort des Antriebs und des Ruhms ist, erfüllt von Mahnungen, Gerüchten, abfälligen oder schmeichelhaften Kommentaren, und von Kommunikations- und Erfolgszwängen.

Die Korrespondenz ähnelt ebenfalls nicht einem Kreis von guten Freunden, wie ihn Paul Pellison für die Anfangszeit der *Académie française* beschrieb: »Hier waren sie ins vertraute Gespräch vertieft, über alle möglichen Dinge, Angelegenheiten, Neuigkeiten und Literatur, als ob sie einander einen ganz gewöhnlichen Besuch abstatten würden. [...] Ohne Aufregung und Formalitäten, ohne Regeln, außer denen der Freundschaft, genossen sie gemeinsam all die süßen und erstrebenswerten Dinge, die das Zusammentreffen der Geister und das vernunftbestimmte Leben zu bieten haben« (zit. nach Jouhaud 1999: 12). Einige Briefwechsel tragen solche Züge, und persönliche Kontakte spielen bei der Rekrutierung neuer Briefpartner eine Rolle. Doch generell scheinen sie mit dem Funktionieren des Netzwerks als Ganzes eher zu konkurrieren, als es zu stützen. Bonnel sieht seine Teilnahme als schwachen Ersatz für eine engere Beziehung zu Mersenne: »Ich kann mich dennoch glücklich schätzen, mit Ihnen durch Briefe in Kontakt zu stehen, auch wenn es wehtut, einander aus so großer Distanz schreiben zu müssen« (Mersenne 1988: 187). Frenicle, der in Paris mit Mersenne zusammenarbeitet, versucht die Kompetenz einiger entfernter Briefpartner zu diskreditieren, insbesondere die von Fermat: »Wenn sie sich in diesen Dingen ebenso gut auskennen würden wie *Ihr* Sainte-Croix und Frenicle, so erschienen sie ihnen nicht als Arbeit, sondern als Vergnügen« (eig. Hervorhebung; Fermat OC II: 187). Durch die Mathematik können neue Beziehungen geknüpft werden, vor allem dann, wenn irgendeine Form von direkter gemeinschaftlicher Zusammenarbeit erreicht werden kann. Doch die offensichtliche Notwendigkeit (und die daraus resultierenden Schwierigkeiten), eine Vertrauensbasis zu schaffen, bevor Arbeitsergebnisse einander mitgeteilt werden, zeigt deutlich, daß der Briefwechsel nicht als sicherer Ort wahrgenommen wird, wo im Austausch mit vertrauensvollen und vertrauenswürdigen Teilnehmern die verschiedenen gesellschaftlichen Zwänge außer Kraft gesetzt wären. Als der Jesuit Jacques de Billy zum Beispiel die Einladung Mersennes annimmt, sein Projekt zu Problemen der Geometrie vorzustellen, fügt er hinzu: »Ich bitte Euer Hochwürden, zu diesem Zeitpunkt nicht nach der Auflösung solcher Probleme zu fragen, und sie auch nicht in Paris in Umlauf zu bringen« (Mersenne 1970: 326).

Schließlich funktioniert die Korrespondenz auch nicht als private Akademie, die durch die persönliche Bindung an ein Zentrum, einen Gönner zu charakterisieren wäre. Wie bereits gesagt, existierten solche Verbindungen im Netzwerk, zum Beispiel zwischen Nicolas Fabri de Peiresc und Mersenne. Aber viele Mitglieder haben keinen Schirmherrn, und wenn sie einen haben, so sind diese Beziehungen nicht Teil des Netzwerks. Sie strukturieren weder die Arbeit anderer Teilnehmer, noch grenzen sie die Art der Fragen oder Verhaltensrituale ein. Verletzende Worte mögen Roberval aus dem Haus eines Mentors verbannen, doch sie führen nicht zu seinem Ausschluß von der Korrespondenz. Und als Fermat aufgrund seiner vermeintlich unmöglichen Fragen das Wohlwollen von Frenicle und Pierre Bruslart de Saint-Martin verliert, bittet er nicht etwa eine wichtige Person um Vermittlung, sondern wendet sich an mehrere Teilnehmer zugleich, um wieder Zugang zu den Pariser Arithmetikern zu erhalten. Wie wir schon bei Elisabeth und Descartes gesehen haben, blieb das Lehrverhältnis zu einem Gönner innerhalb des Netzwerks relativ isoliert (zumindest aus persönlicher, wenn nicht aus mathematischer Sicht). Einige Schirmherren treten auch nur kurz in Erscheinung, und die Forderungen und gegenseitigen Geschenke, die solche Verhältnisse charakterisieren, reichen von Dingen, die im Zusammenhang mit den Aktivitäten des Netzwerks stehen (wie Hilfe bei der Publikation eines Buchs zu einem Thema, das debattiert wird, mathematische Erklärungen oder Ergebnisse, die erfragt und übermittelt werden), bis hin zur Unterstützung in anderen Angelegenheiten (etwa bei der Vergabe einer lukrativen Stelle).

Dieser Arbeitsplatz entspricht somit in keiner Weise den traditionellen Formen des privaten Freizeitvergnügens. Andererseits ist er ebenso deutlich nicht als öffentlich zu bezeichnen, welche (zwei einander entgegengesetzte) Definition man auch anlegt. Es handelt sich weder um einen Ort, der einem allgemeinen Publikum zugänglich ist, wie die zeitgenössischen Vorträge im *Bureau des adresses* von Théophraste Renaudot,[12] noch handelt es sich um eine öffentliche Institution wie die *Académie française*. Persönliche Bekanntschaften, in anderen Kreisen erworbener Ruhm, Mitgliedschaft in einer etablierten Gemeinschaft (wie beispielsweise einem religiösen Orden) spielen allesamt eine Rolle, wenn es darum geht, neue Briefpartner zuzulassen oder aktiv zu rekrutieren. Zudem sind die Aktivitäten des Netzwerks selbst nicht mit offiziellen Pflichten verbunden, obwohl einzelne Mitglieder dazu überredet werden können. So beteiligen sich mehrere Mathematiker des Netzwerks (Etienne Pascal, Claude Mydorge, Jean Beaugrand etc.) an der Kommission, die Jean-Baptiste Morins Vorschlag zur Bestimmung von Longituden im Jahr 1634 untersuchte.

Öffentliche Angelegenheiten beeinflussen dennoch die Aktivitäten des Netzwerks. Die ›Öffentlichkeit‹ taucht zuerst als Begriff für diejenigen auf, an die sich die Veröffentlichungen richten, die im Rahmen des Netzwerks entstehen. Ein typisches Beispiel ist Robervals Brief an Fermat, in dem er um zwei Konstruktionen bittet, »um beide zu drucken, mit oder ohne Ihren Namen, wie Sie es wünschen, und in denen wir uns bemühen werden, das ausführlicher darzustellen, was für das Publikum zu knapp erscheinen könnte« (Fermat OC II: 102). Das Ausmaß und die Zusammensetzung dieses ›Publikums‹ variieren. Manchmal scheint der Begriff das Netzwerk als Ganzes zu meinen, doch manchmal auch nur seine Peripherie, d.h., die Gönner oder andere Briefpartner, die sich nicht aktiv an der Lösung von Problemen beteiligen, sondern nur die Resultate erwarten. In einigen Fällen scheint die Öffentlichkeit auch ganz außerhalb des engen Netzwerks des Briefwechsels zu stehen. Diese Zweideutigkeit wird insbesondere in den Bitten um eine eingeschränkte Anonymität bei Veröffentlichungen deutlich[13] sowie in den versteckten Hinweisen, die sich in den Büchern der Teilnehmer finden und eine persönliche Bekanntschaft zwischen Autor und Leser voraussetzen. Doch die Öffentlichkeit nimmt auch auf andere Weise auf die Aktivitäten der Briefpartner Einfluß. Wiederholt finden sich Verweise auf das ›öffentliche Wohl‹ sowie auf die ›Nützlichkeit‹ der zur Diskussion stehenden Fragen.[14] Nützlichkeit ist kein abstraktes Ideal, sondern wird oftmals in bezug auf eine bestimmte Öffentlichkeit beurteilt. Sie kann daraus bestehen, bei der Herstellung von Spiegeln behilflich zu sein, bei der Navigation auf hoher See, bei der Erklärung eines theologischen oder juristischen Textes, oder auch darin, »*honnêtes gens*« bei ihrer Erholung zu unterstützen. Doch irgendeine Vision des Wohles der Öffentlichkeit, wie immer definiert, ernstlich beabsichtigt und realistisch sie auch sein mag, findet sich in den Antworten vieler Teilnehmer wieder – auch jener, die Mathematik zunächst als Privatvergnügen betreiben. So verbittet es sich Florimond de Beaune, mit bestimmten arithmetischen Problemen belästigt zu werden, da er sich »in freien Stunden mit nützlicheren« (Mersenne 1964: 360) Dingen beschäftigen will.

Roberval beantwortet am 4. April 1637 einen Brief von Fermat, der ihm eine geometrische Konstruktion geschickt hat: »Meine öffentlichen wie auch privaten Verpflichtungen erlaubten es mir nicht, sie vor Donnerstag anzuschauen, als ich sie in Ihrem Namen bei dem Zusammentreffen unserer Mathematiker vorstellte« (Fermat OC II: 102f.). Er situiert damit die mathematische Arbeit im Netzwerk als intermediär, weder öffentlich noch privat. Wie bereits beschrieben, ist sie entweder beides oder keines von beiden. Paradox ist die Tatsache, daß die öffentlichen Dimensionen dieses Arbeitsortes Frauen nicht ausschlossen, doch seine privaten Dimensionen ihre Teilnahme auch nicht beförderten.

Unter den Arbeiten, die aus diesem Netzwerk von Briefwechseln hervorgingen, befinden sich einige der Glanzlichter der frühneuzeitlichen französischen Mathematik, zu diophantischen Gleichungen, geometrischen Konstruktionen auf der Basis algebraischer Analysen, optischen und mechanischen Problemen etc. Doch das Netzwerk bot auch jene vielfältigen Nischen, in denen wir aufgrund unserer Erfahrungen mit anderen historischen Perioden die Aktivität von Frauen vermuten können. Indem wir alle Teilnehmer mit einbeziehen, läßt sich der unlogische Vergleich jener Leistungen, die die berühmtesten Wissenschaftler der Zeit erbrachten, mit denen von Frauen im allgemeinen vermeiden. Wie wir gesehen haben, war der Arbeitsort als solches für Frauen nicht sonderlich abschreckend. Er bot Platz für die Integration eines breiten Spektrums an Ausbildung, Talent und Engagement. Die Natur des Briefwechsels und die Werte und Eigenschaften, die darin zum Ausdruck kamen, diskriminierten Frauen nicht direkt. Doch wenn diese Korrespondenz Frauen auch nicht unmittelbar ausschloß, so bot sie ihnen dennoch weder einen einfachen Zugang zur Wissenschaft noch irgendwelche besonderen Anreize, und sie lud sie mit Sicherheit nicht explizit zur Teilnahme ein. Ich werde daher in meiner Untersuchung mit einem anderen Ansatz fortfahren, indem ich der Frage nachgehe, ob damals mathematische Lehrbücher existierten, die Frauen zugänglich waren.[15]

Frauen als Verfasserinnen von Texten zur Arithmetik im Frankreich der Frühen Neuzeit

Uns sind wissenschaftliche Bücher bekannt, die Frauen gelesen haben, darunter auch die *Geometrie* von Descartes, und ebenso wissenschaftliche Bücher, die Frauen gewidmet wurden und ihr Interesse und ihre gute Kenntnis der Fächer betonten. Ein berühmtes Beispiel ist François Viètes *In Artem analyticem Isagoge* [»Einführung in die Analytische Kunst«]. Der Autor dieses Buchs, das für die Entwicklung der symbolischen Algebra entscheidend war, bekennt in seiner Widmung an die »berühmte Melusina, Catherine von Parthenay«, daß er ihr »das ganze Studium der Mathematik« verdanke, »zu dem ich dank Ihrer Liebe dafür und der größten Gabe, die Sie in dieser Kunst haben, angeregt wurde.«[16] Doch diese Fälle beschränken uns auf die Welt der Schirmherrinnen. Wie ist es um weibliche Autorinnen bestellt?

Zwei der 45 Lehrbücher zur Arithmetik, die in Frankreich in den Jahren 1600 und 1670 geschrieben wurden, stammen von Frauen.[17] Das erste, das 1655 von Marguerite de Bramereau in Avignon veröffentlicht wurde (Bramereau 1655), ist sehr elementar. Es umfaßt das Schreiben von Zahlen unter Verwendung der zehn Ziffern, die wichtigsten arithmetischen Operationen und einige kaufmännische Standardregeln. Diese werden so dargestellt, wie sie auch in den *livres de raison* der Buchhalter auftauchen, sowohl um zu lehren, wie man die Bücher sorgsam führt, als auch aus pädagogischen Gründen. Die zwölfjährige Marguerite führte zwei Gründe für eine derart frühreife Publikation an: Ihren Wunsch, dadurch ihre Dankbarkeit gegenüber ihren Lehrerinnen zu erweisen, den *Dames Religieuses de Sainte-Ursule de L'Isle* (vgl. zu den Ursulinen Grosperin 1984: Kapitel VI), und die Tatsache, daß sowohl ihr Vater als auch ihr Bruder Setzer waren, »für Seine Heiligkeit, für die Stadt und die Universität« (Bramereau 1655: Vorwort). Somit ist das Unterfangen durch einen religiösen, erzieherischen Kontext legitimiert, der spezifisch für Mädchen ist, und der Zugang zur Öffentlichkeit befindet sich hier im eigentlichen Zentrum der Häuslichkeit. Marguerite widmet ihr Buch ihrem Schutzengel, und vergleicht sich in der Widmung mit einer kleinen Null, die allein keinen Nutzen hat, doch andere Zahlen verstärken kann, denen sie sich anschließt, wie auch ihre Seele eines Tages den Jüngern Gottes nachfolgen wird. Während sie sich zu den Unzulänglichkeiten »ihres Geschlechts, ihres Alters und ihres Geistes« (Bramereau 1655: Vorwort) bekennt, macht sie dennoch ihre Hoffnung deutlich, daß ihre Abhandlung der interessierten Öffentlichkeit zu direktem Nutzen gereichen wird. Es ist dieser Aspekt ihres Unterfangens, den ihr Bruder in einem der dem Buch beigefügten Gedichte betont und lobt –, eine Praxis, die eher an die humanistische Tradition erinnert als an einfache Textbücher:

»Im Alter von zwölf / verpflichtet Sie die Tugend / der Öffentlichkeit die ersten Erträge Ihrer Errungenschaften darzubieten« (Bramereau 1655, o.S.).

Das andere Buch – oder besser die anderen zwei Bände[18] –, haben bereits die Aufmerksamkeit von Historikern auf sich gezogen.[19] Geschrieben von Marie Crous und gedruckt in Paris, enthalten sie nicht nur die klassischen Themen der kaufmännischen Arithmetik, sondern auch eine Einführung in Stevins *Dixme*, die berühmte Abhandlung zur Dezimalrechnung. Darüberhinaus beansprucht die Autorin eine gewisse Originalität für ihre Darstellung und vorgeschlagene Regeln, »und wagt es, [ihrer Schutzherrin] zu versichern, daß diese Erfindung in noch keinem Buch gelehrt wurde, und sich allein den Anstrengungen Ihrer sehr ergebenen Dienerin verdankt« (Crous 1641, o.S.). Dem Buch von 1636 über Stevin, *Advis ... aux filles exersantes l'Arithmétique*, ist ein Brief an Charlotte de Caumont de la Force vorangestellt, deren Privatlehrerin Marie Crous gewesen war, während das *Abbrege... d'arithmétique* von 1641 Madame de Combalet gewidmet wurde.[20] Somit scheint Marie Crous mit den gehobenen Kreisen von Paris in Verbindung zu stehen, wenn auch in deren Schatten. In den Vorworten zu den beiden Bänden präsentiert sie sich selbst als eine, die aus bescheidenen Verhältnissen stammt. »Sie verstehen es«, schreibt sie an Madame de Combalet, »es dem allmächtigen Herrn gleichtuend die einfachen Menschen zu erbauen (zu denen auch ich gehöre, wie ich demütig eingestehe)« (Crous 1641: o.S.), und entschuldigt ihren Mangel an Bildung.

Die Leistungen von Bramereau und Crous weisen interessante Gemeinsamkeiten auf. Beide nutzen Männer als Vermittler, Bramereau ihren Vater und ihren Bruder für den Druck, Marie Crous ihren Vater, der bei der Kontaktaufnahme zu Madame de Combalet »meine Hand hält« (Crous 1641: o.S.) und beide betonen die Wichtigkeit dieser Vermittlung für ihr Wagnis. Beide thematisieren explizit ihr Geschlecht und richten sich an ein weibliches Publikum. Marie Crous empfiehlt beispielsweise Mädchen ihre Arithmetik, »um jene zu unterstützen, die diese Wissenschaft zur Regelung ihrer Angelegenheiten und zur geistigen Erbauung betreiben« (Crous 1641: o.S.). Die kaufmännische Arithmetik wurde in der Regel mit theoretischer Arithmetik verbunden (die Thematik, zu der die multiplen Zahlen sowie andere Lieblingsprobleme von Mersenne gehören), mit Algebra und anderen fortgeschrittenen Themen (wie in Stevins Arithmetik) oder aber mit praktischen Themen (wie Trigonometrie). Doch Crous zufolge war ihre Arithmetik Teil eines Triptychons für Madame de Combalet, das auch ein Buch über das Schreiben und einen Wandteppich umfaßte. Die Arithmetik[21] wird somit in eine weibliche Kultur eingebettet, die bemerkenswerterweise eine gewisse Innovation nicht ausschließt.

Schließlich betonen sowohl Bramereau als auch Crous den Nutzen für Andere als wichtige Motivationsquelle und verbinden Arbeit mit Ruhm, auch wenn sie diese Möglichkeit für sich selbst sofort wieder verneinen. »Ich hätte das Gefühl, gegen Gottes Güte zu sündigen [...], wenn ich nicht bemüht wäre, etwas Nützliches anzubieten«, schreibt Crous, »um so mehr, als dass es in diesem Jahrhundert so viele Beispiele für gelehrte und weise Geister meines Geschlechts gibt, die mit ihren Werken unter dem Blick und mit der Zustimmung aller gebildeter Menschen triumphieren« (Crous 1641: o.S.). Diese Verwandtschaft mit dem Netzwerk von Mersenne ist mehr als nur rhetorisch. Denn auch wenn die arithmetischen Lehrbücher neben ihrem öffentlichen Charakter zudem als Geschenk für den oder die Schirmherren fungierte[22], dessen Widmung diverse, persönliche und konkrete Umstände betreffende Details enthielt, so folgte Marie Crous dennoch nicht genau den Etiketten der Patronage, wie sie Vieta beispielhaft beachtete.[23] Sie schreibt den Ursprung und den Wert ihres Werks nicht Madame de Combalet zu. Im Gegenteil, es ist seine Nützlichkeit (für andere weibliche Bedienstete), aus dem sich der Wert ihres Geschenks ableitet. Obwohl Crous selbst Privatlehrerin und potentiell Protegée ist, ist ihr Werk selbst nicht Teil des häuslichen Umfelds einer engen Patronagebeziehung.[24] Doch damit ist die Analogie zu Mersennes Netzwerk noch keineswegs ausgeschöpft. Nützlichkeit, Öffentlichkeit und damit auch das Unterfangen selbst sind hier in eine Form gebracht, die einer weiblichen Kultur angepaßt ist (und sie mit definiert), mit Männern als Vermittlern, Beobachtern und als Kontrollinstanz.

Und es ist Madame de Combalet, die in Mersennes Korrespondenz auftaucht, wie auch (männliche) Privatlehrer und Autoren von Lehrbüchern, doch nicht Marie Crous. Auch wenn wir eine Frau finden, die mathematische Werke verfaßt und ähnlich wie Mersennes Netzwerk an dessen Nutzen für die Öffentlichkeit interessiert ist, so nimmt sie dennoch nicht an den Aktivitäten des mathematischen Zirkels teil, nicht einmal in einer untergeordneten Rolle. Und mehr noch, die Schirmherrin von Marie Crous ist auf allen Listen von »gelehrten Frauen« (*femmes savantes*) des 17. Jahrhundert gut plaziert, doch Marie Crous nicht. Was taten also die *femmes savantes*?

Gelehrte Damen: Genre und Geschlecht

Hilarion de Coste, Antoine Baudeau de Somaize, Jean de la Forge und andere Autoren des 17. Jahrhundert stellten *Ehrenräte* von talentierten Frauen zusammen. Einige von ihnen waren mythische Figuren, doch die meisten zeitgenössisch. Andere diskutierten in gewichtigen Abhandlungen oder satirischen Essays die Frage der weiblichen Gelehrtheit, und plädierten, ironisierten, moralisierten dafür, dagegen oder einfach unter Bezug auf diese Thematik.[25] Und tatsächlich tauchten Einträge auf den ersteren Listen auch auf letzteren auf: Marie de Gournay, Madeleine de Scudéry, Madeleine de Sablé, Anna-Maria Van Schurman (obwohl sie keine Französin war, hatte sie doch wichtige Verbindungen zu französischen Kreisen), um nur einige wenige zu nennen, hinterließen alle Schriften zur Thematik der weiblichen Gelehrtheit, und fanden im Gegensatz zu Marie Crous noch zu ihren Lebzeiten Anerkennung als gelehrte Frauen. Angesichts des Mangels an direktem Beweismaterial sind diese Texte zu einem wichtigen Ausgangspunkt für Historiker und Historikerinnen geworden, die die Thematik von Frauen und Wissenschaft in der Frühen Neuzeit untersuchen, und ihre Fallstricke und Doppeldeutigkeiten sind bereits ausführlich studiert worden.

Das erste Problem, das die Fälle von Crous und Bramereau deutlich machen, betrifft die gesellschaftliche Voreingenommenheit des Begriffs der gelehrten Frau (vgl. Lougee 1976; Timmermanns 1993; Wiesner 1993). Aspirantinnen auf diesen Titel waren Damen, oft Angehörige der Aristokratie, und oftmals selbst Gastgeberinnen von intellektuellen oder gesellschaftlichen Zirkeln, nicht nur Frauen mit künstlerischem oder wissenschaftlichem Talent. Carolyn Lougee hat überschlagen, daß 84,6 Prozent der 171 gelehrten Damen in Paris, die sie in Somaizes Liste eindeutig identifizieren konnte, der Aristokratie angehörten, auch wenn diese in bezug auf Herkunft und Typus variierte. Dieser Status steht in starkem Kontrast zu den Autorinnen meiner zweiten Kategorie, allerdings ebenso zu der gemischten Gruppe von Mersennes Briefpartnern.

Das zweite Problem betrifft die Definition von Wissenschaft und Gelehrtheit selbst. Wenn Jaques du Bosc in seiner Abhandlung über die *honnête femme* (1639-40), die ebenfalls Madame de Combalet gewidmet ist, ankündigt, daß er nicht beabsichtigt, eine Mutter und Hausfrau als sein Modell zu wählen und stattdessen für die *dames savantes* plädiert, so sieht er letztlich für die weibliche Bildung Lesen, Konversation und »Sinnieren« (*rêveries*) vor, sicherlich nicht den Besuch von Universitäten. Er bevorzugt Fächer wie Religionsgeschichte, Musik und ausgewählte Themen der Philosophie und Literatur. Andere Autoren schlagen Adaptationen vor, zum Beispiel daß Frauen Geographie durch Reiseberichte studieren sollen, und verkünden damit jene *Wissenschaft für Damen*, die im nächsten Jahrhundert Konjunktur haben wird.

In seinem 1663 erschienenen *Le cercle des femmes savantes* präsentiert Jean de la Forge nach einem Dialog in Versform zwischen Maecenas, Livia und Vergil, die die Schirmherrschaft preisen, eine beeindruckende Liste talentierter Frauen, und für eine jede von ihnen die Gründe ihrer Inklusion. Das Spektrum von Talenten, die hier gerühmt werden, spricht für sich selbst. Die meisten der Frauen sind Schirmherrinnen der Künste, viele haben Fertigkeiten in den Bereichen Dichtung, Theater, Malerei, einige von ihnen auch in der klassischen Gelehrsamkeit und in der Philosophie (alt oder neu). Für Mademoiselle Colletet und Madame Scarron sowie auch andere verzeichnet er lediglich: »Die Namen ihrer Ehegatten sind genug, um ihnen Bekanntheit zu garantieren« (de la Forge 1663: Anhang o.S.). Geoffrey Sutton (1995) zufolge waren unter den etwa dreihundert Frauen, die Somaize einer Nennung für würdig befand, nur vierzehn, die sich für Naturphilosophie oder irgendeine Art von Mathematik interessierten.

Das dritte, damit verbundene Problem ist, daß solchen Büchern und Listen eher daran gelegen ist, Modelle von Tugend und Verhaltensweisen zu preisen (oder zu kritisieren), als weibliches Wissen zu dokumentieren. Auch wenn die gelehrten Damen Dank ihrer Qualitäten über unwissende Frauen triumphieren, so begründen die Portraits dies sehr viel stärker mit ihrem Mut, ihrer Bescheidenheit und ihrem Charme als mit den Details ihrer Gelehrtheit. Diese Modelle sind eindeutig geschlechtlich bestimmt und richten sich nur an Frauen. Modelle, die Männer zur Nachahmung anregen sollen, finden sich anderswo. Die Grenzen dieses Genres werden durch die Gedichte verdeutlicht (von Männern), die das Buch von de la Forge schmücken. Wie eines von ihnen zusammenfaßt: »Ich bewundere ihren Charme [den der gelehrten Damen], ich bewundere Deinen Geist [den des Autoren]« (de la Forge 1663: o.S.). Doch auch diese Einschränkungen bedeuten nicht, daß Bildung für Frauen zwangsläufig eine selbstbezogene, private Unternehmung war oder aber nur ein schmückendes gesellschaftliches Accessoire. Du Bosc greift im Gegenteil die Auffassung an, daß Wissenschaft im Privatbesitz von *Collèges* sei, während sie doch allen zugänglich gemacht werden sollte: »Aber ist es nicht ein Mißbrauch, der öffentlich angeprangert werden sollte, wenn die Wissenschaften, insbesondere die der Vernunft, nur in den *Collèges* zu finden ist, und niemand die Philosophie auch in der Konversation zur Anwendung brächte?« Die Aufgabe der Frauen ist es, eben zu dieser Transformation beizutragen, denn durch ihre Konversation »könnten die Damen sich der Öffentlichkeit nützlich machen.« Auf den ersten Blick erscheint du Boscs Position paradox. Er präsentiert mit Bedauern die Wissenschaft als exklusives Unternehmen (und in diesem Sinne als privat), und Frauen als Vermittlerinnen und Verkörperung der Allgemeinheit, d.h. der Öffentlichkeit. Doch diese Inversion ist ebensowenig als wirkliche Revolution gedacht wie die mittelalterlichen Darstellungen einer verkehrten Welt. Frauen sollten nicht etwa losziehen und Wissenschaft betreiben, sondern die Wissenschaft sollte sich ins Land der Frauen begeben, sich den lokalen Sitten anpassen und dort einer neuen Öffentlichkeit begegnen.

Wir stoßen jedoch auch auf kreativere Vorschläge. Ein Redner auf der 106. Konferenz des *Bureau des adresses* von Theophraste Renaudot plädiert für die Beteiligung von Frauen an wissenschaftlicher Forschung mit den folgenden Worten: »Da die Enzyklopädie der Wissenschaften eine Welt ist, in der es noch diverse unbekannte und selten besuchte Orte gibt, ist doch kaum zu bezweifeln, daß die weibliche Neugierde wunderbare Fortschritte erzielen und viele schöne, bislang unbekannte Geheimnisse aufdecken würde, wenn Frauen diese Welt mit Männern gemeinsam untersuchten« (zit. nach Jallinek 1987: 186).

Doch solche Vorschläge werden oftmals durch eine bestimmte Vorstellung von kollektiver Nützlichkeit eingeschränkt. Ihrer bedient sich auch Anna-Maria Van Schurman in einer Diskussion mit ihrem Mentor, dem französischen protestantischen Theologen André Rivet (er lebte in Holland und hielt regelmäßigen Briefkontakt zu Mersenne).[26] Sie verteidigt die These, daß Frauen sich gerade deshalb gelehrten Aktivitäten und den Wissenschaften widmen können, weil sie von öffentlichen Angelegenheiten und Pflichten ausgeschlossen sind. Man sollte diese Behauptung nicht als direkte Bestätigung der am Anfang dieses Beitrags erwähnten Hypothese interpretieren. Wissenschaft wird hier als Gegensatz zum Bereich der Öffentlichkeit verstanden, doch nicht etwa, weil sie Frauen eine private Ablenkung bietet, sondern ganz im Gegenteil genau deshalb, weil sie Frauen einen der wenigen Wege eröffnet, für das Wohl der Öffentlichkeit zu arbeiten und dafür *öffentliche* Anerkennung zu erhalten. Rivet widerlegt dieses Argument jedoch, indem er das öffentliche Wohl und das Wirken in der Öffentlichkeit stärker miteinander verknüpft. Er argumentiert, daß Wissenschaft und Gelehrsamkeit nur in bezug auf Angelegenheiten der Öffentlichkeit von Nutzen sind, und die Aktivitäten der Frauen sich somit auf die höfliche Konversation der *honnêtes gens* beschränken sollten. Indem sowohl Rivet als auch Van Schurman (und auch du Bosc!) die Schaffenskraft in den begrenzten Kontext von entweder anwendbarer, allgemeiner Nützlichkeit oder aber bloßer Unterhaltung stellen, bestätigen sie die Verschränkung der frühneuzeitlichen Wissenschaft mit der Öffentlichkeit. Ihre Unterschiede betreffen die Definition und das Ausmaß dieser Öffentlichkeit, die den Handlungsspielraum für Frauen in der Wissenschaft abstecken. Van Schurman fügt sich schließlich (in ihrer letzten Antwort) dem Argument von Rivet.

Die erste Hälfte des 17. Jahrhunderts wurde lange Zeit mit der Entwicklung des intellektuellen Lebens außerhalb der höfischen Welt assoziiert (Magendie 1925), wo die aktive Teilnahme von Frauen an diesen Kreisen das soziale Verhalten von gesellschaftlich hoch stehenden Männern langsam veränderte. Die frühere Wertschätzung für den unwissenden aber mutigen Krieger wurde teilweise durch die Figur des höflichen und zuvorkommenden *honnête homme* ersetzt. Doch wenn das Bild des engstirnigen Kriegers die Charybdis des Höflings repräsentierte, so war seine Scylla die des Pedanten. Ernsthafte Gelehrsamkeit, und mehr noch ihre Zurschaustellung, mußte aus der Konversation verbannt werden. Diese Kontraste variieren allerdings in ihrem Ausmaß und Zusammenspiel, abhängig von dem Kontext, in dem sie operierten. In einigen Fällen schienen sich der gelehrte akademische Pedant einerseits und der Humanist und Höfling andererseits gegenüberzustehen, in anderen Fällen wurde der *kuriose Amateur* allen Arten von Gelehrten gegenübergestellt. Innerhalb dieser Spielräume die eigene Position zu bestimmen war sowohl für Männer als auch für Frauen eine wichtige Thematik in der Frühen Neuzeit,[27] wie auch der Rivet-Van Schurman Dialog zeigt. Descartes macht dies deutlich, wenn er sich bei Mersenne über den Theologen Voetius beschwert, der Van Schurman nahe steht, »dieser Voetius hat auch die Demoiselle Schurmann verdorben, denn obwohl sie Begabung für Dichtung, Malerei und andere nette Dinge dieser Art hat, steht sie seit fünf oder sechs Jahren nun schon derart in seinem Bann, daß sie sich nur noch für theologische Kontroversen interessiert. Dies hat sie von den Konversationen der *honnêtes gens* ganz ausgeschlossen« (Descartes OC III: 231).

Wenn man diese Gegenüberstellung von Gelehrtheit und Konversation auf Orte überträgt, so ist es mehr als naheliegend, sie als geschlechtlich strukturiert zu interpretieren. Hiermit meine ich nicht so sehr den Kontrast zwischen männlichen und weiblichen Orten als vielmehr den zwischen männlichen und gemischt-geschlechtlichen. Dies gilt sowohl für die Gegenüberstellung der öffentlichen (männlichen) *disputationes* der Universitäten und den vornehmen (gemischten) Diskussionen der *academias*, sondern auch für die Gegenüberstellung des privaten gelehrten *cabinets* – ein eindeutig männlicher Raum und zugleich der Name eines der berühmtesten Gelehrtentreffs von Paris, des *Cabinet Dupuy* –, und des weiblichen Schlafzimmers mit seinen intimen, höflichen Gesprächen wie beispielsweise das *chambre bleue* der Madame de Rambouillet.[28]

Doch die Gegenüberstellung findet sich auch in Vergleichen des *Tempos* und der Verhaltensweisen, die für mehr oder weniger rein männliche Versammlungen gelten sollten. Die öffentlichen Konferenzen des *Bureau des adresses* von Théophraste Renaudot wurden bewußt nicht als Streitgespräche, sondern als Konversationen angelegt, und im Vergleich zur Praxis der Schulen wurden sie als anti-dogmatisch verstanden. Der Organisator selbst beschreibt die Konferenz als »ein freundschaftliches Konzert und einen Austausch verschiedener Meinungen«, und »der Ort sollte nicht zum Streiten dienen« (zit. nach Mazauric 1997: 135ff., 79). Ergebnis dieses Meinungsaustauschs sollte ein »abwechlungsreiches Bouquet verschiedener Blumensorten unterschiedlichster Farbe und Geruchs« (ebd.) sein.

Dieselbe Gegenüberstellung könnte auch auf die verschiedenen Unternehmungen von Frauen angewendet werden, wie beispielsweise im Fall Van Schurman, um das Verhalten zu charakterisieren, das von gelehrten

Damen erwartet wurde. Als die Vicomtesse d'Ochy eine Art Gegenakademie zur *Academie française* ins Leben rief, an der auch Frauen zu literarischen Fragen Stellung nahmen, machte sich Jean-Louis Guez de Balzac über sie lustig. Er zog einen unvorteilhaften Vergleich mit der Marquise de Rambouillet, deren »feines Gespür und Bescheidenheit mehr Wert sind als jedes Argument« (Chapelain 1880-83: 777). In einem Brief an ihn verglich Jean Chapelain (1880-83: 506) die Mesdames de Sablé et des Loges: »Nichts scheint mir an einer Frau abstoßender zu sein als der Versuch, sich zur Autorin zu erheben, und allein aus diesem Grund Umgang mit *beaux esprits* zu pflegen«. Bei Frauen wurde stets das unfachmännische Verhalten geschätzt, die scheinbar unbemühte und spontane Einfachheit, die Descartes wie oben beschrieben mit aristokratischem Talent verband. Abgelehnt wird nicht das Öffentliche, sondern das Schrille, gelobt nicht das Private, sondern das Leise und Liebenswürdige, die Verbindung intellektueller Bemühungen mit den Konversationen der *honnêtes gens*.

In diesem Zusammenhang verweist die Belehrung, die Rivet an Anna-Maria Van Schurman richtet, auf ein offensichtliches Dilemma. Im Gegensatz zu den ersten beiden hier diskutierten Situationen war Arbeit explizit von der Selbstdarstellung (wenn auch nicht von den Praktiken) jener Kreise ausgeschlossen, die der Teilnahme von Frauen am intellektuellen Leben am ehesten aufgeschlossen gegenüberzustehen schienen. Im Gegensatz dazu wies der ernste, stets an Arbeit denkende Fenelon etwas später die weibliche Gelehrtheit zurück (vgl. für das Beispiel Saint-Cyrs Lougee 1976; Timmermans 1993). Wenn Arbeit *wie ein Spiel* aufzufassen war, welche weiblichen Aspirationen konnten dann in diesem Kontext Legitimität beanspruchen?

Frauen wandelten auf einem engen Pfad, doch das Beispiel einer der berühmtesten Autorinnen ihrer Zeit, Madame de Scudéry, zeigt, wie er erfolgreich beschritten werden konnte. ›Sappho‹ wie ihr Name als Précieuse lautete, trug durch ihre Romane zur Etablierung der Normen einer neuen Ästhetik bei. In Texten, die spontane Konversationen über Konversation nachahmten, diskutierte sie die Kunst und die Regeln solcher Unterhaltungen unter *honnêtes gens*, und etablierte somit die Konversation (wie auch den Briefwechsel) als eigenständiges literarisches Genre (vgl. Bray/Strosetzki 1995; Denis 1998; Maitre 1999). Im Zuge einer (partiellen) Übersetzung der Aufsätze von Van Schurman ins Französische leitete sie eine epistolarische Diskussion des Buches ein. Obwohl der Briefwechsel nicht veröffentlicht wurde (aber vermutlich eine gewisse Verbreitung intendiert war), stellte das Schreiben von Briefen für Scudéry und ihre Briefpartner/innen ein stilisiertes Genre dar. Die empfindsame Ausgewogenheit der Briefe und die Regeln der Intervention, die sich auf das Geschlecht der Protagonisten bezogen, waren weitaus elaborierter als im Netzwerk von Mersenne. So wählte

Scudéry beispielsweise den Dichter Valentin Conrart als anfänglichen Vermittler des Kontakts zu Van Schurman, und Conrart wandte sich an Maire Du Moulin, die Nichte von André Rivet und seine zukünftige Ehefrau, als Repräsentantin Rivets in den weiblichen Zirkeln und als weitere Kontaktperson zu Van Schurman.

Scudéry kommentierte mit keinem Wort das, was wir als das eigentliche Thema des Buches bezeichnen würden, das Für und Wider der Gelehrtheit von Frauen.[29] Statt dessen kritisierte sie in höflichen Worten Rivets negatives Urteil über die französische Heldin Jeanne d'Arc (Jeanne wurde aufgrund ihrer tapferen, aber unweiblichen Taten einer zweifelhaften Moral beschuldigt). Während Scudéry insistierte, daß es sich bei ihrer Intervention um Bemerkungen »von einem Mädchen an ein Mädchen für ein Mädchen« handelte, und sie sich somit bescheiden und in leichtem Scherz als Prototyp der *honnête femme* präsentierte, spielte sie zugleich geschickt auf Jeannes Katholizismus und ihre Sorge um das Geschick Frankreichs an, um dadurch aktuelle, umstrittene religiöse und politische Themen in einem nun femininen Kontext neu zu interpretieren. Somit konnte sie faktisch als professionelle Autorin agieren, während ihr Stil und das schriftstellerische Genre, das sie schuf, das Gegenteil behaupteten. Dieser Wettkampf der drei Dienerinnen[30] zeigt, wie die Literatur die vielfältigen Spannungen auffangen konnte, denen Frauen ausgesetzt waren, und eine öffentliche Diskussion von öffentlichen Angelegenheiten als privat und weiblich erscheinen lassen konnte.

Der Zeitpunkt war entscheidend. Als die *Académie française* entstand (die die *belles-lettres* teilweise institutionalisierte), bildete sich zur gleichen Zeit eine bürgerliche, eher private Sphäre literarischer Übungen heraus sowie die Autorschaft (weiblich oder männlich) als neue berufliche Form, die sich der Organisation durch die Zünfte entzogen hatten.[31] Somit konnte ein Wechsel der Disziplin – und *Disziplin* meint hier sowohl einen Arbeitsbereich als auch eine Form des Verhaltens –, für Frauen wie auch für Männer neue Wege der Innovation, der öffentlichen Anerkennung und der Befriedigung eröffnen. Während die *Académie française* keine Frauen aufnahm (die direkte Form des Ausschlusses) und Frauen verhaßt waren, die versuchten, deren Arbeit in einigen Aspekten zu kopieren, so gewann Scudéry dennoch einen ihrer Preise und etablierte sich als eine zentrale Figur in dem neu entstehenden Feld der Literatur und als Gastgeberin eines einflußreichen Salons.

Ihr Beispiel lehrt nicht nur, wie Frauen in der gelehrten Welt legitimerweise ihrer Arbeit (gleichsam spielerisch) nachgehen konnten. Es legt darüber hinaus nahe, die zahlreichen Schriften von zeitgenössischen Frauen anders zu begreifen, d.h. nicht so sehr als Indiz einer tatsächlichen, erfolgreichen Teilnahme von Frauen an der Wissenschaft, sondern vielmehr als Exponate eines literarischen Genres, dessen Autoren und Autorinnen eine breite und teilweise neue Öffentlichkeit erreichen wollten. Selbst gelehrte Dame, unterstützte Scudéry die weibliche Aneignung wissenschaftlicher Fähigkeiten dennoch nicht ohne Vorbehalte. In ihrem späteren Roman, *Artamène*, macht sie sich über die Exzesse einer Astronomin lustig, die Gelehrte um sich sammelte, um ihren Argumenten während einer Mondfinsternis zu lauschen. Für Scudéry, wie auch für andere – männliche – Autoren kann die Wissenschaft zum Thema in der Konversation (und somit in Romanen) werden, wenn sie mit »bonne grâce« (zit. nach Denis 1998: 73) ihren Einzug hält, während man »all diese dornigen Wissenschaften jenen überlassen sollte, die ihren Ruhm nur auf komplizierten Pfaden zu erlangen suchen« (zit. nach Timmermann 1993: 435). In dieser Hinsicht war Scudéry mit du Bosc einer Meinung. Dieser schlug vor, daß die Wissenschaft als gelehrtes Unternehmen, das mit öffentlichen Verpflichtungen verbunden war, sich aber in der privaten Sphäre der *collèges* und Universitäten verfangen hatte, durchaus in die privaten Räume einer weiblichen Öffentlichkeit migrieren konnte, wenn sie nur liebenswürdig genug wäre. Als Vorbild für die *honnête femme* lieferte Scudéry selbst die Vorlage für die Figur eines Romans von Antoine Furetière: »Sie kannte sich mit den erlesensten Spezialitäten der Philosophie und Wissenschaften aus, doch sie hatte sie für den feinen Geschmackssinn der *honnêtes gens* zubereitet, und nichts an ihnen erinnerte an die Rohheit der *collèges*« (zit. nach Denis 1998: 24)

Zurück an die Arbeit

Geoffrey Sutton bringt die verwirrende und unbequeme Situation auf den Punkt, in der sich die Geschichtsschreibung der Wissenschaft der Frühen Neuzeit befindet: »Nicht nur die Organisation der wissenschaftlichen *Community*, auch der Inhalt der Wissenschaft, die sie hervorbrachte und vertrat, zeigte Merkmale, die nun als feminin gelten [...] Damit soll die Zeit der wissenschaftlichen Revolution keinesfalls als weibliches Paradies dargestellt werden. Das weibliche Publikum spielte mit Sicherheit in der Forschung eine weniger aktive Rolle als der Kreis naturphilosophischer Männer, der üblicherweise in den Darstellungen der wissenschaftlichen Revolution in Frankreich Erwähnung findet« (Sutton 1995: 346f.).

Einen Ansatz, sich aus diesem Dilemma zu befreien, bietet die Struktur der französischen Wissenschaftslandschaft, die in der Analyse von bestimmten Unternehmungen und Arbeitsorten erkennbar wird. Die drei Fälle, die in diesem Beitrag untersucht wurden, lassen sich tatsächlich – zumindest was ihre Pariser Verbindungen anbelangt –, auf das gleiche Milieu zurückführen. Im Jahr 1652 stellte Blaise Pascal, Sohn eines wichtigen Mitglieds und selbst Teilnehmer des Mersenne-Netzwerks, seine Rechenmaschine im Haus der Patronin von Marie Crous vor, Vorbild für Jacques du Boscs Modell der *honnête dame*, die Herzogin von Aiguillon. Der angehende Akademiker Bernard Frenicle de Bessy, der enge Verbindungen zu Mersenne hatte, war der Bruder eines Dichters, der einst dem Kreis um Guillaume Colletet angehört hatte, Übersetzer des Aufsatzes von Anna-Maria Van Schurman ins Französische und Freund des Bruders von Scudéry. Die Liste von Verbindungen und persönlichen Kontakten könnte derart fast endlos fortgesetzt werden. Hierbei ging es immer auch um Wissenschaft und die Sorge um das öffentliche Wohl, um die Regeln des angemessenen Verhaltens, die sich durch sämtliche Kommentare zog und die Arbeitsaktivitäten beeinflußte.

Doch meine Untersuchung zeigt auch, daß solche Verbindungen und Transfers von Personen, Themen und Verhaltensregeln keineswegs einer Homogenität der betreffenden (intellektuellen und sozialen) Orte gleichkommen, und daß sie auch nicht den freien Zugang zu ihnen und ihren Aktivitäten bedeuteten. Ein vermeintliches Wohlwollen gegenüber Frauen führte nicht notwendig zu ihrer aktiven Teilnahme, und ein vermeintliches Interesse an der Wissenschaft führte nicht unbedingt zu ihrer technischen Ausübung. Als Arbeitsplätze erscheinen die hier diskutierten Fälle wenig miteinander gemein zu haben.[32] So sehr der Ton mancher der mathematischen Briefwechsel in der Korrespondenz Mersennes auch an höfliche Konversation erinnern mag, die bloße Ernsthaftigkeit der diskutierten Thematik hätte sie für Scudérys Maßstäbe ungeeignet gemacht. Unter *Nutzen für die Öffentlichkeit* konnten so verschiedene Dinge wie optische Geräte, die Darstellung eines Haushalts oder die Belehrung eines neuen, weltlichen Publikums fallen, und diese verschiedenen Arten von Nützlichkeit mußten jenen, die sie vertraten, nicht unbedingt als kompatibel erscheinen. Das Modell der gelehrten und klugen Dame und das der *honnête femme* waren nicht gleichermaßen auf Elisabeth von Böhmen, Marie Crous oder Madeleine de Scudéry anwendbar und sollten es auch nicht sein. Merkmale, die aus der Perspektive gelehrter Kreise automatisch als feminin interpretiert wurden und Frauen somit einen Zugang boten, konnten im Gegensatz dazu nach den Maßstäben der weiblichen Kultur von Crous durchaus gemischte Kreise charakterisieren.

Es ist eine bekannte Tatsache, daß die Handlungsmöglichkeiten, die an Wissenschaft interessierten Frauen offenstanden, von ihrer jeweiligen gesellschaftlichen Position abhingen, doch in allen von mir betrachteten Fällen bewegten sich Frauen eindeutig an den äußersten Rändern dessen, was wir heute als Zentrum der frühneuzeitlichen Wissenschaft betrachten.[33] Als Expertinnen beschränkten sie sich auf Themen, die die Bildung von Frauen im Allgemeinen betrafen.[34] Als Schirmherrinnen bewegten sie sich zwischen weltlichen Demonstrationen und privatem Unterricht, und als intellektuelle *honnêtes femmes* beschäftigten sie sich eher mit literarischen Formen des wissenschaftlichen Diskurses als mit technischen oder akademischen wissenschaftlichen Aktivitäten. Diese Möglichkeiten, die Frauen wie Männern damals offenstanden, waren auch nicht weniger prestigeträchtige Optionen. Zudem legt der Vergleich des Netzwerks von Mersenne mit den anderen beiden Fällen nahe, daß Männer eher in der Lage waren, zwischen verschiedenen Unternehmungen hin und her zu wechseln, und von ihnen zu profitieren. So konnten beispielsweise männliche Lehrer die neuesten mathematischen Innovationen in ihre Lehrbücher integrieren und gelehrte Wissenschaftler ihre Schriften auch an ein weltliches Publikum richten.

Angesichts dieser Wissenschaftslandschaft kann die Institutionalisierung nicht einfach als eine Art Ausschlußmechanismus für Frauen gewertet werden. Auch die *Académie des sciences*, die 1666 gegründet wurde, wies deutliche Kontinuitäten im Hinblick auf die damaligen Überreste des Netzwerks von Mersenne auf. Wie auch das Beispiel der *belles-lettres* zeigt, verweisen Institutionen manchmal auf die soziale Bedeutung einer Thematik, ohne daß dadurch alle Zugangswege zu ihr reglementiert werden. Wir müssen die Situation von Frauen, insbesondere in den sozialen Milieus, in denen die neuen Wissenschaften verankert waren, nicht nur im Hinblick auf Barrieren untersuchen, sondern auch im Hinblick auf Möglichkeiten, Ideale, Hoffnungen und tatsächliche Lebensoptionen. Sollten wir uns darauf konzentrieren, daß unsere Astronomin gegen Ende des Jahrhunderts von der Sternwarte ausgeschlossen blieb, oder aber darauf, daß ihr daran gelegen war, vor dem Gebäude abgebildet zu werden?

Der Kreis von Mersenne scheint in seinen Funktionsabläufen und seiner Offenheit für eine Vielzahl von Kompetenzen Frauen gegenüber nicht prinzipiell ausgrenzend gewesen zu sein. Vielmehr zeigt das Netzwerk, daß für die neue Wissenschaft im Frankreich der Frühen Neuzeit eine komplexe neue Gesellschaft mobilisiert wurde, in der auch viele Männer *von der Geschichte unbeachtet* (vgl. Rowbotham 1973) blieben. Doch die große Anzahl der Kirchenmänner und Mitglieder, die mit jesuitischen *collèges* verbunden waren sowie die Rekrutierung durch Kollegen, z.B. in den Gerichtshöfen, läßt darauf schließen, daß ihre Zusammensetzung sich – wenn nicht theoretisch so doch praktisch –, den eher traditionell organisierten (männlichen) Milieus verdankt. In dieser Hinsicht war die neue Mathematik vielleicht nicht privat genug, um für Frauen der Frühen Neuzeit zugänglich zu sein.

Doch umgekehrt haben wir gesehen, daß Frauen offenbar besonders daran interessiert waren, in den damals angesehenen Disziplinen wie Philosophie und Theologie mitzureden als bei den technischen Aspekten der neuen Wissenschaften. Sich auf die private und weibliche Sphäre zu berufen und sich im Bereich der *belles-lettres* zu positionieren war für Frauen strategisch günstig, um sich öffentlich zu solch kontroversen Themen äußern zu können, während eine tatsächliche Beschränkung auf diese Sphäre ihnen wenig Möglichkeiten eröffnet hätte, sich in der Wissenschaft zu engagieren und diese zu diskutieren. In dieser Hinsicht war die Mathematik der Frühen Neuzeit vielleicht noch nicht öffentlich genug, um die besondere Aufmerksamkeit von Frauen auf sich zu ziehen.

Anmerkungen

1 | Ich möchte mich herzlich bei den Organisatorinnen sowie den Teilnehmern und Teilnehmerinnen der Konferenz *The Work of Science – Gender in the Coordinates of Profession, Family and Discipline 1700-2000* bedanken, insbesondere bei Sonja Brentjes, Lorraine Daston, Karin Hausen, Monika Mommertz, Dorinda Outram, Londa Schiebinger und Theresa Wobbe für ihre anregenden Fragen und Kommentare zu dem mündlichen Vortrag dieses Beitrags.

2 | Paradigmatisch hierfür ist der Fall der Mathematikerin Sophie Germain: Ihre Arbeiten entstanden am Anfang des neunzehnten Jahrhunderts; genau zu der Zeit, als die *École polytechnique* in Paris, die Frauen natürlich verboten war, zur entscheidenden Ausbildungs- und Rekrutierungseinrichtung für französische Mathematiker wurde. Die Leistungen Sophie Germains, die keineswegs unbeträchtlich sind, tragen dennoch erkennbar das Stigma ihrer teilweise autodidaktischen Ausbildung (vgl. Bucciarelli/Dworsky 1980).

3 | Die Situation von Frauen und ihr Zugang zu Wissen war stark von der jeweiligen Region abhängig (und von vielen anderen Faktoren, von denen einige weiter unten im Text behandelt werden), siehe insbesondere Schiebinger 1989 und Phillips 1990, die für Europa wichtige vergleichende Daten liefern, sowie die anderen Beiträge in diesem Band.

4 | Mersennes Freund und Biograph Hilarion de Coste erstellte eine Liste seiner wissenschaftlichen Bekanntschaften, die allerdings sicherlich nicht vollständig ist. Sie ist in Mersennes *Correspondance*, Band 1 zu finden (vgl. Fletcher 1996). Hatch (1998) bietet einen interessanten Vergleich zu anderen, allgemeineren Netzwerken, insbesondere zu dem von Boulliau.

5 | Beispielsweise findet sich keine Frau in Hilarion de Costes Liste, obwohl er zugleich Autor von *Les Eloges et vies des reynes, princesses, dames et damoiselles illustres en piété, courage et doctrine,...* (veröff. 1630 und 1647) ist.

6 | Ungefähr ein Prozent der lebenden Personen, die in den Briefen Erwähnung finden, sind Frauen; die meisten von ihnen entweder Aristokratinnen oder Mitglieder der Familie eines der Briefpartner. Darunter sind so berühmte Namen wie die Vicomtesse d'Ochy, Christina von Schweden, Maria Cunitz und Margaret Cavendish.

7 | Meine Untersuchung beruht auf den Briefen, die sich mit mathematischen Wissenschaften befassen, und die zwischen Mersenne und anderen Mitgliedern des Netzwerks gewechselt wurden, manchmal über Mersenne, aber auch zwischen den Mitgliedern selbst. Fermats und Descartes' Briefe zu dieser Thematik finden besondere Berücksichtigung. Eine ausführlichere Analyse, die sich allerdings auf die arithmetischen Fragestellungen beschränkt, findet sich in meinem Aufsatz »Numbers and Letters, a Sociohistorical Approach to Artihmetical Problems in Mersenne's Correspondence« (in Vorbereitung).

8 | Übergänge zwischen diesen drei Hauptformen können auftreten, insbesondere da der jeweilige Status der Briefpartner eine liebenswürdige oder sogar gleichgültige Frage in eine zwingend zu beantwortende verwandeln kann.

9 | Vgl. Antonio de Guevara, Epistolas familieres, zitiert in Redondo 1982, S. 451; »Vous me demandez si ce dernier nombre est premier ou non, [...] A la seconde question, je réponds que le [nombre] est composé et se fait du produit de ces deux 898423 et 112303 qui sont premiers.« Mersenne, *Correspondance* XII, Brief 1178, S. 140. Ein ähnlicher Vorschlag findet sich in Biagioli 1993, S. 48 (gegen höfische Herausforderungen, siehe S. 60ff.).

10 | Und sogar Fragen der praktischen Philosophie: Elisabeth orientiert sich in ihrer Lebensführung an Descartes Ratschlägen (vgl. Descartes OC IV: 233).

11 | Zu dieser Thematik ist in den letzten Jahrzehnten eine Fülle von Literatur entstanden (wenn auch überwiegend für spätere Perioden). Einen grundlegenden Überblick über die Geschichte des privaten Lebens bieten natürlich Ariès und Duby 1985-1987. Der Begriff der Öffentlichkeit im 17. Jahrhundert ist Thema in Merlin 1994 (das sich insbesondere mit Jürgen Habermas' *Strukturwandel der Öffentlichkeit* auseinandersetzt). Dessen Bedeutung für Frauen in der Wissenschaft wird ausführlich in Schiebinger 1989 diskutiert. Siehe auch Sarasohn 1991, Fumaroli 1995 und 1997.

12 | Zu diesen Konferenzen siehe Mazauric 1997. Für die Offenheit der wissenschaftlichen Netzwerke, die auf Korrespondenz basieren, siehe Lux/Cook 1998.

13 | Fermat bittet Carcavi beispielsweise darum, ihm bei der Veröffentlichung seiner Entdeckungen behilflich zu sein, ohne daß sein Name explizit erwähnt wird. Er erlaubt Carcavi jedoch, auf den Autor hinzuweisen, durch »die Wahl alljener Bezeichnungen, die den Namen des Verfassers beschreiben, den Sie als ihren Freund qualifizieren werden.« [»vous remettant le choix de toutes les désignations qui pourront marquer le nom de l'auteur que vous qualifierez votre ami.«] (Fermat OC II: 299).

14 | Die subtilen und veränderlichen Beziehungen zwischen diesen unterschiedlichen Konzepten von Öffentlichkeit werden in Merlin 1994 diskutiert.

15 | Eine aktuelle Synthese, die den zeitgenössischen Zugang von Frauen zu Wissen thematisiert, findet sich im ersten Teil von Timmermans 1993.

16 | Englische Übersetzung durch J. Winfried Smith, bei Klein 1968.

17 | Ich möchte mich bei Aude Le Dividich bedanken, die mir diese Liste freundlicherweise auf der Basis ihrer 1996 eingereichten Dissertation »L'enseignement des mathématiques en France (1600-1670)« zusammengestellt hat.

18 | Crous 1641 enthält die *Abbrege Recherche de Marie Crous. Pour tirer la solution de toutes Propositions d'arithmétique ...*, und ein *Advis aux filles exersantes l'Arithmétique sur les Dixmes ou Dixiesmes du sieur Stevin.*

19 | So werden sie zum Beispiel 1853 im zwölften Band der mathematischen Zeitschrift *Nouvelles Annales* diskutiert (S. 200ff.), siehe auch Pfeiffer 1992.

20 | Marie-Madeleine de Wignerot de Combalet, damals Herzogin von Aiguillon, war Richelieus Nichte und eine Schirmherrin der Künste.

21 | Ich habe unter den französischen Verfassern von Euklidischen Abhandlungen (vgl. Kayas 1977) keine einzige Frau gefunden, ebensowenig für die Algebra (vgl. Riders 1992).

22 | Diese Konstellation war nicht selten, siehe Leiner 1965 für andere Textsorten und Davis 1983 für eine frühere Periode.

23 | Siehe auch Biagioli 1993 für eine Analyse der Etikette selbst und eine Diskussion des Falls Galileo.

24 | Bramereaus Umstände sind weniger wichtig, denn ihr ›Schirmherr‹, d.h. ihr Schutzengel kann eher als Quelle ihres Wissens bezeichnet werden. Hier ging es nicht um Urheberschaft und Innovation.

25 | Für eine aktuelle und umfassende Synthese, siehe den ersten Teil von Timmermans 1993.

26 | Die ursprüngliche lateinische Veröffentlichung ist Van Schurman 1641. Das Werk ist in viele Sprachen übersetzt worden, verbunden mit aufschlußreichen Auslassungen und Veränderungen des Titels. Eine englische Übersetzung aus dem Jahr 1659 trägt beispielsweise den Titel: *The learned Maid or whether a Maid can be a Scholar? A Logic Exercise.*

27 | Siehe zum Beispiel die ganz unterschiedlichen Versuche, eine solche (partielle) Versöhnung zwischen den beschriebenen »zwei Kulturen« herzustellen. Im Fall von Boyle, durch Steven Shapin (1991), und für die Jesuiten durch Peter Dear (1995) und Antonella Romano (1999). Für die Bedeutung dieser Frage im Kontext der Gründung der *Académie française*, siehe die Einleitung in Denis 1998.

28 | Salons im eigentlichen Sinne waren erst für das darauffolgende Jahrhundert typisch. In der hier betrachteten Periode empfingen Frauen ihre Gäste in ihren Schlafzimmern oder in deren Nähe (vgl. Montandon 1995 und die bezeichnenden Illustrationen im Katalog *Au temps des Précieuses* [1968]: Ausstellung an der Bibliothèque nationale).

29 | Hier gebe ich die Untersuchungsergebnisse von Nicolas Shapira zusammenfassend wieder. Ich möchte mich herzlich bei ihm dafür bedanken, mir die schriftliche Fassung eines bislang noch nicht veröffentlichten Aufsatzes zur Verfügung gestellt zu haben: »La Querelle autour de Jeanne d'Arc: correspondance entre Madeleine de Scudéry, Marie du Moulin, Valentin Conrart et André Rivet (1646-1647)«. Ein Teil dieses Vortrags wird veröffentlicht werden in Shapira (2003).

30 | Die von den Protagonisten verwendeten Metaphern des Kampfes und Wettkampfes verweisen wie schon oben angeführt auf die Schwierigkeiten, solche Beschreibungen eines Briefwechsels zu ernst zu nehmen und als eindeutiges Geschlechterindiz zu werten.

31 | Zu diesen Themen und der Chronologie des subtilen Verhältnisses zwischen Schriftsteller(inne)n und politischer Macht, siehe Viala 1985, Merlin 1994, Fumaroli 1997, Jouhaud 1999.

32 | Ähnliche Schlüsse zieht Jouhaud 1999 für den Bereich der Literatur, siehe insbesondere S. 105ff.

33 | Dies ist meines Erachtens ein weiteres Argument dafür, die »social positions of sex« zu untersuchen, d.h., wie nicht nur Gender selbst, sondern inbesondere auch Arbeitsbeziehungen für Männer und Frauen Gender-Positionen mitproduzieren. Siehe hierzu auch APRE 1987.

34 | In dieser Hinsicht wäre es von größter Wichtigkeit, die hier diskutierten mathematischen Fälle mit anderen wissenschaftlichen Disziplinen zu vergleichen, zum Beispiel mit medizinischer Forschung, mit beobachtenden oder experimentellen Untersuchungen.

Literatur

APRE (Atelier Production Reproduction) (1987): *Les rapprots sociaux de sexes. Problématiques, méthodologies, champs d'analyse*, 3 Bde., Paris: Cahiers de l'APRE 7.

Ariès, Philippe/Duby, Georges (Hg.) (1985-87): *Histoire de la vie privée*, 5 Bde., Paris: Seuil.

Biagioli, Mario (1983): *Galileo Courtier*, Chicago: Chicago University Press.

Bramereau, Marguerite de (1655): *Rudiment d'arithmétique*, Avignon: Bramereau.

Bray, Bernard/Strosetski, Christoph (Hg.) (1995): *Art de la lettre, art de la conversation à l'époque classique en France*, Paris: Klincksieck.

Bucciarelli, Louis/Dworksy, Nancy (1980): *Sophie Germain. An Essay on the Theory of Elasticity*, Dordrecht: Reidel.

Chapelain, Jean (1880-83): *Lettres*, hg. von Philippe Tamizey de Larroque, 2 Bde., Paris: Imprimerie nationale.

Crous, Marie (1641): *Abbrege Recherche de Marie Crous. Pour tirer la solution de toutes Propositions d'arithmétique, dependantes des regles y contenues. Avec quelques propositions sur les Changes, Escontes, Intersts, Compagnies, Associations, Payemens, Departemens des Deniers, Meslanges, Bureau des Monnaies et Thoisages, divisé ein trois parties. Ensemble un Advis sur les Dixmes ou Dixiesmes du sieur Stevin*, Paris: Auvray.

Davis, Natalie Z. (1983): »Beyond the Market: Books as Gifts in Sixteenth-Century France«, in: *Translations of the Royal Historical Society* 5, Series 33, S. 69-88.

de la Forge, Jean (1663): *Le cercle des femmes scavantes*, Paris: J.-B. Loyson.

Dear, Peter (1995): *Discipline and Experience*, Chicago: Chicago University Press.

Denis, Delphine (Hg.) (1998): *Madeleine de Scudéry. »De l'air galant« et autres Conversations (1653-1684). Pour une étude de l'archive galante*, Paris: Champion.

Descartes, René (1897-1913): *OC (Œuvres complètes)*, hg. von Charles Adam/ Paul Tannery, 13 Bde., Paris: Cerf.

Fermat, Pierre (1894): *OC II (Œuvres complètes)*, hg. von Paul Tannery/ Charles Henry, Bd. 2: *Correspondance*, Paris: Gauthier-Villars.

Fletcher, Colin (1996): »Mersenne: sa correspondance et l'academia parisiensis«, in: Catherine Goldstein/Jeremy Gray/Jim Ritter (Hg.): *Mathematical Europe. Myth, History, Identity*, Paris: Maison des sciences de l'homme, S. 143-153.

Fumaroli, Marc (1995): *L'Ecole du silence. Le sentiments des images au XVIIe siècle*, Paris: Flammarion.

Fumaroli, Marc (1997): *Le Poète et le roi*, Paris: de Fallois.

Grosperrin, Bernard (1984): *Les petites écoles sous l'Ancien Régime*, Rennes: Ouest France.

Hatch, Robert (1998): »Between Erudition and Science: the Archive and Correspondence Network of Ismaël Bouillau«, in: Michael Hunter (Hg.), *Archives of the Scientific Revolution. The Formation and Exchange of Ideas in Seventeenth Century Europe*, Woodbridge: Boydell Press, S. 49-71.

Jallinek, Eva (1987): »La présence féminine dans les conférences du Bureau d'adresse de T. Renaudot (1633-1642)«, in: Ian Richmond/Constant Venesoen (Hg.), *Présences féminines. Littérature et société au XVIIe siècle français*, Papers in French Seventeenth-Century Literature, Paris, Seattle, Tübingen: Biblio 17, S. 173-201.

Jouhaud, Christian (1999): *Les pouvoirs de la littérature. Histoire d'un paradoxe*, Paris: Gallimard.

Kayas, Georges (1977): *Vingt-trois siècles de traditione euclidienne*, Palaiseau: Ecole Polytechnique.

Klein, Jacob (1968): *Greek Mathematical Thought and the Origin of Algebra*, Englische Übersetzung mit einem Appendix von J. Winfried Smith, Cambridge/MA: MIT Press, Nachdruck, New York: Dover.

Leiner, Wolfgang (1965): *Der Widmungsbrief in der französischen Literatur* (1580-1715), Heidelberg: Winter.

Lougee, Carolyn (1976): *Le Paradis des Femmes. Women, Salons and Social Stratifications in Seventeenth-Century France*, Princeton: Princeton University Press.

Lux, David/Cook, Harold (1998): »Closed Circles or Open Networks? Communicating at a Distance during the Scientific Revolution«, in: *History of Science* 36, S. 179-211.

Magendie, Maurice (1925): *La politesse mondaine et les théories de l'honnêteté en France au XVIIe siècle, de 1600 à 1660*, Paris: PUF.

Maître, Myriam (1999): *Les Précieuses. Naissance de la femme de lettres en France au XVIIe siècle*, Paris: Champion.

Mazauric, Simone (1997): *Savoirs et philosophie à Paris dans la première moitié du XVIIe siècle*, Paris: Publications de la Sorbonne.

Merlin, Hélène (1994): *Public et littérature en France au XVIIe siècle*, Paris: Les Belles Lettres.

Mersenne, Marin (1932-1988): *Correspondance*, hg. von Marie Tannery/Cornelius de Waard/Bernard Rochot et al., 17 Bde., Paris: Editions du Centre National de la Recherche Scientifique (ab dem 5. Band).

Montandon, Alain (Hg.) (1995): *Les Espaces de la civilité*, Mont-de-Marsan: Editions Interuniversitaires.

Pfeiffer, Jeanne (1991): »L'Engouement des femmes pour les sciences au XVIIIe siècle«, in: Danielle Haase-Dubosc/Eliane Viennot (Hg.), Femmes et pouvoirs dans l'Ancien régime, Paris, Marseille: Rivages, S. 196-222.

Pfeiffer, Jeanne (1992): »Femmes savantes, femmes de sciences«, in: François Collin (Hg.), *Le Sexe des sciences*, Paris: Autrement, S. 32-41.

Phillips, Patricia (1990): *The Scientific Lady. A Social History of Women's Scientific Interests 1520-1918*, London: Weidenfels und Nicolson.

Redondo, Augustin (1982): »Le jeu d'enigme dans l'Espagne du XVIe et du XVIIe siècle«, in: Philippe Ariès/Jean-Claude Margolin, *Les Jeux à la Renaissance*, Paris: Vrin, S. 445-458.

Riders, Robin (1992): *A Bibliography of Early Modern Algebra*, Berkeley: University of California Press.

Romano, Antonella (1999): *La Contre-Réforme mathématique*, Rome: Ecole française de Rome.

Sarasohn, Lisa (1991): »Epicureanism and the Creation of a Privatist Ethic in Early Seventeenth-century France«, in: Magaret Osler (Hg.), *Atoms, Pneuma and Tranquility*, Cambridge: Cambridge University Press, S. 175-195.

Schiebinger, Londa (1989): *The Mind has no Sex? Women in the Origins of Modern Science*, Cambridge/MA, London: Harvard University Press.

Shapin, Steven (1991): »A Scholar and a Gentleman«, in: *History of Science* 29, S. 279-327.

Shapira, Nicolas (2003): *Le »secrétaire d'État des belles-léttres«. Identité social et actions d'un professionnel de lettres au XVIIe siècle: La carrière de Valentin Conrart (1603-1675)*, Paris: Champ Vallon.

Sutton, George (1995): *Science for a Polite Society. Gender, Culture and the Demonstration of Enlightenment*, Boulder, Oxford: Westview Press.

Timmermans, Linda (1993): *L'accès des femmes à la culture (1598-1715). Un débat d'idées de Saint-François de Sales à la marquise de Lambert*, Paris: Champion.

Van Schurman, Anna-Maria (1641): *De ingenii muliebris ad doctrinam et meliores litteras aptitudine*, Leyden: Elzevier.

Viala, Alain (1985): *Naissance de l'écrivain. Sociologie de la littérature à l'âge classique*, Paris: Minuit.

Wiesner, Merry E. (1993): *Women and Gender in Early Modern Europe*, Cambridge: Cambridge University Press.

Familiennetzwerke und Familienprojekte in Frankreich um 1800

Dorinda Outram

Am Todestag des französischen Naturforschers Georges Cuvier, zur Zeit einer Cholera-Epidemie im Spätsommer des Jahres 1832, lebte eine Vielzahl von Personen mit dem weltberühmten Wissenschaftler und Ständigen Sekretär des *Institut de France* unter einem Dach. In seiner Wohnung im Pariser *Musée National d'Histoire Naturelle* wohnten seine Frau, die Witwe des Steuereinnehmers Louis-Philippe Duvaucel (der 1794 durch die Guillotine starb), sein Cousin Charles Cuvier, seine Assistenten Georges Duvernoy und Charles Laurillard sowie ein irischer Naturforscher namens Joseph Barclay Pentland, die alle drei auf der persönlichen Gehaltsliste Cuviers standen. Pentland, der aus Dublins guter Gesellschaft stammte, begleitete zudem Mme. Cuvier des öfteren zu gesellschaftlichen Anlässen, wenn ihr Gatte geschäftlich verhindert war. Am anderen Ende des Museumsgebäudes lebte Cuviers jüngerer Bruder Fréderic, Direktor des Museumszoos und seit 1803 verwitwet, gemeinsam mit seinem Sohn Charles Fréderic.

So komplex dieser Haushalt auch erscheinen mag, war er doch nur eine abgeschwächte Version jenes Haushalts, der sich nach Georges Cuviers Heirat 1804 entwickelt hatte. Aus den Überlieferungen ist leicht zu ersehen, daß Mme. Duvaucels gesellschaftliche Verbindungen Cuvier genau im Zentrum der neuen administrativen und politischen Eliten des *Première Empire* positionierten. Cuviers Unterkunft beherbergte seit seiner Heirat nicht nur die vier Kinder aus Mme. Duvaucels erster Ehe, sondern auch jene vier, die sie Cuvier schenkte – Clémentine, Georges, noch einen Georges und Anne. Alle außer Clémentine starben jedoch bereits in früher Kindheit. Im Jahr 1832 war nur noch eines der acht Kinder am Leben, Sophie Duvaucel, von der sich Stendhal einige Monate lang entzückt gezeigt hatte, die aber mit Admiral Ducrest de Villeneuve eine vorteilhafte Verbindung eingegangen war. Cuviers Schwiegersohn Alfred, dem er den Posten eines Sammlers von Ausstellungsstücken am Museum verschafft hatte, war 1824 in Indien gestorben.

Tiefe Trauer erfaßte Cuvier 1827 nach dem Tod seiner Tochter Clémentine, die zu seinen engsten Assistentinnen gehört und zudem eine wichtige Rolle im religiösen Leben der Stadt gespielt hatte. Clémentine Cuvier und ihre Halbschwester Sophie Duvaucel hatten sich durch ihre Illustrationen zu Cuviers großer *Histoire Naturelle des Poissons* große Verdienste erworben, sich aber auch auf andere Weise unentbehrlich gemacht: Ihr Charme, ihr Aussehen, ihr Geist und ihre Gelehrtheit zogen Bewunderer in Cuviers Salon, die sich von Cuviers Ruf als großem Wissenschaftler, aber auch als politischem Insider hätten abschrecken lassen können. Er war als beißend ironischer Kommentator dessen bekannt, was ein großer Zeitgenosse kurz *la comédie humaine* genannt hatte.

Soviel zum Familiennetzwerk von Georges Cuvier, das hier nur knapp behandelt werden kann.[1] Es bildete durchaus nicht den einzigen Haushalt, den das Museum beherbergte. Der Naturforscher Joseph Philippe Deleuze stellte 1823 die Vermutung an, daß mindestens 50 Familien unter seinem Dach lebten (vgl. Deleuze 1823, I: 123). Deren Netzwerke waren mindestens ebenso verzweigt wie die von Cuvier, den der frühe Tod seiner Kinder daran gehindert hatte, das Wohl seiner Familie durch Heiratsverbindungen weiter auszubauen.[2] Zu solchen Netzwerken wie auch zu den Heiratsmustern der französischen Wissenschaftsgemeinde dieser Periode existieren umfangreiche prosopographische Studien (vgl. Outram 1987). Doch welches Wissen wird uns in diesen Studien vermittelt? Warum sollten wir uns für Familiennetzwerke interessieren, abgesehen von den faszinierenden Einblicken in Beziehungen und Persönlichkeiten, die sie gewähren? Können sie uns mehr bieten als Gemeinplätze in bezug auf Patronage und Gönnerschaft oder als eine Reihe banaler Feststellungen hinsichtlich der Rolle der Frau in der vormodernen Wissenschaft?

Ich denke, daß Familiennetzwerke Interessanteres zu bieten haben. Sie ermöglichen uns einen Einblick in eine Organisationsform wissenschaftlicher Arbeit, die sich von der heutigen stark unterscheidet. Heutzutage ist diese Arbeit in großen Institutionen organisiert; diese lassen die Familien nicht nur außen vor, sondern konkurrieren sogar mit ihnen um die Zeit, um das Engagement und um die Loyalität ihrer Mitglieder. Der Einblick in eine historisch andere Organisationsform kann als wichtige Quelle herangezogen werden, wenn wir überlegen, wie heutige Institutionen verändert werden könnten.

Das Studium von Familiennetzwerken bietet uns Anhaltspunkte, um die jeweiligen Stärken und Schwächen verschiedener Organisationsformen und Patronage-Systeme zu beurteilen. Es lehrt uns auch, daß es nicht möglich ist, die Wissenschaft jener Periode zu verstehen, ohne das weitere Umfeld in Betracht zu ziehen: Die Familienpatronage reichte, wie im Falle Cuviers, tief in die wissenschaftlichen Institutionen hinein, so z. B. ins Museum; zugleich schuf sie aber auch Verbindungen auf der Ebene der staatlichen Macht. Auffallend ist weiterhin die ausgeprägte Interaktivität: Die Rolle einer einzelnen Person im Familiennetz läßt sich nicht isoliert von den Rollen der anderen Personen betrachten, denn gemeinsam bilden sie eine ›verknotete Zusammenballung‹ (*tangled bank*), um eine berühmte Metapher Darwins zu gebrauchen. Aber die Netzwerke sind auch in anderer Hinsicht von Interesse und wichtig, insbesondere für die Erforschung der Position und Rolle von Frauen in der Wissenschaft, die in der Geschichtsforschung immer mehr Aufmerksamkeit gewinnt. Die Untersuchung der Netzwerke zwingt uns zu überdenken, ob wir bislang überhaupt die richtigen Fragen bezüglich der geschlechtlichen Arbeitsteilung im ›Familiennetzwerk‹ gestellt haben. Ich möchte eine radikale Frage stellen: Ist ›Geschlecht‹, um mit Joan Scott zu sprechen, überhaupt eine geeignete Kategorie, um diese Netzwerke zu verstehen?

Zunächst einmal zeigt die Beschäftigung mit den Netzwerken, daß wir diese nicht als ›Familiennetzwerke‹, sondern besser als ›Haushaltsnetzwerke‹ betrachten sollten. Ich muß nicht ausführlicher darauf hinweisen, daß die Familie ein eigenartiges und wunderbares Gebilde ist, das aus vielen inkompatiblen Elementen besteht und, historisch betrachtet, beständig neue Formen angenommen hat, deren Einflüsse bis in die Gegenwart wirken. Allerdings wären die Menschen aus dem Jahr 1832 über die in den 1960er und 70er Jahren weit verbreitete Annahme erstaunt gewesen, man könne über ›mysteriöse‹ Akte der Selbstbefreiung auch ohne Familie leben. Auch unsere Vorstellung von der Familie als Kleinfamilie hätten sie befremdlich gefunden. Mit dem Gedanken hingegen, daß die Familie eine Kategorie der sozialen Grenzziehung ist, bei der es um ›Schwellen‹ und um Möglichkeiten der Zugehörigkeit geht, hätten sie keine Probleme gehabt. Die Familie war ausdrücklich kein abgeschlossener Raum, sondern ein verzweigtes Gebilde, ein dynamisches Netz. Es umfaßte Erfahrungsräume, die wir heute als ›privat‹ bezeichnen würden (Ehe, Brautwerbung, Geselligkeit, Liebe, Kindheit), und ebenso solche, die wir als ›öffentlich‹ definieren (Arbeitssuche, Lehre, wissenschaftliche Arbeit, die Weitergabe von Forschungsprogrammen). Der Begriff ›Haushalt‹ entspricht dagegen vielleicht besser dem der römischen *familia*. Die Bedeutung dieses Wortes ist von unserem heutigen Familienbegriff weit entfernt. *Familia* ist eher im Sinne unseres Wortes ›Haushalt‹ zu verstehen, der eine sehr heterogene Gruppe von Menschen versammelt, die unter einem gemeinsamen Dach leben oder sich regelmäßig dort einfinden: Eltern, Kinder, Bedienstete, Lehrlinge, Klienten oder solche, die es zu werden hoffen, arme Verwandte, Kusinen vom Land, Hauslehrer, Gouvernanten etc. Am besten versteht man den Haushalt als eine Einheit, die auf dem komplexen Zusammentreffen der Arbeit, der Ressourcen und der Persönlichkeiten ganz verschiedener Leute beruht. Wir wissen bislang noch nicht, welche Rolle und Bedeutung den Geschlechtern in dieser Einheit zukam. Um ein augenfälliges Beispiel anzuführen: Es waren nicht nur Frauen, die im Haushalt von anderen abhängig waren. Es gab auch Männer, die zum Haushalt beitrugen, ohne daß ihnen ihr Beitrag selbstredend einen Zugang zu formalen Karrierewegen verschafft hätte, wie die Analyse des Cuvier-Haushalts zeigt. Eine Ehe konnte den Zugang zu wissenschaftlichen Netzwerken und ihren Ressourcen bedeuten, mußte es aber nicht. Wir sollten daher stärker differenzieren, welche Dimensionen des Haushalts vom Geschlecht abhingen oder aber durch den generellen Mangel an eindeutigen beruflichen Positionen in der Wissenschaft bestimmt waren. Letzteres bezieht sich nicht nur auf jene historische Periode, sondern auf die Formen und die geschichtliche Entwicklung von Loyalität, Abhängigkeit und Patronage im intellektuellen Leben. In diesem Beitrag geht es also darum, neben der Kategorie ›Geschlecht‹ einige andere Kategorien in Betracht zu ziehen und zu schauen, was wir daraus lernen können.

Das Studium des Haushalts zeigt uns auch, daß seine Netzwerke die Grenzen institutioneller Loyalitäten überschritten. Eine wissenschaftliche *Institution* wie das Museum war wenig geeignet, die dort stattfindenden Aktivitäten zu definieren. Es ist daher kaum verwunderlich, daß sich sowohl Frauen als auch Männer in erster Linie ihrem Familiennetz verpflichtet fühlten, und nicht der Einrichtung, die es beherbergte und manchmal auch bezahlte (vgl. Outram 1984, 1997). Das Familiennetz war eine *greedy institution*, um den Begriff zu benutzen, den der amerikanische Soziologe Louis Coser in den ›familienfeindlichen‹ 70er Jahren des 20. Jahrhunderts prägte (vgl. Coser 1974). Solche Institutionen waren gewichtig, produktiv, fordernd und transformierend. Sie forderten von ihren Mitgliedern volle Aufmerksamkeit und Loyalität. Coser wandte den Begriff zunächst auf den europäischen absolutistischen Hofstaat an und dann auch auf die Geschichte der Familie. ›Gierige Institutionen‹ waren nach Coser typisch für den europäischen Absolutismus. Ihre Existenz reflektierte zum einen die Schwäche jener Institutionen, die von familienbezogenen Patronage-Netzwerken unabhängig waren. Zum anderen verwiesen sie auf die Dominanz von Ehe und Erbschaft als den wichtigsten Mitteln, Macht, Autorität und Expertise zu reproduzieren und weiterzugeben, und zwar von der Handwerkszunft bis hin zur monarchischen Dynastie. Das Resultat war eine Verschränkung von sozialen und politischen Institutionen, die sich von der heutigen stark unterschied, und die den hohen ›Osmosegrad‹ zwischen zwei Welten widerspiegelte, die wir heute als ›öffentlich‹ und ›privat‹ voneinander trennen.

Mit anderen Worten, wir könnten die Behauptung aufstellen, daß uns die Untersuchung von ›Familiennetzwerken‹ sehr viel mehr über die vormodernen Eigenarten dessen verrät, was wir heute ›Institution‹ nennen, als über damalige Geschlechtsrollenkonzeptionen. So verstehen wir beispielsweise Institutionen oft besser, wenn wir ihren utopischen Gegenpart betrachten. Damit meine ich die sozialen Fiktionen, die mit den eigentlichen Institutionen verbunden sind. Solche Utopien entstanden in zunehmendem Maße während der Aufklärung und versorgten jede Institution mit ihrem entsprechenden ideologischen Beiwerk. Der absolutistische Hof bildete eine entsprechende imaginäre Welt aus, die nicht nur von der obersten Fiktion des von Gott gegebenen Rechts getragen wurde, sondern auch von mythologischen Ballettaufführungen, Maskeraden und anderen höfischen Zerstreuungen. Die gesamte, zunehmend von Marktmechanismen bestimmte Welt der intellektuellen Produktion wurde von der utopischen Idee einer auf Gleichheit und Uneigennützigkeit basierenden ›Gelehrtenrepublik‹ begleitet, ähnlich der fiktiven, vergänglichen Gleichheit in den Salons und Freimaurerlogen (vgl. Daston 1991). Das, was wir heute das ›öffentliche Leben‹ der Wissenschaft während der Aufklärung nennen würden, verkörpert in Institutionen wie beispielsweise den neuen Akademien, produzierte zugleich idealisierte Darstellungen von sich selbst als einer Instanz, die allein dem Streben nach Erkenntnis diente. Den Familiennetzwerken, die in den Systemen der wissenschaftlichen Patronage und der Übermittlung von Forschungsprogrammen eine so wesentliche Rolle spielten, entsprach die ideologische Vorstellung von der Familie als einem unberührten, warmherzigen Ort, der von den häßlichen Kämpfen der ›Außenwelt‹ abgetrennt und von Weiblichkeit geprägt ist.

In diesem Sinne können wir dieses Paradox als Schlüssel zur Erklärung von Cosers zweiter *greedy institution*, der Familie, verwenden. Wie bereits gesagt, waren ›Familien‹ um 1800 in Wirklichkeit Haushalte, denen ganz unterschiedliche Personen angehörten – einige von ihnen biologisch miteinander verwandt, andere nicht, und wieder andere mit der Hoffnung, in ein Verwandtschaftsverhältnis zu treten. Haushalte sind Orte des Zugangs und zugleich Zugangsschwellen. Ihrer ›gierigen Natur‹ entsprechend verkörperten sie ein Paradox, indem sie ständig Outsider rekrutierten, um sie zu Insidern zu machen. Handwerksmeister sahen in Durchreisenden künftige Schwiegersöhne. Der Mann der Wissenschaft machte sich Gedanken, wem er die von ihm aufgeworfenen Forschungsfragen zukünftig anvertrauen könnte, und suchte nach Klienten und Schülern. Die institutionalisierte intellektuelle Welt produzierte Mechanismen und utopische Fiktionen, um die erbarmungslosen Transaktionen tatsächlicher Patronagebeziehungen zu verschleiern. Hinter den Kulissen dieser Fiktionen konnte die Transformation vom Outsider zum Insider stattfinden. Fiktionen und Utopien dienten dazu, die ›Abwicklungskosten‹ eines solchen Übergangs zu verschleiern und zu reduzieren (vgl. Outram 1987). Viele dieser Orte, wenn auch nicht alle, waren in den Händen von Frauen. Dennoch stellt sich uns die Frage, wie stark wir die Tatsache betonen sollten, daß die Salons von Männern der Wissenschaft auf die Mitarbeit von Ehefrauen und Töchtern angewiesen waren. Sollten wir nicht vielleicht eher den Charakter dieser Institutionen als Orte der sozialen Transformation betonen, die sowohl für die Wissenschaft als auch für den Absolutismus bezeichnend waren? Was spielte die größere Rolle – die Kategorie ›Geschlecht‹ oder die Transformationsfunktionen, die ›gierige Institutionen‹ wie die Familie und der Hof aufwiesen?

In der Hoffnung, eine neue Kontrolle über das intellektuelle Leben zu etablieren und sogar eine neue soziale Schicht zu schaffen, errichteten Monarchen in ganz Europa wissenschaftliche Akademien wie die *Berlin-Brandenburgische Akademie der Wissenschaften*. Doch kaum waren sie errichtet, begannen diese Institutionen paradoxerweise, ganz unerwartete utopische Züge anzunehmen und Werte wie Gleichheit und Gegenseitigkeit zu propagieren, die dem absolutistischen Geist völlig entgegengesetzt waren. In diesen paradoxen Tanz war auch das Familiennetzwerk einbezogen. Am Ende sollte es, ebenso wie Georges Cuvier und die wissenschaftliche Akademie, die monarchische Welt überdauern, die es erschaffen hatte.

Familien sind eigenartige Gebilde. Sogar die berühmten Gebrüder Grimm, Schutzpatrone der Philologie, deren *Deutsches Wörterbuch* an der *Berlin-Brandenburgischen Akademie der Wissenschaften* neu bearbeitet wird, wären angesichts des Bedeutungswandels des Begriffs ›Familie‹ verblüfft gewesen. Die Brüder, selbst Bewohner einer Welt von Blutsverwandten und anderen Verbindungen, hätten gleich Laokoon in den glitschigen, sich krümmenden Falten des Begriffs straucheln können, der sich in verschiedene Richtungen zugleich entwickelte. Um die Dinge noch komplizierter zu machen, können wir uns auch den erstaunlichen Transformationsprozeß in Erinnerung rufen, der die Familie vom Objekt des Hasses, der Verachtung und der psychotherapeutischen Anstrengungen in den 1960ern und 70ern in etwas verwandelte, das in den letzten beiden Jahrzehnten eifrig als die eigentliche Grundlage von Gesellschaft gepriesen wurde. Allerdings sind wir uns mit einigem Unbehagen der Tatsache bewußt, daß die sogenannten *family values* von den Spannungen untergraben werden, die die kapitalistische Arbeitsorganisation in das Familienleben hineinträgt. Es ist insbesondere das für diese Ökonomie charakteristische Ideal der individuellen Autonomie, das mit den gruppenorientierten Werten der Familie absolut nicht harmoniert. Die Familie wird nicht länger als ein Ort produktiver Arbeit angesehen, wie es die Familiennetzwerke der Wissenschaft im 19. Jahrhundert waren. Es scheint, als wären die mythologischen, utopischen Räume verschwunden, die einst zwischen Heim und Welt vermittelten. Ist also unser momentanes Interesse an der Familie als Kampfplatz der Spannungen zwischen Heim und Welt, Individualismus und Kollektivismus, auch ein Ausdruck unserer Nostalgie bezüglich der Epoche der ›gierigen Familie‹, die die schmerzhaften und unproduktiven Trennungslinien zwischen ›öffentlich‹ und ›privat‹ aufgebrochen hatte?

Aus dem Englischen übersetzt von Kira Kosnick

Anmerkungen

1 | Eine ausführliche Untersuchung des Haushalts der Cuviers findet sich in Outram 1984 und 1997.

2 | Die beste Arbeit zum Brongniart-Netzwerk ist immer noch de Launay 1940.

Literatur

Coser, Lewis A. (1974): *Greedy Institutions: Patterns of Undivided Commitment*, New York: The Free Press.

Daston, Lorraine (1991): ›The Ideal and Reality of the Republic of Letters in the Enlightenment‹, *in: Science in Context* 4, S. 367-386.

de Launay, Louis (1940): *Une grande famille de savants: les Brongniart*, Paris: G. Rapilly et frs.

Deleuze, Joseph Philippe François (1823): *Histoire et description du Muséum royal d'histoire naturelle*, 2 Bde., Paris: Roger.

Outram, Dorinda (1984): *Georges Cuvier: Vocation, Science and Authority in Post-Revolutionary France*, Manchester: Manchester University Press, S. 161–188.

Outram, Dorinda (1987): ›Before Objectivity: Wives, Patronage, and Cultural Reproduction in Early-Nineteenth-Century French Science‹, in: Pnina G. Abir-Am/Dorinda Outram (Hg.), *Uneasy Careers and Intimate Lives: Women in Science, 1789-1979*, New Brunswick/NY: Rutgers University Press, S. 19-30.

Outram, Dorinda (1997): ›Le Muséum national d'Histoire naturelle après 1793: institution scientifique ou champ de bataille pour les familles et les groupes d'influence?‹, in: Claude Blanckaert et al. (Hg.), *Le Muséum au premier siècle de son histoire*, Paris: Edition du Muséum national d'histoire naturelle, S. 25-30.

Differenzkonzept. Familienökonomie in der modernen Wissenschaft

Wirtschaften mit der Geschlechterordnung. Ein Essay

Karin Hausen

Wirtschaftliche Entwicklung basiert seit dem 18. Jahrhundert wesentlich auf der in neuer Weise organisierten und vom technischen Fortschritt unterstützten immer weiter ausdifferenzierten Teilung der Arbeit. Darüber herrscht seit Adam Smith Einigkeit in der Diskussion über die wirtschaftliche und gesellschaftliche Relevanz der Arbeitsteilung. Allenfalls in der Frage, ob bzw. bis zu welchem Stadium dieser Prozeß eher als gesellschaftlicher Fortschritt oder als Verlust zu bewerten ist, gingen und gehen die Meinungen auseinander.

Was aber wurde in diesen Diskussionen unter Arbeitsteilung verstanden? Bezeichnenderweise konzentrierte sich die Wahrnehmung stets auf die sogenannte gesellschaftliche Teilung der Arbeit. Mit dem Konzept der gesellschaftlichen Arbeitsteilung ließen sich historisch und sozial die Ausdifferenzierungen zwischen Stadt und Land, Herr und Knecht, Stand und Klasse, zwischen einzelnen Berufen, Tätigkeiten und Teilelementen von Arbeitsprozessen erfassen. Jenseits dieser gesellschaftlichen Arbeitsteilung aber verblieb eine gleichsam ahistorische Restgröße. Dieses war die ebenso universell wie fundamental erachtete Teilung der Arbeit zwischen Männern und Frauen. Sie erschien als *natürliche* Arbeitsteilung und galt nicht nur als prähistorischer Ausgangspunkt, sondern auch als dauerhaft relevantes Substrat aller sonstigen Ausdifferenzierungen der Arbeitsteilung. Zu den im 19. Jahrhundert beliebten bildreichen Berichten über das Leben in grauer Vorzeit gehörte daher nicht von ungefähr der Topos von der Frau als Sammlerin, die mit den Kindern am Feuer ausharrt, während der Mann als Jäger die Nahrung heranschafft. Auffallend ist, daß dem Verhältnis zwischen der gesellschaftlichen und der natürlichen Teilung der Arbeit in den klassischen Politischen Ökonomien ebenso wie in den Gesellschaftstheorien des späteren 19. Jahrhunderts so gut wie keine Bedeutung beigemessen wurde. Das gilt besonders für die englische und französische, weniger allerdings für die deutsche Theorietradition (vgl. Richarz 1991: 214-231; Beer 1984).

In sozialpolitischen Visionen kam dieses Verhältnis dagegen um so deutlicher zur Sprache. Am ausgeprägtesten geschah dieses in den frühsozialistischen, sozialistischen und radikalfeministischen Visionen. Diese stellten überwiegend zwar nicht die Zweckmäßigkeit der geschlechtsspezifischen Arbeitsteilung, wohl aber deren vermeintliche Natürlichkeit in Frage. Sie hielten es um einer besseren Gesellschaft und um der Interessen von Frauen willen für erstrebenswert, auch die Arbeitsteilung zwischen Frauen und Männern gesellschaftlich planvoll auszugestalten und zu diesem Zweck auch die Haus- und Familienarbeiten in die Gesamtheit der gesellschaftlichen Arbeiten zu integrieren.

Politisch weitaus mehr Gewicht hatten die von Anhängern der natürlichen Arbeitsteilung formulierten Visionen. Für sie waren zwei Entwicklungsprognosen relevant. Die optimistische Prognose besagte, die fortschreitende gesellschaftliche Arbeitsteilung werde der natürlichen Arbeitsteilung eine immer komfortablere Ausgestaltung ermöglichen und schließlich alle Frauen in die Lage versetzen, sich voll und ganz der Familienarbeit zu widmen, während alle Männer ihrer außerhäuslichen Berufsarbeit nachgehen. Die pessimistische Prognose eröffnete dagegen ein Krisenszenario, in welchem die weitere Ausdifferenzierung der gesellschaftlichen Arbeit schließlich zur Zerstörung der natürlichen geschlechtsspezifischen Arbeitsteilung und damit zur Auflösung jeglicher Zuständigkeit für Familienbelange führen würde. Was in der optimistischen Vision unkommentiert blieb, erschien in der pessimistischen als Bedrohung, daß nämlich die *natürliche* geschlechtsspezifische Teilung der Arbeit keineswegs nur für die Ehepaar-Konstellation und die Familie virulent wird, sondern darauf angelegt ist, Arbeiten generell im Sinne der herrschenden Geschlechterverhältnisse zu ordnen.

Um eben diese komplexe Verschränkung zwischen Geschlechter-, Wirtschafts- und Gesellschaftsordnung geht es mir in der folgenden Argumentation. Die wechselseitige Durchdringung dieser Ordnungsgefüge wurde im Zuge der Ausdifferenzierung der Arbeitsteilung im Industriekapitalismus keineswegs aufgehoben. Dieses Alltagswissen hier ausdrücklich zu betonen, ist nicht überflüssig. Denn unser Nachdenken über Wirtschaft und Gesellschaft ist allzu geübt darin, zwischen öffentlichem und privatem Bereich säuberlich zu trennen. Wenn die Ordnung der Geschlechterverhältnisse und die Interaktion zwischen Frauen und Männern zur Debatte steht, richtet sich die Aufmerksamkeit vorrangig auf den Privatbereich und weniger auf den Öffentlichkeitsbereich. Beim Nachdenken über den Öffentlichkeitsbereich dominiert dagegen die Fiktion des geschlechtsneutralen, bei näherem Hinsehen allerdings unschwer als Mann identifizierbaren Individuums (vgl. Pateman 1988; Pujol 1992; Unterkirchner/Wagner 1987).

Im Gegenzug zu dieser Denk- und Wahrnehmungstradition möchte ich im folgenden die Relevanz des historischen Wechselspiels zwischen der geschlechtsspezifischen Arbeitsteilung auf der einen und der marktorientierten Wirtschaftsentwicklung auf der anderen Seite in einigen Punkten erläutern. Der Prozeß des *gendering*, also des immer erneuten Herstellens und Bekräftigens der sozial erwünschten Geschlechterordnung, war und ist ein elementarer Bestandteil des Wirtschaftens, und umgekehrt geht die Wirtschaft in ihrer je spezifischen Struktur und Dynamik in den sozialen Prozeß des *gendering* ein (vgl. Knapp 1993). Um dieses genauer zu erörtern, skizziere ich zunächst einige zählebige Klischees, die die geschlechtsspezifische Analyse und Deutung der Wirtschafts- und Technikentwicklung nachhaltig verstellt haben. Danach formuliere ich einige Überlegungen, wie sich der Druck des seit dem späten 18. Jahrhundert beschleunigten wirtschaftlichen und technischen Wandels auf das System der geschlechtsspezifischen Arbeitsteilung ausgewirkt haben dürfte. In einem letzten Abschnitt geht es mir schließlich um die Frage, wie die kulturell tradierte Geschlechterhierarchie auch innerhalb der markt- und profitorientierten Erwerbsarbeit und Produktionsorganisation reproduziert und wirtschaftlich genutzt wurde.

Wider die Selbstverständlichkeit von Klischees

Die im 19. Jahrhundert auf neue Weise relevant gewordene Vorstellung von einer *natürlichen* Arbeitsteilung jenseits aller gesellschaftlichen Arbeitsteilung hat bis heute deutliche Spuren in der Vorstellung über vergangene Entwicklungen hinterlassen. Das ist um so überraschender, als es schon einmal seit den späten 1890er Jahren Wissenschaftlerinnen und Politikerinnen zuerst in den Vereinigten Staaten und Großbritannien, wenig später auch in Deutschland gelungen war, die Impulse der Frauenbewegung weiterzutragen und mit empirischen Untersuchungen und Gegenvisionen die herrschenden Anschauungen und gängigen Vorurteile wirkungsvoll herauszufordern (vgl. Pujol 1992; Berg 1992).[1] Warum diese Aufbrüche schon in den zwanziger Jahren ihre provozierende Kraft wieder einbüßten, bleibt zu untersuchen. Es dauerte danach bis zu den 1980er Jahren, bevor kritische Reflexionen darüber, in welchem Maße ungeprüfte Vorurteile unsere Vorstellungen über Arbeitsteilung, wirtschaftliche Entwicklung, technischen Wandel und Geschlechterbeziehungen geprägt und das genaue Wahrnehmen historischer Entwicklungen verstellt haben, erneut ein breiteres Echo auch in der sozial- und geschichtswissenschaftlichen Forschung fanden.[2] Vier solcher irreführenden Deutungsmuster seien kurz vorgestellt.

1. Die älteste der stereotyp wiederholten Ansichten besagt, daß es im späten 18. und frühen 19. Jahrhundert die neuen Maschinen gewesen seien, die die Frauen zur Arbeit in den Fabriken und damit zur Trennung von ihren Familien gezwungen hätten. Dabei schwingt Anstößiges mit. Frauen in den Fabriken, und das bedeutet fern von Haushalten, arbeiten zu sehen, wurde von bürgerlichen Beobachtern als Zeichen der Auflösung von Ordnung gesehen. Daß Männer in die Fabriken gingen, erschien demgegenüber innerhalb der Ordnung zu sein.

Die Rede ist in diesem Zusammenhang von Fabrikarbeit unter Einsatz von Maschinen. Dabei entgeht der Beachtung, daß selbst in England bis zur Mitte des 19. Jahrhunderts immer noch vergleichsweise wenig Frauen und Männer in Fabriken arbeiteten. Neben den Dampfmaschinen interessieren vor allem die Spinn- und später auch die Webmaschinen. Die Maschinen sollen die Arbeit körperlich so leicht und so unqualifiziert gemacht haben, daß nun auch Frauen und selbst Kinder an die Stelle der Männer treten konnten. Diese bereits von Zeitgenossen formulierte Ansicht scheint auch später einer Überprüfung ihres Wahrheitsgehaltes kaum bedurft zu haben. Dennoch ist es sehr viel wahrscheinlicher, daß die Mehrheit der Frauen und Kinder in den Fabriken zunächst weiter genau denselben Typ von Arbeiten verrichtete wie schon vorher in den Manufakturen und vor allem in der Hausindustrie, nämlich diverse Hilfs- und Zuarbeiten. Spinnen war zwar in der Hausindustrie Frauenarbeit gewesen, aber in den Spinnfabriken arbeiteten auch, und in einigen Regionen sogar überwiegend, Männer als Spinner. Ob nun in der Fabrik männliche oder weibliche Spinner an der Spinnmaschine gearbeitet haben mögen, immer war es erforderlich, daß andere Arbeitskräfte für diese Spinner die umfangreich erforderlichen Zuarbeiten leisteten, und das taten fast ausnahmslos Frauen und Kinder, und zwar meistens ohne Maschinenhilfe.

Die Entwicklung der in den einzelnen Regionen und Ländern höchst unterschiedlich geordneten geschlechtsspezifischen Arbeitsteilung in den Fabriken der Textilindustrie harrt noch der vergleichenden Untersuchung. Dabei ist geschärfte Aufmerksamkeit geboten, will man nicht unversehens wieder in gängige Interpretationsschemata zurückfallen. Ein solcher Lapsus unterlief z. B. Peter Dudzik (1987: 71f.) in seiner vorbildlich genauen Untersuchung über die Entwicklung der Fabrikspinnerei in der Schweiz. Um zu erläutern, daß Frauen und Kinder in der Spinnfabrik ihre Arbeitsplätze beim Reinigen der Baumwolle und bei allen sonstigen Vor- und Begleitarbeiten des Spinnens hatten, bediente er sich der bekannten Floskel: »Kinder und Frauen wurden für die Arbeiten eingesetzt, für die sie besser geeignet waren als die Männer.« Ebenso ungeprüft schleichen sich bei ihm unversehens als begründende Zusätze auch die viel gerühmte Geschicklichkeit und Fingerfertigkeit ein. Ja, Dudzik behauptet sogar ohne Zögern: »Der Einsatz von Kindern und Frauen war somit weitgehend durch die Anforderungen der eingesetzten Maschinen an die Arbeitsplätze bestimmt« und »der Spielraum der Unternehmer für den Einsatz der verschiedenen Arbeitskategorien war dementsprechend begrenzt«. Diese Argumentation enthält verräterische Trugschlüsse. Es mag durchaus zutreffen, daß es nicht möglich war, Kinder und vielleicht auch Frauen für die von Männern ausgeführten Arbeiten gleichermaßen produktiv einzusetzen. Aber vermutlich hätten sehr wohl auch Männer die Kinder- und Frauenarbeiten ausführen können. Und wäre ihnen für diese Arbeiten mehr als ein Spinner-Lohn gezahlt worden, dann hätten sie diese Arbeiten wohl auch ausführen wollen.

Wenn es gilt, den überfälligen Abschied von hinderlichen Denkgewohnheiten, die unsere bisherige Deutung von Industrialisierungsprozessen nachhaltig strukturiert haben, konsequent zu vollziehen, dann kann es nicht länger angehen, Männer prinzipiell für unfähig zu erklären, auch sogenannte Frauen und Kinderarbeiten auszuführen; und ebenso wenig ist es dann noch zulässig, von den typischerweise Frauen zugeordneten Arbeiten einfach darauf zu schließen, daß Frauen für diese Arbeiten eine spezifische Eignung anzubieten hatten. Das Lohngefälle zwischen Männern und Frauen dürfte in jedem Fall zunächst einmal die tragfähigere Erklärung dafür abgeben, daß Frauen in den Fabriken nur bestimmte Arbeiten ausführten. Auch daß Frauen bestimmte andere Arbeiten nicht ausführten, hat meistens weniger mit ihrem Mangel an erforderlicher Eignung zu tun; dieser hätte sich durch gezielte Ausbildung unschwer beheben lassen. Entscheidender dürfte vielmehr sein, daß Männer erfolgreicher waren, bestimmte Arbeiten auf Dauer exklusiv für sich zu reklamieren. So betrachtet wird es dann umso interessanter weiterzufragen, wie und warum es möglich war, trotz der schnellen Abfolge technischer Innovationen insgesamt dennoch immer wieder generell festzuschreiben, daß für bestimmte Maschinerien und Arbeitsplätze entweder allein Männer oder allein Frauen die geeigneten Arbeitskräfte zu sein hatten. Warum kam die Nähmaschine für die Stoffverarbeitung, die Schreibmaschine und die Telefonvermittlung überwiegend in Frauenhand? Woher stammte die verbreitete Gewißheit, daß das weibliche Geschlecht für alle Sorten möglichst im Sitzen ausgeführter, repetitiver Teilarbeiten besonders geeignet sei? (vgl. z.B. Davies 1982; Nienhaus 1982).

2. Für die Phase der Hochindustrialisierung genießt eine nicht weniger problematische zweite Unterstellung nach wie vor Ansehen. In dieser erscheinen Frauen nicht länger als Spielball der Maschinerien, sondern als

Akteurinnen. Frauen mit ihren Niedriglöhnen halten in diesen Deutungen als Sündenbock dafür her, daß der technische Fortschritt die angestammte Männerarbeit zu entwerten, zu dequalifizieren und in letzter Konsequenz überflüssig zu machen droht. Dieses altbewährte Verdrängungsargument stammt bereits aus der Zunfttradition des Handwerks (vgl. Quartaert 1985). Das gleiche gilt für die daraus folgende Suche nach Abwehrstrategien, um die stets gefürchtete Arbeitskonkurrenz zwischen Frauen und Männern möglichst auszuschalten. Im späteren 19. und 20. Jahrhundert wurden nicht zuletzt die speziellen Arbeiterinnenschutzgesetze immer wieder gezielt auch als wirksames Vehikel einer konsequenten Segregierung der Arbeitsplätze genutzt (vgl. Lown 1990; Stewart 1989). Seine stärkste politische Brisanz entfaltete das Verdrängungsargument erst nach dem Ersten Weltkrieg, als bei gleichzeitiger hoher, zunächst kriegsbedingter, dann struktureller und konjunktureller Arbeitslosigkeit das wirtschaftliche Entwicklungsprogramm *Rationalisierung* hieß und dieses die immer konsequentere Zerlegung der Arbeit in leichter kontrollierbare und maschinell steuerbare Teilarbeiten verallgemeinerte (vgl. u.a. Rouette 1993; Hachtmann 1989; Siegel 1989).

Statt weiter mit der zeitgenössischen Sündenbock-Denkfigur implizit auch eine geschlechtsspezifische Hierarchie der Arbeitskräfte als so selbstverständlich zu unterstellen, daß sich deren nähere historische Erforschung zu erübrigen scheint, wäre es sehr viel aufschlußreicher zu untersuchen, wann, wo und warum angestammte qualifizierte Männerarbeitsplätze tatsächlich abgebaut wurden und Frauen als Nutznießerinnen dieser Entwicklung günstigere oder auch nur zahlreichere Erwerbschancen erhielten. Es ist bekannt, daß in Verwaltung, Verkauf und bei repetitiver Teilarbeit mit und ohne Fließband der Frauenerwerbsbereich nicht auf Kosten von Männerarbeitsplätzen expandierte, sondern daß eine völlig neue, expandierende Nachfrage nach Arbeitskräften zunehmend von vornherein nicht mit männlichen, sondern mit weiblichen Arbeitskräften befriedigt wurde. Wenn dem so ist, warum konnte aber dann das mit dem Überwechseln vom informellen zum formellen Arbeitsmarkt sichtbarere Hervortreten von erwerbstätigen Frauen stets neuen Stoff für die von Arbeitern, Angestellten und Beamten so viel zitierte Verdrängungs-These liefern?

Die Beliebtheit des Sündenbock-Arguments stand in der Arbeiterbewegung ganz offensichtlich in ursächlichem Zusammenhang mit der geschlechtsspezifischen Problematik der Klassensolidarität. Nachdem sich die sozialdemokratischen Männer darauf eingelassen hatten, nicht länger das Verbot der Frauenarbeit zu fordern, hätten sie sich aus schlichtem Eigennutz darüber hinaus auch für die Angleichung von Frauen- und Männerlöhnen stark machen müssen. So zumindest lautete die in der sozialistischen Theorie entwickelte Empfehlung. Denn es wurde erwartet, daß der vielstimmig beklagte Lohndruck durch Niedriglöhne mit der organisatorischen und technologischen Weiterentwicklung der Produktionsprozesse eher zu- als abnahm. Die Gewerkschaften aber lösten diese allenfalls theoretisch akzeptierte Zielvorgabe niemals durch eine entsprechende Kampfstrategie auch praktisch ein. Es war schon schwierig genug, über die Lohnhierarchie hinweg alle männlichen Lohnarbeiter zusammenzuführen. Deren gemeinsame, wohl schon immer auch als sexuelle Belästigung ausgespielte Abgrenzung gegenüber den weiblichen Arbeitskräften könnte diese Aufgabe erleichtert haben. Einer politischen Strategie der forcierten Annäherung von Frauen- und Männerlöhnen aber stand ganz offensichtlich entgegen, daß Männlichkeit und Weiblichkeit weiterhin an einem zumindest im Prinzip als Hierarchie- und Herrschaftsverhältnis geordneten Geschlechterverhältnis orientiert blieben. Das anhaltende Reden über die Verdrängungs-Gefahr hat daher vermutlich einen äußerst bedrohlichen Beiklang gehabt.

3. Auch der komplizierten Chiffre *Qualifikation* ist mit größerer Skepsis zu begegnen als bisher.[3] Denn was immer es mit dem lohn- und statusrelevantem Merkmal *Qualifikation* sonst noch auf sich gehabt haben mag, in jedem Fall steht fest, daß Qualifikation als Privileg des männlichen Geschlechts beansprucht und auch noch unter den Bedingungen einer allgemeinen Gewerbefreiheit hartnäckig verteidigt worden ist (vgl. Hagemann 1993; Reith 1989).[4] Frauen blieb jahrzehntelang der Zugang zu anerkannter qualifizierender Ausbildung versperrt. Das sollte mitbedacht werden, wenn die Mehrheit der Lohnarbeiterinnen in qualitativen und statistischen Quellen kaum anders denn als Hilfsarbeiterinnen oder ungelernte Arbeiterinnen charakterisiert werden.

Welche Bedeutung das Merkmal *Qualifikation* für die geschlechtsspezifische Verteilung und Bewertung von Arbeiten tatsächlich hatte, bedarf einer genaueren historischen Untersuchung. Wir wissen bislang nur ansatzweise, inwiefern und bis wann es denn überhaupt möglich und sinnvoll war, die Arbeitskräfte an ihren diversen Industriearbeitsplätzen im Hinblick auf die jeweils dort erwartete bzw. erbrachte Leistung danach zu unterscheiden, ob sie speziell für diese Arbeit einschlägig oder auch nur generell handwerklich ausgebildet worden waren oder nicht. Was hatte in den verschiedenen Branchen die Tatsache einer handwerklichen Ausbildung noch mit den de facto ausgeübten Arbeiten zu tun? In welchem Verhältnis standen bei männlichen Arbeitskräften handwerkliche bzw. sonstige betriebliche Ausbildung und Entlohnung am Fabrikarbeitsplatz zueinander? Ebenfalls ungeklärt ist die Frage, inwiefern bei den sogenannten ungelernten Arbeiten deutlich zwischen Frauen- und Männerarbeiten unterschieden werden konnte. Bekannt ist, daß auch Frauen gerade wegen bestimmter Arbeitsfähigkeiten, die sie anzubieten hatten, gesuchte Arbeitskräfte waren, auch wenn in diesem Zusammenhang nicht von *Qualifikation* die Rede war. Dazu zählten die vielfältigen Arbeitsvermögen, die sie durch ihre von früher Kindheit an täglich eingeübten Erwerbs-, Haus- und Familienarbeiten ausgebildet hatten.

Wie auch immer die betriebliche Nachfrage mit dem individuellen Angebot von *Qualifikation* verknüpft worden sein mag, mit Sicherheit ist es unzulässig, aus der Tatsache, daß Frauen schlechter entlohnt wurden als Männer, zu folgern, daß Frauen unqualifiziertere oder körperlich leichtere Arbeit geleistet haben als Männer. In der umgekehrten Richtung dürfte die Schlußfolgerung eher zutreffen: Frauen wurden allein deshalb, weil sie Frauen waren, geringer entlohnt als Männer. Diese Einsicht hat Käthe Schirmacher schon 1909 in unmißverständlicher Deutlichkeit formuliert: »Der Mann wird beruflich höher gewertet wegen größerer Fähigkeit, größerer Ansprüche und größerer Lasten. Die beiden letzten Faktoren bilden die Geschlechtsprämie des Mannes, den *Geschlechtszuschlag*. Die Frau wird beruflich geringer gewertet wegen geringerer Fähigkeit, geringerer Ansprüche und geringerer Lasten. Die beiden letzten Faktoren bilden ihren *Geschlechtsabzug*« (Schirmacher 1909, zit. nach Brinker-Gabler 1979: 199f). Interessant ist dann weiterzufragen, ab wann und warum die in früheren Zeiten doch so selbstverständlich als rechtens erachtete Tatsache des Niedriglohnes später als eine Folge mangelnder Qualifikation interpretiert wurde.

4. Der Kuriosität halber sei noch eine vierte, erst seit der Wende zum 20. Jahrhundert und möglicherweise durch moderne Reklame popularisierte Deutung des Verhältnisses von technischen Innovationen und Frauen wenigstens kurz erwähnt. Diese Deutung gibt sich paternalistisch wohlmeinend. Gleichsam mit höflicher Verbeugung wird suggeriert, der technische Fortschritt habe gegenüber dem *schwachen Geschlecht* eine ganz besonders fürsorgliche Rolle übernommen. Er soll – einem gütigen Deus ex Machina gleich – in Gestalt einzelner Maschinen den Frauen schließlich zur lang erstrebten Emanzipation verholfen haben. Maschinen, denen eine solche Wunderkraft am häufigsten zugeschrieben worden ist, sind die Nähmaschine, die Schreibmaschine, das Telefon, die Waschmaschine und selbst das Fahrrad und das Automobil. Sie sollen den Frauen lästige Hausarbeiten abgenommen, ihnen Berufsmöglichkeiten eröffnet und räumliche Mobilität außerhalb des Hauses beschert haben. Überspielt wird dabei, daß unter Emanzipation üblicherweise die Aufhebung rechtlicher, politischer, sozialer und wirtschaftlicher Benachteiligungen verstanden wird. Auffallend ist auch, daß Maschinen eine solche emanzipatorische Nachhilfe anscheinend nur dem schwachen Geschlecht zuteil werden ließen. Denn Männer, so will es die komplementäre Legende, mußten sich von Jahrzehnt zu Jahrzehnt heroisch dagegen wehren, daß ihnen die angestammten Kompetenzen und Chancen in der Erwerbsarbeit durch neue Maschinen streitig gemacht wurden.

Geschlechtsspezifische Arbeitsteilung. Die Flexibilität eines Strukturprinzips

Die geschlechtsspezifische Arbeitsteilung ist auch heute noch ein universales Prinzip der gesellschaftlichen Arbeitsteilung. Es ist allerdings ein Prinzip, welches in seinen konkreten Formen durch das Zusammenspiel von kulturellen, sozialen und ökonomischen Faktoren immer wieder neu ausgeprägt und den jeweiligen historischen Konstellationen und Bedürfnissen angepaßt wird. Daher zeigt die konkrete Ausgestaltung der geschlechtsspezifischen Arbeitsteilung bemerkenswerte Variationen. Fast immer liegt zwar die Zuständigkeit für die Versorgung kleiner Kinder, für die Zubereitung der Mahlzeiten und für die Herstellung und Reinigung von Kleidern ausschließlich bei Frauen, solange diese Arbeiten nicht von Großhaushalten oder Dienstleistungseinrichtungen übernommen werden. Doch das besagt noch wenig darüber, welche konkreten Arbeiten insgesamt den Frauen und welche den Männern jeweils zugeordnet werden.

Innerhalb einer Gesellschaft werden die vielfältigen Arbeitsaufgaben üblicherweise milieu- und situationsbedingt höchst unterschiedlich auf Frauen und Männer verteilt. Bäuerliche Wirtschaften kennen andere Regeln als Wirtschaften der verschiedenen zünftigen oder nicht mehr zünftigen Stadthandwerke; die Arbeitsanforderungen in bildungsbürgerlichen Arbeitszusammenhängen sind andere als die im kaufmännischen oder gewerblichen Großbetrieb. Stets aber führt die jeweilige geschlechtsspezifische Arbeitsteilung zu einer mehr oder weniger verbindlichen geschlechtsspezifischen Zuordnung von Arbeiten und Arbeitsgeräten. Das gilt für Arbeiten, die Frauen und Männer zeitlich und räumlich voneinander getrennt ausführen ebenso wie für Arbeiten, die Frauen und Männer kooperativ als Gruppe erledigen. Zu bedenken ist nicht zuletzt, daß die meisten Gesellschaften einen gewissen Spielraum zulassen, wie strikt die normativen Grenzen zwischen Frauen- und Männerarbeiten einzuhalten sind bzw. wie geschmeidig diese Norm von Fall zu Fall außer acht gelassen und die Arbeitsteilung je nach den aktuellen Erfordernissen vorgenommen werden kann. Das Prinzip der geschlechtsspezifischen Arbeitsteilung zeigt daher in seiner konkreten Umsetzung stets eine große Vielfalt der Formen, in welchen bestimmte Arbeiten jeweils Frauen oder Männern zugewiesen und von diesen auch ausgeführt werden. Die Elastizität, mit der sich das Prinzip den gegebenen Anforderungen anpassen kann, ist offenbar die Voraussetzung für seine auch unter dem erhöhten Druck des sozialen Wandels erwiesene Stabilität (vgl. Martin/Zoepffel 1989; Mitterauer 1992).

Verschiedene Konstellationen sind denkbar, in denen es im großen Stil zu einer Reorganisation der jeweils gegebenen geschlechtsspezifischen Arbeitsteilung und ihrer entsprechenden Zuordnung von Gerätschaften kommen muß. Solche Situationen treten ein: wenn sich das Produktionsziel der Arbeit verlagert, z. B. von der vorrangigen Selbstversorgung hin zur vermehrten und höher spezialisierten Marktproduktion; wenn die Arbeitsorganisation neuen Anforderungen genügen muß bzw. von neuen Instanzen festgelegt wird und z. B. als Produktionseinheit nicht länger die familial-häusliche Gruppe, sondern ein agrarischer, gewerblicher oder Dienstleistungs-Großbetrieb bevorzugt wird; wenn neue Rohstoffe und neue Arbeitsinstrumente wie Kartoffel, Baumwolle oder Spinnmaschine zum Einsatz kommen. Es muß uns also nicht übermäßig verwundern, daß beim Mahlen des Getreides Handmühlen überwiegend von Frauen, Großmühlen dagegen von Männern benutzt wurden; daß Sicheln von Frauen und Männern eingesetzt wurden, wohingegen sich das Mähen des Getreides mit der Sense im Schnitterpaar zur reinen Männerarbeit entwickelte, weil Frauen nun Zug um Zug das geschnittene Getreide zu Garben bündelten. Bekannt ist auch, daß der Webstuhl ein Arbeitsgerät der Frauen war, solange das Weben dem häuslichen Bedarf diente; dagegen saßen in der gewerblichen Weberei bis in das 19. Jahrhundert hinein überwiegend Männer am Webstuhl, und zwar nicht nur im städtischen Handwerk, sondern auch in der ländlichen Hausindustrie. Letzteres galt allerdings nur, solange Frauen die erforderlichen Zuarbeiten und vor allem das Spinnen ausführten. Als später billigeres und zum Weben taugliches Fabrikgarn auf dem Markt angeboten wurde, gaben die Frauen das Spinnen auf, um nun wie die Männer am Webstuhl für den Markt zu weben. Für die Milchwirtschaft ist gezeigt worden, wie im Zuge besserer Markterschließung, wachsender Nachfrage und steigender Preise für Molkereiprodukte schließlich Männer die zunächst in den bäuerlichen Wirtschaften von Frauen ausgeführten Arbeiten des Melkens, Butterns und Käsemachens übernahmen und nun innerhalb der bäuerlichen Wirtschaften und in den neu entstehenden Molkereien als spezialisierte Facharbeiter tätig wurden (vgl. Wunder 1993; Jensen 1986; Sabean 1990).[5]

Um zu verstehen, wie das Prinzip der geschlechtsspezifischen Arbeitsteilung unter dem Druck des sozialen Wandels immer erneut durch Anpassung stabilisiert wurde, ist noch ein weiteres Charakteristikum von Bedeutung. Wie immer die Arbeitsteilung zwischen den Geschlechtern je konkret ausgebildet war, sobald es eine Arbeitsteilung von einiger Dauer war, hatte sie auch als angemessener Ausdruck der gesellschaftlich erwünschten Männer-Dominanz zu gelten (vgl. Bildmaterial bei Antonietti 1989; Cockburn 1983, 1985 und 1991). Mit dieser Feststellung erübrigt sich die Qual der schwierigen Unterscheidung, ob nun die mindere Bewertung der jeweiligen Frauenarbeit eine Folge der Männerdominanz ist oder ob die Männerdominanz dazu führt, daß Frauen stets die als minderwertig geltenden Arbeiten ausführen. Solange in einer Gesellschaft Männerdominanz herrscht, wird sie sich auch in der Organisation und Bewertung der Arbeit ausdrücken. Sobald es also innerhalb des Systems der Arbeitsteilung zu dauerhaften Verschiebungen kommt, muß einerseits die neue Verteilung als eine *gerechte* Verteilung neu verankert werden und andererseits gegebenenfalls auch eine neue verbindliche Verständigung darüber stattfinden, daß Männer nun die statushöheren Arbeiten ausführen, auch wenn dieses früher Frauenarbeiten waren, bzw. Frauen nun die statusniederen Arbeiten ausführen, auch wenn dieses vorher Männerarbeiten waren. Auf welche Weise solche Verständigungen gelangen oder auch mißlangen, ist in der historischen Forschung bislang eine noch kaum untersuchte Frage.

Beim derzeitigen Stand des Wissens aber ist es durchaus möglich, mit einigen systematisierenden Überlegungen zumindest zu skizzieren, wie der beschleunigte soziale Wandel immer erneut auch das Ordnungsgefüge der geschlechtsspezifischen Teilung und Bewertung der Arbeiten und damit die Ordnung der Geschlechterverhältnisse insgesamt herausgefordert haben muß. Frauen und Männer dürften diese Turbulenzen höchst unterschiedlich positiv oder negativ als Chance oder Verlust erlebt haben; in jedem Fall aber hatten sie die intensivierte Dynamik der wirtschaftlichen und technologischen Veränderungen sehr konkret in ihr Leben und in die normative Ordnung ihrer Lebenswelt zu integrieren.

Bereits im 18. Jahrhundert bahnten sich in der kulturell durchgeformten Ordnung der Produktions- und Geschlechterverhältnisse von Stadt und Land tiefgreifende Veränderungen an, die sich dann im 19. Jahrhundert allmählich verallgemeinerten. Die Herausbildung der agrarischen und gewerblichen Lohnarbeit im großen Stil, die Vermehrung der haushaltsfernen Produktion von Gütern und Dienstleistungen für den Markt und das Entstehen eines weiträumigen und ausdifferenzierten Arbeitsmarktes veränderten auch die Formen, Inhalte und Bewertungen der geschlechtsspezifischen Arbeitsteilung. Diese Veränderungen stießen allerdings das Prinzip der nach Geschlechtern geteilten und hierarchisch strukturierten Arbeitsordnung keineswegs um. Ganz im Gegenteil, die im System der gesellschaftlichen Arbeit für Frauen und für Männer vorgesehenen Plätze wurden in ihren Unterschieden deutlicher, allgemeiner und dauerhafter markiert (vgl. Hill 1989; Snell 1985; Rose 1987). Dazu trugen folgende Veränderungen maßgeblich bei:

1. Darüber, was die erwünschte, notwendige und tatsächliche Arbeitsteilung zwischen den Geschlechtern und die den Arbeitseinsatz regelnde Geschlechterordnung sein sollte, entschieden nun zunehmend neue Instanzen. Die Haushalte und lokalen beruflichen Gruppierungen und Obrigkeiten verloren allmählich an Einfluß. Ihnen gegenüber gewannen an Einfluß auf der einen Seite die Unternehmer, die nach eigenen Bedürfnissen und Vorstellungen nun individuell über den Einsatz ihrer Arbeitskräfte zu ent-

scheiden trachteten, und auf der anderen Seite gleichsam als Ergänzung und Korrektiv der Unternehmer die großräumig, regional und überregional agierenden staatlichen Verwaltungen, Kirchen und Vereine. Letztere versuchten mit beträchtlichem Aufwand im Namen des gesellschaftlichen Gesamtwohls darauf hinzuwirken, daß die kulturell tradierte Ordnung der Geschlechterverhältnisse unter der Dynamik und dem Veränderungsdruck, welcher von der Revolutionierung der gesellschaftlichen Arbeitsverhältnisse ausging, nicht zusammenbrach. Diese Verschiebung der Definitionsmacht wurde offenbar von entscheidender Bedeutung dafür, daß die geschlechtsspezifische Arbeitsteilung nun weniger auf Brauch und zunehmend auf allgemeinere, meistens als *Natur* legitimierte Prinzipien zurückgeführt und sehr viel verbindlicher als früher festgeschrieben wurde (vgl. Baumann 1993; Honegger 1991; Kessler-Harris 1975 und 1992; Lown 1990).

2. Die folgenreiche Aufteilung der gesellschaftlich notwendigen Arbeit in bezahlte und unbezahlte Arbeit verallgemeinerte sich und kam stärker zur Wirkung. Dieser für den Prozeß der Industrialisierung entscheidende wirtschaftliche und soziale Strukturwandel hatte nicht zu unterschätzende Folgen für die Geschlechterordnung.

Denn erstens setzte sich mit der Verallgemeinerung von Lohnarbeit allmählich für immer mehr Arbeitsverhältnisse die Praxis durch, daß der erarbeitete Lohn ausschließlich in Geld und nicht mehr in Naturalien ausgezahlt wurde. Unterschiedliche Arbeitsleistungen aber allein mit dem universell verwendbaren, einheitlichen Maßstab des Geldes zu bewerten, heißt gleichzeitig immer auch, die Hierarchien der Arbeitsteilung auf neue Weise auszumessen. Der Geldmaßstab macht es möglich, durch einen Wertvergleich die qualitativ eigentlich unvergleichbaren Unterschiede nun in Heller und Pfennig auszurechnen. Auch die Geschlechterhierarchie erhält damit in den Arbeits- und Erwerbsverhältnissen über den Geldlohn eine auf Vergleichbarkeit angelegte Ausdrucksform. Die gesellschaftliche Dominanz von Männern erscheint unter den Bedingungen von Markt- und Geldverhältnissen dementsprechend als wirtschaftliche Höherwertigkeit und der geringere soziale Rang der Frauen als wirtschaftliche Minderwertigkeit.

Die Beziehungen zwischen den Geschlechtern dürften allerdings zweitens noch entscheidender dadurch umgeprägt worden sein, daß im täglichen Zusammenleben die immer konsequentere Aufteilung und unterschiedliche Ausgestaltung von bezahlten und unbezahlten Arbeiten wirkungsmächtig wurde. Diese Situation verallgemeinerte sich in dem Maße, wie sich zuerst und am konsequentesten für Männer die Erwerbsarbeit vom Haushalt als Lebens- und Arbeitszusammenhang ablöste und nicht nur vorübergehend, sondern dauerhaft zeitlich und räumlich getrennt von unbezahlter Haus-, Familien- und sonstiger Subsistenzarbeit und unter völlig anderen Bedingungen als diese stattfand (vgl. Tilly/Scott 1978; Boris/Daniels 1989; Boydstone 1990; Wilk 1989; Kocka 1990).[6]

3. Die Vorstellungen darüber, was ein Mann und was eine Frau zu tun und zu sein hat und was einem Mann und was einer Frau zusteht, mußten unter dem Druck des gesellschaftlichen Wandels neu ausgearbeitet werden. Diese Vorstellungen wurden nicht nur neu zugeschnitten, sie hatten auch völlig neue Konsequenzen. Die seit den 1830er Jahren allmählich entwickelte Überzeugung, daß auch der Lohnarbeiter genau so wie der Beamte oder Geschäftsmann für seine Familie der alleinige *Ernährer* zu sein habe, war im letzten Drittel des 19. Jahrhunderts in allen Industrieländern zur herrschenden Meinung geworden. Für diesen einen Programmpunkt entwickelten die unterschiedlichsten Gruppierungen einen überraschend hohen Konsens. Die sozialpolitische Forderung lautete, ein jeder Mann müsse als Ernährer in die Lage versetzt werden, jederzeit alleine das für seine gesamte Familie erforderliche Geld verdienen zu können. Auch das hierzu komplementäre Programm fand allgemeine Zustimmung, daß alle Frauen ihrem unbezahlten und vom Erwerbsbereich ferngehaltenen *natürlichen* Hauptberuf als Hausfrau, Gattin und Mutter möglichst ohne Ablenkung durch Erwerbsarbeit mehr oder weniger ausschließlich nachkommen sollten. Diese idealen Vorstellungen von der bestmöglichen, da einzig tragfähigen Form geschlechtsspezifischer Arbeitsteilung in der kapitalistischen Industriegesellschaft teilten offenbar grundsätzlich auch alle diejenigen, die vorübergehend oder dauerhaft auf Frauenerwerbsarbeit nicht verzichten konnten oder wollten (vgl. Alexander 1983; zur verallgemeinerten Geltung vgl. Blom 1990).

4. Die praktischen Konsequenzen dieser als *natürlich* erachteten Arbeitsteilung zwischen den Geschlechtern sind bekannt. Männer hatten sich mit vollem Einsatz und ohne Ablenkung durch Haus- und Familienarbeiten dem Geldverdienen und ihrer Erwerbsarbeit zu widmen. Frauen hatten als Ehefrauen und häufig auch schon als Töchter primär die Haus- und Familienarbeiten optimal auszuführen. Erziehung und Ausbildung in Familie und vor allem Schule sollten Frauen und Männer von früher Kindheit an für diese komplementär konzipierten, späteren Zuständigkeiten konditionieren. Dabei ging es darum, das frühkindliche Einüben einzelner Tätigkeiten und Verhaltensweisen mit verbindlichem Wissen über das Frau-Sein und das Mann-Sein zu verknüpfen.

Diese normativen Vorgaben erlangten auch für die unterschiedliche Eingruppierung von Frauen und Männern auf dem Arbeitsmarkt und an den konkreten Arbeitsplätzen entscheidende Bedeutung (vgl. Bajohr 1979; Franzoi 1985; Knapp 1984; Stockmann 1985; Willms-Herget 1985). Männer waren vorgesehen für lebenslange Berufsorientierung, Berufsausübung und

Berufskarriere sowie für den Ernährerlohn als Zielgröße; Frauen wurden demgegenüber verpflichtet auf Familienorientierung und Familienarbeit; allenfalls wurde ihnen ein *Zuverdienst* durch vorübergehende Erwerbsarbeit vor der Ehe oder eingeschränkte Erwerbsarbeit während der Ehe zugestanden. Nicht vorgesehen war in diesem normativen Szenario, daß Frauen freiwillig oder gezwungenermaßen für sich alleine oder auch zusätzlich für weitere Familienangehörige den gesamten Lebensunterhalt selbst verdienten. Dieses aber war de facto für eine keineswegs kleine und keineswegs nur auf das Arbeitermilieu beschränkte Gruppe von Frauen schon immer das entscheidende Motiv gewesen, überhaupt Erwerbsarbeit zu leisten.

Was immer die einzelnen Frauen und Männer von dieser normativ verbindlichen Ordnung der Geschlechter- und Arbeitsverhältnisse allgemein und speziell in bezug auf ihr eigenes Leben gedacht haben mögen, sicher ist, daß das im 19. und 20. Jahrhundert für sie jeweils erreichbare Angebot an Arbeitsplätzen auch das Modell der idealen Geschlechterverhältnisse widerspiegelte. Die für die Geschlechter segregiert und hierarchisiert angebotenen Arbeitsplätze waren nicht das Ergebnis des freien Spiels von Angebot und Nachfrage auf dem Arbeitsmarkt, sondern die Übersetzung kulturell verankerter gesellschaftspolitischer Grundüberzeugungen mehr oder weniger ehrwürdigen Alters in das moderne Wirtschaftsleben (vgl. Friedland/Robertson 1990).

Die Geschlechtsspezifik der Erwerbsordnung als Funktionselement des Wirtschaftens

Wo immer im 19. Jahrhundert die im eigenen Haushalt und unter Einsatz der ganzen Familie arbeitenden hausindustriellen Produzenten unter den Konkurrenzdruck der mit leistungsfähigeren Maschinen arbeitenden zentralisierten Fabriken gerieten, wurden sie schließlich zum Aufgeben ihres Gewerbes gezwungen. Die betroffenen Familien durchlebten die kritische Übergangsphase meistens nicht nur in extremer Verarmung, sondern auch als Herausforderung, die bisher zwischen den Geschlechtern und Generationen praktizierte Arbeitsteilung zu verändern. In einer ähnlichen Situation befanden sich nach der Auflösung der alten Agrarordnung auch die nicht gewerblich tätigen Menschen der ländlichen Unterschicht, wenn sie sich im Zuge der Kommerzialisierung der Landwirtschaft als Saisonarbeiter und Tagelöhner verdingten. Sobald Familien ohne alternative Einkommensmöglichkeiten von Lohnarbeit abhängig und zur außerhäuslichen Erwerbsarbeit gezwungen waren, hatten sie kaum mehr die Möglichkeit, den Arbeitseinsatz und Arbeitsertrag der einzelnen Familienmitglieder selbst zu organisieren und zu kontrollieren. Daß dieses für sie durchaus erstrebenswert war, ist nicht allein am zähen Verteidigen der schließlich nur noch zu Hungerlöhnen möglichen Marktproduktion im eigenen Haushalt ablesbar. Auch die bis zur Mitte des 19. Jahrhunderts vereinzelt nachweisbare Beschäftigung ganzer Familien- und Verwandtschaftsgruppen in der Fabrik, die dort unter der Autorität des Hausvaters und für seine Rechnung arbeiteten, belegt das anhaltende Interesse an einer Kooperation in der Familiengruppe (vgl. u.a. Reddy 1984: bes. Kap. 6). Dennoch lief die Entwicklung über kurz oder lang darauf hinaus, daß allein die landwirtschaftlichen, gewerblichen und sonstigen Arbeitgeber nun für jedes Mitglied einer Arbeiterfamilie einzeln über die Zuteilung von Arbeiten und damit von Einkommenschancen entschieden. Dabei hielten allerdings auch die modernen Unternehmer an der herkömmlichen alters- und geschlechtsspezifischen Differenzierung der Arbeits- und Erwerbsmöglichkeiten fest.

Die seitens der Arbeitgeber im 19. und 20. Jahrhundert geschlechtsspezifisch formulierte Nachfrage nach Lohnarbeitskräften galt bislang als so selbstverständlich und natürlich, daß selbst die im 19. Jahrhundert für bestimmte Erwerbsarbeitsplätze gesetzlich angeordneten Beschäftigungsverbote für Frauen unbesehen als Errungenschaften des Arbeiterinnenschutzes verbucht wurden. Es gilt dieses vermeintlich Selbstverständliche genauer zu analysieren und dabei Wirtschaftsgeschichte als Kultur- und Gesellschaftsgeschichte neu zu überdenken. Wie dieses geschehen könnte, sei im Hinblick auf Unternehmerentscheidungen durchgespielt.

Eine jede Unternehmensleitung hat darüber zu entscheiden, ob und wie neue Technologien und Maschinerien installiert werden sollen. Bei dieser Entscheidung spielen viele Faktoren eine Rolle. Das Ziel der Investition in neue Maschinen und Anlagen mag sein, ein völlig neues Produkt herzustellen, neuartige Produktionsmöglichkeiten zu nutzen oder die Produktqualität zu verbessern. In jedem Fall aber besteht ein Zwang, in Maschinen neuen Typs zu investieren, um den Anschluß an erzielte Produktivitätsfortschritte nicht zu verpassen. Uns soll hier nur die Senkung der Lohnkosten interessieren. Um diese zu erzielen, kann entweder der Output pro Arbeitskraft erhöht oder teure Arbeitskraft durch billigere ersetzt werden. Wenn es in einem Unternehmen darum geht, über Investitionen in technische Innovationen zu entscheiden und dabei planend vorwegzunehmen, welche Auswirkungen die neuen Technologien auf die Verteilung und Besetzung der Arbeitsplätze und damit auf die Lohnarbeiterinnen und Lohnarbeiter haben würden, müßte das Qualifikations- und Lohngefälle auch im Hinblick auf den segregierten Arbeitsmarkt und das Lohngefälle zwischen Männern und Frauen in die Kalkulation einbezogen werden. Dieses gilt um so mehr, wenn sich abzeichnet, daß Männer ihre Löhne in die Höhe treiben können, sei es, weil ihre spezielle Qualifikation z.B. als Mechaniker oder Spinner gefragt ist, sei es, weil Männer generell auf dem Arbeitsmarkt knapp sind und notfalls mit Streiks ihre Forderungen durchzusetzen vermögen. Generell läge es für Unternehmer also nahe, sich der relativ teuren männlichen Arbeitskräfte soweit irgend möglich zu entledigen und den größtmöglichen Teil ihres Arbeitskräftebedarfs gegen Niedriglöhne unter den Frauen zu decken.

So betrachtet ist die Tatsache, daß Frauen im 19. Jahrhundert überhaupt zur Fabrikarbeit herangezogen wurden, sehr viel weniger verwunderlich als die Tatsache, daß sie nicht in weit größerer Zahl herangezogen wurden, ja, daß Frauen sogar über Jahrzehnte hinweg in zahlreichen Branchen und Berufen überhaupt keine Erwerbschancen erhielten. Denn wenn Unternehmer im Einklang mit kulturellen Traditionen sicher darauf setzen konnten, daß Frauenarbeit billiger zu haben ist als Männerarbeit, warum haben sie dann nicht schon viel früher in größerem Stil dafür gesorgt, daß handwerklich nicht ausgebildete Frauen am Arbeitsplatz angelernt und ausgebildet wurden? Eine Antwort auf diese Frage zu geben, wäre verfrüht. Aber zu vermuten ist, daß die generelle Verbindlichkeit derjenigen kulturellen Norm, die es ermöglichte, Frauenarbeit niedriger als Männerarbeit zu entlohnen, gleichzeitig auch sichergestellt hat, daß Frauen erheblich größere Schwierigkeiten als Männer hatten, eigene Erwerbsinteressen kollektiv auch gegen die Interessen männlicher Konkurrenten wirkungsvoll zur Geltung zu bringen. Allzu fest verankert war die Vorstellung, daß Frauen auch noch im Industriesystem das Reservoir der unqualifizierten, unstetigen und je nach Lage des Arbeitsmarktes von Fall zu Fall mobilisierbaren und demobilisierbaren Arbeitskräfte zu bleiben hatten. Mit Blick auf diese zählebige Marginalisierung von Frauen auf dem Arbeitsmarkt hat wohl zuerst Heidi Hartmann die Bedeutung der stillschweigenden, über die Klassengrenzen hinweg wirksamen, patriarchalischen Komplizenschaft zwischen Männern hervorgehoben (vgl. Hartmann 1976; Walby 1987; Acker 1988).

Die Reproduktion der Geschlechterordnung im modernen Erwerbssystem wurde allseits akzeptiert. Dieser Rahmen bot für das unternehmerische Kalkül allerdings hinreichend Gelegenheit, aus dem prinzipiell niedrigeren Frauen-Lohnniveau Nutzen zu ziehen. Technische und organisatorische Innovationen, die ein jedes Unternehmen in längeren oder kürzeren Zeitabständen mehr oder weniger tiefgreifend umgestalteten, verschafften den Unternehmern immer erneut willkommene Anlässe, innerhalb eines Unternehmens, aber auch auf dem Arbeitsmarkt insgesamt die jeweils anerkannten Grenzen zwischen Männer- und Frauenarbeitsbereichen neu abzustecken. Mit solchen Grenzverschiebungen riskierten Unternehmer keineswegs immer die heftige Abwehr der männlichen Lohnarbeiter. Häufig genug brachten technische Neuerungen vor allem den qualifizierten Lohnarbeitern nicht den viel diskutierten Abstieg per Dequalifizierung, sondern einen unverhofften Aufstieg. Mit einem Avancement zu Maschinisten, Aufsehern oder Hauptarbeitern vergrößerte sich für sie der Abstand zu den nun meistens zahlreicher gewordenen unqualifizierten weiblichen und jugendlichen Maschinenarbeitern und das wiederum wertete das eigene Arbeitsvermögen auf. Insgesamt dürfte sich die geschlechtsspezifische Zuschreibung von Fähigkeiten, Zuständigkeiten und Lohnniveaus durchaus bewährt haben, um den möglichen Konfliktstoff derartiger innerbetrieblicher Reorganisationsprozesse zu entschärfen (vgl. Hacker 1990).

Die Grundüberzeugung, daß Männer legitimerweise einen höheren Anspruch auf einen Erwerbsarbeitsplatz haben als Frauen und daß ihnen außerdem die besser entlohnten Arbeitsplätze zustehen müßten, behauptete sich lange Zeit unangefochten. Gleichzeitig blieb der wenig ausdifferenzierte Frauenarbeitsmarkt viel zu klein für die Zahl der erwerbssuchenden Frauen. Auch diese Situation ließ sich gewinnbringend nutzen. Das berühmteste Beispiel liefert hierfür die Bekleidungsindustrie. Die Massenproduktion war unter den Bedingungen schnell wechselnder Moden und extremer Produktvielfalt risikoreich und schwer zu organisieren. Alle Produktionsstufen in der Fabrik zu zentralisieren, blieb vor allem für die Kleiderkonfektion wenig attraktiv, solange es möglich war, extrem billige Arbeitskräfte jeweils nur kurzfristig für die Saison zu mobilisieren und dabei nicht einmal in die Arbeitsplätze und Arbeitsgeräte investieren zu müssen. Die extrem arbeitsteilig eingerichtete Näharbeit wurde überwiegend an Frauen ausgegeben, die die erforderlichen Näharbeiten in ihren eigenen Wohnungen oder in kleinen Werkstätten gegen minimale Stücklöhne als Heimarbeit ausführten. Diese Art der Kombination von Familien- und Erwerbsarbeiten im eigenen Haushalt hielten zeitgenössische bürgerliche Beobachter für die sozial akzeptabelste Form der Frauenerwerbsarbeit, vorausgesetzt, es gelänge, die extremsten Auswüchse gnadenloser Ausbeutung unter Kontrolle zu bringen. Für verheiratete Frauen mit kleinen Kindern scheint diese Heimarbeit in der Tat häufig die einzige Möglichkeit gewesen zu sein, überhaupt Geld zu verdienen. Bezeichnenderweise kam es erst im späteren 19. Jahrhundert, und zwar am frühesten und wirksamsten in den USA, zur fabrikmäßigen Herstellung von Wäsche und Bekleidung. Die weiterhin auf Heimarbeit fußende Kleiderkonfektion blieb jedoch solange konkurrenzfähig, bis Saisonarbeit zu Niedriglöhnen zu den Frauen in der *Dritten Welt* gegeben werden konnte. Da störte es wenig, daß technische Neuerungen in der Heimarbeit nur mit beträchtlichen Verzögerungen zum Zuge kamen. Noch lange herrschte bei der Nähmaschine der Fußantrieb vor, obwohl ansonsten selbst in Kleinbetrieben der Einsatz elektrischer Kleinmotoren längst üblich geworden war.

Die wirtschaftliche Nutzung weiblicher Arbeitskräfte zu Niedrigpreisen ist bei Industrialisierungsprozessen in der *Dritten Welt* gang und gäbe, seitdem internationale Unternehmen in den 1960er Jahren dazu übergegangen sind, die weltweiten Lohndifferenzen auszunutzen und Fertigungsenklaven nach Asien, Afrika, Lateinamerika und in die Karibik zu verlegen (vgl. Elson 1991; Leacock/Safar 1986; Tinker 1990). Maria Patricia Fernandez-Kelly (1983) hat z.B. für die seit 1965 in Mexiko angesiedelte Fertigung mikroelektronischer Teile herausgearbeitet, daß die Belegschaft zu 85 bis 90 Prozent aus Frauen besteht, die ausnahmslos sehr jung, unverheiratet, un- oder angelernt sind und im Durchschnitt nicht mehr als drei Jahre im Job verweilen. 1980 arbeiteten hier rund zwei Millionen Lohnarbeiterinnen unter hohem Streß an sechs Tagen pro Woche für minimale Löhne, die sie an ihre Herkunftsfamilien weitergaben. Fast alle Arbeiterinnen wurden wieder entlassen, noch bevor sie einen Anspruch auf Sozialleistungen erworben hatten. Anders als in der Industrialisierungsgeschichte Europas wird die Arbeitskraft der jungen Männer in diesem System überhaupt nicht nachgefragt, und die jungen Männer verzichten offenbar wegen der schlechten Arbeitsbedingungen auch ihrerseits darauf, sich hier um Arbeit zu bewerben. Sie bleiben entweder arbeitslos oder suchen ihr Glück in den USA.

So neuartig, wie es auf den ersten Blick scheinen mag, ist allerdings diese auf eine möglichst effiziente Ausnutzung der Arbeitskraft von ausschließlich jungen Frauen ausgerichtete Unternehmensstrategie nicht. In Europa und den USA gab es im 19. Jahrhundert eine vergleichbare Mobilisierung junger Frauen für die Arbeit in Textilfabriken und seit dem späteren 19. Jahrhundert wurden auch für die expandierende Nachfrage nach Arbeitskräften in Verwaltung, Verkauf, Verkehrs- und Kommunikationswesen erfolgreich vornehmlich junge Frauen für eine kalkulierbar kurze Beschäftigungszeit vor der Eheschließung angeworben. Auch für sie gab es nicht das Angebot einer längeren Erwerbstätigkeit mit existenzsicherndem Verdienst. Die gesellschaftliche Festlegung der weiblichen Arbeitskräfte auf den Status der vorehelichen, ehelichen und nachehelichen Zuverdienerinnen eröffnete dem unternehmerischen Kalkül stets interessante Möglichkeiten der wirtschaftlichen Nutzung. Dabei war entscheidend, daß arbeitsuchende Frauen auf dem Arbeitsmarkt wegen ihres Geschlechts mit eng begrenzten Bewegungs- und Wahlmöglichkeiten konfrontiert wurden (vgl. Nienhaus 1993).

Das Bestreben, Frauenarbeit prinzipiell von Männerarbeit zu unterscheiden, blieb auch bei modernen Wirtschaftsunternehmen deutlich ausgeprägt. Es fand seinen Ausdruck in der geschlechtsspezifisch ausgestalteten Hierarchie der Löhne und Anleitungsbefugnisse ebenso wie in der Zuweisung verschiedener Einzelarbeiten, ganzer Arbeitsgebiete und der möglichst auch räumlich voneinander getrennten Arbeitsplätze. Das traditionelle kulturelle Arrangement der konsequenten Unterscheidung zwischen einem Frauen- und einem Männerarbeitsmarkt erhielt allerdings in der modernen Wirtschaft eine neue Bedeutung. Folgt man der klassischen und neoklassischen Theorie, dann geschieht in der modernen kapitalistischen Marktwirtschaft die Lohnfindung durch das Regelwerk des Marktes. Knappheit bzw. Überangebot der nach Arbeit suchenden Arbeitskräfte schlagen dabei ebenso zu Buche wie deren Verhandlungsmacht, Qualifikation und Leistung. Anders als in dieser Modellvorstellung war es in der Praxis jedoch schon immer kulturell und politisch bereits weitgehend vorentschieden, daß Frauen auf dem Arbeitsmarkt möglichst nicht in Konkurrenz treten konnten zu Männern. Die für Frauen erreichbaren Erwerbsarbeitsplätze beschränkten sich de facto auf vergleichsweise wenige Arbeiten, die nur Niedriglöhne einbrachten und für Männer unattraktiv waren. Diese Arbeiten galten dann als die für Frauen angemessenen, typisch weiblichen Arbeiten.

Eine derartige Eingrenzung der Frauenarbeit wurde offenbar im Hinblick auf die Stabilisierung der Verhältnisse um so beliebter, wie seit den 1860er Jahren in der politischen Diskussion die Stichworte *Lohngerechtigkeit* und *Lohndrückerei* im Kurs stiegen. Üblich war nun eine Charakterisierung der weiblichen Arbeitskraft per Fingerfertigkeit statt Muskelkraft, Bevorzugung von Sauberkeit statt Schmutz, Eignung für unqualifizierte, nur ausführende Teilarbeit statt Handwerkerkönnen, Nebenbeschäftigung statt Hauptberuf, sowie nicht zuletzt die Hervorhebung der weiblichen Geduld und Bereitschaft zur Unterordnung. Alle diese Charakteristika dienten nicht nur zur Rechtfertigung der Frauen-Niedriglöhne. Sie taugten auch dazu, außerhäusliche Frauen- und Männerarbeiten deutlicher gegeneinander abzugrenzen und die weiblichen Arbeitskräfte in Arbeitsbereiche zu lenken, um welche Männer nicht konkurrierten. Im 20. Jahrhundert lieferten nicht zuletzt die Arbeitswissenschaft, die Arbeitsmarktpolitik und die Arbeitssoziologie einschlägige Hilfestellungen, um nun auch wissenschaftlich dieses kulturell begründete Erwerbssystem patriarchaler Prägung mit seinem privilegierenden Job-Modell für Männer und diskriminierenden Gender-Modell für Frauen als ein optimales gesellschaftliches Ordnungsgefüge weiterhin zu fundieren und zu legitimieren (vgl. Feldberg/Glenn 1979; Krell 1984; Krell/Osterloh 1992). Diese modernisierte Strategie vermochte auf lange Sicht erstaunlich erfolgreich, den im Zeichen von Frauenbewegung und Gleichberechtigungsforderungen stärker gewordenen Veränderungsdruck noch über Jahre abzuwehren. Erst in jüngster Zeit ist das Funktionsprinzip der geschlechtshierarchischen Arbeitsteilung wiederum durch Wissenschaft, die sich nun allerdings ausdrücklich in den Dienst von Fraueninteressen gestellt hat, aufgedeckt, analysiert und fundiert kritisiert worden.

1898 hatte Charlotte Perkins Gilman in ihrem schnell über die USA hinaus berühmten Buch *Women and Economics. A Study of the Economic Relation Between Men and Women as a Factor in Social Evolution* diagnostiziert und kritisiert, was sie die *sexuo-economic relations* nannte. Die Menschen seien »the only animal species in which the female depends on the male for food, the only animal species in which the sex-relation is also an economic relation« (ebd.: 5). Dieses untaugliche Arrangement endlich zu überwinden, hielt sie für das Gebot der Stunde. Die Aufgabe laute: »reconstructing in our minds the position of woman under conditions of economic independence« (ebd.: 270). Sie war, wie wir heute wissen, ihrer Zeit weit voraus; aber sie hat wohl auch die zentrale Bedeutung und vor allem die in flexiblen Anpassungen erwiesene Widerstandsfähigkeit des hierarchisierenden Systems der nach Geschlechtern geordneten Zuteilung und Bewertung des Arbeitens erheblich unterschätzt.

Anmerkungen

1 | In Deutschland wurde u.a. die Dissertation von Alice Salomon (1906): Die Ursachen der ungleichen Entlohnung von Männer- und Frauenarbeit, Leipzig, breit diskutiert.

2 | Anknüpfend an die Arbeiten von Alice Clark (1982) und Ivy Pinchbeck (1981) kam es insbesondere in Großbritannien zu einer Revision der Industrialisierungsgeschichte (vgl. Honeyman/Goodman 1991; Hudson/Lee 1990a). Besonders eindrucksvoll wird die Geschlechtsspezifik der Entwicklung u.a. herausgearbeitet von Maxine Berg (1985), Leonore Davidoff und Catherine Hall (1987), Bridget Hill (1989) und K.D.M.Snell (1985).

3 | Die Zeitschrift Gender & History brachte hierzu 1989 in Heft 2 stimulierende Aufsätze von Mary E.Wiesner, Elizabeth Faue, Cynthia Cockburn, Keith McClelland, Ava Baron und Ella Johansson. Vgl. außerdem Cockburn (1983, 1985 und 1991); Philipps/Taylor 1980; Kassel (1993); Orland (1993); Zachmann (1993).

4 | Snell (1985: 270-319) weist für England nach, daß seit dem späten 18. Jahrhundert Mädchen sehr viel seltener und in sehr viel weniger Berufen eine Lehre erhielten als noch im 18. Jahrhundert.

5 | Snell (1985) hat für England im 18. und frühen 19. Jahrhundert rekonstruiert, wie sich die geschlechtsspezifische Nachfrage nach Arbeitskräften einschneidend veränderte.

6 | Kocka (1990) berücksichtigt in einem umfangreichen Kapitel das *Jahrhundert des Dienstmädchens*; diesem wichtigen Schritt in die richtige Richtung folgt aber nicht der zweite, nun auch die unbezahlte Haus- und Familienarbeit der Arbeiterfrauen im eigenen Haushalt als relevanten Teil der Arbeitergeschichte zu integrieren (vgl. Hagemann 1990).

Literatur

Acker, Joan (1988): »Class, Gender, and the Relations of Distribution«, in: *Signs. Journal of Women in Culture and Society* 13, S. 473-497.

Alexander, Sally (1983): *Women's Work in Nineteenth-Century London. A Study of the Years 1820-1850*, London: The Journeyman Press.

Antonietti, Thomas (1989): *Ungleiche Beziehungen. Zur Ethnologie der Geschlechterrollen im Wallis*, Sitten: Walliser Kantonmuseen.

Bajohr, Stefan (1979): *Die Hälfte der Fabrik. Geschichte der Frauenarbeit in Deutschland 1914 -1945*, Marburg: Verlag Arbeiterbewegung und Gesellschaftswissenschaft.

Baumann, Ursula (1993): »Frauenarbeit in kirchlicher Diskussion und Praxis im Kaiserreich«, in: Hausen (Hg.), S. 147-166.

Beer, Ursula (1984): *Theorien geschlechtlicher Arbeitsteilung*, Frankfurt/Main: Campus.

Berg, Maxine (1985): *The Age of Manufacturers, 1700-1820*, London: Routledge.

Berg, Maxine (1992): »The First Women Economic Historians«, in: *Economic History Review* 45, S. 308-329.

Blom, Ida (1990): »Changes in Women's Work and Family Responsibility in Norway since 1860s«, in: Hudson/Lee (Hg.) (1990a), S. 2-47.

Boris, Eileen/Daniels, Cynthia R. (Hg.) (1989): *Homework. Historical and Contemporary Perspectives on Paid Labour at Home*, Urbana u.a.: University of Illinois Press.

Boydston, Jeanne (1991): *Home and Work. Housework, Wages, and the Ideology of Labor in the Early Republic*, New York, London: Oxford University Press.

Brinker-Gabler, Gisela (Hg.) (1979): *Frauenarbeit und Beruf*, Frankfurt/Main: Fischer Taschenbuch.

Clark, Alice (1982 [1919]): *Working Life of Women in the Seventeenth Century*, London: Routledge.

Cockburn, Cynthia (1986): »Brothers. Male Dominance and Technological Change«, in: dies. (Hg.), *Machinery of Dominance. Women, Men, and Technological Know-How*, London: Pluto Press.

Cockburn, Cynthia (1991): »Das Material männlicher Macht«, in: Logie Barrow/Dorothea Schmidt/Jutta Schwarzkopf (Hg.), *Nichts als Unterdrükkung? Geschlecht und Klasse in der englischen Sozialgeschichte*, Münster: Westfälisches Dampfboot, S. 67-84.

Davidoff, Leonore/Hall, Catherine (1987): *Family Fortunes. Men and Women of the English Middle Class 1780-1850*, Chicago: University of Chicago Press.

Davies, Mygery W. (1982): *Woman's Place is at the Typewriter. Office Work and Office Workers, 1870-1930*, Phildalphia: Temple University Press.

Dudzik, Peter (1987): *Innovation und Investition. Technische Entwicklung und Unternehmerentscheide in der schweizerischen Baumwollspinnerei 1800 bis 1916*, Zürich: Chronos.

Elson, Diane (Hg.) (1991): *Male Bias in the Development Process*, Manchester: Manchester Press.

Feldberg, Rosalyn/Glenn, Evelyn Nahano (1979): »Male and Female. Job versus Gender Models in the Sociology of Work«, in: *Social Problems* 26, S. 524-538.

Fernandez-Kelly, Maria Patricia (1983): *For We are Sold I and My People. Women and Industry in Mexico's Frontier*, Albany/NY: State University of New York.

Franzoi, Barbara (1985): *At the Very Least She Pays the Rent. Women and German Industrialisation, 1871-1914*, Westport/Conn.: Greenwood Press.

Friedland, Roger/Robertson, Alexander Foster (Hg.) (1990): *Beyond the Marketplace. Rethinking Economy and Society*, New York: De Gruyter.

Gilman, Charlotte Perkins (1966): *Women and Economics. A Study of the Economic Relations between Men and Women as a Factor in Social Evolution (1898)*, Reprint der 2. Aufl. 1899, New York: Promotheus Books.

Hachtmann, Rüdiger (1989): *Industriearbeit im Dritten Reich*, Göttingen: Vandenhoeck & Ruprecht.

Hacker, Sally L. (1990): »Doing it the Hard Way. Investigations of Gender and Technology«, in: Karen Hagemann (Hg.): *Frauenalltag und Männerpolitik. Alltagsleben und gesellschaftliches Handeln von Arbeiterfrauen in der Weimarer Republik*, Bonn: Dietz.

Hagemann, Karen (1993): »Ausbildung für die weibliche Doppelrolle. Berufswünsche, Berufswahl und Berufschancen von Volksschülerinnen in der Weimarer Republik«, in: Hausen (Hg.), S. 214-236.

Hartmann, Heidi (1976): »Capitalism, Patriachy and Job Segregation by Sex«, in: *Signs. Journal of Women in Culture and Society* 1, S. 137-169.

Hausen, Karin (Hg.) (1993): *Geschlechterhierarchie und Arbeitsteilung. Zur Geschichte ungleicher Erwerbschancen von Männern und Frauen*, Göttingen: Vandenhoeck & Ruprecht.

Hausen, Karin/Krell, Gertraude (Hg.) (1993): *Frauenerwerbsarbeit. Forschungen zu Geschichte und Gegenwart*, München: Hampp.

Hill, Bridget (1989): *Women, Work, and Sexual Politics in Eighteenth-Century England*, Oxford: Blackwell.

Honegger, Claudia (1991): *Die Ordnung der Geschlechter. Die Wissenschaften vom Menschen und das Weib, 1750-1850*, Frankfurt/Main, New York: Campus.

Honeyman, Katrina/Goodman, Jordan (1991): »Women's Work, Gender

Conflict, and Labour Markets in Europe 1500-1900«, in: *Economic History Review* 44, S. 608-628.

Hudson, Pat/Lee, William Robert (Hg.) (1990a): *Women's Work and the Family Economy in Historical Perspective,* Manchester, New York: Manchester University Press.

Hudson, Pat/Lee, William Robert (1990b): »Women's Work and the Family Economy in Historical Perspective«, in: Hudson/Lee (Hg.) (1990a), S. 2-47.

Jensen, Joan (1986): *Loosening the Bonds. Mid-Atlantic Farm Women, 1750-1850,* New Haven: Yale University Press.

Kassel, Brigitte (1993): »Das Geschlecht der Qualifikation ist männlich. Ausbildung und Qualifikation in der Metallindustrie vor 1930«, in: Hausen (Hg.), S. 125-146.

Kessler-Harris, Alice (1975): »Stratifying by Sex. Understanding the History of Working Women«, in: Richard C. Edwards (Hg.), *Labor Market Segmentation,* Lexington/MA: Heath, S. 217-242.

Kessler-Harris, Alice (1992): »The Just Price, the Free Market, and the Value of Women«, in: Dorothy O. Helly/Susan M. Reverby (Hg.), *Gendered Domains. Rethinking Public and Private in Women's History,* Ithaca, London: Cornell University Press, S. 263-276.

Knapp, Gudrun-Axeli (1993): »Segregation in Bewegung: Einige Überlegungen zum *Gendering* von Arbeit und Arbeitsvermögen«, in: Hausen/Krell (Hg.), S. 1-20.

Knapp, Ulla (1984): *Frauenarbeit in Deutschland,* 2 Bde., München: Minerva.

Kocka, Jürgen (1990): *Arbeitsverhältnisse und Arbeiterexistenzen. Grundlagen der Klassenbildung im 19. Jahrhundert,* Bonn: Dietz.

Krell, Gertraude (1984): *Das Bild der Frau in der Arbeitswissenschaft,* Frankfurt/Main, New York: Campus.

Krell, Gertraude/Osterloh, Margrit (Hg.) (1992): *Personalpolitik aus der Sicht von Frauen – Frauen aus der Sicht der Personalpolitik,* München, Mering: Hampp.

Leacock, Eleonor/Safar, Helen I. (Hg.) (1986): *Women's Work. Development and the Division of Labor by Gender,* South Hadley/MA: Bergin & Garvey.

Lown, Judy (1990): *Women and Industrialization. Gender at Work in Nineteenth-Century England,* Cambridge: Polity Press.

Martin, Jochen/Zoepffel, Renate (Hg.) (1989): *Aufgaben, Rollen und Räume von Frau und Mann,* 2 Bde., Freiburg, München: Alber.

Mitterauer, Michael (1992): *Familie und Arbeitsteilung. Historisch-vergleichende Studien,* Wien: Böhlau.

Nienhaus, Ursula (1982): *Berufsstand weiblich. Die ersten weiblichen Angestellten,* Berlin: Transit.

Nienhaus, Ursula (1993): *Vater Staat und seine Gehilfinnen. Die deutsche Post im Spannungsfeld von Sozialpolitik und Betriebswillkür. Eine Fallstudie am Beispiel der weiblichen Beschäftigten, 1864-1945*, unveröffentlichte Habilitationsschrift.

Orland, Barbara (1993): »Männer in der Wäscherei. Technik und geschlechtshierarchische Arbeitsteilung im Waschgewerbe des 19. Jahrhunderts«, in: Hausen (Hg.), S. 97-124.

Pateman, Carol (1988): *The Sexual Contract*, Oxford: Polity Press.

Philipps, Anne/Taylor, Barbara (1980): »Sex and Skill. Notes towards a Feminist Economics«, in: *Feminist Review* 6, S. 79-88.

Pinchbeck, Ivy (1981 [1930]): *Women Workers in the Industrial Revolution 1750-1850*, London: Virago.

Pujol, Michèle A. (1992): *Feminism and Antifeminism in Early Economic Thought*, Brookfield, Vermont: Edgar Elgar.

Quartaert, Jean (1985): »The Shaping of Women's Work in Manufacturing: Guilds, Households and the State in Central Europe, 1648-1870«, in: *American Historical Review* 90, S. 1122-1148.

Reddy, William (1984): *The Rise of Market Culture. The Textile Trade and French Society, 1750-1900*, Cambridge, New York: Cambridge University Press.

Reith, Reinhold (1989): »Zur beruflichen Sozialisation im Handwerk vom 18. bis ins frühe 20. Jahrhundert. Umrisse einer Sozialgeschichte der deutschen Lehrlinge«, in: *Vierteljahrsschrift für Wirtschafts- und Sozialgeschichte* 76, S. 1-27.

Richarz, Irmintraut (1991): *Oikos, Haus und Haushalt. Ursprung und Geschichte der Haushaltsökonomik*, Göttingen: Vandenhoeck & Ruprecht.

Rose, Sonya O. (1987): »Gender Segregation in the Transition to the Factory. The English Hosiery Industry 1850-1910«, in: *Feminist Studies* 13, S. 163-184.

Rouette, Susanne (1993): *Sozialpolitik als Geschlechterpolitik. Die Regulierung der Frauenarbeit nach dem Ersten Weltkrieg*, Frankfurt/Main, New York: Campus.

Sabean, David Warren (1990): *Property, Production, and Family in Neckarhausen, 1700-1870*, Cambridge: Cambridge University Press.

Salomon, Alice (1906): *Die Ursachen der ungleichen Entlohnung von Männer- und Frauenarbeit*, Leipzig: Duncker & Humblot.

Schirmacher, Käthe (1909): *Wie und in welchem Maße läßt sich die Wertung der Frauenarbeit steigern?*, Gautzch bei Leipzig: F. Dietrich.

Siegel, Tilla (1989): *Leistung und Lohn in der nationalsozialistischen »Ordnung der Arbeit«*, Opladen: Westdeutscher Verlag.

Snell, K.D.M. (1985): *Annals of the Labouring Poor. Social Change and Agrarian England, 1660-1900*, Cambridge: Cambridge University Press.

Stewart, Mary Lynn (1989): *Women, Work, and the French State. Labour Pro-*

tection and Social Patriarchy, 1879-1979, Kingston: McGill-Queen's University Press.

Stockmann, Reinhard (1985): »Gewerbliche Frauenarbeit in Deutschland 1875-1980«, in: *Geschichte und Gesellschaft* 11, S. 447-475.

Tilly, Louise/Scott, Joan (1978): *Women, Work, and Family*, New York: Routlegde.

Tinker, Irene (Hg.) (1990): *Persistent Inequalities. Women and World Development*, Oxford, New York: Oxford University Press.

Unterkircher, Lilo/Wagner, Ina (1987) (Hg.): *Die andere Hälfte der Gesellschaft* (Österreichischer Soziologentag 1985), Wien: Verlag des Österreichischen Gewerkschaftsbundes.

Walby, Sylvia (1987): *Patriarchy at Work. Patriarchial and Capitalist Relations in Employment*, Minneapolis: University of Minnesota Press.

Wilk, Richard R. (Hg.) (1989): *The Household Economy. Reconsidering the Domestic Mode of Production*, Boulder: Westview Press.

Willms-Herget, Angelika (1985): *Frauenarbeit. Zur Integration der Frauen in den Arbeitsmarkt*, Frankfurt/Main, New York: Campus.

Wunder, Heide (1993): »Jede Arbeit ist ihres Lohnes wert. Zur geschlechtsspezifischen Teilung und Bewertung von Arbeit in der Frühen Neuzeit«, in: Hausen (Hg.), S.19-39.

Zachmann, Karin (1993): »Männer arbeiten, Frauen helfen. Geschlechtsspezifische Arbeitsteilung und Maschinisierung in der Textilindustrie des 19. Jahrhunderts«, in: Hausen (Hg.), S. 71-96.

Die wissenschaftliche Persona. Arbeit und Berufung[I]

Lorraine Daston

Einleitung: Großartige Obsessionen

In Honoré de Balzacs Roman *La Recherche de l'absolu* (1834) treibt die Leidenschaft für die Chemie einen wohlhabenden, tugendhaften und intelligenten Bürger der Stadt Douai namens Balthazar Claës samt seiner Familie in den Ruin. Obwohl er von den Stadtbewohnern als Alchemist und von den Bauern als Zauberer verunglimpft wird, ist Claës in Wirklichkeit ein moderner Chemiker. Er hat bei Lavoisier studiert, bestellt seine Laborausstattung[2] bei den besten Herstellern, und hält sich über die neuesten Veröffentlichungen in wissenschaftlichen Zeitschriften auf dem Laufenden. Das ›Absolute‹, nach dem er sucht, ist nicht wie bei den mittelalterlichen Alchemisten der Stein der Weisen, sondern das allgemeine Prinzip, durch das sich Licht, Wärme, Elektrizität, Galvanismus und Magnetismus erklären lassen. Er bemüht sich, nicht etwa einfache Metalle in Gold, sondern Kohlenstoff in Diamanten zu verwandeln, und zwar auf der Grundlage ihrer chemischen Gleichheit. Er ist von noblem Charakter und erstrebt nicht etwa Reichtum, sondern Ruhm für sein Land und seine Familie. Doch Balzac läßt keinen Zweifel darüber aufkommen, welchen Preis Claës für seine Leidenschaft bezahlen muß: Millionen von Francs, der Tod seiner hingebungsvollen Ehefrau und die Verarmung seiner Kinder. Einst der liebevollste aller Ehegatten und Väter, solider Bürger der Stadt Douai, führt Claës die Versenkung in die Wissenschaft dazu, seine anderen Pflichten und sogar die Existenz der Außenwelt zu vergessen:

> Balthazar wurde von der Wissenschaft derart in Anspruch genommen, daß ihn weder das Unglück Frankreichs, noch der erste Sturz Napoleons, noch auch die Rückkehr der Bourbonen von seiner Beschäftigung abhalten konnten. Er war weder Gatte, noch Vater, noch Bürger, er war nur Chemiker (Balzac 1953: 142).

Natürlich ist Balthazar Claës eine fiktive Romanfigur, doch Balzac mag durchaus von realen Vorbildern inspiriert worden sein und gab sich jedenfalls Mühe, vor dem Schreiben seines Romans auf den neuesten Kenntnisstand in der Chemie zu gelangen (vgl. ebd.: 352, 360ff.). Doch egal, ob Balzacs Portrait eines besessenen Wissenschaftlers nun aus dem Leben gegriffen war oder nicht, es entsprach, so möchte ich argumentieren, einer wissenschaftlichen Persona. Damit ist eine kollektive Identität gemeint, die nicht unbedingt mit der eines Individuums übereinstimmen muß, die aber dennoch die Aspirationen, Eigenarten, Lebensweisen und sogar körperliche Fähigkeiten und Dispositionen einer Gruppe formt, die sich zu dieser Identität bekennt, und von der Öffentlichkeit auch so wahrgenommen wird. Romane wie *La Recherche de l'absolu* oder Mary Wollstonecraft Shelleys *Frankenstein, or the Modern Prometheus* (1818) dramatisieren die Figur des Wissenschaftlers, der von seiner Forschung so eingenommen ist, daß er alle anderen Pflichten vergißt und schließlich Freunde und Familie ins Unglück stürzt. Umgekehrt existieren auch fiktive Portraits aus dem 19. Jahrhundert, die den Wissenschaftler als einen Mann präsentieren, der sich liebend gerne in seine Forschung vertiefen würde, jedoch durch soziale Konventionen und familiäre Pflichten davon abgehalten wird, wie z.B. der ambitionierte Dr. Tertius Lydgate in George Eliots Roman *Middlemarch* (1871-72). Ob die Wissenschaft nun die Familie oder aber die Familie die Wissenschaft zerstört, die Argumentation bleibt gleich: Die Treue zur Wissenschaft hebt alle anderen Loyalitäten auf.[3] So bemerkt Claës' vernachlässigte Ehefrau verzweifelt:

> Aber was ließ sich gegen die Wissenschaft tun? Wie sollte man ihre immerwährende tyrannische und stets wachsende Macht brechen? Wie eine unsichbare Rivalin töten? Wie kann eine Frau, deren Macht durch die Natur begrenzt ist, gegen eine Idee kämpfen, die unbegrenzte Freuden gewährt und immer neue Reize besitzt? (Balzac 1953: 56)

Diese fiktive Gegenüberstellung von Wissenschaft und Familie oder, genauer gesagt, von Wissenschaft und weiblicher Familie ist in der Tat eine Fiktion: Die Mehrzahl der Gelehrten im späten 18. und frühen 19. Jahrhundert waren verheiratet und hatten Familien. Zudem gibt es zahlreiche Belege, daß diese Familien die wissenschaftlichen Karrieren von Brüdern, Vätern und Ehegatten sowohl geistig als auch materiell unterstützten. Abgesehen von der effizienten Haushaltsführung durch Frauen und Bedienstete, die den Wissenschaftler von Ablenkungen wie Mahlzeiten, Kinder und Wäsche befreiten[4], unterstützten Frauen und Kinder auch direkt die wissenschaftliche Arbeit. Sophie Cuvier zeichnete Skizzen von Vögeln und anderen Tieren für ihren Vater, den berühmten französischen Experten der vergleichenden Anatomie, Georges Cuvier (Cuvier MS. 412). Maria Turner war zudem Sekretärin ihres Ehemanns, des Botanikers William Hooker[5], und Caroline Herschel beteiligte sich ebenso an den Observationen ihres Bruders William, wie Elisabetha Koopman, zweite Frau von Johannes Hevelius.[6] Die Kinder des Philologen James E. Murray wurden, sobald sie lesen konnten, zum Sortieren von Verweisen im *Oxford English Dictionary* eingesetzt (vgl. Murray 1977: 178ff.), und die Kinder des Historikers Theodor Mommsen übernahmen ähnliche Aufgaben für ihren Vater (vgl. Mommsen 1992: 18f.). Als der Junggeselle Charles Darwin 1837 in die gesellschaftlichen Kreise Londons eingeführt wurde, wollte Leonard Horner ihn mit einer seiner fünf Töchter verheiraten, die zu Biologieassistentinnen ausgebildet worden waren. Sie kannten sich in der Naturgeschichte aus, beherrschten Fremdsprachen, um u.a. die Aufsätze ausländischer Kollegen übersetzen zu können, und malten mit Wasserfarben. Obwohl Darwin die Hoffnungen Horners enttäuschte, heiratete schließlich ihr gemeinsamer Freund und Kollege, der Geologe Charles Lyell, die älteste Tochter Mary (vgl. Browne 1995: 356ff.). Darüber hinaus gibt es im 19. und 20. Jahrhundert zahlreiche Beispiele für die wissenschaftliche Zusammenarbeit von Ehepartnern (vgl. Pycior et al. 1996; Abir-Am/Outram 1987).

Die Häuslichkeit des Wissenschaftlers und Gelehrten war sozusagen ein fester Bestandteil seiner Arbeit. Vor dem Aufkommen von wissenschaftlichen Instituten mit Labor- und Büroräumen im späten 19. Jahrhundert[7] gingen Naturwissenschaftler (und *a fortiori* Gelehrte anderer Disziplinen) ihrer Arbeit vorwiegend zu Hause nach.[8] Die architektonische Geschichtsschreibung des wissenschaftlichen Arbeitsraums, auch *studiolo, cabinet, study*, Büro oder Arbeitszimmer genannt, in das der Gelehrte sich mit seinen Büchern, wissenschaftlichen Arbeitsgeräten, Schreibinstrumenten und ernsten Gedanken vom Trubel des Haushalts zurückziehen konnte, steckt noch in ihren Anfängen (Liebenwein 1977; Findlen 1999).[9] Die Darstellung von St. Jerome in seinem Arbeitszimmer gibt ebenso wie die Geschichten privater Bibliotheken aufschlußreiche Hinweise zur Architektur und zum Mobiliar der gelehrten Abgeschiedenheit, zumindest für die frühe Neuzeit (vgl. Wiebel 1988; Fehrenbach 1992). Hinweise können auch den Memoiren von Gelehrten und ihren Familien entnommen werden: Murrays Kinder erinnerten sich an sein ›Skriptorium‹, ein Bau aus verrostetem Eisen, der im Garten stand, um das OED-Projekt zu beherbergen (vgl. Murray 1877: 172f.). Darwins Tochter erinnert sich an ihre Schuldgefühle und an die verdrießliche Resignation ihres Vaters, wenn sie und ihre Geschwister in sein Arbeitszimmer eindrangen (vgl. Laurent 1905: 278f.). Doch abgesehen von Studien zu bestimmten Büromöbeln, wie z. B. dem Biedermeierschreibtisch, fehlt uns bislang eine systematische Geschichtsschreibung zum speziellen Ort für wissenschaftliche Lektüre, Forschung und Schreiben im 18. und 19. Jahrhundert. Aus Virginia Woolfs berühmtem Gesuch nach einem ›Zimmer für sich allein‹ läßt sich entnehmen, daß spätestens im 20. Jahrhundert ein privater, nur der Arbeit gewidmeter Raum als Vorbedingung für ernsthafte intellektuelle Anstrengungen galt.[10] Die Mittelklassefamilie wurde zu einer Ressource für das Leben des Geistes, jedoch eine, die zugleich auf Abstand gehalten werden mußte. Im folgenden geht es um die schwierige Beziehung zwischen wissenschaftlicher Arbeit und häuslichem Leben, und um die Domestizierung der wissenschaftlichen Persona.

Die eigene Person und oft auch die eigene Familie den Anforderungen und Unwägbarkeiten der Wissenschaft zu weihen, setzte voraus, daß ein solches Leben in gewissem Sinne am Sakralen partizipierte, um die finanziellen und persönlichen Opfer rechtfertigen zu können. Genau dieser sakrale Charakter von Wissenschaft ist es, den die Romane von Balzac und Wollstonecraft Shelley in Frage stellen: Sollte das Streben nach Wissen Vorrang vor den familiären Verpflichtungen haben? Darf man die Wissenschaft mehr lieben als ›sein eigen Fleisch und Blut‹, und mit welcher Berechtigung? In der christlichen Tradition haben diese Fragen eine lange Geschichte: Seit der Antike wurden sie an vermeintliche Heilige gerichtet, die von einer ›inneren Stimme‹ dazu aufgerufen worden waren, ihre Beziehungen zu Familie, Religion, Beruf und Herkunftsland zu lösen, um ihrer höheren Berufung im Dienste Gottes zu folgen. Der Historiker Peter Brown hat eindrucksvoll das Entsetzen römischer Familien beschrieben, das diese angesichts der sexuellen Entsagung und des physischen Rückzugs christlicher Konvertiten ergriff, die als Einsiedler oder Mönche und Nonnen ihren Pflichten als Söhne und Väter, Mütter und Töchter den Rücken kehrten (vgl. Brown 1988). Er hat auch gezeigt, wie die frühe christliche Kirche zu einer Art »künstlichem Familienverband« wurde, der von ihren Mitgliedern die »Übertragung des Solidargefühls, der Loyalitäten und Verpflichtungen verlangte, die sie zuvor ihren Herkunftsfamilien entgegengebracht hatten« (ebd.: 31). Nur der göttliche Befehl konnte Vorrang vor den Ansprüchen der biologischen Familie behaupten und, für gut situierte Männer, auch vor den Bürgerpflichten. Ob die Wissenschaft nun eine ähnliche Ehrfurcht verdiente, war während des größten Teils des 18. Jahrhunderts ein äußerst kontroverses Thema. Ebenso kontrovers wurde die Frage diskutiert, ob Gelehrte heiraten sollten, und dies sogar in den völlig säkularisierten Kontexten von Akademien der Aufklärung und einiger protestantischer Universitäten (insbesondere in Oxford und Cambridge).

Im folgenden möchte ich untersuchen, wie Wissenschaft zu einem erlaubten Schicksal wurde – eine wirkliche Berufung, die im Gegensatz zu einer (Neben-)Beschäftigung das Selbst definierte –, und wie dieses Schicksal domestiziert wurde. Wann und wie verwandelten sich wissenschaftliche Interessen von einem Zeitvertreib, auch wenn dieser leidenschaftlich gepflegt wurde, in eine wahrhafte Besessenheit? Und wie wurden die Besessenheiten von Wissenschaftlern, die sich fast immer als heroische Selbstverpflichtung zu diszipliniertem Arbeiten gerierten, mit traditionellen Loyalitäten gegenüber Familie und Gemeinwesen vereinbart? Mein Versuch, diese Fragen zu beantworten, ist in zwei Abschnitte unterteilt: Zunächst eine kurze Skizze der Entwicklung der wissenschaftlichen Berufung im 18. sowie 19. Jahrhundert und anschließend eine Untersuchung darüber, wie die wissenschaftliche Berufung, insbesondere das alles verschlingende Arbeitsengagement, sowohl materiell als auch psychisch mit dem Familienleben verbunden wurde.

Persona und Berufung

Mindestens zwei Aspekte waren an der Herausbildung der wissenschaftlichen Persona im Verlauf des 18. und frühen 19. Jahrhunderts beteiligt. Der erste betraf die Aufwertung von verschiedenen Untersuchungsobjekten wie Bienen, Kristalle, antike Skulpturen, arabische Verben, die es nun wert schienen, daß Gelehrte ihnen ihre Zeit, Ressourcen und vor allem Leidenschaft widmeten. Der zweite betraf die Schaffung neuer Disziplinen des Geistes, der Hände und der Sinne, um diese Objekte zu untersuchen. Beide Aspekte waren Voraussetzungen für Wissenschaft als Berufung: Einerseits war ein zu lebhaftes Interesse an unwürdigen Untersuchungsgegenständen der Lächerlichkeit preisgegeben, so ernsthaft und gekonnt es auch gepflegt werden mochte. Andererseits reichte eine vage Bewunderung so legitimer Interessengebiete wie dem des Sternenhimmels oder klassischer Sprachen nicht aus, um jene Fähigkeiten des Denkens, der Anschauung und des Fühlens auszubilden, die für ein ernsthaftes Studium notwendig waren. Die neue Persona setzte also eine tiefgreifende Transformation des Selbst voraus, sowohl in bezug auf die Werte und Emotionen, die bestimmte Untersuchungsgegenstände abstoßend und andere anziehend erscheinen lassen, als auch in bezug auf den Körper, der sich dem Untersuchungsobjekt zuwendet. Eine neue Persona wird nicht einfach angenommen, man tritt in sie ein.[11] Die Veränderungen, die die wissenschaftliche Persona mit sich brachten, erstreckten sich über das Selbst hinaus bis in die kulturelle Umwelt. In den frühen Jahrzehnten des 19. Jahrhunderts, etwa zur selben Zeit, als Balzac und Wollstonecraft Shelley ihre Romane verfaßten, erkannten schließlich auch Nicht-Wissenschaftler die wissenschaftliche Persona als besonderen menschlichen Typus. Die wissenschaftlichen Erfolge des 17. und 18. Jahrhunderts waren spektakulär, einige Wissenschaftler wurden öffentlich gefeiert, und von St. Petersburg bis Philadelphia waren prestigeträchtige Akademien gegründet worden. Aber die Herausbildung der wissenschaftlichen Persona in Abgrenzung zu der des Heiligen, des Weisen, des Handwerkers, des Magiers und des Philosophen erfolgte zuerst in den 1820er und 30er Jahren. Die kulturelle Anerkennung dieses neuen kollektiven Typus erfolgte nur langsam und in Sprüngen, abhängig in Form und Geschwindigkeit vom jeweiligen Kontext. Das beachtliche Engagement von französischen Wissenschaftlern[12] für die revolutionäre und die napoleonische Ordnung sowie die wissenschaftlich inspirierten Utopien der Saint-Simonisten, der Fourieristen und der Anhänger von August Comte sorgten dafür, daß *Savants* in öffentlichen Angelegenheiten eine neue und exponierte Rolle spielten. In Britannien wurden James Watt, Humphrey Davy und Michael Faraday in der öffentlichen Wahrnehmung mit dem Siegeszug industrieller Technologien in Verbindung gebracht. Die Erneuerung der deutschen Universitäten nach 1810, die von Wilhelm von Humboldt eingeleitet wurde, propagierte das Ideal einer forschungsgestützten *Bildung*, zunächst in den historischen und philologischen Wissenschaften und später in den Naturwissenschaften, das auch über die Universitäten hinaus Verbreitung fand. Es würde in diesem Zusammenhang zu weit führen, sämtliche globalen und lokalen Prozesse aufzuzählen, die an der Schaffung der neuen Persona beteiligt waren. Dasselbe gilt für die neuen Begriffe (wie z.B. ›scientist‹, 1834 von William Whewell kreiert), Bilder (Portraits, Karikaturen, Gruppenfotos) und *rites de passage* (wie z.B. benotete Prüfungen, die Habilitation, der wissenschaftliche Kongreß, die Festschrift), die diese Schaffung begleiteten und mitbestimmten.[13] Statt dessen konzentriere ich mich auf die Frage, wie Wissenschaft ›heilig‹ genug werden konnte, um zu einer Berufung zu werden – im Kontrast zu einem Zeitvertreib, Broterwerb oder einer bestimmten Praktik –, mit der eine Persona verbunden werden konnte.

Wissenschaft konnte praktiziert und auch als Beruf, lange bevor sie zur Berufung wurde, ausgeübt werden. Ein wiederkehrendes Motiv in den Lobreden auf verstorbene Mitglieder der *Académie Royale des Sciences* war der Konflikt zwischen dem hoffnungsvollen Mathematiker oder Gelehrten und seinen Eltern bezüglich des einzuschlagenden Karrierewegs. Zwar war es akzeptabel und sogar löblich für Pierre de Fermat oder Gottfried Wilhelm Leibniz, sich neben ihren Karrieren in Rechtsprechung und Diplomatie auch mit mathematischen Problemen zu befassen, doch Jakob und Johann Bernoullis Abkehr von der Medizin und dem Handel, um sich ganz der Mathematik widmen zu können, war beklagenswert (zumindest in den Augen ihres Vaters, der Magistrat und Kaufmann war) (vgl. Fontenelle 1731). Der

Vater von Jan Swammerdam, ein wohlhabender Amsterdamer Apotheker, war stolzer Besitzer einer berühmten naturgeschichtlichen Sammlung, doch er sperrte sich gegen die Pläne seines Sohnes, als dieser die Medizin aufgeben wollte, um Insekten zu studieren (vgl. Boerhaave 1758: ivff.). Der elterliche Widerstand hatte zum Teil finanzielle Gründe: Abgesehen von einigen wenigen Positionen an Universitäten, Lehraufträgen am Hof und Akademiepensionen war es schwierig, im 18. Jahrhundert ein Auskommen in der Wissenschaft zu finden. Aber auch wohlhabende Familien wie die Patrizier Bonnet aus Genf lehnten die Wissenschaft als unpassenden Beruf für ihre Söhne ab (vgl. Sigrist 1994).[14] Die Virtuosen des frühen 17. Jahrhunderts waren im wahrsten Sinne des Wortes Amateure, die aus Liebhaberei, als Nebenbeschäftigung und Ablenkung ihrem Interesse an Kunstwerken, der Mathematik, der Antike oder Naturphänomenen nachgingen. Ihre Nachfolger jedoch waren mit vollem Ernst bei der Sache. Dieselbe uneigennützige Einstellung, die die Hobbies des Amateurs, wie z. B. römische Münzen oder Probleme der Zahlentheorie, bewundernswert erscheinen ließ, wurde bei einem passionierten Studium derselben Gegenstände angreifbar. Der Spott, mit dem die Passionen der neuen Naturalisten bedacht wurden, bezog sich weniger auf die Naturphilosophie als solche, sondern richtete sich gegen das Ungleichgewicht zwischen den aufgewandten Ressourcen, Zeit und Energien auf der einen Seite und den Objekten des Studiums auf der anderen. Es waren die fehlgerichtete Aufmerksamkeit und ihre Intensität, die Moralisten und Satiriker verurteilten. So bemerkte der Essayist Joseph Addison:

> Angesichts der fast unbegrenzten Vielfalt an würdigen Spekulationsobjekten, die unsere Welt zu bieten hat, dünkt es mich kleingeistig, sich völlig Insekten, Reptilien, Kleinstlebewesen und ähnlichen Trivialitäten zu widmen, die die Wohnstätte eines Virtuosen zieren […]. [Solches Streben] führt dazu, daß man Kleinigkeiten zuviel Gewicht beimißt, und so die Philosophie dem Spott und der Ignoranz preisgibt. Kurzum, Studien dieser Art sollten zur Ablenkung, Entspannung, und zum Amüsement betrieben und keinesfalls zum Lebensinhalt werden (Addison 1710).

Übertriebenes Interesse an den falschen Dingen verdarb einen für die gute Gesellschaft ebenso wie für die ernsten Pflichten, die einem durch Familie, Kirche und Staat auferlegt waren. Daher, so beschwerte sich Samuel Butler, war der Virtuose ein langweiliger Zeitgenosse:

> Er läßt sich fast nur mit jenen auf Gespräche ein, die seine eigenen Neigungen teilen, und tendiert dazu, jene auch bei allen seinen Gesprächspartnern zu vermuten. Ebenso wie ein Country-Gentleman, der nur über seine Hunde spricht zu Leuten, denen die Jagd verhaßt ist, so spricht er über seine Wissenschaft zu Leuten, die nichts davon

verstehen und auch nicht die geringste Neigung verspüren, etwas darüber zu erfahren (Butler 1759: 185).

Die Pathologie des fehlgeleiteten Interesses läßt bei ihren Opfern den sozialen Sinn für Alter, Rang, Geschlecht, Beruf und Ausbildung verkümmern, der bei guten Gesellschaftern ausgebildet ist und es ihnen ermöglicht, Verhalten und Gesprächsthemen der jeweiligen Situation anzupassen (vgl. Burke 1993: 102). Wie im Fall der religiösen wurde auch die wissenschaftliche Berufung als mit Ehe und Familie nur schwer vereinbar angesehen. Es ging dabei nicht um die Keuschheit, sondern um die Konzentration: Wie sollten die Ablenkungen und Bürden eines großen Haushalts mit den Aufwendungen an Zeit, Geld, und vor allem an Aufmerksamkeit in Einklang gebracht werden, die dem Gelehrten abverlangt wurden? Der *philosophe* und Mathematiker Marie Jean A. N. Condorcet stellte diese Frage 1783 an der Pariser *Académie des Sciences* in seiner Lobrede auf den verstorbenen Naturalisten Henri-Louis Duhamel du Monceau, der aus Überzeugung unverheiratet geblieben war und seine verheirateten Kollegen bemitleidete, die »gezwungen waren, ihre Zeit und vor allem ihre Unabhängigkeit den neuen Pflichten zu opfern« (Condorcet 1785: 151). Wie Condorcet feststellte, ging es bei der Debatte um das Für oder Wider einer Ehe sowohl um medizinische als auch um philosophische Themen: Seit der Renaissance hatten Mediziner Abhandlungen über die speziellen Leiden von Gelehrten verfaßt, die sich von der Melancholie bis hin zur Verstopfung erstreckten. Eine der größten Autoritäten auf diesem Gebiet, der Schweizer Arzt Samuel-Auguste Tissot, führte alle diese Beschwerden auf die Folgen eines zwanghaften Arbeitsverhaltens und mangelnder Bewegung zurück. Sieben Tage die Woche Tag und Nacht im Arbeitszimmer eingeschlossen, trieben sich Wissenschaftler und Gelehrte nervlich in die Krise und ruinierten ihre Verdauung. Tissot empfahl regelmäßige Bewegung, einfache Ablenkungen (insbesondere Kinderspiele) und die Freuden der Gesellschaft: »[...] jagt sie aus ihren Stübchen, zwingt sie, sich auszuruhen und zu entspannen, so daß sie Krankheiten abwehren und ihre Kräfte erneuern können [...]« (Tissot 1991: 97). Tissot ließ offen, wer sich durch diese Empfehlungen angesprochen fühlen sollte, doch die Überlegungen der Gelehrten des 18. Jahrhunderts bezüglich der idealen Ehegattin legen nahe, daß sie es war, die damit beauftragt werden sollte, das empfindliche Gleichgewicht zwischen intellektueller Arbeit und Gesundheit zu bewahren. Jean Trembley, Verwandter und Biograph des Naturalisten Charles Bonnet, beschrieb dessen fragile Gesundheit und Melancholie, die aus dem eisernen Arbeitsregime resultierten, das er sich auferlegt hatte. Bonnet sehnte eine perfekte Ehefrau herbei, die ihm helfen und ihn trösten konnte:

> Eine Frau, die Charme mit Tugend vereint, die moralische und intellektuelle Qualitäten zu schätzen weiß, ohne darüber im Geringsten die liebenswerte Fröhlichkeit zu verlieren, die dem Leben seinen Charme verleiht. Eine Frau, die ihrem Charakter entsprechend sich an den Geschmack und die Neigungen ihres Gatten anpaßt, die ihr Haus angenehm aber ruhig gestaltet, die ihren Gatten auf andere Gedanken bringt, ohne ihn zu fesseln. Eine Frau, die an seiner Lektüre teilhaben kann, ohne gelehrt zu werden, die an seiner Arbeit ohne Stolz und Prätentionen interessiert ist, die seiner Empfindsamkeit entspricht und dabei Sorgen und Streit vermeidet, und die sich an dem Glück erfreuen kann, daß sie bereiten wird (Trembley 1794: 75).

Ihn auf andere Gedanken bringen, ohne ihn zu fesseln, blieb bis ins 19. Jahrhundert hinein die zentrale Qualifikation, die die Frau eines Gelehrten mitbringen mußte. Wichtig war sicherlich auch die Verwaltung von Haushalt und Kindern, und manchmal trug sie auch direkt zur Arbeit ihres Mannes als Illustratorin, Redakteurin oder Mitarbeiterin bei.[15] Doch von der Ehefrau eines Gelehrten wurde mehr erwartet, als umsichtige und sparsame Haushälterin, liebende Mutter und ständige Assistentin zu sein. Im Prinzip sollte ihre Organisation des häuslichen Lebens, die auch die sozialen Beziehungen innerhalb und außerhalb der Familie betraf, den potentiell destruktiven Arbeitsdrang ihres Ehemannes eindämmen, und ihm dennoch zugleich die Arbeit zu Hause ermöglichen. Seine Versunkenheit mußte einerseits geschützt und andererseits abgemildert werden. Diese Besorgtheit läßt sich zum Teil auch aus dem Interesse der Ehefrau erklären, den Broterwerb des Mannes zu unterstützen, von dem das Wohl der Familie abhing. Doch das gilt nur teilweise: Ehefrauen trugen nicht nur ihre Dienste als Mitglieder einer Wirtschaftsgemeinschaft bei, die durch strenge Arbeitsteilung gekennzeichnet war, sie brachten auch ihre Sympathien mit ein. Dabei ging es nicht nur darum, den Ehemann zu lieben und zu achten oder eine Zuflucht vor der kalten Welt des männlichen Wettbewerbs zu bieten. Es ging auch darum, die Arbeit des Ehemannes zu bewundern und sie als wirkliche Berufung zu akzeptieren, nicht nur als Broterwerb. Die Familie des Wissenschaftlers teilte mit ihm sowohl die Opfer als auch den Ruhm, das Prestige und die Entbehrungen. Darüber hinaus wurde – wie bei Bonnets idealer Gefährtin – von der Ehefrau erwartet, daß sie die wissenschaftliche Arbeit ihres Mannes nicht nur zu schätzen wußte, sondern auch etwas davon verstand, vielleicht sogar zur Expertin wurde. Im Gegensatz zum einsamen Weisen, der die Natur oder seine Bücher studiert – ein Bild, das in den stilisierten Darstellungen von Gelehrten des 18. Jahrhunderts weit verbreitet war (vgl. Outram 1978) –, ist die wissenschaftliche Persona des 19. Jahrhunderts domestiziert worden. Zwar mag die wissenschaftliche Besessenheit des Forschers wie in Balzacs Roman für seine Familie den Untergang bedeuten, doch die Weigerung seiner Familie, seine Arbeit voll und ganz zu unterstützen, könnte umgekehrt seiner Forschung zum Verhängnis werden.

Domestizierte Wissenschaft

Zwei englische Romane, beide von Frauen verfaßt und ihrem Erscheinungsdatum nach etwa fünfzig Jahre voneinander getrennt, signalisieren, verbunden mit der immer deutlicher werdenden wissenschaftlichen Persona, ein neues Verhältnis zwischen Wissenschaftler und Familie: Mary Wollstonecraft Shelleys *Frankenstein, or the modern prometheus* (1818) und George Eliots *Middlemarch* (1871-72). Gerade weil es sich bei diesen Werken um Fiktion handelt, können sie, im Gegensatz zur detaillierten Darstellung individueller Wissenschaftler in Biographien und Autobiographien, als besonders aufschlußreiche Quellen für den stilisierten Typus der wissenschaftlichen Persona herangezogen werden. Der Kontrast zwischen beiden Darstellungen des Spannungsfelds Familie/Wissenschaft ist extrem. Mary Wollstonecraft Shelleys Victor Frankenstein hat nicht nur seine Familie vernachlässigt, um seinen anatomischen und galvanischen Forschungen nachzugehen, seine Isolation von Freunden und Familie hat auch seinen Charakter angegriffen, so daß er die moralische Orientierung verliert. Der reuige Victor gibt schließlich zu, daß der Verdacht seines Vaters berechtigt ist. Der abgebrochene Kontakt zu seiner Familie ist Ausdruck anderer Pflichten, denen er nicht mehr nachgekommen ist:

> Ein Mensch, der die Vollkommenheit anstrebt, sollte sich stets eine ruhige und friedliche Seele bewahren und niemals zulassen, daß eine Leidenschaft oder ein vorübergehender Wunsch seinen Gleichmut stört. Ich glaube nicht, daß der Wissensdrang eine Ausnahme von dieser Regel erlaubt. Wenn die Arbeit, der man sich widmet, dazu führt, daß die Liebe verblaßt und die Freude an den einfachen Vergnügungen, in die sich nichts Schlechtes mischt, verdrängt wird, dann ist diese Arbeit gewiß unredlich, das heißt der Seele abträglich. Wäre diese Regel immer befolgt worden, hätte kein Mensch es zugelassen, daß irgendein Vorhaben den Frieden seiner familiären Beziehungen störte, so wäre Griechenland nicht versklavt worden, Cäsar hätte sein Land geschont, Amerika wäre allmählicher entdeckt, die mexikanischen und peruanischen Reiche wären nicht zerstört worden (Wollstonecraft Shelley 1995: 95).

Die Ansprüche der Familie (und der gesamten Menschheit) werden hier eindeutig dem besessenen und letztlich ruinösen Trieb entgegengesetzt, sich in die Geheimnisse der Natur zu vertiefen.

In George Eliots *Middlemarch* wird dagegen die Kooperation innerhalb der Familie als Vorbedingung einer wissenschaftlichen Karriere dargestellt.

Oder genau umgekehrt: Es ist die versagte Unterstützung der Ehefrau, die im Fall des hoffnungsvollen Physiologen Lydgate und des trockenen Philologen Casaubon die wissenschaftlichen Aspirationen untergräbt. Anfangs unterstützt Dorothea Casaubon bedingungslos die Suche ihres Mannes nach dem ›Schlüssel zu allen Mythologien‹. Es war gerade die Hoffnung, durch den Einsatz für dieses große intellektuelle Projekt ihrem Leben neuen Sinn zu verleihen, die sie zur Heirat mit dem viel älteren Mann bewog. Doch langsam kommt sie zu der Ansicht, daß sein Lebenswerk vergeblich bleiben wird, und weigert sich an seinem Sterbebett, ihm die Vollendung seines Buches zu versprechen:

> Das arme Kind hatte jeden Glauben an jenen Schlüssel verloren, dem der Ehrgeiz und die lebenslange Arbeit ihres Mannes gegolten hatte. [...] Und nun malte sie sich die Tage, Monate und Jahre aus, die sie damit zubringen mußte, zu sortieren, was als zerfallene Mumien und Bruchstücke einer Überlieferung bezeichnet werden könnte, die selbst ein aus zerbröckelten Ruinen zusammengesetztes Mosaik war – sie als Nahrung für eine Theorie zu sortieren, die bereits bei der Geburt verhutzelt wie ein Zwergenkind war (Eliot 1871-72, Bd. I: 75f.).

Casaubon stirbt, tief enttäuscht von seiner Frau, und rächt sich an ihr in seinem Testament.

Rosamund Lydgate untergräbt die wissenschaftliche Karriere ihres Mannes langsamer und auf subtile Art, aber die Folgen sind langfristig ebenso verheerend. Lydgate kommt als Chirurg nach Middlemarch, doch eigentlich brennt er darauf, die Forschungen von Bichat weiterzuführen, bei dem er in Paris studiert hat. »Er war entflammt von der Möglichkeit, den Beweis einer anatomischen Konzeption zu erbringen und ein Glied in der Kette der Entdeckungen zu liefern« (ebd.: 213). Doch seine Heirat macht diese Hoffnungen zunichte: Rosamunds teurer Geschmack und ihre Weigerung, der Wissenschaft ihr gesellschaftliches Leben zu opfern, lassen ihn zu einem durchschnittlichen Mediziner in der Provinz werden. Wir wissen bereits, daß Lydgates wissenschaftliche Ambitionen zum Scheitern verurteilt sind, als Rosamund seine Begeisterung für Vesalius nicht teilt, der bereit ist, im Interesse der Anatomie Gräber zu schänden: »Oh!«, sagte Rosamund. »Ich bin sehr froh, daß du nicht Vesalius bist. Ich denke doch, er hätte einen weniger schaurigen Weg finden können als diesen« (ebd., Bd. II: 45).

Die jeweilige Wahl des wissenschaftlichen Fachgebiets, bei Casaubon eine altmodische Variante der Philologie und bei Lydgate die moderne Bio-Medizin, hat mit dem Scheitern der wissenschaftlichen Ambitionen nichts zu tun. Zwar macht Eliot deutlich, daß sie Lydgates Wissenschaft billigt und Casaubons nicht, doch sie läßt ihnen ein ähnliches Schicksal zuteil werden.

Neu an George Eliots Darstellung der mißlichen Lage von Casaubon und Lydgate ist nicht deren Abweichung von sozialen Normen. Beide werden von ihrer Umwelt als sonderbar wahrgenommen, doch den bizarren Virtuosen gab es bereits als Klischee in der Literatur des späten 17. Jahrhunderts. Es ist vielmehr die Weigerung der Ehefrauen, diese Abweichungen zu unterstützen, und die verheerenden Konsequenzen dieser Weigerung, die auf das Neue verweisen. Die wissenschaftliche Persona kann nicht länger ohne Unterstützung existieren; die Hingabe an einen Gegenstand kann nicht durch einen Menschen allein bewerkstelligt werden.

Diese Romane verweisen auf wichtige Veränderungen in der wissenschaftlichen Persona. *Erstens* ist aus dem ganz in Anspruch genommenen, sogar monomanischen Gelehrten ein erkennbarer Typus geworden. Frankenstein, Lydgate und Casaubon (und auch Balthazar Claës) ist ihre fast fanatische Hingabe an ihre wissenschaftliche Arbeit gemeinsam. *Zweitens* ist diese Arbeit stetig im Ansehen gestiegen, und es umgibt sie ein Ethos von ehrenwerter Uneigennützigkeit. Claës, Frankenstein und Lydgate sind alle von noblem Charakter; und auch wenn ihre Wissenschaft größtenteils verheerende moralische Folgen für Familie und Freunde hat, so wird doch ihre selbstlose Hingabe im Interesse des wissenschaftlichen Fortschritts niemals in Frage gestellt. Casaubon ist mit Fehlern behaftet, doch auch er mit seinen angestaubten Forschungsprojekten verfolgt ein Ideal, so fehlgeleitet er auch sein mag. Es ist die Kraft dieses Ideals und nicht seine persönliche Anziehungskraft, die Dorothea dazu bringt, ihn zu heiraten. Zwischen den einzelnen Wissenschaftsrichtungen kommt es zu wichtigen Akzentverschiebungen: Während Mary Wollstonecraft Shelley Frankensteins gefährliche Faszination für Chemie und Anatomie mit dem gesunden Interesse seines Freundes Henry Clerval an orientalischen Sprachen kontrastiert, stellt George Eliot Lydgates Physiologie über Casaubons Philologie. Doch das Fazit bleibt dasselbe: Die Wissenschaft ist zur Berufung geworden, zu einem Schicksal, dem man sich nicht entziehen kann und darf. *Drittens* lassen sich die heroischen Anstrengungen der wissenschaftlichen Berufung nicht länger alleine tragen. Der zweite und der dritte Aspekt sind eng miteinander verknüpft. Während Balzac und Wollstonecraft Shelley Wissenschaft als entfremdende und sogar anti-soziale Kraft darstellen, die die Familie des Wissenschaftlers zerstört, behauptet Eliot, daß Wissenschaft der Familie bedarf. Eine ursprünglich individuelle Berufung ist zu einer Berufung der Familie geworden, und folglich muß sie von der Ehefrau des Wissenschaftlers anerkannt und für würdig befunden werden. Weibliche Pflichterfüllung der konventionellen Art – Bescheidenheit, Gehorsam, Sparsamkeit im Haushalt, Kinderpflege – reicht nun nicht mehr aus, die Ehefrau muß sich mit Körper und Geist dem Unternehmen Wissenschaft verschreiben. Josephine Claës und Elizabeth Frankenstein verkörpern zwar exemplarisch die Tugenden einer Ehefrau, doch sie haben nicht den entscheidenden Einfluß auf die wissenschaftliche Zukunft ihres Mannes, den Dorothea Casaubon und Rosamund Lydgate besitzen.

Wie verhalten sich diese fiktionalen Darstellungen von Wissenschaft in der Familie nun zur gelebten Realität der damaligen Zeit? Ich spreche absichtlich von Verhalten und nicht von einem Vergleich, denn die Beziehung einer Persona zur gelebten Erfahrung sollte eher im Sinne eines Systems von Klassifizierungen und seinen Objekten gedacht werden, und nicht als Unterschied zwischen Fiktion und Realität. Kulturelle Kategorien wie die der Persona verleihen der gelebten Erfahrung Form und Bedeutung. Natürlich kann die individuelle Erfahrung einer Persona widersprechen, ebenso wie ein ungewöhnliches Objekt sich einer Klassifizierung widersetzen kann. Doch der Widerspruch und die Anomalie erklären sich eben aus ihrer Marginalität im Klassifikationssystem: Ohne einen idealen Typus der Spezies kann es keine Monster geben. Darüber hinaus können Personae durch die Prozesse von Sozialisierung und Erziehung selbst real, und durch Institutionen vom Universitätsseminar bis hin zur wissenschaftlichen Expedition gefestigt werden.[16] Werke der Einbildungskraft – Porträts, Romane, Filme – reflektieren die Persönlichkeit und zementieren sie zugleich. Biographien und Autobiographien gießen individuelles Leben in die Formen, die die Persönlichkeiten zur Verfügung stellen. Im wissenschaftlichen Lebenslauf des 19. Jahrhunderts dokumentieren die obligatorischen Kapitel zur Kindheit und frühen Schulausbildung die ersten, unmißverständlichen Anfänge der Berufung zur Mathematik, zur Botanik oder Physik. Unvermeidbar scheint die Begegnung mit einem inspirierenden Lehrer, der zugleich Vaterersatz und wissenschaftlicher Berater wird, unvermeidbar auch die beschwerliche Arbeit in der Bibliothek, dem Labor oder im Feld sowie die langsame Anhäufung von Universitätsberufungen und Mitgliedschaften in wissenschaftlichen Vereinigungen. Mein Augenmerk gilt im folgenden dem Verhältnis zwischen wissenschaftlicher Persona und der Familie (vor allem der Ehefrau), das in den Memoiren von Gelehrten verschiedener wissenschaftlicher Disziplinen skizziert wird. Im Rahmen dieses kurzen Aufsatzes kann ich der enormen Fülle von potentiell relevanter Literatur nicht gerecht werden. Daher beschränke ich mich auf einige Bemerkungen zur wissenschaftlichen Häuslichkeit, die meines Erachtens ein weitergehendes Studium lohnen.

Es ist eine alles überlagernde Thematik, die die Biographien, Autobiographien und Memoiren von Wissenschaftlern des 19. Jahrhunderts bestimmt: Arbeit, endlose Arbeit, die Geist und Körper bis an die Grenzen beanspruchte. Diese Arbeit begann normalerweise an der Universität, sobald der hoffnungsvolle Wissenschaftler seinen Meister und Mentor gefunden hatte, und setzte sich bis ans Lebensende fort. Der britische Chemiker Henry Roscoe berichtet etwa in seiner Autobiographie mit dem bezeichnenden Titel *A Life of Work*, daß es während seiner Studienzeit bei Robert Bunsen im Heidelberg der 50er Jahre des 19. Jahrhunderts für ambitionierte Studenten durchaus üblich war, viele Winternächte im ungeheizten Labor zu verbringen, um dort ungestört empfindliche Messungen durchzuführen. Bunsen selbst verbrachte laut Roscoe trotz täglicher Vorlesungen und anderer universitärer Pflichten seine Zeit ständig im Labor an der Seite seiner Studenten, um ihre Experimente zu überwachen und eigene durchzuführen (vgl. Roscoe 1919: 40ff.). Der deutsche Botaniker Ferdinand Cohn, der 1852 an seiner Habilitation arbeitete, vertraute seinem Tagebuch an:

> Mein einziges Vergnügen ist die Wissenschaft, und doch befriedigt sie mich nicht ganz [...]. Von dem eisig kalten Winter bis in den Frühling hinein, nichts, rein nichts weiter, als Arbeiten (Cohn 1901: 82f.).

Diese Beispiele ließen sich beliebig fortsetzen. Gerade in den Naturwissenschaften wurde die stetige individuelle Arbeit als konstitutiv für die vorsichtigen, empirischen Methoden der Wissenschaft als Ganzes begriffen, im Gegensatz zu den genialen Inspirationen in der Kunst oder den dogmatischen Behauptungen der Philosophie. In der zweiten Hälfte des 19. Jahrhunderts wurde es in wissenschaftlichen Autobiographien üblich, die langsame, gewissenhafte wissenschaftliche Untersuchung mit den Geistesblitzen des Genies zu kontrastieren. So pries Gaston Tissandier Wissenschaft als Werk der Geduld und Beharrlichkeit in einem französischen Band von 1880, der die Märtyrer der Wissenschaften ehren sollte.

> Hören wir auf Newton, der uns sagen wird, daß seine Entdeckungen durch ›stetes Gedenken‹ zustande gekommen sind. Auch Buffon wird rufen: ›Genie ist Geduld‹. Alle werden dieselbe Sprache sprechen. Arbeit und Beharrlichkeit sind ihr gemeinsames Motto« (Tissandier 1880: 2).

Hermann von Helmholtz insistierte, daß seine Ideen, von Bewunderern als brillante Geistesblitze gepriesen, in Wirklichkeit »langsam aus kleinen Anfängen durch Monate und Jahre mühsamer und oft genug tastender Arbeit aus unscheinbaren Keimen« entstanden waren (Goetz 1966: 13). Darwin erklärte in seiner Autobiographie, daß er zwar »nicht über die schnelle Auffassungsgabe oder die geistige Beweglichkeit, die bei manchen klugen Männern [...] so bemerkenswert ist« verfüge, er jedoch die »Beobachtung und Sammlung von Tatsachen [...] mit allem nur denkbaren Fleiß betrieben« habe (Darwin 1993: 146). Doch bereits im nächsten Satz beeilte sich Darwin, seiner Leserschaft zu versichern, daß wissenschaftlicher Eifer und Mühe das Leben nicht zur Plackerei verkommen ließen: »Weit mehr ins

Gewicht fällt aber, daß meine Liebe zur Naturwissenschaft immer stetig und intensiv war« (ebd.: 147). Die Arbeit des Wissenschaftlers war anspruchsvoll, frustrierend, peinlich genau, scheinbar ohne Ende – und war dennoch fast allen Aussagen zufolge eine Quelle großer Befriedigung.

Doch selbst für wissenschaftliche Schwerstarbeiter war die Aussicht auf ein beständig mit Arbeit angefülltes Leben manchmal erschreckend, und wurde als gesundheitsgefährdend betrachtet. Die halb ironische, halb ernste Abrechnung des jungen Darwin, der das Für und Wider einer Ehe für einen ambitionierten jungen Naturwissenschaftler abwog, zeigt die Spannungen zwischen Arbeit und Eheleben auf. Auf einem Schmierzettel, der in die Kategorien ›Heiraten‹ und ›Nicht Heiraten‹ unterteilt war, führte Darwin die verschiedenen Argumente an. Für das Heiraten sprachen

Kinder – (wenn es Gott gefällt) – ständige Gesellschaft (Freund im Alter), der sich für einen interessiert, ein Objekt, das man lieben und mit dem man spielen kann – jedenfalls besser als ein Hund – ein Heim und jemand, der das Haus versorgt – die Annehmlichkeiten der Musik und weibliches Plaudern. Diese Dinge gut für die Gesundheit (ebd.: 268).

Gegen das Heiraten sprachen dagegen:

Freiheit, zu gehen wohin man will – die Wahl der Gesellschaft, auch *möglichst wenig davon*. Unterhaltung mit klugen Männern in Clubs ... *Zeitverlust* – kann abends nicht lesen – werde fett und faul – Sorgen und Verantwortung – weniger Geld für Bücher etc. – wenn viele Kinder, dann gezwungen, Brot zu verdienen. – (Aber es ist doch sehr schlecht für die Gesundheit, zuviel zu arbeiten) (ebd.: 269).

Und dann doch wieder ein Argument für eine Ehe:

Mein Gott, es ist unerträglich, sich vorzustellen, ein Leben lang nur wie eine geschlechtslose Arbeitsbiene zuzubringen, nur Arbeit, Arbeit und nichts sonst. – Nein, nein, das geht nicht (ebd.).

Diese Überlegungen wurden irgendwann zwischen 1837 und 1838 niedergeschrieben. Am 29. Januar 1839 heiratete Darwin seine Kusine Emma Wedgwood.

Darwin war mit seinem Abwägen der Vor- und Nachteile einer Ehe sicherlich eine Ausnahmeerscheinung unter seinen wissenschaftlichen Zeitgenossen. Aber die Gründe für seine Ambivalenz können auch für andere Wissenschaftler Gültigkeit beanspruchen: Eine Ehe, gerade auch wenn mit vielen Kindern gesegnet, war teuer, zeitaufwendig, konkurrierte mit der Wissenschaft um knappe Ressourcen und vor allem um Aufmerksamkeit.

Das Zölibat jedoch versprach Einsamkeit, Freudlosigkeit, und gefährdete die Gesundheit. Seit Duhamel du Monceaus Überlegungen zu dieser Thematik Mitte des 18. Jahrhunderts hatte sich an dieser Gegenüberstellung wenig geändert. Doch bis in die zweite Hälfte des 19. Jahrhunderts schien sich die Waagschale für viele bekannte Gelehrte und Wissenschaftler, wie auch für Darwin, langsam zugunsten der Ehe geneigt zu haben. In Ermangelung einer umfassenden Prosopographie für die Gelehrten dieser Zeit kann dies nur als vorsichtige Vermutung geäußert werden, gestützt auf eine Auswahl von Nachrufen, Biographien und Memoiren, die nicht unbedingt repräsentativ sein mag.[17] Dennoch ist es bemerkenswert, wie selten man unter jenen Wissenschaftlern auf Junggesellen trifft, die einen gewissen Bekanntheitsgrad erreichten und somit eine biographische Spur hinterließen – ganz im Gegensatz zu den vielen ledigen Gelehrten des 18. Jahrhunderts. Wenn sich die Vermutung durch weitere Forschung erhärten läßt, so wird ihre Erklärung sicherlich komplexe Faktoren, wie die Professionalisierung wissenschaftlicher Karriereverläufe, mit einbeziehen müssen, ebenso wie die wachsenden Möglichkeiten, aus Lehre und Forschung ein gesichertes Einkommen zu beziehen. Im 19. Jahrhundert heirateten auch deswegen mehr Wissenschaftler und Gelehrte, weil sie es sich leisten konnten. Doch die bloße finanzielle Möglichkeit, ein standesgemäßes Familienleben führen zu können, zog nicht unbedingt eine Heirat nach sich: Es war nicht Darwins gesichertes Einkommen allein, das ihn vor den Altar brachte. Die Ehe mußte mit zusätzlichen Reizen aufwarten können, um den Verlust an Zeit und Unabhängigkeit wettzumachen. Ein wichtiger Anreiz war die Abwechslung, die die Freuden des Familienlebens und der Geselligkeit in den strengen Arbeitsalltag brachten. Es ging darum, auf dem schmalen Grat zwischen Ablenkung und gänzlicher Inanspruchnahme, zwischen Unterhaltung und Unterbrechung das Gleichgewicht zu wahren. Eine Ehefrau, die zu sehr in die eine oder andere Richtung abwich, konnte Kritik auf sich ziehen, wie z. B. die zweite Gattin von Helmholtz, Anna, geb. von Mohl. Die kultivierte und geistreiche Tochter des Heidelberger Professors Robert von Mohl hatte als junge Frau den Salon ihrer Tante in Paris erlebt und wollte nun im Helmholtzschen Haushalt Ähnliches einrichten. Zunächst in Heidelberg und später in Berlin versammelte sich regelmäßig eine handverlesene Auswahl der höfischen Gesellschaft und der Universität, der Aristokratie und der Künste.[18] Dort trafen Professoren wie Wilhelm Dilthey und Emil Du Bois Reymond auf die Gräfin Schleinitz (später Wolkenstein) oder den Privatsekretär der Kaiserin Augusta. Anna von Helmholtz' Bewunderer rühmten die anregende Konversation und gute Musik als Bereicherung des Haushalts, während ihre Kritiker den Salon als eine Ruhestörung sahen, die die bereits angeschlagene Gesundheit ihres Gatten zusätzlich gefährdete. Rosalie Braun-Artaria, die von Kindheit an mit Anna von Helmholtz befreundet gewesen war und mit dem Kunsthistoriker Julius Braun ebenfalls einen Gelehrten geheiratet hatte, verteidigte ihre Freundin:

> [Anna] wußte genau, was er [Herrmann von Helmholtz] gelegentlich bestätigte, daß sein Hirn in angenehmer, zerstreuender Gesellschaft viel besser ausruhte, als im Familienzimmer, nahe dem Arbeitsraum (Braun-Artaria 1919: 134).

Trotz ihrer unterschiedlichen Auffassungen legten Kritiker und Bewunderer des Helmholtzschen Salons die gleichen Kriterien an: Es ging darum, ob die beliebten Abende die durch ein übermenschliches Arbeitspensum bereits in Mitleidenschaft gezogene Gesundheit des großen Wissenschaftlers stärken oder aber weiter schwächen könnten.

Anna von Helmholtz' umstrittener Salon repräsentiert ein extremes Beispiel von inszenierter Geselligkeit, doch die Pflicht der Ehegattin des Gelehrten, für ein gewisses Maß an unterhaltsamer Geselligkeit zu sorgen, wurde allgemein anerkannt. Marie von Bunsen, Tochter des preussischen Diplomaten und Historikers Christian Brause und seiner Ehefrau, der britischen Erbin Frances Waddington, schrieb ein ganzes Buch über *Die Frau und die Geselligkeit*, in dem sie Frauen dazu ermahnte, ihre Pflicht zu erfüllen: »Es handelt sich nicht nur um lachende Zerstreuungen, um Mußestundenspielerei, es handelt sich um Pflichten und um Rechte« (Bunsen 1900: 9).

Die Ehefrauen von Gelehrten und Wissenschaftlern stellten keine Ausnahme dar: Wenn die deutsche Professorenschaft für ihre geistreiche Fröhlichkeit und ihren Witz nicht gerade berühmt war, so war dies die Schuld der Ehefrauen, die der Ausbildung dieser Tugenden nicht genügend Gelegenheiten geboten hatten. Weder ein Schwarm kleiner Kinder noch ein enges Haushaltsbudget oder Mangel an Dienstboten wurde als Entschuldigung akzeptiert. Von Bunsen entgegnete, daß es stets möglich sei, einige Universitätskollegen zumindest zu Tee und Kuchen ins Haus zu bitten – letzterer sollte selbstgebacken sein. Auch wenn nicht jede Gattin eines Fakultätsmitglieds mit dem Glanz des Salons einer Anna von Helmholtz konkurrieren konnte, so sollte sie dennoch dem Beispiel von Clara Curtius folgen, die als Ehefrau des bekannten Archäologen trotz Kinder und begrenzter Mittel für die Kollegen ihres Mannes und diverse *literati* einen anregenden Gesprächszirkel unterhielt. Obwohl sie selbst eine gute Erziehung genossen hatte und belesen war, vermied sie in Gesprächen jegliche Pedanterie: »Das Gelehrtseinwollen einer Gastgeberin wäre ein unfehlbares Abschreckungsmittel« (ebd.: 83), warnte von Bunsen. Sie sah aber auch, daß die Ehefrauen deutscher Professoren bei der Ausrichtung solcher Zerstreuungen viele Schwierigkeiten zu überwinden hätten, wie z. B. die lähmende Förmlichkeit von Wissenschaftlern und Gelehrten, die zu Fachgesprächen neigten, sowie die bekannte Tatsache, daß ihre Gattinnen in Deutschland mehr Haushaltspflichten hätten als in anderen Ländern. Doch von Bunsen rief den *Professorenfrauen* in Erinnerung, daß ihre Arbeit zum Wohl der deutschen Wissenschaft beitrage:

> Wenn Ausländer, wie sie das so oft tun, den Kulturunterschied des deutschen Mannes und der deutschen Frau betonen, wird man zugeben müssen, daß allerdings manche geistige und körperliche Anmut der rastlos sorgenden, gebildeten deutschen Frau verloren ging, daß aber dieses Opfer die Blüte des deutschen Gelehrten- und Beamtenstandes ermöglicht hat (ebd.: 111f.).

Erholung bot sich dem überarbeiteten Gelehrten sowohl im engen Kreis seiner Familie als auch im Kreis geladener Gäste. Wie bereits angemerkt, war es jedoch nicht einfach, die Balance zwischen unterhaltsamer Ablenkung und konzentriertem Arbeiten zu wahren. Dies galt insbesondere für jene Wissenschaftler und Gelehrte, die überwiegend Zuhause arbeiteten, was bis zum Ende des 19. Jahrhunderts bei der Mehrheit der Fall war. In der Regel wurde im Haushalt ein gewisser Raum für diese Arbeit bereitgestellt, doch seine Größe und Abgeschiedenheit war abhängig von dem Einkommen der Familie und der Anzahl ihrer Mitglieder. Der Physiker Franz Neumann erinnerte sich, wie der Königsberger Botaniker Karl Gottfried Hagen in den 1830ern in einem improvisierten Raum arbeitete, der aus Türen und Schränken vor einem großen Fenster errichtet worden war, das zu einer Apotheke gehörte. Hagen mußte nicht nur die Störungen durch Kunden und Assistenten tolerieren, die Medikamente aus jenen Schränken holten. Am Abend war er zudem gezwungen, sämtliche Bücher und Papiere von seinem Schreibtisch zu räumen, da dieser der Familie auch als Eßtisch diente (vgl. Neumann 1929: 43). Doch auch in größeren Behausungen hatte die Familie oft Zugang zum Arbeitsraum, vor allem die Kinder. Das Arbeitszimmer kann als ›halbdurchlässig‹ beschrieben werden: Es bot zwar eine Rückzugsmöglichkeit von der Unruhe des Haushalts, doch konnten Besucher eintreten. Den Erzählungen seiner Tochter zufolge nahm Darwins Gesicht jedesmal einen leidenden Ausdruck an, wenn seine Kinder auf der Suche nach Schere und Faden in sein Arbeitszimmer eindrangen, doch das hielt sie nicht davon ab, dies jeden Tag aufs Neue zu tun (Laurent 1905: 278f.). Die Mommsen-Kinder – es waren sechzehn an der Zahl, von denen zwölf ihren Vater überlebten – und später auch die Enkelkinder scheinen mehr oder weniger freien Zugang zu den zwei Arbeitszimmern ihres Vaters in der Charlottenburger Wohnung gehabt zu haben. Mommsen hielt eine Kiste mit Zinnsoldaten, einer Eisenbahn und einem kleinen Schwein für seine jungen Gäste bereit, die anderenfalls vielleicht in Versuchung geraten wären, seine Bücher zu sortieren oder auch die Leiter der Bibliothek hinaufzuklettern. Die älteren Kinder wurden eingespannt, um schriftliche Anmerkungen für das *Corpus Inscriptionum Latinarum* zu sortieren, wobei sie sich oft bei ihrem Vater erkundigen mußten, wenn sie seine Schrift nicht entziffern konnten. Diese Form des Arbeitens in Gesellschaft setzte sich auch nach dem Abendessen fort: Mommsen pflegte am Abend im Kreise seiner Familie im Wohnzimmer zu lesen und blieb dabei aufmerksam genug, um seine Töchter zu korrigieren, wenn deren Sprache »einmal zu deutlich oder gar berlinerisch« wurde. Seine Tochter Adelheid erinnerte sich daran, daß die Kinder sich in ein ruhiges Zimmer zurückzogen, wenn sie sich für eine Schulprüfung vorbereiten mußten: »Anders der Vater! Er arbeitete trotz des Lärms intensiv« (Mommsen 1992: 18, 28). Das Geistesleben im Kreis der Familie erforderte ungewöhnliches Konzentrations- und Organisationsvermögen, aber nicht zwangsläufig ein verborgenes Allerheiligstes, zu dem der Rest der Familie keinen Zugang hatte. Familienleben und Arbeit konnten manchmal auch nebeneinander Platz finden.

Die Häuslichkeit des Gelehrten wurde auch von der vorausgesetzten Sympathie, wenn nicht sogar Kennerschaft der Gattin bezüglich seiner Arbeit getragen. Rosalie Braun-Artaria lauschte aufmerksam den radikalen Theorien ihres Mannes über den Einfluß des Nahen Ostens auf die griechische Kunst. Anna von Helmholtz nahm nicht nur regen Anteil an der wissenschaftlichen Arbeit ihres Mannes, sie übersetzte auch die öffentlichen Vorlesungen seines Freundes und Physikerkollegen John Tyndall ins Deutsche (vgl. Braun-Artaria 1919: 140). An zeitgenössischen Maßstäben gemessen hatten beide eine ungewöhnlich gute Ausbildung erhalten und waren somit in der Lage, die Arbeit ihrer Ehegatten zu würdigen und sogar zu unterstützen. In solchen Fällen zeichnete sich ein Kontinuum ab, das von Interesse und Zuarbeit bis hin zur richtiggehenden wissenschaftlichen Zusammenarbeit reichte. Doch selbst wenn eine Ehefrau den Windungen der Forschung und des Schreibens ihres Mannes nicht folgen konnte, so scheinen sich solche Ehen dennoch auf irgendeine Form des wohlwollenden Beistands gestützt zu haben, und sei es in Form von ›gütigem Schweigen‹. Adelheid Mommsen beschrieb ihre Mutter, Marie Reimer Mommsen, als eine einfache Frau, weder besonders klug noch lebhaft, die bei den gesellschaftlichen Anlässen, zu denen sie und ihr Mann geladen waren, zumeist still blieb. Dennoch schrieb Mommsen seiner Frau auf seinen Forschungsreisen Briefe, die ausführlich von seiner wissenschaftlichen Arbeit berichteten, und beharrte auch nach ihrem Schlaganfall, der ihr Sprache und vermutlich auch Verstand raubte, auf seiner jahrzehntelangen Gewohnheit, ihr alle Erlebnisse des Tages zu schildern (vgl. Mommsen 1992: 64ff.).

Diese gemeinschaftlichen Gewohnheiten dürfen allerdings nicht darüber hinwegtäuschen, daß in den Familien von Gelehrten und Wissenschaftlern eine strikte Arbeitsteilung vorherrschte, bei der die Frau für Kinder und Haushalt verantwortlich war und oft auch die finanzielle Kontrolle hatte. Nachdem Mommsen sich bemüht hatte, ihre gemeinsame Wohnung in Zürich einzurichten, schrieb er seiner jungen Frau, daß er sein Bestes gegeben habe, doch »ich finde es viel komfortabler, sich mit gelehrten Leuten zu zanken, statt mit Tischlern, und werde nichts dagegen haben, wenn künftig die Frau Professorin Spiegelrahmen und Chiffonieren in erster und letzter Instanz bestimmt« (ebd.: 16). Als ihr Ehemann bei der Postenvergabe ein ums andere Mal übergangen wurde, hielt Rosalie Braun-Artaria den Münchener Haushalt mit Einfallsreichtum, Improvisationstalent und eiserner Sparsamkeit über Wasser (vgl. Braun-Artaria 1919: 144f.). In guten wie in schlechten Zeiten kreisten Haushalt und Familie um die Bedürfnisse und Anforderungen des *pater familias* und seiner wissenschaftlichen Arbeit. Allerdings sollten diese Umstände nicht den Blick auf die ebenso realen Fakten der Sympathie und der Unterstützung verstellen, die Frauen zu materiellen und persönlichen Opfern bewogen. Marie Reimer Mommsen und auch Rosalie Braun-Artaria stammten beide aus wohlhabenden Verlegerfamilien und heirateten junge Gelehrte aus bescheidenen Verhältnissen mit unsicheren Perspektiven. Die Mommsens hatten Erfolg, die Brauns nicht. Der unsichere Karriereweg eines Aspiranten auf eine Professur barg dieses Risiko in sich, und es ist anzunehmen, daß das hohe Ansehen des Berufs die Familie der Braut für jene Einbußen entschädigte, die die Einwilligung zu solch einer Verbindung in bezug auf Einkommen und Sicherheit mit sich brachte. Hermann von Helmholtz war zwar bereits Professor, als er Anna von Mohl heiratete, doch auch in diesem Fall stammte die Braut aus einer weitaus vornehmeren Familie. Was immer die persönlichen Vorzüge des Witwers mit zwei kleinen Kindern gewesen sein mögen, der zudem über kein unabhängiges Einkommen verfügte, so trugen vermutlich der Ruhm seiner wissenschaftlichen Erfolge sowie die wachsende gesellschaftliche Wertschätzung des Wissenschaftlers dazu bei, eine solche Verbindung möglich zu machen.

Mit diesen Überlegungen bewegen wir uns noch immer im Bereich des Soziologischen, wo der neue Glanz der wissenschaftlichen Persona in ein kulturelles Prestige konvertiert wird, das auf dem Heiratsmarkt wie Einkommen gehandelt werden kann. Aber die psychologische Dimension war nicht weniger wichtig. Da der Haushalt von Gelehrten und Wissenschaftlern in der zweiten Hälfte des 19. Jahrhunderts die Bereiche des Privaten und Öffentlichen stärker integrierte als dies im bürgerlichen Milieu üblich war, kam alles auf die Kooperation der Familie an, um die Arbeit Zuhause zu ermöglichen. Angesichts der unsicheren beruflichen Anerkennung, die in vielen Feldern spät oder gar nicht erfolgen konnte, und wo die vielversprechende Brillianz eines jungen Gelehrten allzu leicht in die isolierte Heterodoxie des älteren umschlagen konnte, war zudem die Anteilnahme Zuhause die vielleicht einzige Quelle von Selbstbestätigung. Ohne die bedingungslose Unterstützung seiner Familie war die mühsame Arbeit des Gelehrten oder Wissenschaftlers weder möglich noch sinnvoll. Zu dieser schmerzhaften Erkenntnis mußten sowohl Casaubon als auch Lydgate kommen, als ihre sonst so gehorsamen bürgerlichen Ehefrauen ihnen die Sympathie für ihre wissenschaftlichen Ambitionen versagten.

Geschlecht und die Verteilung von Aufmerksamkeit

Am 22. Juli 1869 stellte Rosalie Braun-Artaria fest, daß ihr Ehemann dem Tode nah war. Sofort holte sie das fast fertiggestellte Manuskript seines Buchs über *Gemälde der mohammedanischen Welt* herbei, und nutzte seine letzten wachen Momente, um die unbeschrifteten Kapitel zu ordnen, damit das Werk nach seinem Tod erscheinen konnte. Sie gab sich dabei bezüglich der wissenschaftlichen Rezeption des Werks keinen Illusionen hin: Schon 1868, als er bei der Besetzung einer Professur am neuen Münchener Polytechnikum einmal mehr übergangen wurde, sah sie der bitteren Tatsache ins Auge, daß seine Karriere die frühen Hoffnungen nicht erfüllen würde. Dieser Pessimismus fand sich in den Jahrzehnten nach seinem Tod bestätigt, als seine umstrittene Arbeit über die Kunst der Antike kaum zur Kenntnis genommen wurde. Wie auch Dorothea Casaubon schätzte sie die trüben Perspektiven ihres Ehegatten in der Wissenschaftswelt realistischer ein, als er selbst es konnte. Der Beschreibung Rosalie Braun-Artarias zufolge erinnerten auch die wissenschaftlichen Ambitionen ihres Mannes stark an Casaubon. Es ging um nichts Geringeres als um den Beweis, in vielen dicken Bänden, daß die gesamte antike Mythologie, ebenso wie die griechische Kunst, ägyptische und babylonische Wurzeln habe. Doch die Brauns gaben dem Handlungsverlauf von *Middlemarch* eine andere Wendung. Trotz ihrer Bedenken entschied sich Rosalie Braun-Artaria nicht wie Dorothea Casaubon dafür, das Projekt ihres Mannes aufzugeben. Wie vergebens die Mühe auch sein mochte, seiner »rastlos leidenschaftliche[n] Arbeit an dem ungeheuren Material seines Werkes« hielt sie weiterhin die Treue (Braun-Artaria 1919: 168ff., 144, 146). Der Unterschied zwischen Dorothea Casaubon und Rosalie Artaria-Braun markiert symbolisch die Distanz zwischen der erfolgreichen und der fehlgeschlagenen Domestizierung einer wissenschaftlichen Persona. Dorothea gab den Glauben an die Berufung ihres Mannes auf, Rosalie bewahrte ihn.

Zeichen und Inhalt dieser Berufung blieb die »rastlose, leidenschaftliche Arbeit« und die damit verbundene Versunkenheit. Seit dem späten 17. Jahrhundert hatte sich wissenschaftliche Arbeit mit besonderen ›Ökonomien der Aufmerksamkeit‹ verbunden, doch die Neubewertung der Objekte der Aufmerksamkeit sowie die Herausbildung der wissenschaftlichen Persona, die zum Großteil durch diese Ökonomien und Objekte bestimmt wurde, fanden nur langsam statt, und ihre Ergebnisse wurden erst in den ersten Jahrzehnten des 19. Jahrhunderts sichtbar. Solche selektiven Wahrnehmungsmuster schlossen Frauen nicht unbedingt aus, doch da Versunkenheit ein moralisch gewichtiger Zustand ist, werden die angemessenen Objekte jener Aufmerksamkeit kulturell streng überwacht. Die Entscheidung, wer wem oder was wieviel Aufmerksamkeit schenken darf, wird selten dem Ermessen des Individuums überlassen. Die Erinnerungen Rosalie Braun-Artarias liefern dafür ein passendes Beispiel: Als in den 60er Jahren des 19. Jahrhunderts die Diskussion um die politische Emanzipation von Frauen den intellektuellen und literarischen Zirkel in München erreichte, wurden solche Vorstellungen von Männern und Frauen gleichermaßen verspottet. Rosalie und einige andere gingen sogar so weit, eine kleine Scharade aufzuführen, in der sich die emanzipierten Frauen der Zukunft – bemerkenswerterweise allesamt Naturwissenschaftlerinnen – unter Hinweis auf ihre wichtigen Forschungsverpflichtungen weigern, das Essen zu kochen, Kleider zu flicken oder sich um die Kinder zu kümmern. Die Schlüsselszene des Dramas wird mit der Nachricht einer Bediensteten eingeleitet, daß eines der Kinder die Treppe heruntergefallen sei und sich schwer am Auge verletzt habe. Gelassen übergibt die Ärztin und Mutter dem Dienstmädchen ein Helmholtzsches Opthalmoskop und weist sie an, die Verletzung zu untersuchen. Dabei bemerkt sie kühl: »Für den Hausgebrauch ist er [der Augenspiegel] ja immer noch ganz nützlich, aber für wissenschaftliche Untersuchungen könnte man freilich das Augenteleskop nicht mehr entbehren« (ebd.: 93)! An diesem Punkt gerät der bislang sanftmütige Ehegatte in Rage, doch die anderen Frauen verabschieden sich, um ins ›Kolleg‹ zu gehen. Diese Szene – die von dem Publikum mit begeistertem Applaus aufgenommen wurde, unter ihnen der Chemiker Justus von Liebig und der Zoologe Carl von Siebold – dramatisiert das Dilemma von Arbeit und Versunkenheit: Sich auf einen Bereich zu konzentrieren bedeutet, den anderen zu vernachlässigen. Somit waren und blieben die erlaubten Muster der Zuwendung und der Abwendung von der wissenschaftlichen Arbeit bis heute stark umstritten.

Aus dem Amerikanischen übersetzt von Kira Kosnick

Anmerkungen

1 | Ich danke Alke Hollwedel und Claudia Stein für ihre Forschungsassistenz sowie Jan L. Richards für viele Gespräche über die wissenschaftliche Familie im Viktorianischen Zeitalter.

2 | Zur Laborausstattung gehört auch eine Volta'sche Batterie, wie sie erst kürzlich an der Akademie der Wissenschaften in Paris vorgestellt worden ist.

3 | Diese Konflikte zwischen dem Familienleben und einer mit Besessenheit verfolgten Berufung wurden nicht nur für die Wissenschaft ausgemacht: In Emile Zolas *L'Œuvre* (1886) opfert der Künstler Claude Lantier Frau und Kind seinem angestrebten Meisterwerk. Umgekehrt thematisiert Henry James in einigen seiner Kurzgeschichten die Zerstörung eines großen literarischen Talents durch familiäre Pflichten, so z. B. in *The Lesson of the Master* (1888) und in *The Next Time* (1895).

4 | Zu Frauen als »versteckte Investition« in englischen bürgerlichen Haushalten siehe Davidoff/Hall 1987: 308ff.; passim. Zu Überlegungen bezüglich der Rolle von Frauen in den Haushalten des deutschen Bildungsbürgertums des 19. Jahrhundert siehe Hausen 1988.

5 | William und Joseph Hooker folgten dem Beispiel vieler Englischer Botaniker, die auf die künstlerische Arbeit von Frauen im engeren und weiteren Familienumkreis zurückgriffen (vgl. Shteir 1996: 178ff.). Madeleine Pinault (1990: 45ff.; passim) beschreibt die Arbeit von Frauen, die außerhalb des Haushalts als Illustratorinnen für Naturgeschichte arbeiteten (vgl. Gates 1998: 66ff.).

6 | Zur Geschichte des astronomischen Haushalts im Deutschland der frühen Neuzeit siehe Schiebinger 1989 und Mommertz 2002

7 | Und sogar diese Institute, gerade in Deutschland, beherbergten üblicherweise eine geräumige Wohnung für den Direktor und seine Familie; vgl. Cahan 1985.

8 | Im Gegensatz zur Tendenz unter bürgerlichen Männern des 19. Jahrhunderts, den öffentlichen Arbeitsplatz immer stärker von der privaten Sphäre des Haushalts abzugrenzen (vgl. Hausen 1988: 102ff.). White (1996) zeigt einige der Schwierigkeiten auf, die Viktorianische Wissenschaftler konfrontierten, die Zuhause arbeiteten.

9 | Für das 18. und 19. Jahrhundert bietet die Geschichte der Innenarchitektur einiges an Material zur Bibliothek oder zum Arbeitsraum; vgl. Thornton 1984; Benker 1984; Dietrich 1986; Friese/Wagner 1993.

10 | Noch bevor die Geistesarbeiter physisch getrennt von ihren Familien in besonderen Räumen untergebracht wurden, die für ungestörtes Denken entworfen worden waren, scheinen sie bestimmte Techniken entwickelt zu haben, die der Historiker Gadi Algazi als »erlernte Vergeßlichkeit« (*learned forgetfulness*) bezeichnet. Die Wissenschaftler verhielten sich so, um sich psychisch von den Ablenkungen des Familienlebens abzugrenzen, wenn der Haushalt zu eng war, um sich den Luxus eines *studiolo* oder *cabinet* zu erlauben. Gerade für protestantische Pastoren war dies eine Notwendigkeit, nachdem die neuen Doktrinen der Reformation sie zur Eheschließung anhielten (vgl. Algazi 2003). Auch in jenen protestantischen Ländern, die es dem Klerus erlaubten zu heiraten, wurden Familienleben und Gelehrsamkeit lange als miteinander unvereinbar betrachtet. So war es den *fellows* der Colleges in Oxford und Cambridge z.B. bis zu den Reformen in 1977 nicht erlaubt zu heiraten.

11 | Auch hier ist Browns Arbeit über die Herausbildung neuer sozialer Typen in der Spätantike instruktiv; vgl. z.B. seine Erörterung des Philosophen in Brown 1992: 62ff., 1971.

12 | Das sind, um nur einige der bekanntesten zu nennen, Jean-Sylvain Bailly, Lazare Carnot, Gaspard Monge, Georges Cuvier, Joseph Fourier, Pierre-Simon Laplace.

13 | Im Gegensatz zu der Vielzahl von Veröffentlichungen über wissenschaftliche Institutionen, wie Universitäten, Akademien, Institute, Zeitschrifen, Verbände, und über das Leben einzelner Wissenschaftler gibt es bislang wenig veröffentlichtes Material zur wissenschaftlichen Persona und ihrer Geschichte. Aufschlußreiche Fragmente einer solchen Geschichte, die noch zu schreiben ist, finden sich in Shortland/Yeo 1996; Lawrence/Shapin (1998); Jordanova (2000); Daston/Sibum (2003).

14 | Dorinda Outram hat auf das wiederkehrende Motiv der »adoptierten« Familie in der wissenschaftlichen Autobiographie des 18. Jahrhunderts und auf dessen Parallelen in der Hagiographie hingewiesen: »Often, the finding of a vocation is linked with the rejection or loss of a biological father, and the finding of [a] new, ›social‹ father, the patron, who guides the novice man of science and acts as his role model« (Outram 1996: 93).

15 | Das Beispiel Duhamels zeigt, wie wichtig diese Funktionen waren. Obwohl er niemals heiratete, führte die Familie seines Bruders ihm den Haushalt und unterstützte ihn zudem unablässig in seinen Forschungen zur Landwirtschaft und Naturgeschichte. Duhamel konnte mit seinen Geldern nicht haushalten, und verbrauchte neben seinem eigenen auch das Vermögen seines Bruders für seine Experimente (vgl. Concordet 1795: 150ff.).

16 | Für eine einfühlsame und anregende Diskussion der Verflechtungen von sozialen Rollen und sozialen Realitäten in bezug auf Geschlechtscharaktere siehe Hausen 1976.

17 | Die Arbeitsgruppe Akademiegeschichte der Berlin-Brandenburgischen Akademie der Wissenschaften ist dabei, eine solche prosopographische Datenbank für ihre Mitglieder im 19. Jahrhundert anzulegen. Vergleichende Daten von anderen Orten und Perioden sind die Voraussetzung dafür, aussagekräftige Generalisierungen bezüglich der Muster von Eheschließungen treffen zu können.

18 | Einige Universitätskollegen beschwerten sich darüber, zu Ehren dieses oder jenes Prinzen formelle Abendkleidung anlegen zu müssen.

Literatur

Abir-Am, Pnina G./Outram, Dorinda (Hg.) (1987): *Uneasy Careers and Intimate Lives: Women in Science, 1789-1979*, New Brunswick, London: Rutgers University Press.

Addison, Joseph (1710): *The Tatler*, Nr. 216 vom 26. August 1710.

Algazi, Gadi (2003): »Scholars Household: Refiguring the Learned Habitus 1500-1600«, in: Daston/Sibum (Hg.).

Balzac, Honoré de (1953): *Der Alchemist*, übersetzt von Emmi Hirschberg, Reinbek: Rowohlt Verlag, franz. Erstausgabe 1834.

Benker, Gertrud (1984): *Bürgerliches Wohnen: Städtische Wohnkultur in Mitteleuropa von der Gotik bis zum Jugendstil*, München: Georg G.W. Callwey.

Boerhaave, Herman (1758): ›The Life of John Swammerdam‹, in: Jan Swammerdam, *The Book of Nature; or, The History of Insects* [1737-38], übersetzt von Thomas Flloyd, London: C.G. Seyffert.

Braun-Artaria, Rosalie (1919): *Von berühmten Zeitgenossen. Lebenserinnerungen einer Siebzigjährigen*, München: C.H. Beck.

Brown, Peter (1971): »The Rise and Function of the Holy Man in Late Antiquity«, in: *Journal of Roman Studies* 61, S. 80-101.

Brown, Peter (1988): *The Body and Society. Men, Women and Sexual Renunciation in Early Christianity*, New York: Columbia University Press.

Brown, Peter (1992): *Power and Persuasion in Late Antiquity: Towards a Christian Empire*, Madison, London: University of Wisconsin Press.

Browne, Janet (1995): *Charles Darwin: Voyaging. A Biography*, Princeton: Princeton University Press.

Bunsen, Maria von (1900): *Die Frau und die Geselligkeit*, Leipzig: Seeman.

Burke, Peter (1993): *The Art of Conversation*, Ithaca: Cornell University Press.

Butler, Samuel (1759): ›Characters‹, in: Robert Thyer (Hg.), *The Genuine Remains in Verse and Prose of Mr. Samuel Butler*, 2 Bde., London.

Cahan, David (1985): »The Institutional Revolution in German Physics, 1865-1914«, in: *Historical Studies in the Physical Sciences* 15, S. 1-66.

Cohn, Pauline (Hg.) (1901): *Ferdinand Cohn: Blätter der Erinnerungen*, Breslau: J.U. Kern.

Concordet, M.J.A.N (1785): ›Eloge de M. Du Hamel‹, in: *Histoire et Mémoires de l'Académie Royale des Sciences. Année 1783*, Paris: Imprimerie Royale, S. 131-155.

Cuvier, Georges: *Collection de planches représentant les oiseaux*, avec explications et notes autographes de G. Cuvier, Paris: Muséum d'Histoire Naturelle, MS. 412.

Darwin, Charles (1993): *Mein Leben 1809-1882*, Frankfurt/Main, Leipzig: Insel; engl. (1969): *The Autobiography of Charles Darwin 1809-1882*, New York: W.W. Norton.

Daston, Lorraine/Sibum, H. Otto (Hg.) (2003): *Scientific Personae*, Sonderband von *Science in Context*, Doppelausgabe.

Davidoff, Leonore/Hall, Catherine (1987): *Family Fortunes: Men and Women of the English Middle Class, 1780-1850*, Chicago: University of Chicago Press.

Dietrich, Gerhard (1986): *Schreibmöbel vom Mittelalter zur Moderne*, München: Keysersche Verlagsbuchhandlung.

Eliot, George (1979 [1871-72]): *Middlemarch* ; dt. Übersetzung, 2 Bde., übersetzt von Irmgard Nickel, Leipzig: Dieterich'sche Verlagsbuchhandlung.

Fehrenbach Robert J. (Hg.) (1992): *Private Libraries in Renaissance England*, 5 Bde., Binghampton, New York.

Findlen, Paula (1999): ›Masculine Prerogatives: Gender, Space, and Knowledge in the Early Modern Museum‹, in: Peter Galison/Emily Martin (Hg.), *The Architecture of Science*, Cambridge, London: MIT Press, S. 29-58.

Fontenelle, Bernard de (1731): *Eloges des académiciens de l'Académie Royale des Sciences*, 2 Bde., La Haye: Isaac van der Kloot.

Friese, Heidrun/Wagner, Peter (1993): *Der Raum des Gelehrten: Eine Topographie akademischer Praxis*, Berlin: Sigma.

Gates, Barbara T. (1998): *Kindred Nature: Victorian and Edwardian Women Embrace the Living World*, Chicago, London: University of Chicago Press.

Goetz, Dorothea (Hg.) (1996): *Hermann von Helmholtz über sich selbst. Rede zu seinem 70. Geburtstag*, Leipzig: B.G. Teubner.

Hausen, Karin (1976): ›Die Polarisierung der Geschlechtscharaktere – Eine Spiegelung der Dissoziation von Erwerbs- und Familienleben‹, in: Werner Conze (Hg.), *Sozialgeschichte der Familie in der Neuzeit Europas*, Stuttgart: Ernst Klett, S. 363-393.

Hausen, Karin (1988): »›... eine Ulme für das schwankende Efeu‹. Ehepaare im Bildungsbürgertum. Ideale und Wirklichkeit im späten 18. und 19. Jahrhundert«, in: Ute Frevert (Hg.), *Bürgerinnen und Bürger. Geschlechtsverhältnisse im 19. Jahrhundert*, Göttingen: Vandenhoeck & Ruprecht, S. 85-117.

Jordanova, Ludmilla (2000): *Defining Features: Scientific and Medical Portraits 1660-2000*, London: Reaktion Books im Verbund mit der National Portrait Gallery.

Laurent, Gaston (Hg.) (1905): *Les grands écrivains scientifiques (de Copernic à Berthelot). Extraits*, Paris: Armand Colin.

Lawrence, Christopher/Shapin, Steven (Hg.) (1998): *Science Incarnate: Historical Embodiments of Natural Knowledge*, Chicago: University of Chicago Press.

Liebenwein, Wolfgang (1977): *Studiolo: Die Entstehung eines Raumtyps und seine Entwicklung bis um 1600*, Berlin: Gebr. Mann.

Mommertz, Monika (2002): »Schattenökonomie und Arbeitssysteme in der Astronomie der Berliner Akademie im 18. Jahrhundert«, in: Theresa Wobbe (Hg.), *Frauen in Akademie und Wissenschaft. Arbeitsorte und Forschungspraktiken 1700-2000*, Berlin: Akademie Verlag, S. 31-61.

Mommsen, Adelheid (1992 [1939]): *Mein Vater. Erinnerungen an Theodor Mommsen*, München: Matthes & Seitz.

Murray, K.M. Elisabeth (1977): *Caught in the Web of Words: James Murray and the Oxford English Dictionary*, New Haven, London: Yale University Press.

Neumann, Luise (Hg.) (1929): *Aus den Jugendjahren eines Forschers und Veteranen der Freiheitskriege von 1813-1815*; nach mündlicher Überlieferung erzählt von seiner Tochter Luise Neumann, Leipzig: Selbstverlag der Verfasserin.

Outram, Dorinda (1978): ›The Language of Natural Power: The ›Eloges‹ of Georges Cuvier and the Public Language of Nineteenth-Century Science‹, in: *History of Science* 16, S. 153-178.

Outram, Dorinda (1996): ›Life Paths: Autobiography, Science and the French Revolution‹, in: Shortland/Yeo (Hg.), S. 85-102.

Pinault, Madeleine (1990): *Le Peintre et l'histoire naturelle*, Paris: Flammarion.

Pycior, Helena M./Slack, Nancy G./Abir-Am, Pnina G. (Hg.) (1996): *Creative Couples in the Sciences*, New Brunswick: Rutgers University Press.

Roscoe, Henry (1919): *Ein Leben der Arbeit*, übersetzt von Rose Thesing, Leipzig: Akademische Verlagsgesellschaft.

Schiebinger, Londa (1989): *The Mind Has No Sex? Women in the Origins of Modern Science*, Cambridge: Harvard University Press.

Shortland, Michael/Yeo, Richard (Hg.) (1996): *Telling Lives in Science: Essays on Scientific Biography*, Cambridge: Cambridge University Press.

Shteir, Ann B. (1996): *Cultivating Women, Cultivating Science. Flora's Daughters and Botany in England 1760 to 1860*, Baltimore, London: The Johns Hopkins University Press.

Sigrist, René (1994): ›Science et société à Genève au XVIII siècle: L'exemple de Charles Bonnet‹, in: Marino Buscaglia/René Sigrist/Jacques Trembley/Jean Wüest (Hg.), *Charles Bonnet: Savant et philosophe (1720-1793)*, Genf: Editions Passé Présent, S. 19-40.

Thornton, Peter (1984): *Authentic Decor: The Domestic Interior 1620-1920*, London: Weidenfeld und Nicolson.

Tissandier, Gaston (1880): *Les Martyres de la science*, Paris: Maurice Dreyfous.

Tissot, Samuel-Auguste (1991): *De la santé des gens de lettres* [1768], préface de Christophe Calame, Paris: Editions de la Différence.

Trembley, Jean (1794): *Mémoire pour servir à l'histoire de la vie et les ouvrages de M. Charles Bonnet*, Bern: Société Typographique.

White, Paul S. (1996): »Science at Home: The Space between Thomas Huxley and Henrietta Heathorn«, in: *History of Science* 34, S. 33-56.

Wiebel, Christiane (1988): *Askese und Endlichkeitsdemut. Ikonologische Studien zum Bild des heiligen Hieronymus*, Weinheim: VCH Acta Humaniora.

Wollstonecraft Shelley, Mary (1993 [1818]): *Frankenstein, or The Modern Prometheus*, dt.: *Frankenstein oder Der moderne Prometheus*, München: Deutscher Taschenbuch Verlag, Zürich: Manesse Verlag.

Eine angemessene Häuslichkeit? Frauen und die Architektur der Wissenschaft im 19. Jahrhundert

Sophie Forgan

Im Jahr 1928 stellte die Schriftstellerin Virginia Woolf Überlegungen zur Verteilung von Raum und Reichtum an den Hochschulen von Cambridge an. Tief in Gedanken versunken überquerte sie schnellen Schritts eine Rasenfläche. »Sofort«, so schrieb sie, »erhob sich die Gestalt eines Mannes, um mich abzufangen [...]« (Woolf 1978: 7).[1] Der bereits damals bekannten Schriftstellerin war es nicht nur untersagt, auf dem ›heiligen‹ Rasen zu laufen, sie wurde auch an der Tür zur Bibliothek von einem Aufseher zurückgehalten, der sie zurechtwies: »daß Damen in die Bibliothek nur zugelassen sind, wenn sie von einem Kollegiumsmitglied begleitet werden oder ein Empfehlungsschreiben haben« (ebd.: 9). Kein Wunder, daß sie schließlich eine der berühmtesten feministischen Polemiken aller Zeiten schrieb, den Essay *Ein Zimmer für sich allein.* Die wechselseitigen Bezüge zwischen Raum, Geschlecht und Ausgrenzung werden hier eindrucksvoll dargestellt.

Wie genau sollten wir eine Untersuchung von Architektur und Frauen in der Wissenschaft beginnen, für die Virginia Woolf uns ein klassisches Beispiel geliefert hat? In der Architektur geht es nicht nur um verschiedene Baustile, sondern auch um Ideologie und um Organisation des Raums in Gebäuden, die die Machtverhältnisse in einer Gesellschaft verkörpern oder reflektieren können. Ich möchte allerdings betonen, daß das, was einen Raum oder ein Gebäude charakterisiert, sehr stark von den jeweils geführten Diskursen und Praktiken abhängt, die ihrerseits kulturell und zeitlich kontingent sind. Es wäre unbesonnen, davon auszugehen, daß die Kategorie ›Geschlecht‹ in allen Gebäuden *ipso facto* strukturbildend wirkt. Einige Arten von Gebäuden sind allerdings in der Tat eng mit der Geschlechtergeschichte des höheren Bildungswesens verknüpft, und zwar vor allem jene Gebäude, die wissenschaftlichen Zwecken dienen. Gerade dort, wo die üblichen Vorstellungen von räumlichen Grenzen oder Hierarchien angegriffen, wo Autorität hinterfragt oder neue Institutionen geschaffen wurden, stellen sich am häufigsten Fragen in bezug auf Frauen.

Wie gehe ich also vor? Mein Beitrag ist in vier Sektionen unterteilt: 1. Strukturen der Ausgrenzung oder Zulassung, die bestimmte Typen von Architektur mit den Schwierigkeiten verbanden, mit denen Frauen beim Eintritt in Hochschulen und Forschung konfrontiert waren. 2. Welche architektonischen Kontexte bestimmten die Muster der Segregation oder Integration mit männlichen Studenten oder Kollegen, als Frauen zur Universität zugelassen wurden? 3. Die Frage nach dem, was ich ›die Unterscheidung von Grenzen‹ genannt habe, die die Beziehungen zwischen Verhalten und Örtlichkeit aufzeigt. Schließlich 4. eine kurze Untersuchung der räumlichen Alternativen für Wissenschaftlerinnen, die entschlossen waren, allen Hürden zum Trotz ihrer Arbeit nachzugehen. Der betrachtete Zeitraum reicht von den 80er, 90er Jahren des 19. Jahrhunderts bis ungefähr 1914, und entspricht den entscheidenden Jahren für den Eintritt der Frauen in die akademische Welt. Der Ort des Geschehens ist Großbritannien, obwohl viele meiner Feststellungen auch auf andere Teile Europas und auf Nordamerika übertragbar sind.

Strukturen der Ausgrenzung oder des Zugangs

Mitte des 19. Jahrhunderts, als Frauen begannen, Zugang zu höheren Bildungsstätten zu erlangen, existierten zwei unterschiedliche architektonische Modelle von Colleges. Das erste fand sich in Oxford und Cambridge. Es bestand aus Gebäuden, die entlang eines quadratischen Innenhofs angeordnet waren und in denen die universitäre Gemeinschaft lebte. Diese Form lehnte sich an alte klösterliche Strukturen an, so daß alles für den Lernbetrieb notwendige sich innerhalb der Grenzen des Colleges befand. Die äußeren Grenzen wurden durch Mauern und einen abgegrenzten Zufahrtsweg deutlich markiert. Im Inneren bildeten die Kapelle, in der der gemeinschaftliche Gottesdienst stattfinden konnte, der Speisesaal, der auf dem klösterlichen Refektorium basierte und in dem sich die gesamte Gemeinschaft täglich zu den Mahlzeiten einfand, sowie eine Reihe von Zimmern, in denen der Lehrkörper und die Studenten lebten und arbeiteten, die zentralen architektonischen Merkmale. Diese Räume waren typischerweise um den viereckigen Hof gruppiert und verfügten über separate Treppenhäuser. In der Regel bildeten vier bis sechs kreisförmig zueinander angelegte Zimmer ein ›Treppenhaus‹, das jeder vom Hof aus betreten konnte, ohne Aufmerksamkeit zu erregen. Die Gemeinschaft der Bewohner bestand nur aus Männern.[2] Wenn ein College erweitert wurde, geschah dies üblicherweise durch die Anfügung eines weiteren viereckigen Hofs, der Gebäude für eine Bibliothek oder ein Museum enthalten konnte, wie z. B. die berühmte *Wren Library* im *Trinity College* in Cambridge. Die Hochschularchitektur war daher sowohl im Hinblick auf ihre historische Tradition als auch auf ihre bauliche Form ein ausschließlich männlicher Raum, den Frauen nur gelegentlich und dann nur als Gäste in männlicher Begleitung betraten.

Das zweite Modell bildete sich heraus, als in anderen Städten Colleges und Universitäten gegründet wurden, die keinen Wohnraum anboten.[3] Die erste Form des College gab dabei zwar oft den architektonischen Standard vor, aber das College fungierte in dieser zweiten Variante nicht mehr als gemeinschaftlicher Lebensraum. Die Gebäude mochten in ihrer äußerlichen Form in einem Viereck angeordnet sein, doch dieses war oft zu einer Seite hin offen. Zudem enthielten die Gebäude nun Korridore und Serien von Räumen für die Lehre und für Angestellte, wie z. B. im *University College* in London. Im 19. Jahrhundert setzten Architekten zunehmend Korridore ein, um Abschnitte eines Gebäudes stärker zu akzentuieren. Diese architektonische Form bot Gelegenheit für gemeinsame Begegnungen der Geschlechter, doch zugleich vermied sie die gefährliche Intimität der Privaträume, die um ein Treppenhaus gruppiert waren. Darüberhinaus fand in solchen Colleges die Lehre überwiegend in Hörsälen statt und nicht in der privaten Atmosphäre des Zimmers eines Tutors.

Der Ausbau wissenschaftlicher Einrichtungen in der zweiten Hälfte des 19. Jahrhunderts brachte einen tiefgreifenden Wandel der traditionellen Formen akademischer Architektur mit sich. Es entwickelte sich neuer Bedarf an Laborräumen und Werkstätten (vgl. Forgan 1989; Champneys 1903), die nun zunehmend nach Fachgebieten zusammengefaßt oder denen Museen und Sammlungen zur Seite gestellt wurden. So wurden sowohl in Oxford als auch in Cambridge ›Museumszonen‹ geschaffen, um den verschiedenen wissenschaftlichen Disziplinen zuzuarbeiten. In South Kensington in London stellte man Museen und Hochschulen auf demselben Gelände einander gegenüber. Insbesondere das Museum war ein öffentlicher Ort, an dem Männer und Frauen problemlos zusammentreffen konnten. In einigen Fällen wurden Frauen bereits von Anfang an zu Kursen und Vorlesungen zugelassen, doch dies geschah nur in neueren Hochschulen wie denen in Bristol oder Birmingham. An anderen Universitäten wurden Frauen von einigen Professoren einfach vom Unterricht ausgeschlossen, manchmal sogar dann, wenn sie formal hätten zugelassen werden können. Im Fach Physiologie kam es besonders häufig zu Problemen (vgl. Becker 1874: 182).[4] In einigen Fällen lag dies in dem Problem begründet, für Frauen zusätzliche Einrichtungen und manchmal sogar getrennte Anlagen schaffen zu müssen, in anderen Fällen war es eine Frage der Kontrolle. Dem *Owens College*, dem Vorläufer der heutigen *Manchester University*, war daran gelegen, Kontrolle über die Kurse zu gewinnen, in denen Frauen von Professoren außerhalb der eigenen Räumlichkeiten unterrichtet wurden. Man fand sich daher schließlich dazu bereit, für den Unterricht von Frauen separate, aber dennoch angebundene Lösungen zu finden (vgl. Tylecote 1941).

Generell läßt sich jedoch sagen, daß der Ausschluß von Frauen oder Zugangsrestriktionen weniger eine Frage der architektonischen Planung als vielmehr eine der sozialen Praxis war. Herzstück der schnell wachsenden Universitäten des späten 19. Jahrhunderts waren Bibliotheken, Labors und Forschungseinrichtungen. In Cambridge hatten Frauen lediglich eingeschränkten Zugang zur Universitätsbibliothek, was die eigene Forschungsarbeit wesentlich behinderte (vgl. McWilliams-Tulberg 1975: 105). Die Zulassung zu Labors und speziellen Kursen wurde von verschiedenen Hochschulen und einzelnen Professoren unterschiedlich gehandhabt. In Oxford begann A. G. Vernon Harcourt bereits 1880, seine Chemiekurse im *Christ Church Laboratory* für Frauen zu öffnen, und in den nächsten zwei Jahrzehnten folgten ihm mit Ausnahme des *Magdalen College* die meisten seiner Kollegen. Entscheidend war jedoch nicht nur der Tatbestand der Zulassung oder des Ausschlusses von bestimmten wissenschaftlichen Einrichtungen. Wichtige Untersuchungen liegen auch zu der Frage vor, wie männliche Professoren die Arbeit von Studentinnen und Mitarbeiterinnen betreuten (vgl. Gould 1997). Und eine große Rolle spielten auch die Hindernisse, die es Frauen als Studentinnen und insbesondere auch als Mitarbeiterinnen erschwerten, Zutritt zu den sozialen Räumen des akademischen Diskurses, wie den Gemeinschaftsräumen und Speisesälen, zu erhalten. Da es anfangs keine weiblichen Mitarbeiter gab, waren die Gemeinschaftsräume des wissenschaftlichen Personals, wo diese ihre Arbeit oder andere Probleme besprechen konnten, rein männliche Domänen. Diese Bereiche waren gewissermaßen privat, obwohl sie praktisch zum gemeinschaftlichen Raum der Universität gehörten. In den frühen Berichten von weiblichen Lehrkräften oder Forscherinnen wird oftmals über Isolation geklagt, besonders in den Frauencolleges in Oxford oder Cambridge (vgl. Adams 1996: 54). Die architektonische Umgebung unterstützte in diesem Sinne den fortgesetzten Ausschluß von Frauen von den zentralen Orten, an denen die maßgeblichen Diskussionen stattfanden. Auch dort, wo neue wissenschaftliche Einrichtungen an neuen Universitäten geschaffen wurden, waren sie in der Regel auf einen rein männlichen Lehrkörper und männliche Studierende zugeschnitten. Die neuen Labors für Ingenieurwissenschaften am *University College* in London z.B. wurden entworfen, ohne Frauen zu berücksichtigen, da es offenbar niemandem eingefallen war, daß Frauen solche Fächer studieren könnten.[5]

Absonderung oder Integration

Hinter der Zulassung von Frauen zu den Einrichtungen des höheren Bildungsweges verbirgt sich natürlich eine große Bandbreite von Reaktionen zwischen verschiedenen Universitäten und Fachgebieten. In Oxford oder Cambridge führte der einzige Weg des Zugangs über die Errichtung eigener Wohnstätten für Frauen. Zwar war es möglich, externe Vorlesungen, und von 1869 an nach Bestehen der *Cambridge Local Examination* auch sogenannte *Extension Lectures* zu besuchen (vgl. Welch 1973), doch ohne den sichtbaren Beweis eines organisierten Lebens und Wohnens in entsprechenden Gebäuden konnte die Zulassung von Frauen keine glaubhaften Fortschritte machen. Und umgekehrt konnten diese Gebäude den männlichen Unterstützern innerhalb der Universität als Anknüpfungspunkte dienen.[6]

Es gab zwei Hauptmodelle zur Planung und Organisation von Frauencolleges, ein häusliches und ein institutionelles. Der häusliche Ansatz betonte, architektonisch betrachtet, daß das neue College letztlich ein Haus war, in dem Studentinnen in einem ›Zuhause fern von zu Hause‹ untergebracht waren. Dementsprechend sollten die Studentinnen von der Welt abgekapselt und geschützt im Schoße einer ›Familie‹ leben, der eine Dame als Direktorin vorstand (vgl. Vickery 1999: Kap. 2-3; Birney 1992).[7] Die Planmodelle bezogen sich entweder auf Häuser, die bereits auf dem erworbenen Areal standen (z. B. Somerville), oder von den beauftragten Architekten wurden große Landhäuser entworfen und gebaut (*Basil Champneys – Newnham, Somerville, Bedford*). Im Erdgeschoß befanden sich Speisesäle, das Direktorium, Aufenthalts-, Gäste- sowie Warteräume, Hörsäle und eventuell eine Bibliothek, während die oberen Geschosse die Zimmer der Studentinnen beherbergten, die sich jeweils zu beiden Seiten eines zentralen Korridors befanden. Auch das Äußere der Gebäude verwies auf Häuslichkeit, manchmal als Variante des beliebten Queen-Anne-Stils, einer Art vereinfachten klassischen Stils, der sich an die häusliche Architektur des frühen 18. Jahrhunderts anlehnte. Oft fanden sich Erkerfenster, Giebel im holländischen Stil und sogar kleine Türmchen (vgl. Vickery 1999: 45; Champneys 1903). Das *St. John's College*, das die Grundstücke für *Newnhams* Gebäude verpachtete, bestand darauf, daß es wie ein *gentleman's house* gebaut werden sollte, damit es im Falle eines Mißerfolgs vermietet werden konnte. Angesichts der Leichtigkeit, mit der die Menschen des Viktorianischen Zeitalters

Baustile mit moralischen Eigenschaften assoziierten, wurde ein solcher Stil als eindeutig häuslich ›interpretiert‹. Allerdings sollte man die stilistische Analogisierung nicht zu weit treiben, denn der ›häuslich-akademische‹ Stil, als der er bekannt wurde, fand auch vielfältige Verwendung bei der Errichtung der neuen städtischen Oberschulen. Er wurde als weniger einschüchternd empfunden als der gotische, der charakteristisch für die alten Schulen war, aus der die Mehrheit der Studienanfänger hervorging.[8] Vickerys Ansicht zufolge trug dieser ›unbedrohliche‹ Stil vor allem auch dazu bei, Kritik am Frauenstudium abzuschwächen, die entweder eine Überbeanspruchung der weiblichen Kräfte befürchtete oder aber meinte, daß intellektuelle Studien Frauen entweiblichen und in widernatürliche *blue stockings* verwandeln würden. Bemerkenswert ist, daß in frühen Frauencolleges wie etwa in Somerville, Girton und Newnham Krankenhausabteilungen existierten, um solchen Ängsten entgegenzuwirken. Allerdings konnten diese auch umgekehrt gerade als eine Bestätigung der behaupteten weiblichen Zerbrechlichkeit wirken.[9] Insgesamt betonten der architektonische Stil, Planung und Organisation die Weise, in der das Gebäude die Diziplin eines familiären Haushalts unterstützte, um so nicht nur die Gegner des Frauenstudiums, sondern auch die Eltern künftiger Studentinnen zufriedenzustellen.

Der andere Typus des Frauencolleges findet sich in Girton, erbaut und erweitert durch Alfred Waterhouse, den bekanntesten Vertreter der gotischen Architektur in Britannien. Girton präsentierte sich stärker als gleichberechtigte Institution. Darin kam die Überzeugung der Direktorin Emily Davies zum Ausdruck, im Unterschied zur Herangehensweise im frühen *Newnham*, völlige Gleichheit und exakt denselben Studienplan für Frauen wie für Männer zu fordern. Es gab einen zentralen Gebäudekomplex, von dem aus sich lange Flügel nach hinten erstreckten. Die gotische Architektur wurde zwar durch einige häusliche Details aufgehellt, doch insgesamt machte das College einen etwas finsteren Gesamteindruck. Jedoch waren auch hier die Zimmer nicht um separate Treppenaufgänge gruppiert, sondern entlang von Korridoren. Diese waren zu einer Seite offen, wodurch sie eine hellere und luftigere Raumatmosphäre schufen. In Girton wurden einfach die rechtwinkligen Flügel erweitert oder neue hinzugefügt, während in Newnham ein separates Haus gebaut wurde, das man später mit den anderen Gebäuden verband. Kein einziges Frauencollege bediente sich des ›Treppenhaus-Modells‹, das Studentinnen einen unkontrollierten Aus- und Zugang erlaubt hätte.

Charakteristisch für die Frauencolleges war zudem die Sorgfalt, mit der ihr Standort ausgewählt wurde. Sie lagen stets abgeschieden, manchmal ländlich, worin gesundheitliche Bedenken zum Ausdruck kamen, oder in städtischen Gebieten durch Gartenanlagen von der Straße getrennt. Das parkähnliche Anwesen des *Royal Holloway College* in Egham nahe bei London wurden von einer langen Mauer umschlossen. Die Orte manifestierten so die Besorgnis um Gesundheit, Schutz und die Abwehr neugieriger Blikke.

Soviel zu den Anwesen. Eine andere Frage aber ist: Sollten Frauen nun getrennt oder gemeinsam mit den Männern unterrichtet werden? Im Rahmen eines Systems, das auf Vorlesungen von Professoren basierte, war diese Frage weniger wichtig, da Frauen je nach Bereitschaft und Verfügbarkeit des Dozenten in den Hörsälen separiert oder ihnen auch von Männern räumlich vollkommen getrennte Vorlesungen erteilt werden konnten, worauf ich später zurückkommen werde.[10] Einige Dozenten leisteten lange erbitterten Widerstand gegen den gemeinsamen Unterricht von Studentinnen und Studenten. Noch 1913 beispielsweise gestattete A. Seward Frauen nur nachmittags Zugang zu seinen botanischen Demonstrationen, und da die meisten Männer am Vormittag kamen, bedeutete dies in der Praxis ein duales System. Tutorien erwiesen sich als besonders problematisch, da diese in den Räumen der Dozenten stattfanden, die man als abgeschlossene gelehrte Orte bezeichnen könnte. Studentinnen mußten lange Zeit zu zweit oder in anderer Begleitung erscheinen. In den Frauencolleges herrschte zeitweilig Besorgnis über eine scheinbar große Anzahl von Eheschließungen zwischen Tutoren und Studentinnen, wobei sich z. B. in Somerville zwischen 1891 und 1909 genau fünf solcher Verbindungen ergeben hatten (vgl. Adams 1996: 115). An Colleges, die ihre Studentinnen nicht selbst unterbrachten, wie auch an Mädchenschulen waren die Direktorinnen stets aufmerksam darauf bedacht, gutaussehende junge Männer, die als Dozenten kamen, möglichst wenig mit den Studentinnen in Kontakt kommen zu lassen. Dies konnte außerordentliche Komplikationen mit sich bringen. Der Physiker Oliver Lodge rief sich seine frühe Lehrzeit am *Bedford College* in London in Erinnerung:

> Kaum hatte man den Vorraum betreten, wurde einem sogleich der Weg über eine Spiraltreppe in den Keller gezeigt. Dort befand sich neben einer Reihe von schallisolierten Räumen für Klavierübungen ein weiterer, unattraktiver Raum, der den Professoren zur Verfügung stand. Von dort führte eine weitere Spiraltreppe hinauf in die Halle, die den Lehrer genau gegenüber des Hörsaals entließ, so daß er seiner Arbeit nachgehen konnte, ohne sich in eine Atmosphäre von Weiblichkeit zu begeben (Lodge 1931: 91).[11]

Nach dem Unterricht stieg er die Spiraltreppe wieder hinab, lief durch den Korridor im Keller und verließ das Gebäude auf demselben Weg, auf dem er es betreten hatte. Die Logik dieser Darstellung scheint zu implizieren, daß wissenschaftliche Lehre mit Weiblichkeit unvereinbar ist.

An anderen Universitäten wurden separate Einrichtungen geschaffen.

Laborräume waren die wichtigsten unter ihnen. Das *Cavendish Laboratory* in Cambridge bot Frauen unter seinem ersten Leiter, James Clerk Maxwell (1874), keinen formalen Zugang, aber sein Nachfolger, Lord Rayleigh, vertrat eine andere Einstellung. Rayleigh arbeitete in den 80er Jahren des 19. Jahrhunderts mit seiner Schwägerin Eleanor Sidgwick zusammen, und obwohl weibliche Studentinnen nicht in großer Anzahl zu finden waren, stellten sie keinesfalls eine Ausnahme dar (vgl. Gould 1997). In den 80er Jahren wurde Laborarbeit nicht nur zum *sine qua non* einer wissenschaftlichen Ausbildung, sondern auch die Studentenzahlen stiegen und mit ihnen auch die Nachfrage nach Laborplätzen. Dies mag zur Einrichtung separater Labors in Cambridge wie auch 1879 in Girton ebensoviel beigetragen haben wie die Meinungen zur Geschlechtertrennung. Das *Balfour Laboratory*, zu dem Studenten und Studentinnen von Newnham und Girton Zugang hatten, folgte 1884. Es befand sich in einer ehemaligen Gemeindekapelle und bot Arbeits- und Experimentierplätze für die Forschung. Das Labor florierte, bis Frauen zu allen Kursen der Universität Zugang erhielten (vgl. Richmond 1997). 1914 begann sein Niedergang, bis es schließlich 1927 an die Universität verkauft wurde. Ironischerweise führte dies auch zur Verdrängung einer vielversprechenden jungen Pflanzenmorphologin, Agnes Arber, die sich in die häusliche Sphäre zurückzog, um ihre Forschung weiter betreiben zu können (vgl. Packer 1997). In Oxford dagegen errichteten Frauencolleges keine Labors, da sie langsam Zugang zu Hochschullabors oder zu Kursen im Gebäude des neuen Universitätsmuseums bekamen.

Eine kurze Bemerkung zu einer anderen zentralen Einrichtung akademischer Arbeit, den Bibliotheken. Oxford erwies sich als relativ liberal in der Frage des Zugangs zur *Bodleian Bibliothek*, doch alle Colleges hatten ihre eigenen Bibliotheken, viele davon sehr alt, die allerdings in ihrer Mehrheit nur den *fellows* zugänglich waren. In Cambridge waren die Zugangsbeschränkungen für Frauen zutiefst frustrierend, so daß Girton 1882 eine eigene Bibliothek einrichtete.[12] Die Bibliothek basierte auf dem Modell des englischen Landhauses und hatte einen häuslichen Charakter. Abgesehen von der Anwesenheit der jungen Frauen gab es wenig Hinweise darauf, daß es sich um eine Bibliothek handelte. Die Bibliothek von Newnham jedoch, erbaut 1896-97, übernahm die Gestaltung einer typischen Bibliothek, wie man sie in anderen Einrichtungen finden konnte, mit Regalen, die im rechten Winkel zur Wand standen, dazwischen Schreibtische, und einer Galerie, die zu den oberen Magazinen Zugang gewährte. Somerville war das erste College in Oxford, das 1903 eine Bibliothek einrichtete, die auf die Belange der Studentinnen ausgerichtet war, und sie entsprach ebenfalls dem institutionellen Typus (vgl. Adams 1996: 65). An anderen Orten betraten Frauen die Bibliotheken mit Ehrfurcht und benahmen sich, als hätten sie unsichtbar zu sein. In Manchester z. B. fragten die Frauen nicht das Personal nach einem bestimmten Buch, sondern füllten ein Formular aus, um an einem solchen Ort nicht ihre Stimme erheben zu müssen (vgl. Tylecote 1941: 33).

Grenzen unterscheiden: Verhalten und Raum

Gebäude und ihre Gestaltung können Inklusion oder Ausschluß unterstützen. Doch die Art und Weise, wie bestimmte Räume geschlechtsspezifisch determiniert sind, beruht auf einer Mischung aus Zugängigkeit, Kontrolle und Verhaltensnormen. Insbesondere in Institutionen, die nicht mit Colleges verbunden waren, wurden Frauen in gemeinschaftlichen Räumen von Männern separiert, mit Ausnahme von besonderen, streng geregelten Situationen. Ein Weg, um in bestimmten Situationen geschlechtsspezifische Sphären zu wahren, war der Rückgriff auf bekannte Stereotype (vgl. Dyhouse 1995: Einleitung; Richmond 1997: 424f.). Eine Antwort auf gemischte Kurse war die Herabsetzung von Studentinnen (oder von weiblichen Lehrkräften), um so die Grenzen und Spielräume erwünschter Verhaltensmuster zu definieren. H. G. Wells, ein aufgeblasener Student der Naturwissenschaften am *Royal College of Science* in den 80er Jahren des 19. Jahrhunderts, entwarf eine Liste: Da war die intelligente, hübsche und vornehme junge Dame, die den Nachmittagstee bereitete; dann der Typ der Schullehrerin, gekleidet in ein *art costume* mit strengem Rock und weiten Puffärmeln; drittens die überzeugte Frauenrechtlerin, die Männer im allgemeinen und Romanzen im besonderen verächtlich machte; und schließlich die graue Maus, die sorgfältig Mitschriften anfertigte und schließlich den Assistenten heiratete (Wells 1893: 393ff.).[13] Neben Wells' Kategorien wurden auch die Begriffe *Girton girl* und *sweet girl graduate* zum Allgemeingut. Natürlich fanden diese Stereotypen auch ihre maskulinen Entsprechungen, so in der Figur des gutaussehenden Räubers oder des zuvorkommenden Beschützers. Sie wurden allerdings auch in vielfältiger Weise durch architektonische und räumliche Aspekte unterstützt, wie durch physische Trennung, durch Möbel und Einrichtungen und durch Verhaltenskontrollen in jenen Räumen, in denen die Geschlechter unausweichlich aufeinandertrafen.

Die Thematik der physischen Separierung wurde bereits ausführlich behandelt, doch hinzuzufügen bleibt die Notwendigkeit, für Damentoiletten, Kleiderhaken, Hutablagen, Kleiderständer usw. zu sorgen. Selbst heute noch kommt es vor, daß man in den physik- oder ingenieurwissenschaftlichen Abteilungen einiger großer Universitäten ›meilenweit‹ laufen muß, um eine Damentoilette zu finden. In den frühen Gebäuden der *Leeds University* gab es keinerlei Einrichtungen für Studentinnen (vgl. Gosden/Taylor 1975: 138).

Sowohl Frauencolleges als auch Universitäten ohne Wohnmöglichkeiten kopierten einige der zentralen Einrichtungen, vor allem die *common rooms* für Frauen.[14] Dies steht im Zusammenhang mit der generellen Entwicklung der Universitäten in den 90er Jahren des 19. Jahrhunderts, die die Ausbildung eines *corporate life* und entsprechender Einrichtungen unterstützte. Gemeinschaftsräume für Männer konnten Raucherzonen, Spucknäpfe und Billiardtische aufweisen und waren generell düster. Getrennte Räumlichkeiten für Frauen waren bis weit ins 20. Jahrhundert die Norm. Wie sahen die Räume für Frauen aus? Sie waren durchweg hübsch und bequem eingerichtet, um den Eindruck von Weiblichkeit zu verstärken, denn jeder Verlust von Weiblichkeit wurde als ernsthafter Verlust gesellschaftlichen Ansehens betrachtet (vgl. Tylecote 1941: 28).

Viele Beschreibungen betonen die in den Gemeinschaftsräumen herrschende weibliche Atmosphäre positiv. In Somerville gab es stets frische Blumen, die Möbel waren hübsch, und wie man aus alten Fotografien entnehmen kann, befand sich darunter nahezu unausweichlich das Korbgeflecht-Mobiliar der Firma *Dryad Industries*. Solche Möbel hätten in den männlichen Gemeinschaftsräumen kein langes Leben geführt: Sie waren mit fast unzerstörbaren Stühlen und Sofas mit Lederbezug ausgestattet. Die Korbmöbel dagegen gaben der Bewunderung für das Kunstgewerbe Ausdruck, und signalisierten ein Bewußtsein für den ästhetischen Trend des *house beautiful*.[15]

Bemerkenswert ist auch, daß männliche Sponsoren solcher Räume verlangen konnten, daß deren Einrichtung angemessen ›weiblich‹ wirke. Als Sir William Mather ein Speisezimmer für Studentinnen am *Owen's College* in Manchester einrichtete, insistierte er darauf, es in den angenehmsten und hübschesten Raum im ganzen College zu verwandeln. »Er lieferte einen guten Teppich, bequeme Stühle, kleine Tische, ein komplettes Teeservice, einige Drucke von alten Meistern und einen Spiegel« (Tylecote 1941: 77f.) Der Spiegel ist nicht unwichtig. Als er geliefert wurde, befand Mather ihn für zu klein und ersetzte ihn durch einen größeren. Dieser sollte nicht nur das Pudern der Nase ermöglichen, sondern den weiblichen Anblick in ganzer Länge spiegeln und so als ständige Erinnerung an Anmut und Weiblickeit dienen. Gemeinschaftsräume wiesen oftmals auch ein Piano oder andere Musikinstrumente auf, um so die traditionellste aller ›weiblichen‹ Fertigkeiten zu fördern. Waren die Gemeinschaftsräume bereits besonders weiblich, so galt dies um so mehr für die Schlafzimmer der Studentinnen. Natürlich boten diese Räume auch Platz für den Ausdruck von Individualität und konnten persönlich gestaltet werden, wie es für die künstlerischen und bürgerlichen Tendenzen des späten 19. Jahrhunderts typisch war.[16]

Wenn also die Räume, die an den Universitäten den Frauen zugedacht waren, erwiesenermaßen weiblich waren, wie gestaltete sich dann das Zusammentreffen von Frauen mit Männern? An englischen Colleges mußten die jungen Frauen von Anfang an zum Unterricht begleitet werden. An schottischen Universitäten war dies nicht durchgängig der Fall, da die Bestimmungen dort weniger streng waren (vgl. Moore 1991: 70). In Oxford war die Begleitung bis 1893 obligatorisch, und konnte auch später noch verlangt werden, wenn nur eine einzige Frau eine Vorlesung besuchte (vgl. Adams 1996: 33; Dyhouse 1995: Kap. 2). Der Mangel an Begleitern, die bereit gewesen wären, diverse Vorlesungen auszusitzen, und die aberwitzige Situation, daß die zahlreichen *chaperones* im Hörsaal den *undergraduates* ihre Plätze wegnahmen, trugen zweifelsohne zum Niedergang dieses Phänomens gegen Ende des Jahrhunderts bei. Die räumliche Separierung wurde schließlich durch andere Methoden gesichert. Getrennte Räumlichkeiten wurden deutlich bezeichnet, z.B. *King's College Women's Department*. Es konnte sein, daß Frauen nicht den Haupteingang benutzen durften, sondern das Gebäude durch einen Nebeneingang betreten und auf Nebenwegen in den Hörsaal gelangen mußten.[17] Am Ende einer Vorlesung konnte es sogar vorkommen, daß der Professor die Damen aus dem Hörsaal und aus dem Gebäude eskortierte, als führe er sie durch feindliches Gelände. Am *University College London* wurden die für Männer und Frauen getrennten Kurse zeitlich so gelegt, daß sie stets eine halbe Stunde auseinander lagen und so die Wahrscheinlichkeit eines Zusammentreffens verringert wurde.[18]

Es gab jedoch Ausnahmen. Dazu gehörte das *Royal College of Science* in London, wo Männer und Frauen gemeinsam die Korridore nutzten und sich zwanglos in *teashops* treffen konnten. Dies war jedoch relativ ungewöhnlich (vgl. Wells 1893: 234).[19]

Im Hörsaal saßen die Frauen in der Regel in einer Gruppe beieinander, und behielten ihre Plätze vielen Berichten zufolge während des gesamten Semesters bei. Es gibt einige Hinweise darauf, daß Frauen in den ersten Reihen saßen, doch mußten in einigen Fällen die Frauen hinten oder, wenn vorhanden, auf der Empore sitzen.[20] In beiden Fällen waren Frauen Kritik ausgesetzt. Saßen sie vorne und hatten die beste Sicht auf wissenschaftliche Demonstrationen, so wurde ihnen dies als anmaßend ausgelegt. Saßen sie hinten oder meldeten sie sich nicht zu Wort, so galten sie als zu zurückhaltend. Rowdyhaftes Benehmen der männlichen Studenten war keine Ausnahmeerscheinung, und einige frauenfeindliche Professoren bestanden darauf, ihre gesamte Klasse mit ›Sir‹ anzureden oder bedienten sich der selbst noch in den 1940er Jahren praktizierten Strategie, anzügliche Geschichten zu erzählen (vgl. Murphy 1995: 130). Solches Verhalten verstärkte den Eindruck, daß es sich eigentlich um männliche Räume handelte, zu denen Frauen nur ausnahmsweise zugelassen wurden. Unterstützt wurde dies durch die vielen Regeln, denen Studentinnen bezüglich ihrer Kleidung und ihres Verhaltens unterworfen waren.

In den Labors war die räumliche Trennung je nach Art anders. Die Anordnung des Labors von Girton mit einem Tisch im Zentrum, Bänken an den Wänden, viel Licht und einer Reihe von Studentinnen, die vermutlich an unterschiedlichen Projekten arbeiteten, hätte man ebenso anderswo in ›männlichen‹ Labors finden können. In chemischen Labors sah der normale Grundriß mehrere Reihen von Bänken vor. Es lag nahe, von den neu zugelassenen Frauen zu erwarten, daß sie eine gemeinsame Bank nahmen oder zwecks gegenseitiger Unterstützung in Gruppen saßen. Allerdings sind die Fakten diesbezüglich nicht eindeutig.

Die Arbeit im Labor bringt eine ganz andere räumliche Erfahrung mit sich als das Sitzen im Hörsaal, wo das Zuhören und Mitschreiben im Vordergrund steht. Laborarbeit in den 1890er Jahren und im ersten Jahrzehnt des 20. Jahrhunderts bedeutete, eine festgelegte Reihe von Experimenten nach Vorgabe des Dozenten durchzuführen, der selbst anwesend war, um gemeinsam mit einem Assistenten für Ruhe zu sorgen und bei Problemen auszuhelfen. Einige Fotos vermitteln den Eindruck von Reihen disziplinierter Fabrikarbeiter. Doch das Arbeiten nebeneinander bot auch die Gelegenheit, sich der Fortschritte des Banknachbarn zu vergegenwärtigen, ihn um Hilfe zu bitten oder auch zu stören. Es bedeutete auch, sich für eine bestimmte Zeit einen Bankplatz sowie Zubehör und Lehrmaterial anzueignen. Eventuell mußte man sich im Raum bewegen, um Dinge zu holen oder um zum nächsten Experiment voranzuschreiten, was auch den Umzug auf einen anderen Sitzplatz bedeuten konnte. Diese Ordnung erlaubte eine weitaus größere Nähe als der Hörsaal, und dies eröffnete natürlich eine ganze Bandbreite möglicher Reaktionen. Einige Frauen senkten ihre Köpfe und vertieften sich in ihre Arbeit, andere nutzten die Gelegenheit, um Freundschaften zu schließen oder vielleicht zu flirten (vgl. Wells 1927). Es gab auch die unvermeidlichen dummen Streiche, die die Autoritäten stets in Alarm versetzten. Als Frauen zum erstenmal den Physikunterricht an der *Queens University* in Belfast besuchten, amüsierten sich einige männliche Studenten damit, ein Büschel Cayennepfeffer im Labor anzuzünden (vgl. Moody/Beckett 1959: 317). Wenn es nicht genug Geräte und Zubehör für alle Teilnehmenden gab, konnte um sie ein regelrechter Kampf entbrennen. H. G. Wells war sicherlich keine Ausnahme, als er sich ohne Gewissensbisse die Apparatur eines Anderen aneignete. Der bekannte Kristallforscher W. H. Bragg gab später zu, die Apparatur einer Forschungskollegin entwendet zu haben, die sie kurz ohne Aufsicht gelassen hatte, woraufhin sie in Tränen ausbrach.[21] Gerade für *undergraduate*-Studenten und -Studentinnen brachten naturwissenschaftliche Fächer und Laborübungen ein regelmäßiges Zusammentreffen mit sich. Im Oxford der 1880er mußten die Studenten und Studentinnen der Naturwissenschaften nicht länger nur eine einzige Vorlesung und vielleicht ein Tutorium besuchen, sondern mußten drei volle Nachmittage in der Woche im *Clarendon Laboratory* mit praktischem Unterricht verbringen. Studenten und Studentinnen anderer Fachrichtungen waren froh, solchen Mühen zu entrinnen (vgl. Murray's Magazine 1888: 684). Doch der Laborplatz repräsentierte eine neue Art von Raum für Frauen, der gelegentlich verteidigt werden mußte, aber vielleicht auch neue Freiheiten mit sich brachte.

Bildliche Darstellungen lassen allerdings keine eindeutigen Schlüsse zu. Gegen Ende des Jahrhunderts konkurrierten Colleges und Universitäten miteinander um die Gunst der Studentenschaft. Dies führte dazu, daß neue Einrichtungen geschaffen wurden. Einige Professoren des *University College London* hielten diese für notwendig, um nicht hinter anderen Ländern zurückzustehen. Um die Jahrhundertwende ließen viele Colleges ihre Labors fotografieren. Auf den Fotos erscheinen die Laborräume zumeist unberührt, voll von komplizierten Apparaturen, polierten Bänken, vielleicht auch mit der Büste eines geehrten Professors, doch frei von Menschen. In Frauencolleges allerdings sind die Laborbilder oft von Frauen bevölkert, die eifrig bei der Arbeit sind. Fotos von gemischten Colleges, die sowohl Männer als auch Frauen bei der Arbeit zeigen, hatten vermutlich neben der Dokumentation der Ausbildung auch eine Werbefunktion. Studentische Zeitschriften sind eine weitere Quelle für Fotos, die zwischen ernsthaften und komischen oder satirischen Darstellungen schwanken konnten.[22] Diese Quellen helfen, die gravierenden Lücken zu schließen, die noch bis vor kurzem in bezug auf Frauen in der Geschichtsschreibung von Colleges existierten.[23]

Zwei weitere Faktoren müssen Erwähnung finden. Zum ersten Faktor: Obwohl die Zahl der Hochschulstudentinnen in den 80er und 90er Jahren des 19. Jahrhunderts langsam anstieg, schrieben sich die meisten von ihnen nicht für naturwissenschaftliche Fächer ein. Zu einer Zeit, als naturwissenschaftliche Einrichtungen an den Hochschulen beträchtlich ausgeweitet wurden, stieg die Zahl der Studentinnen in diesen Disziplinen nicht in einem vergleichbaren Maß an, was zu einer ungebrochenen männlichen Kodierung der Räume und Verhaltensweisen in diesem wissenschaftlichen Bereich betrug. Der zweite Faktor betraf die Examen, die unvermeidbar waren, wenn man ein *honours degree*, einen offiziellen Abschluß anstrebte. Vielen Schülerinnen waren Prüfungen ein Horror.[24] Viele Frauen (an Universitäten, die keine Wohnmöglichkeit boten) strebten keinen Abschluß an, sondern belegten stattdessen lediglich einzelne Kurse. Dies scheint z. B. in Sheffield, dem späteren *Firth College*, üblich gewesen zu sein. Es gab sogar eine kurze Zeit in den 1890ern, als für Frauen die Studiengebühren gesenkt wurden, doch scheinen nur wenige dieses Angebot genutzt zu haben.[25] Viele Frauen lehnten Examen ab, und erst als sich die Mädchen in den neuen weiterführenden Schulen an die Prüfungskultur gewöhnt hatten, machte sich dies auch an den Universitäten bemerkbar, und zu Beginn des 20. Jahrhunderts verschwanden diese alten Einstellungen nach und nach. Viele der städtischen Universitäten begannen mit dem Bau von Wohnheimen für Frauen (und bald auch für Männer), was diese stärker in den akademischen Betrieb integrierte. Es war bald üblich, große Hallen zu errichten, wo Examen durchgeführt werden konnten, und die Fotos zeigen zunehmend eine disziplinierte Studentenschaft, die sich der allgemeinen Examenskultur bereitwillig fügte.

Alternative Orte für unabhängige Berufswege

Einige kurze Bemerkungen zu anderen Orten der Forschung und zur häuslichen Sphäre sollen in diesem Abschnitt folgen. Für Frauen, die über keine eigenen Ressourcen und Verbindungen durch ihren Ehemann oder andere männliche Verwandte verfügten, war es ausgesprochen schwer, Zugang zu Forschungseinrichtungen zu erhalten. Die 1896 erfolgte Stiftung des *Davy-Faraday Laboratory* durch Ludwig Mond am *Royal Institute* in London war eine Ausnahme. Die Stiftungsurkunde enthielt die ungewöhnliche Bestimmung, daß keiner Person »aufgrund ihrer Nationalität oder ihres Geschlechts als Arbeiter oder Assistent der Zugang zum Labor verwehrt werden darf« (The Charter 1965: Regel 8). Doch es bewarben sich nur wenige Frauen im Labor, um ihre Forschungen dort durchzuführen. In den ersten 25 Jahren gab es 125 Bewerbungen, fünf davon von Frauen. 72 Bewerber wurden angenommen, darunter nur zwei Frauen. Beide hatten in Cambridge studiert und waren bereits relativ gut etabliert.[26] Die Kapazitäten des Labors waren ingesamt zu keinem Zeitpunkt vollständig ausgelastet, so daß sich keine eindeutigen Schlüsse bezüglich der Forschungsräume ziehen lassen, doch der Direktor der *Royal Institution*, James Dewar, scheint der Förderung zumindest vereinzelter Frauen wohlwollend gegenübergestanden zu haben.[27] Allerdings waren die Laborräume vom Rest der Institution etwas isoliert, und die Bestimmungen zielten vor allem darauf ab, daß die Forschenden nicht die Mitglieder und ihre Aktivitäten stören sollten.

Häusliche Laboreinrichtungen für Frauen gab es nur vereinzelt, vor allem in städtischen Haushalten. Die Pflanzenmorphologinnen Ethel Sargant und Agnes Arber betrieben beide ihre Forschungen zu Hause. Das Beispiel von William Crookes, zu dem viele Informationen überliefert sind, ermöglicht uns einen Eindruck davon, wie solche Räumlichkeiten in ein Forschungslabor umgewandelt werden konnten (vgl. Gay 1996). Er veränderte die übliche Anordnung von Räumen in seinem (mittel- oder spät-)viktorianischen Stadthaus, indem er seine Bibliothek sowie die physikalischen und chemischen Labor- und Arbeitsräume im ersten Stock einquartierte. Dort befanden sich normalerweise die der Öffentlichkeit zugänglichen Räume des Hauses, insbesondere der Salon. Durch ihre leichte Zugänglichkeit vom Erdgeschoß, vom Eingang und der Außenwelt aus demonstrierten Crookes Arbeitsräume ihre wichtige Position. Sie waren nicht in zugigen Dachgeschossen oder abgelegenen Kellerräumen versteckt. Der Salon verlor seinen wichtigen Status und wurde verlegt. »Lady Crookes verfügte über einen Salon, um ihre Bekannten zu empfangen, doch er befand sich im Erdgeschoß«, und der junge (der vierte) Lord Rayleigh behauptete, ihn niemals betreten zu haben (Raleigh 1936: 238).

Eine ähnliche Einstellung bezüglich des Salons findet sich bei Hertha Ayrton. Zu Beginn ihrer Ehe mit William Ayrton betrieb sie keine Forschung, sondern war vollauf mit der Hausarbeit beschäftigt, bis sie eine Haushälterin einstellen konnte. Ihre Forschung über Elektrizität und den elektrischen Bogen wurde zufällig durch ein Mißgeschick angestoßen, als ein Vortragsmanuskript von William aus Versehen zum Feuermachen verwendet wurde. Anfangs hatte sie sicherlich Zugang zu Ayrtons Labor an der *Central Institution,* und Ayrton sorgte dafür, daß ihre Apparatentwürfe umgesetzt wurden, obwohl sie ein Improvisationsgenie gewesen zu sein scheint. Da der Zugang zur *Central Institution* umständlich und nur eingeschränkt möglich war, richtete sie sich schließlich im Dachgeschoß des gemeinsamen Hauses in *Kensington Park Gardens* ein Labor ein. Es blieb während ihres Ehelebens im Dachgeschoß, doch nach Williams Tod im Jahr 1908 verlegte Hertha das Labor in den Salon im ersten Stock. Dieser Umzug symbolisierte Herthas häusliche Prioritäten, ihre Ablehnung gegenüber den Konventionen und ihre Entschlossenheit, die eigene Arbeit voranzutreiben. Ihr Mann William hatte sich zu seinen Lebzeiten stets von der Arbeit seiner Frau abgegrenzt, obwohl er sie darin unterstützte und die Einrichtung des häuslichen Labors erlaubte. Er lehnte es ab, mit ihr gemeinsam zu arbeiten, weil er wußte, daß die Verdienste dann nur ihm zugerechnet und ihr dafür nicht die angemessene Anerkennung gezollt werden würde. In bezug auf den Haushalt bedeutete dies allerdings, daß die Konventionen beibehalten wurden, und der Salon an der üblichen Stelle blieb.

Zusammenfassung

Die Architektur und geschlechtsspezifische Nutzung von Gebäuden läßt Rückschlüsse auf den Status von Frauen in der Wissenschaft zu. Selbstverständlich boten die Universitäten einen der wichtigsten Zugangswege zu Wissen, Arbeitsplätzen, Status und Stellungen. Insgesamt reflektierten die täglichen Arbeitsabläufe und Routinen in ihrer architektonischen Gestalt die existierenden Machtverhältnisse. Die Ausweitung der universitären Wissenschaften im späten 19. Jahrhundert schrieb auch die Dominanz der Männer weiter fest. Die Ergebnisse meiner Arbeit zeigen allerdings, daß sich die Muster geschlechtsspezifischer Räume von Ort zu Ort unterschieden. Insgesamt zeichnet sich jedoch ein tiefgreifender Wandel ab, da die Ausweitung der wissenschaftlichen Ausbildung vor allem Einrichtungen erforderte, die sich stark von den früheren, privaten ›gelehrten Räumen‹ der Universitäten unterschieden. Der Unterricht für Männer wie auch für Frauen fand nun in Hörsälen und Laborräumen statt, die einen eher offenen und öffentlichen Charakter hatten, auch wenn das Verhalten dort genauestens überwacht wurde. Der Beginn der gemischt-geschlechtlichen Ausbildung brachte es jedoch auch mit sich, daß bestimmte Räume nun explizit für ein Geschlecht gesperrt wurden. Für Frauen erwies sich die Architektur der ›angemessenen Häuslichkeit‹ als besonders effektiv. Räume, die ihre Weiblichkeit unterstützten, boten Orte, an denen ›frauliche Frauen‹ existieren und sich mit den Stereotypen auseinandersetzen konnten, mit denen sie von Männern wie H. G. Wells belegt wurden. Frauen trugen immer mehr zum korporativen Leben an den Universitäten bei, aber bewahrten dabei auch ihre ›Differenz‹, sowohl selbst gewollt als auch als zwangsläufige Folge der architektonischen Segregation.

In Großbritannien scheinen die städtischen Universitäten Frauen gegenüber offener gewesen zu sein als die alten Universitäten. Dies hängt sicherlich auch damit zusammen, daß sich dort alte Grenzen und Traditionen nicht sedimentieren konnten. Aber hinter der scheinbar häuslichen Architektur der Frauencolleges verbarg sich eine beeindruckende Reihe von Labors und Bibliotheken. Die Ungleichheiten, die Virginia Woolf so empörten, sollten nicht verschwinden. Doch es entstanden akademische Institutionen, in denen Frauen es wagen konnten, ein Terrain zu betreten, dem größere politische Bedeutung zukam als einem Stück Rasenfläche.

Aus dem Englischen übersetzt von Kira Kosnick

Anmerkungen

1 | Das College, an dem sich dieser Zwischenfall ereignete, war mit großer Wahrscheinlichkeit das *Trinity College* in Cambridge.

2 | Mit Ausnahme von weiblichen Bediensteten, die an einigen Colleges die Betten machten, waren die meisten Angestellten Männer.

3 | In Schottland gehen sie bis ins 15. Jahrhundert zurück.

4 | Der Einspruch, man würde im Physiologie-Unterricht die weibliche ›Empfindsamkeit‹ verletzen, bezog sich möglicherweise auf die Eigenschaft der Physiologie, den männlichen oder weiblichen Körper als arbeitenden Organismus zu betrachten, und dabei sowohl das soziale Selbst als auch die formalen Rollen zu ignorieren, die von Männern und Frauen erwartet wurden.

5 | *Account of the New Engineering and Electrical Laboratories in University College, London*, Prospektnachdruck aus *Engineering*, 26. Mai 1893. Es ging den Collegeprofessoren vor allem darum, durch die Einrichtung moderner Labors Studenten anzuziehen. Sie fürchteten, daß ihre Einrichtungen mit denen ihrer Konkurrenten nicht länger mithalten konnten.

6 | Die Geschichte der Gründung der *Girton* und *Newnham Colleges* in Cambridge sowie der *Lady Margaret Hall, Somerville, St. Hugh's* und *St. Hilda's Colleges* in Oxford ist wohlbekannt. Zudem hat Margaret Vickery (1999) kürzlich eine sehr instruktive Studie zur Architektur von Frauencolleges mit dem Titel *Buildings for Bluestockings* veröffentlicht. Ihre Herausarbeitung der zwei wichtigsten architektonischen Zugangsweisen ist treffend und sorgfältig, allerdings behandelt sie weder die wissenschaftlichen Fachgebiete noch wissenschaftliche Einrichtungen.

7 | Am *Royal Holloway College* in London waren Gruppen von Studentinnen, die zum selben Korridor gehörten, in ›Familien‹ organisiert, um so neue Studentinnen zu unterstützen und ein Netzwerk für soziale Aktivitäten anzubieten.

8 | Siehe z.B. Robson 1972: Kap. 16. Robins (1887) zeigt seine *North London Collegiate Day School for Girls* (Abb. 60), die beachtliche stilistische Ähnlichkeiten mit Champneys Arbeit aufweist.

9 | Dies war ein wiederkehrendes Problem, das in Manchester durch den Tuberkulose-Tod einer der ersten Studentinnen kurz vor dem Examen noch verstärkt wurde. Ärzte schrieben ihren Tod einem ›Übermaß an Bildung‹ zu (vgl. Tylecote 1941: 31).

10 | Allerdings wurden integrierte Klassen bevorzugt, da dem getrennten Unterricht ein niedrigeres Niveau und ›inhaltliche Defizite‹ unterstellt wurde (vgl. *Congress of Universities* 1913).

11 | Lodge begegnete der Liebe an einem anderen Ort, aber John Hopkinson lernte seine spätere Frau während des Unterrichts am Frauencollege kennen, das das Owens College neu eingerichtet hatte (vgl. Hopkinson 1928).

12 | Diese war ein Geschenk von Lady Stanley of Alderley, die auch das *Girton Laboratory* finanzierte und eine aktive Befürworterin der Hochschulausbildung für Frauen war.

13 | Studentinnen galten in der Tat als etwas exzentrisch, was ihre Kleidung und ihr Verhalten betraf. Dem leistete auch die Popularität des modernen ›ästhetischen‹ Kleides Vorschub, das in der Presse mit Spott bedacht wurde.

14 | Zu nennen wären außerdem die Sporteinrichtungen. Dies ist nicht überraschend, wenn man berücksichtigt, wieviel Aufmerksamkeit der Gesundheit geschenkt wurde, insbesondere in Cambridge, wo ein eisernes Regime vorherrschte. Girton baute schon 1874 eine Sporthalle, ebenso Somerville in Oxford. Zu den Sportangeboten gehörten Tennis, Hockey, Rudern und Radfahren.

15 | Beliebt waren Japanische Gardinen, Chintz, William-Morris-Tapeten und Burne-Jones-Drucke.

16 | Natürlich existierten verschiedene Weiblickeitskonzepte nebeneinander – der Begriff hat mehr als eine Bedeutung, und die Weiblichkeit, die hier gezeigt wurde, hatte einen starken Klassenbezug und verstand sich als ›modern‹ im künstlerischen Sinne. Zu Varianten von Männlichkeit an den Universitäten vgl. Warwick 1998.

17 | Für Oxford vgl. Adams 1996: 34; für Manchester Tylecote 1941: 33; für London Bellot 1929: 370.

18 | Man darf nicht vergessen, daß am *University College* das Alter der Studenten und Studentinnen bis weit in das 20. Jahrhundert bei 16 oder 17 Jahren lag. Oftmals schloß sich daran ein *undergraduate degree* in Oxford oder Cambridge an.

19 | Allerdings kann man dies angesichts der Abneigung T. H. Huxleys gegenüber Studentinnen auch als Ausdruck seiner Weigerung interpretieren, Verantwortung für Studenten zu übernehmen, die mit großer Wahrscheinlichkeit ohnehin bei ihren Familien lebten.

20 | So z.B. im *Cavendish Laboratory* (Gould 1997: 147; siehe auch Tylecote 1941: 33, Adams 1996: 34). Die Illustration bei Harte (1986: 146), zeigt, daß die erste Reihe in einer Chemie-Unterrichtsstunde an der *Birkbeck Literary and Scientific Institution* von Frauen eingenommen wurde. Dies mag auch für Unterricht auf dem Kontinent der Fall gewesen sein. Ein Indiz dafür liefert das 1899 entstandene Foto einer Klasse im Physiklabor der Universität Utrecht, das die Frauen in der ersten Reihe zeigt (vgl. *Bouwen voor Utrechts Universiteit* 1985: 94).

21 | Bragg wurde später für seine Bereitschaft bekannt, Frauen in sein

Team zu integrieren, besonders nachdem er 1923 Direktor der *Royal Institution* geworden war.

22 | Die Zeitschriften boten auch ein Forum, um Frauen betreffende Fragen zu diskutieren sowie *comic attacks*, die die Geschlechterstereotypen noch verfestigten.

23 | Die übliche College-Geschichtsschreibung ist zumeist eine getreue, aber trockene Darstellung des Fortschritts unter einer Reihe von immer berühmteren Professoren, deren Portraits den Text schmücken. Hier und da finden sich auch Fotos von Gebäuden, zumeist neue Prachtbauten. Viele zeigen auch die bescheidenen Anfänge, die als unbestreitbarer Beleg für den Fortschritt angeführt werden und zugleich das Material für einen ›Gründungsmythos‹ liefern.

24 | Darunter auch den Töchtern von Wissenschaftlern, wie aus den Kämpfen zwischen John Marshall, einem bekannten Anatomiker am *University College London* und seiner Tochter Jeanette hervorgeht, von denen Zuzanna Shonfield (1987: 63f.) berichtet.

25 | Diese Informationen stammen von Sam Alberti.

26 | Hierbei beziehe ich mich auf einen Vortrag von Cassie Watson am *Royal Institute* im Jahr 1999 sowie auf weitere Informationen, die sie mir freundlicherweise zur Verfügung stellte.

27 | Z.B. Agnes Clerke, die als erste Frau 1893 den *Actonian Prize* erhielt und 1901 damit beauftragt wurde, ein Gutachten über sieben Jahre *low temperature*-Forschung am *Royal Institute* zu erstellen.

Literatur

Adams, Pauline (1996): *Somerville for Women: An Oxford College 1879-1933*, Oxford: Oxford University Press.

Becker, Bernhard H. (1874): *Scientific London*, London: H. Shing & Co.

Bellot, Hugh Halle (1929): *University College London 1826-1926*, London: University Press.

Birney, Margaret (1992): ›Lady Margaret Hall and Somerville College, Oxford‹, in: *Victorian Society Annual*, S. 9-24.

Bouwen voor Utrechts Universiteit (1985):, hg. von A.W. Reinink/J.A. Schuur, Utrecht: Stichting Matrijs/Universiteitsmuseum Utrecht.

Champneys, Basil (1903): »The Planning of Collegiate Buildings«, in: *Journal of the Royal Institute of British Architects*, 7. Februar 1903, S. 205-212.

Congress of Universities (1913): hg. von Alex Hill, London: University of London Press.

Dyhouse, Caron (1995): *No Distinction of Sex? Women in British Universities 1870-1939*, London: University of London Press.

Forgan, Sophie (1989): »The Architecture of Science and the Idea of a University«, in: *Studies in the History and Philosphy of Science* 20, S. 405-434.

Gay, Hannah (1996): ›Invisible Resource: William Crookes and His Circle of Support 1871-81‹, in: *British Journal of the History of Science* 29, S. 311-336.

Gosden, Peter Henry John Heather/Taylor, Arnold Joseph (1975): *Studies in the History of a University 1874–1974*, Leeds: E. J. Arnold & Sons.

Gould, Paula (1997): ›Women and the Culture of University Physics in Late Nineteenth-Century Cambridge‹, in: *British Journal of the History of Science* 30, S. 127-149.

Harte, Negley (1986): *The University of London 1836-1986*, London: Hambledon Press.

Hopkinson, Evelyn (1928): *The Story of a Mid-Victorian Girl*, Privatdruck.

Lodge, Sir Oliver (1931): *Past Years: An Autobiography*, London: Hambledon Press.

McWilliams-Tulberg, Rita (1975): *Women at Cambridge: A Men's University – Though of a Mixed Type*, London: Gollancz.

Moody, Theodor W./Beckett, James C. (1959): *Queen's Belfast 1843-1949: The History of a University*, Belfast: Faber & Faber.

Moore, Lindy (1991): *Bajanellas and Semilinas: Aberdeen University and the Education of Women 1860-1920*, Aberdeen: University of Aberdeen Press.

Murphy, John A. (1995): *The College: A History of Queen's University College Cork 1845-1995*, Cork: Cork University Press.

Murray's Magazine (1888): ›A day in her Life at Oxford by a Lady Undergraduate‹, Bd. III, S. 678-688.

Packer, Kathryn (1997): ›A Laboratory of One's Own: The Life and Works of Agnes Arber, F.R.S. (1879-1960)‹, in: *Notes and Records of the Royal Society of London* 51, S. 87-104.

Rayleigh, Lord (1936): »Some Reminiscences of Scientific Workers of the Past Generation and their Surroundings«, in: *Proceedings of the Physical Society*, 1. März 1936, S. 217-246.

Richmond, Marsha (1997): ›»A Lab of One's Own«: The Balfour Biological Laboratory for Women at Cambridge University, 1884-1914‹, *in: Isis* 88, S. 422-455.

Robson, Edward Robert (1972 [1874]): *School Architecture*, Leicester: Leicester Unversity Press.

Robins, Edward Cookworthy (1887): *Technical School and College Building*, London: Whittaker & Co.

Shonfield, Zuzanna (1987): *Precariously Privileged: A Professional Family in Victorian London*, Oxford: Oxford University Press.

The Charter (1965): *Acts of Parliament and Endowments of the Royal Institution.*

Tylecote, Mabel (1941): *The Education of Women at Manchester University*, Manchester: Manchester University Press.

Vickery, Margaret Birney (1999): *Buildings for Bluestockings: The Architecture and Social History of Women's Colleges in Late Victorian England*, Delaware, London: University of Delaware Press.

Warwick, Andrew (1998): ›Exercising the Student Body: Mathematics and Athleticism in Victorian Cambridge‹, in: Christopher Lawrence/Steven Shapin (Hg.), *Science Incarnate*, Chicago: University of Chicago Press, S. 288-326.

Welch, Ewin (1973): *The Peripatetic University: Cambridge Local Lectures 1873-1973*, Cambridge: Cambridge University Press.

Wells, Herbert G. (1893): ›At the Royal College of Science. By an Old Student‹, in: *The Educational Times*, 1. September 1893.

Wells, Herbert G. (1927): ›A Slip under the Microscope‹, in: ders., *The Complete Short Stories of H. G. Wells*, London: Jonathan Cape.

Woolf, Virginia (1978): Ein Zimmer für sich allein, Berlin: Gerhardt Verlag.

Von der Ausnahme zur Normalität?
Wissenschaftlerinnen in Akademien und in der Kaiser-Wilhelm-Gesellschaft (1912-1945)

Annette Vogt

Die Physikerin Lise Meitner (1878-1968) schrieb nach ihrer Wahl – als erste Frau – in die *Österreichische Akademie der Wissenschaften* am 20. Juni 1948 an ihre jüngere Kollegin Berta Karlik (1904-1990) in Wien:

> Liebe Kollegin Karlik, [...] Wenn meine Wahl zum korrespondierenden Mitglied der Wienerakademie diese Möglichkeit auch für andere Frauen eröffnet, so macht sie mich doppelt froh. Ich habe mich über diese Auszeichnung aufrichtig gefreut, alles was ein Band mit Österreich knüpft, gibt mir ein inneres Heimatgefühl, das ich trotz aller Freundlichkeit der Schweden (ich bin z.B. Mitglied aller 4 skandinavischen Akademien) hier nicht bekommen kann, weil ich zu alt war, als ich hierher kam, um mich ganz einzuleben.[1]

Einleitung

Lise Meitner war eine der wenigen außergewöhnlichen Wissenschaftlerinnen im 20. Jahrhundert und gehörte, fast immer als erste Frau, sowohl der 1912 gegründeten *Kaiser-Wilhelm-Gesellschaft* als Mitglied an wie auch den meisten Akademien der Wissenschaften, in Deutschland und Österreich, von Skandinavien bis Großbritannien (vgl. Sime 1996).

In dem folgenden Beitrag werden die Arbeits- und Karrierebedingungen für Wissenschaftlerinnen, d.h. vor allem für Naturwissenschaftlerinnen, für die drei großen Wissenschaftsinstitutionen Akademie der Wissenschaften, Universität und außeruniversitäre Einrichtung untersucht, insbesondere für die Berliner Akademie der Wissenschaften, 1700 gegründet, die Berliner *Friedrich-Wilhelms-Universität*, 1810 ins Leben gerufen, und die *Kaiser-Wilhelm-Gesellschaft zur Förderung der Wissenschaften*, 1911 in Berlin etabliert.

Zwischen Akademie der Wissenschaften und *Kaiser-Wilhelm-Gesellschaft* gab es eine gemeinsame Besonderheit: die Wahl von Wissenschaftlern in die Akademie bzw. die Ernennung zu Mitgliedern in der *Kaiser-Wilhelm-Gesellschaft*, Ordentlichen und Korrespondierenden Mitgliedern in der Akademie bzw. zu Wissenschaftlichen Mitgliedern in den jeweiligen Instituten der *Kaiser-Wilhelm-Gesellschaft*. Die Ernennung dieser Wissenschaftlichen Mitglieder in der *Kaiser-Wilhelm-Gesellschaft* – im Unterschied zu den zahlenden Mitgliedern – erfolgte in bewußter Anlehnung an das Prinzip der Mitgliederwahl in der Berliner Akademie bzw. den anderen in Deutschland existierenden Akademien der Wissenschaften.

Eine der wesentlichen Fragen war die nach dem Grad der Offenheit der jeweiligen Institution gegenüber Wissenschaftlerinnen. Ab wann wurden Wissenschaftlerinnen wirklich gleichberechtigt in der jeweiligen Institution behandelt? Welche Ähnlichkeiten und welche Unterschiede gab es in den Institutionen und wie wirkten sie sich auf den Grad der Offenheit gegenüber Wissenschaftlerinnen aus? Gab es unterschiedliche Formen der Integration der Wissenschaftlerinnen?

Die folgende Untersuchung zeigt, ob, ab wann und in welchem Ausmaß Wissenschaftlerinnen in die Akademien der Wissenschaften gewählt wurden, und zwar zuerst für die vier konkurrierenden Akademien des 18. und 19.Jahrhunderts in London (*Royal Society*), Paris, Berlin und St. Petersburg (vgl. Grau 1988) – sowie danach für die Akademien der Wissenschaften in Deutschland und Österreich, die ab 1893 im sogenannten Kartell der Akademien zusammengeschlossen waren. Es folgt ein Vergleich zwischen der ältesten Akademie in Deutschland, der *Leopoldina* in Halle, die nicht dem Kartell angehörte, mit der jüngsten Wissenschaftsorganisation, der *Kaiser-Wilhelm-Gesellschaft*, die dem Kartell ebenfalls nicht angehörte, und ihrer Nachfolgerin, der *Max-Planck-Gesellschaft*.

Die Akademien der Wissenschaften, die Universitäten und die *Kaiser-Wilhelm-Gesellschaft* repräsentierten in Deutschland drei sehr verschiedene Typen von Wissenschaftsinstitutionen, die einen unterschiedlichen Grad an Offenheit gegenüber Wissenschaftlerinnen besaßen. Die Akademien der Wissenschaften sowohl in Berlin als auch in London oder Paris schlossen Wissenschaftlerinnen als Mitglieder fast gänzlich bis 1945 aus. Ausnahmen bildeten die *Leopoldina* in Halle und die *Gesellschaft der Wissenschaften* in Göttingen. Die Universitäten schlossen Frauen ebenfalls strikt aus, als Studentinnen bis 1895 (Hörerinnen-Status ab 1895), als Assistentinnen bis ca. 1913/14, als Privatdozentinnen bis 1919/20, als ordentliche Professorinnen gar bis in die 50er Jahre. Lediglich die 1911 gegründete *Kaiser-Wilhelm-Gesellschaft* mit ihren ersten Institutseröffnungen 1912 sah keine Ausschließungen von Wissenschaftlerinnen vor und ernannte bereits 1914 mit Lise Meitner das erste weibliche Wissenschaftliche Mitglied.

Das Jahr 1912

Wie war die Situation für Naturwissenschaftlerinnen im Jahr 1912, als die *Kaiser-Wilhelm-Gesellschaft* ihre ersten Institute in Berlin-Dahlem eröffnete? Wo, in welchen Ländern und auf welchen Gebieten konnten Wissenschaftlerinnen zu diesem Zeitpunkt ihrer Profession, der Wissenschaft als Beruf (vgl. Weber 1918), nachgehen? Betrachten wir zuerst die vier bereits genannten Akademien der Wissenschaften in London, Paris, Berlin und St. Petersburg (vgl. Tabelle 1).

Tabelle 1: Vergleich der vier Akademien der Wissenschaften

Akademie	**London**	**Paris**	**Berlin**	**Petersburg**
Gründungsjahr	1660/62	1666	1700	1724/25
1912 Wissenschaftlerinnen als Mitglied	keine	keine 1911: Marie Curie verlor	keine E. Wentzel-Heckmann seit 1899 EM* Elise Koenigs 1912 *Goldene Leibniz-Medaille*	S.V. Kovalevskaja KM** 1889 (+1891) Marie Curie KM 1907
Erste Wissenschaftlerinnen als Mitglied	1945 Kathleen Lonsdale Majory Stephenson 1945-1990 Σ 47	1962 Marguerite Perey 1962-1978 Σ 3	1949 Lise Meitner 1949-1989 Σ 16	1889 S.V. Kovalevskaja 1917/39-1984 Σ 15

* EM = Ehrenmitglied
** KM = Korrespondierendes Mitglied
Zusammengestellt nach Mason (1995); Index (1976); Hartkopf (1992) und Komkov et al. (1981)

Lediglich in der jüngsten der vier, in der *Kaiserlichen Russischen Akademie der Wissenschaften* in St. Petersburg, waren Wissenschaftlerinnen vor 1912 zu Korrespondierenden Mitgliedern gewählt worden. Bereits 1889 erfolgte die Wahl der russischen Mathematikerin Sof'ja Vasil'evna Kovalevskaja (1850-1891). Sie lebte seit 1884 in Stockholm und lehrte an der Universität Stockholm als erste Professorin (vgl. Kowalewsky 1961; Kocina 1973, 1981; Koblitz-Hibner 1983, 1987; Bölling 1993, die Autorin war mit Zuarbeiten beteiligt; Tollmien 1995, 1997; Vogt 1988, 2001). Aber schon zwei Jahre nach ihrer Zuwahl in die Akademie starb sie in Stockholm infolge einer Lungenentzündung. Erst 18 Jahre später, im Jahr 1907, erfolgte erneut die Wahl einer Wissenschaftlerin – der französischen (bzw. polnischen) Physikerin *Marie Curie* (1867-1934) (vgl. Abir-Am et al. 1987; Boudia 1997; Curie 1994; Roqué 1997; Vögtle 1988). Sie war inzwischen weltberühmt, denn sie hatte 1903 zusammen mit ihrem Ehemann und Kollegen Pierre Curie (1859-1906) sowie Henri Becquerel (1852-1908) den ersten Nobel-Preis erhalten.

Die Petersburger Akademie sorgte aber schon im 18. Jahrhundert mit einer Frau für Aufmerksamkeit in Europa. Katharina II. (1729-1796), Zarin von 1762 bis 1796, setzte 1783 die Aristokratin Katharina Romanovna von Dashkova (Daschkova), geb. Voroncova (1743-1810)[2] als Präsidentin bzw. Direktorin der *Kaiserlichen Russischen Akademie der Wissenschaften* ein, die dieses Amt bis 1796 ausübte (vgl. Komkov et al. 1981). Beide Frauen wurden auf Grund ihrer herausragenden politischen Stellung auch Mitglieder in deutschen Akademien: Katharina II. wurde am 10. September 1767 als erste Frau Korrespondierendes Mitglied der Berliner Akademie der Wissenschaften (vgl. Hartkopf 1992)[3], und Katharina Romanovna von Dashkova gehörte ebenfalls als erste Frau seit dem 1. August 1789 der ältesten deutschen Akademie, der *Akademie der Naturforscher Leopoldina*, an.[4]

Der Schriftsteller Alexander Ivanovic Herzen (1812-1870) schrieb in London in seiner Einleitung zu den postum publizierten Erinnerungen der Fürstin Dashkova am 1. November 1856:

> In der Person der Fürstin *Daschkoff* kam das russische Weib, aufgeweckt von der aufwühlenden revolutionären Bewegung unter *Peter* dem Großen, zum ersten Mal aus der früheren Beschränkung hervor und zeigte seine Fähigkeit zur Theilnahme an den öffentlichen Angelegenheiten, an Künsten und Wissenschaften, an der Reorganisation des Staates. Sie stellte sich kühn neben die Kaiserin *Katharina* II. und fühlte sich in ihrem Rechte. Sie erscheint als die Repräsentantin der jungen Kraft, die in Rußland zu einem breiteren Dasein hervorbrach unter der Decke von Schlamm, welche bisher das russische Leben bedeckt hatte. Es ist Etwas in ihr, was an *Peter* und *Lomonosoff* erinnert[5], – derselbe gewaltige Thätigkeitstrieb, die Vielseitigkeit, die Unermüdlichkeit und alles das gemildert durch eine aristokratische Erziehung und

weibliche Sanftmuth. Die Kaiserin, indem sie die Fürstin *Daschkoff* zum Präsidenten der Akademie machte, erkannte die politische Gleichstellung der Geschlechter an, was ganz consequent ist in einem Lande, wo die bürgerlichen Rechte der Frau zu allen Zeiten anerkannt worden sind, während im ganzen Westen die Frau im Zustand der Knechtschaft und ewigen Kindheit bleibt (Herzen in Daschkoff 1858: VII).

Die letzte Passage in dieser Einleitung mag auf Verwunderung stoßen, galt und gilt doch Rußland als hoffnungslos rückständig gegenüber den westlichen Ländern und war Alexander Herzen doch eher ein Vertreter der ›Westler‹, d.h. derjenigen, die für eine Übernahme der westlichen Kultur in das russische Riesenreich eintraten. Es gab zwar keine bürgerliche Anerkennung der Rechte der Frau, wie Herzen hier behauptete, aber in der russischen Aristokratie scheinen Frauen dennoch oder trotzdem partiell als gleichberechtigt anerkannt worden zu sein.[6]

Vielleicht waren Katharina II. und ihre Direktorin Fürstin Katharina von Dashkova noch im Gedächtnis der Petersburger Akademiemitglieder, als sie 1889 und 1907 die ersten Wissenschaftlerinnen in ihre Reihen wählten.

Während Marie Curie seit 1907 Korrespondierendes Mitglied der Petersburger Akademie der Wissenschaften war – 1926 erhielt sie sogar die Ehrenmitgliedschaft –, verwehrte man ihr dieselbe in ihrem Heimatland. 1911 fanden Wahlkampagnen für eine Stelle in der *Académie des Sciences à Paris* statt. Freunde und Kollegen von Marie Curie schlugen sie dafür vor, aber ihre Gegnerschaft war sehr groß und argumentierte außerdem mit höchst aggressiven und rassistischen Angriffen gegen ihre Person. Sie verlor die geheime Abstimmung zwar nur knapp mit 28 zu 30 Stimmen, und ihr siegreicher Konkurrent Édouard Branly ist heute nahezu unbekannt, aber die tiefen Verletzungen, die die Medienangriffe gegen sie verursacht hatten, blieben bestehen. Das blieb auch noch bei ihrer Tochter Irène Joliot-Curie (1897-1956) so (vgl. Loriot 1991: 51f.). Es war also nicht nur eine große Freude, sondern es bedeutete eine tiefe Genugtuung, daß Marie Curie im selben Jahr nach der mißglückten Wahl in die Akademie der zweite Nobelpreis verliehen wurde.

In der Akademie der Wissenschaften zu Berlin war seit dem großzügig gefeierten Jubiläum 1900 eine paradoxe Situation entstanden. Es gehörte ihr auch weiterhin keine Wissenschaftlerin an – auf Zarin Katharina II. folgte 1794 die Dichterin und Schriftstellerin Herzogin Juliane Giovane (1766-1805) als Auswärtiges Mitglied –, aber dafür hatte eine Frau die höchst selten vergebene Ehrenmitgliedschaft bekommen: Frau Marie Elisabeth (Elise) Wentzel, geb. Heckmann (1833-1914), Witwe des Königlichen Baurats Wentzel (gest. 1889), war am 21. Dezember 1899 mit dieser Auszeichnung geehrt worden. Der Preis dafür war hoch, aber nachvollziehbar.

Elise Wentzel-Heckmann hatte der Berliner Akademie der Wissenschaften zum Jubiläum derselben ca. 1,5 Millionen Goldmark gespendet. Die *Wentzel-Heckmann-Stiftung*, 1894 von ihr ins Leben gerufen, garantierte bis (mindestens) 1914 eine großzügige Finanzierung einiger Akademieunternehmungen (vgl. Hartkopf 1992; Hartkopf/Wangermann 1991; zur Stiftung ebd.: Dokument Nr. 75, 349ff.).

Zwölf Jahre nach dem Akademiejubiläum, im Jahr 1912, geschah eine weitere Merkwürdigkeit. Die *Goldene Leibniz-Medaille*, seit 1907 einmal jährlich am *Leibniz-Tag* für wohltätige Zwecke zur Förderung von Wissenschaft und Kunst verliehen (vgl. Hartkopf 1992: 426f.), wurde einer Frau überreicht, der Berliner Mäzenin Elise Koenigs (1848-1932) für ihre jahrelange Unterstützung zahlreicher Akademieunternehmen. Es war Adolf von Harnack (1851-1930), Theologe, Professor an der Berliner Universität, Mitglied der Akademie der Wissenschaften und von 1912 bis zu seinem Tod der erste Präsident der *Kaiser-Wilhelm-Gesellschaft*, der die Übergabe der *Goldenen Leibniz-Medaille* an Elise Koenigs vorschlug und auch, hinter den akademischen Kulissen, mit Geschick durchsetzte. Sein Wahlvorschlag, am 7. Februar 1912 handschriftlich verfaßt, begründete er wie folgt:

Der Unterzeichnete schlägt für die goldene Leibniz-Medaille *Frl. E. Königs* vor mit dem Bemerken, daß dieser Vorschlag die einstimmige Billigung der Mitglieder der Classe[7] gewonnen hat.

Frl. Königs hat sich seit mehr als 16 Jahren als wahre Patronin und Förderin der Wissenschaften bewiesen. Dabei ist ihr Wirken ein so uneigennütziges und selbstloses, daß sie stets im Hintergrund bleibt und von ihren großen Spenden möglichst wenig geredet wissen will.

Unter ihren großen Zuwendungen, die mir gewiß nur zu einem Teil bekannt sind, hebe ich folgende hervor:

(1) Das große Unternehmen einer neuen Ausgabe des Neuen Testament, welches auf allen erreichbaren Textzeugen beruht, hat sie finanziell ganz allein ins Leben gerufen und nun seit 16 Jahren unterhalten. Die von ihr gespendeten Summen übersteigen 200.000 Mark. Das Unternehmen war ursprünglich mit halb so viel veranschlagt; willig und freudig hat sie immer neue Mittel gewährt. In diesem Jahr noch kommt die Ausgabe zu ihrem Abschlusse.

(2) Dem Münzkabinett hat Frl. E. Königs zweimal große Summen gespendet. Das erste Mal im J. 1902, als es galt einige der goldenen Alexander-Medaillons aus dem Fürstentum Akukur zu erwerben, die heute der Stolz der Berliner Gelehrtenwelt sind. Der Kaufpreis konnte nur mit Mühe und Not durch Darlehen zusammen gekauft werden, die später alle zurückgezahlt werden mußten; Frl. Königs war die einzige, die ihren Betrag von 10.000 M. ohne Weiteres u. von vornherein als Geschenk überwies. Das zweite Mal hat sie im J. 1904 zur Erwerbung sehr wichtiger griechischer u. römischer Münzen 4.000 M. beigetragen.

(3) Frl. E. Königs ist der *Kaiser-Wilhelm-Gesellschaft* als erste Frau beigetreten mit mindestens 20.000 Mark einmaligem Beitrag und 1.000 M. Jahresbeitrag.[8]

(4) Aus der sehr wertvollen Kunstsammlung ihres verewigten Bruders hat sie einen ganzen Saal im Museum mit den besten Gemälden ausgestattet.

(5) Wenn ich nicht irre, hat sie auch für die Deutsche Orient-Gesellschaft einen größeren Betrag gegeben [Hartkopf/Wangermann 1991: Dokument Nr. 103, 431f.; Orient-Gesellschaft: 7. Mai 1902; A.V.].

Mir ist neben Frau Wentzel-Heckmann keine Frau in unserem Vaterland bekannt, die finanziell soviel für Wissenschaft und Kunst getan hat, und nur wenige Männer können ihr an die Seite gestellt werden.[9]

Sie war die erste und blieb die einzige Frau, der diese Ehre zwischen 1907 und 1944 zuteil wurde. In dieser Zeit wurde die *Goldene Leibniz-Medaille* insgesamt 33mal verliehen. Obwohl alle Berliner Tageszeitungen von diesem Leibniz-Tag, dem 4. Juli 1912, relativ ausführlich berichteten und die Übergabe der *Goldenen Leibniz-Medaille* an eine Frau betonten, wurde nichts über ihre Person mitgeteilt.[10] Bis vor kurzem waren über sie nur die Geburts- und Sterbedaten bekannt.[11]

Dank von Harnacks Vorschlag kann heute rekonstruiert werden, welche Mittel sie wann und welchen Einrichtungen vermachte. Unter den von ihr geförderten Akademie-Unternehmungen war auch eine, die von Harnack selbst leitete. Obwohl sie der *Kaiser-Wilhelm-Gesellschaft* als förderndes Mitglied angehörte, wurde in deren Unterlagen nichts über sie überliefert. Aufgrund ihrer schlechten finanziellen Situation nach dem Ersten Weltkrieg mußte Elise Koenigs 1920 als förderndes, d.h. als zahlendes Mitglied aus der *Kaiser-Wilhelm-Gesellschaft* austreten. In den über sie verbliebenen Unterlagen der Gesellschaft findet sich keine Spur.[12]

Elise Koenigs stammte aus der höchst angesehenen und reichen Familie Koenigs aus dem Rheinland. Ihr Vater Franz Wilhelm Koenigs (1819-1882) und ihre Mutter, eine geborene Mevissen, hatten sechs Kinder, fünf Söhne und die Tochter Elise. Die Familie besaß die *Rheinische Flachsspinnerei*, war über die *Mevissen-Bank* mit der *Darmstaedter Bank* verbunden und gehörte nach ihrem Umzug nach Köln zu den reichsten und angesehensten Familien. Elise wurde am 30. Oktober 1848 in Dülken geboren, vermutlich als viertes Kind. Ihr ältester Bruder übernahm die Fabrik in Dülken, ein Bruder wurde Jurist, einer Bankier, einer Staatsbeamter und nur ihr Bruder Wilhelm Koenigs (1851-1906) wurde Gelehrter (vgl. Curtius/Bredt 1912).[13] Wilhelm Koenigs studierte Chemie, wurde 1881 an der Universität München habilitiert, aber erst 1892 außerordentlicher Professor. Er war nie verheiratet und wirkte in München auch als Mäzen; 1900 wurde er Mitglied der *Leopoldina* und 1903 Mitglied der *Bayerischen Akademie der Wissenschaften*. Theodor Curtius, der 1912 mit Julius Bredt den Nachruf verfaßte, erwähnte darin auch seine ›gute Freundin Frl. Elise Koenigs‹ (vgl. Curtius 1912).

Am Dienstag, den 16. Februar 1932, erschien nur in einer einzigen Berliner Tageszeitung, im *Berliner Lokal-Anzeiger*, ein Nachruf der Familie Koenigs auf die am 13. Februar in Berlin Verstorbene. Hier wurde, bisher letztmalig, hervorgehoben, daß sie Trägerin der *Goldenen Leibniz-Medaille* der Akademie der Wissenschaften war sowie Dame des *Luisenordens* (vgl. Brockhaus 1898: Bd. 11, 371). – Aber keine einzige Wissenschaftlerin wurde in die Berliner *Akademie der Wissenschaften* gewählt – bis 1949.[14]

Auch die älteste der vier großen europäischen Akademien, die *Royal Society* in London, wählte bis 1945 keine einzige Wissenschaftlerin zu ihren *fellows* (vgl. Mason 1995).[15] Von den vier Akademien in London, Paris, Berlin und St. Petersburg hatte bis 1945 nur die jüngste in St. Petersburg bzw. ab 1936 als *Akademie der Wissenschaften der UdSSR* in Moskau Wissenschaftlerinnen zum Mitglied gewählt.

Unter den Akademien der Wissenschaften, die in Deutschland existierten, hatte die älteste, die 1652 in Schweinfurth gegründete *Deutsche Akademie der Naturforscher Leopoldina*, die seit dem Ende des 19. Jahrhunderts ihren Sitz in Halle hat, schon 1902 eine Wissenschaftlerin in ihre Reihen gewählt. Nachdem mit Fürstin Dashkova bereits 1789 eine Frau hinzugewählt worden war, folgte im Januar 1857 die Wahl der Madame Jeanne Sophie Marie Gayette-Georgens (1817-1895). Erst 45 Jahre später, aber viel früher als andere Akademien, am 30. November 1902, erfolgte die Wahl einer Wissenschaftlerin, der Biologin Maria Gräfin von Linden (1869-1936) (vgl. Flecken 1996: 117-125, 2000: 253-269).[16] Diese Wahl war etwas sehr Bemerkenswertes. Frau von Linden war zum Zeitpunkt ihrer Wahl *nur* Assistentin (seit 1899) an der *Friedrich-Wilhelms-Universität Bonn*, weder habilitiert noch sonst mit akademischen Ehrungen bedacht. Ihre Wahl erfolgte nicht in einer Versammlung, sondern durch das Präsidium der Akademie, das aus den Repräsentanten der Sektionen sowie dem Präsidenten, in dieser Zeit Karl Freiherr von Fritsch, bestand. Neben von Fritsch wählten Gräfin von Linden unter anderem der Botaniker Eduard Strasburger, der Physiker Ernst Mach sowie der Ägyptologe Richard Lepsius.[17]

Im Jahr 1912 erregte in Berlin neben der oben genannten Elise Koenigs eine weitere Frau Aufsehen. Die Wissenschaftlerin Lydia Rabinowitsch-Kempner (1871-1935), in Zürich promovierte Medizinerin und als Bakteriologin am Institut von Robert Koch arbeitend, erhielt vom Kaiser den Professor-Titel verliehen (vgl. Pross/Winau 1984: 149ff.; Kotzur 1990: 93ff.; Graffmann-Weschke 1994, 1999; Vogt 1997c, 1999a). Aber der Verleihung folgten sofort antisemitische Angriffe in den Medien (vgl. Kempner 1983: 125).

Lydia Rabinowitsch-Kempner war eine Ausnahme unter den Ausnahme-Wissenschaftlerinnen ihrer Zeit, denn sie war nicht nur Wissenschaftlerin, sondern verheiratet und Mutter dreier Kinder. Seit 1902 war sie außerdem die Vorsitzende eines Hilfsvereins für studierende Frauen, dem 1899 von der Physikerin Elsa Neumann (1872-1902) gegründeten *Verein zur Gewährleistung zinsfreier Darlehen an studierende Frauen* (vgl. Vogt 1999a: 25ff. und Dokumente, ebd.: 142ff.).

Während in den meisten europäischen Ländern seit den 1860ern die Universitäten auch Frauen geöffnet wurden, z. B. 1864 in Zürich, blieben in Deutschland aufgrund erbittertsten Widerstands der *akademischen Zunft* die Universitäten für Frauen bis 1900 und in Preußen bis zum Wintersemester 1908/09 verschlossen. Von Ausnahmen abgesehen, konnten Frauen in Deutschland erst 50 Jahre später als in anderen Ländern regulär studieren. Und auch nach der Öffnung der Universitäten blieben die Assistentenstellen den Frauen bis etwa 1914 meist verwehrt. Gräfin von Linden gehörte zu den wenigen Ausnahmen, die ab 1899 eine Assistentenstelle an der Universität Bonn bekommen hatte. Der Antrag, sie zu habiliteren, führte in Preußen im Sommer 1908 zu einem Verbot der Habilitation für Frauen.

Im Juli 1906 hatte sie ein Gesuch um Habilitation eingereicht, das von ihren Kollegen an der Universität positiv weitergeleitet wurde. Das preußische Kultusministerium benötigte zwei Jahre, um schließlich am 29. Mai 1908 den Erlaß zu verfügen, »dass die Zulassung von Frauen zur akademischen Laufbahn weder mit der gegenwärtigen Verfassung noch mit den Interessen der Universitäten vereinbar sei« (Kuhn et al. 1996: 122). Drei Monate später gab dasselbe Ministerium den Erlaß über das Immatrikulationsrecht für Frauen an preußischen Universitäten bekannt. Das im Mai 1908 ausgesprochene Verbot für Habilitationen von Frauen bildete in den folgenden Jahren bei allen – vereinzelten – Anträgen von Frauen die Begründung für die Ablehnung, auch über den Gültigkeitsbereich von Preußen hinaus (vgl. zu den Debatten um diesen Erlaß Brinkschulte 1998: 51ff.). Zum Vergleich sei erwähnt, daß in der Schweiz, an der Universität Zürich, die erste Habilitation einer Frau 1902 erfolgte. Adeline Rittershaus-Bjarnason (1867-1924) wurde 1902 für skandinavische Sprachen habilitiert, nachdem 1901 ihr Antrag an der Universität Bonn abgelehnt worden war. In Österreich wurde 1907 die Romanistin Elise Richter (1865-1943) an der Wiener Universität habilitiert (vgl. Schweiz 1988; Richter 1928: 70ff.; Richter 1997; Hausmann 2000: 286-295; Sassenberg 1993: 315ff.).[18]

Im Jahr 1912 promovierten an der Philosophischen Fakultät der Berliner Universität immerhin schon acht Frauen (vgl. Vogt 1997a), zwei in den Naturwissenschaften, Martha Hoffheinz in Chemie und Elisabeth Schiemann in Botanik, sowie sechs in den Geisteswissenschaften, darunter die Nationalökonomin Marie Elisabeth Lüders, die später eine herausragende Position in der Frauenbewegung in Deutschland einnahm.

Und schließlich wurden 1912 in Berlin-Dahlem von Kaiser Wilhelm II.

persönlich die ersten Institute der nach ihm benannten neuen Forschungsorganisation *Kaiser-Wilhelm-Gesellschaft* eröffnet, das *Kaiser-Wilhelm-Institut* (KWI) für Physikalische Chemie und Elektrochemie (auch *Haber-Institut* genannt) und das KWI für Chemie (vgl. Vierhaus/Brocke 1990; Brocke/Laitko 1996), in dem sehr schnell auch die ersten Wissenschaftlerinnen arbeiteten (vgl. Vogt 1997b, 1997e, 1999f).

Die neue Kaiser-Wilhelm-Gesellschaft – Eine Nische oder eine frauenfreundliche Institution?

Unter den drei betrachteten Wissenschaftsinstitutionen sah einzig die *Kaiser-Wilhelm-Gesellschaft* keine explizite Ausschließung von Wissenschaftlerinnen vor, und dies von Beginn an. Bis 1933 besaßen Wissenschaftlerinnen formal die gleichen Rechte wie ihre Kollegen. Eine vergleichsweise große Anzahl von Wissenschaftlerinnen war in einzelnen Instituten tätig und erhielt im Vergleich zu den Universitäten sowohl bessere Chancen für eine Anstellung als auch für die Übernahme von Leitungsaufgaben. Wissenschaftlerinnen erhielten die Position der Laborleiterin (offiziell nur im KWI für Silikatforschung nachweisbar), und immerhin zwölf Frauen wurden zu Abteilungsleiterinnen ernannt. Dies war eine Position, die im Ansehen mindestens der eines außerordentlichen Professors an einer deutschen Universität entsprach und die außerdem die Gestaltung der eigenen Forschungen mit einem eigenen Etat erlaubte. Drei Naturwissenschaftlerinnen wurden zwischen 1914 und 1938 zum Wissenschaftlichen Mitglied ernannt. Dies entsprach der Position eines Akademiemitglieds. Mit diesen Ernennungen bzw. Karrieremöglichkeiten war die *Kaiser-Wilhelm-Gesellschaft* nicht nur eine brillante ›Nische‹ (vgl. Rossiter 1982: 259)[19], sondern in einigen ihrer Institute herrschten bis 1933 und partiell sogar in der NS-Zeit von 1933 bis 1945 exzellente Arbeits- und Karriere-Bedingungen für Naturwissenschaftlerinnen.

In den rund 40 Instituten (28 KWI und 14 Forschungsstellen) können für die Zeit von 1912 bis 1945 insgesamt 243 Wissenschaftlerinnen nachgewiesen werden, die in den einzelnen Instituten eine höchst verschiedene Anstellung erhalten hatten.[20] Unter den 28 KWI gab es insgesamt sechs, in denen zwischen 1912 und 1945 überhaupt keine Wissenschaftlerin beschäftigt war: im KWI für Kohleforschung in Mühlheim (1913 gegründet), im KWI für Deutsche Geschichte (1914-1944), im KWI für Kohleforschung in Breslau (ab 1918), im KWI für ausländisches und internationales Privatrecht in Berlin (ab 1925/26), im KWI für Biophysik in Frankfurt/Main (ab 1937/38) und im KWI für Rebenforschung in Müncheberg bei Berlin (ab 1942).

Die acht unterschiedlichen Anstellungsarten, die für Männer und für Frauen gleichermaßen galten, waren: Doktorandin, Stipendiatin, wissenschaftlicher Gast, unbezahlt tätig, Assistentin (bzw. Mitarbeiterin), Laborleiterin sowie Abteilungsleiterin und Wissenschaftliches Mitglied.[21] Trotz gleicher Bedingungen besaßen Männer immer noch die besseren Karrieremöglichkeiten und konnten schneller aufsteigen. Im Unterschied zu den Universitäten, an denen die staatlichen Verordnungen zur ungleichen Bezahlung von Frauen in Kraft waren, erhielten die Wissenschaftlerinnen in den KWI in der gleichen Position auch dasselbe Gehalt bzw. Stipendium; dies galt insbesondere bis 1933, danach sind Unterschiede, d.h. eine schlechtere Bezahlung der Wissenschaftlerinnen, nachweisbar.[22] Neben der in einzelnen Instituten absolut gleichberechtigten Behandlung der Wissenschaftlerinnen erhielten einige von ihnen sogar die Möglichkeit, zur Abteilungsleiterin aufzusteigen, drei weitere erhielten die Auszeichnung, als Wissenschaftliches Mitglied nominiert zu werden. Übrigens erfolgte sowohl die Ernennung der ersten Abteilungsleiterinnen als auch die Nominierung der drei Wissenschaftlichen Mitglieder ohne vorherige Habilitation. Im Fall Lise Meitners wäre die Habilitation gar nicht möglich gewesen, aber auch die anderen beiden Wissenschaftlichen Mitglieder waren nicht habilitiert.

Die Struktur der einzelnen KWI war zwar kompliziert und höchst verschieden voneinander, und das Verfahren der Ernennung der Wissenschaftlichen Mitglieder änderte sich mehrfach. Generell galt in der *Kaiser-Wilhelm-Gesellschaft* jedoch, daß die Direktoren der Institute und die Wissenschaftlichen Mitglieder einander ebenbürtig waren (vgl. Glum 1928: 29).[23] Die Wissenschaftlichen Mitglieder in den KWI können mit den Akademiemitgliedern verglichen werden, sowohl bezüglich des Ansehens der Mitgliedschaft als auch bezüglich des Ansehens in der *scientific community*. Zwischen 1912 und 1945 wurden drei Wissenschaftlerinnen als Wissenschaftliche Mitglieder ernannt. Bereits 1914 erfolgte die Ernennung der Physikerin Lise Meitner (vgl. Sime 1996), die bis zu ihrer notwendigen Flucht im Juli 1938 Mitglied und Leiterin der physikalisch-radioaktiven Abteilung im KWI für Chemie in Berlin-Dahlem war. 1919 wurde die Hirnforscherin Cécile Vogt (1875-1962) ernannt, die bis zu ihrer erzwungenen Pensionierung 1937 Mitglied und Leiterin der Abteilung für Hirnarchitektonik im KWI für Hirnforschung in Berlin-Buch war (vgl. Richter 1996; Satzinger 1996a, 1996b, 1998a, 1998b, 1999; Satzinger/Vogt 2001; Vogt 1997b: 212ff.). Im Mai 1938 erfolgte die Ernennung der Physikerin Isolde Hausser (1889-1951), Mitglied und Leiterin ihrer kleinen *Abteilung Hausser* im Institut für Physik des KWI für medizinische Forschung in Heidelberg, zum Wissenschaftlichen Mitglied (vgl. Fuchs 1993, 1994; Vogt 1997e: 134ff.). Nur zwischen Mai und Juli 1938 waren somit drei Wissenschaftlerinnen auch Wissenschaftliches Mitglied[24], aber unter den insgesamt 60 Wissenschaftlichen Mitgliedern waren dies 5 Prozent (vgl. Handbuch *Kaiser-Wilhelm-Gesellschaft* 1928).[25] Übrigens waren 1998 in der Nachfolgeorganisation der *Kaiser-Wilhelm-Gesellschaft*, der *Max-Planck-Gesellschaft*, 60 Jahre später, nur fünf weibliche Wissenschaftliche Mitglieder, und die fünf unter den rund 270 Mitgliedern machten nicht einmal 2 Prozent aus (vgl. MPG 1998). Es sei nochmals betont, daß alle drei weiblichen Wissenschaftlichen Mitglieder bei ihrer Ernennung nicht habilitiert waren, nur Lise Meitner wurde an der *Berliner Friedrich-Wilhelms-Universität* 1922 habilitiert (als erste Frau im Fachbereich Physik in Deutschland), acht Jahre nach ihrer Nominierung als Mitglied im KWI für Chemie.

Zwei der drei weiblichen Wissenschaftlichen Mitglieder in der *Kaiser-Wilhelm-Gesellschaft* wurden später auch Mitglieder in der *Leopoldina*, Lise Meitner im Jahr 1926, Cécile Vogt im Februar 1932.[26] Ihr folgten im März 1932 die Physikerin Marie Curie sowie die russisch-sowjetische Physiologin, und Freundin der Vogts[27], Lina Solomonovna Stern (1878-1968)[28]. Lina Stern wurde 1939 als erste Frau zu einem Ordentlichen Mitglied der Sowjetischen Akademie der Wissenschaften gewählt.[29] In der Nazi-Zeit wurden Lise Meitner und Lina Stern *gestrichen*, Stern 1936 und Meitner 1937, aber nicht ausgeschlossen wie Lise Meitner in Göttingen [vgl. Leopoldina-Symposium 1995: 207f.; (H. Bethge); Gerstengarbe et al. 1995: 168ff., Streichungslisten: 173ff., 173 (Stern), 174 (Meitner)].

Warum erhielten Wissenschaftlerinnen in der *Kaiser-Wilhelm-Gesellschaft*, genauer in einigen ihrer Institute, bessere Chancen als an Universitäten oder Akademien? Mindestens drei Gründe waren hierfür maßgeblich. Erstens handelte es sich bei diesen Instituten um Neugründungen, in denen die Hierarchie innerhalb dieser Institute bei weitem nicht so fest etabliert war wie an den Universitätsinstituten oder in den Akademien. Diese Struktur erleichterte es Außenseitern, was Wissenschaftlerinnen waren, nicht nur eine Anstellung, sondern eine vergleichsweise bessere Anstellung als an den Universitäten zu bekommen und eine höher angesehene im Vergleich zu den Akademien. Da die wissenschaftliche Mitgliedschaft in der *Kaiser-Wilhelm-Gesellschaft* an die Institute gebunden war und nur im Senat entschieden wurde, besaßen Außenseiter zudem eine höhere Chance, nominiert zu werden als in den Gremien der Akademien, in denen die Gesamtmitgliederversammlung abzustimmen hatte. Das Verfahren der Ernennung zum Wissenschaftlichen Mitglied in der *Kaiser-Wilhelm-Gesellschaft* war dem Wahlverfahren in der *Leopoldina*, wo der Präsident und die Repräsentanten der vertretenen Sektionen die Wahl vornahmen, vergleichbar. Nicht zuletzt deshalb besaßen Wissenschaftlerinnen in diesen beiden Organisationen überhaupt eine Chance, berücksichtigt zu werden.

Zweitens waren diese Institute in den meisten Fällen zu relativ neuen wissenschaftlichen Gebieten oder Teildisziplinen gegründet worden, was eine der Voraussetzungen für die Neugründungen war. In neuen Disziplinen wie in neuen Instituten sind Hierarchien aber weit weniger entwickelt als in etablierten Gebieten. Neue Disziplinen oder Teildisziplinen wurden aber bewußt oder unbewußt oft von Außenseitern im Wissenschaftsbetrieb gewählt (vgl. Rossiter 1982, 1995). So eröffneten sich bessere Chancen für Wissenschaftlerinnen.

Drittens erwies sich als Hauptgrund für die günstigeren Bedingungen für Wissenschaftlerinnen jedoch das sogenannte *Harnack-Prinzip,* benannt nach dem ersten Präsidenten der *Kaiser-Wilhelm-Gesellschaft,* dem Theologen Adolf von Harnack (1851-1930). Das Prinzip bestimmte die Praxis der Wahl der Direktoren für zu gründende Institute, die Bedingungen für Struktur und Arbeitsweise der Institute sowie die weitgehende Autonomie der Direktoren. Die Direktoren der zu gründenden Institute sollten die besten Vertreter ihres jeweiligen Fachgebiets zu dem Zeitpunkt sein, und der Aufbau der Institute sollte, von der Finanzierung abgesehen, weitestgehend unabhängig durch die Direktoren erfolgen. Dieses Prinzip gab den Direktoren weitgehende Freiheiten, sowohl die Forschungsrichtungen zu bestimmen als auch die dazu notwendigen Wissenschaftler einzustellen.

Es ist sofort einleuchtend, daß dieses Prinzip, bezogen auf die mögliche Anstellung von Wissenschaftlerinnen, von großer Bedeutung war, aber höchst ambivalent wirkte. In den Fällen, in denen der Direktor eines KWI seinen Kolleginnen gegenüber aufgeschlossen war, erhielten diese bessere Chancen als an anderen Institutionen. In den Fällen jedoch, in denen ein Direktor eines KWI gegen die Einstellung von Wissenschaftlerinnen war, ob allgemein oder in konkreten Situationen[30], erhielten diese überhaupt keine Möglichkeit einer Anstellung. Die Ambivalenz des *Harnack-Prinzips* war dafür verantwortlich, daß in sechs der 28 KWI überhaupt keine Wissenschaftlerinnen beschäftigt wurden, in anderen KWI dagegen vergleichsweise viele und in gehobenen Positionen, darunter die zwölf Abteilungsleiterinnen, die aber nur in neun der 28 Institute eine Abteilung selbständig leiten konnten.

Mit dem Präsidenten der *Kaiser-Wilhelm-Gesellschaft* begegnen wir erneut Adolf von Harnack, der 1912 als Mitglied der *Preußischen Akademie der Wissenschaften* in Berlin veranlaßt hatte, Elise Koenigs die *Goldene Leibniz-Medaille* zu verleihen. Er gehörte zu den Wissenschaftlern in Deutschland, die sich schon um die Jahrhundertwende für das Frauenstudium einsetzten und immer wieder Wissenschaftlerinnen unterstützten. Es lag vielleicht auch an seiner persönlichen Aufgeschlossenheit, daß gerade unter seiner Präsidentschaft in der *Kaiser-Wilhelm-Gesellschaft* vergleichsweise viele Wissenschaftlerinnen eingestellt wurden.

Universitäten, Akademien, Kaiser-Wilhelm-Gesellschaft – drei Institutionen mit unterschiedlicher Offenheit gegenüber Wissenschaftlerinnen

Von den drei Institutionen betrieben *die Universitäten* in Deutschland die rigideste Politik der Ausschließung von Frauen, angefangen mit der jahrzehntelangen Ausschließungspolitik von Frauen als Studentinnen bis zur Verweigerung der ordentlichen Professur für Wissenschaftlerinnen. Bis 1920 war keine Frau Mitglied einer Fakultät (vgl. für die Berliner *Friedrich-Wilhelms-Universität* Vogt 1999e: 28ff.), und eine ordentliche Professur wurde in der Weimarer Republik nur in zwei Ausnahmefällen an Frauen vergeben.[31] Erst nach dem Ende der Nazi-Zeit konnten Wissenschaftlerinnen in beiden deutschen Staaten, sehr langsam und gegen viele Widerstände ihrer Kollegen, eine ordentliche Professur erhalten. In allen Fällen erfolgten diese Ausschließungen nicht non-verbal oder inoffiziell, sondern wurden durch Erlasse des jeweils zuständigen preußischen Kultusministeriums bzw. des Erziehungs- und Wissenschaftsministeriums verfügt.

Im Unterschied zu den Universitäten sahen die jeweiligen Statuten der Akademien der Wissenschaften in Deutschland eine Ausschließung von Wissenschaftlerinnen nicht explizit vor, aber dennoch wurden bis 1945 sowohl in Deutschland als auch in Europa in den meisten Akademien der Wissenschaften nur selten Frauen zu Mitgliedern dieser Akademien gewählt. In den vier großen Akademien in London, Paris, Berlin und St. Petersburg wurden vor 1945 Wissenschaftlerinnen nur in die Akademie in St. Petersburg bzw. Moskau gewählt. Unter den Akademien in Deutschland bildeten die *Leopoldina* in Halle und die Gelehrtengesellschaft in Göttingen die Ausnahmen, in denen Wissenschaftlerinnen vor 1945 gewählt wurden. In Norwegen war die Biologin Kristine Bonnevie (1872-1948) am 24. März 1911 Mitglied der Akademie der Wissenschaften in Oslo geworden. Als sie 1912 eine ordentliche Professur an der Universität in Oslo erhielt (vgl. Bonnevie 1928: 187ff.)[32], konnten Frauen an den preußischen Universitäten gerade erst seit vier Jahren regulär studieren.

Es ist ein Problem, nach den Gründen für diese Ausschließungspolitik zu fragen. Warum war es so lange möglich, Wissenschaftlerinnen die Mitgliedschaft in den Akademien zu verweigern? Wenn in den Statuten keine Ausschließungen formuliert waren, ist zu fragen, warum sie so lange ignoriert werden konnten? Wenn aber in den Statuten Bedingungen vorgegeben waren, etwa die ordentliche Professur als Voraussetzung einer Wahl, dann war damit mindestens in Deutschland bis in die Zeit nach 1945 implizit und automatisch die Ausschließung von Wissenschaftlerinnen formuliert.[33] Zu fragen wäre dann, ob dies absichtlich oder unbeabsichtigt erfolgte?

Zur Beantwortung dieser Fragen müßten die Statuten der betreffenden Akademien untersucht werden. Außerdem wäre zu fragen, mit welchen Argumenten Ausschließungsparagraphen formuliert oder eingefügt wurden. Bis heute ist nicht bekannt, ob in den Gremien der Akademien überhaupt die Frage einer Mitgliedschaft von Kolleginnen debattiert wurde, mit welchen Argumenten die Befürworter und vor allem die Gegner auftraten und welche Gruppen von Wissenschaftlern welche Positionen vertraten. Vielleicht sind Materialien solcher Diskurse, wenn sie überhaupt stattfanden, in den persönlichen Unterlagen wenigstens einiger Akademiemitglieder zu finden.

Zur Veranschaulichung solcher möglicher Diskussionen kann man jene Argumentationslinien übertragen, die in den Debatten um das Für und Wider des Frauenstudiums an deutschen Universitäten geführt und in der Dokumentation von Arthur Kirchhof 1897 publiziert wurden (vgl. Kirchhoff 1897[34]). Danach gab es drei *Argumente*: das Studium, übertragen auf die Akademie die wissenschaftliche Tätigkeit, sei gefährlich und gesundheitsschädigend für Frauen, deshalb müßten sie ausgeschlossen bleiben; Wissenschaftler wollten keine weitere Konkurrenz, schon gar nicht durch Frauen; in Einzelfällen, wenn Ausnahmen vorkämen, sollte die strikte Ausschließung aufhebbar sein, aber nur in diesen Fällen. Gerade die letzte Begründung war und ist höchst ambivalent.[35]

Untersucht man die Akademien der Wissenschaften nach ihrer Offenheit gegenüber Frauen, dann zeigt sich, daß es drei verschiedene Typen von Ausnahmen gab, denen der Zugang ermöglicht wurde: Mäzeninnen, Ausländerinnen und die – auch sogenannten – Ausnahmewissenschaftlerinnen. Mitunter wurden die Begriffe ›Außenseiterin‹ und ›Ausnahme‹ synonym verwendet, oft waren die Ausländerin und die Ausnahmewissenschaftlerin ein- und dieselbe Person.

Mäzeninnen

In der Geschichte der Akademien der Wissenschaften in Europa gibt es eine ganze Reihe von Beispielen dafür, daß Frauen in Akademien gewählt wurden, weil sie entweder als Landesherrinnen dort vertreten sein sollten oder aber, weil sie beträchtliche finanzielle Zuwendungen zur Förderung der wissenschaftlichen Arbeiten geleistet hatten. Zu nennen sind: Katharina II., die 1767 in die Berliner *Akademie der Wissenschaften* gewählt wurde, um ein Zeichen für beabsichtigte gute Beziehungen zwischen Preußen und Rußland zu setzen. Therese, Prinzessin von Bayern (1850-1925), die 1892 zum Ehrenmitglied der *Bayerischen Akademie der Wissenschaften* gewählt wurde. 1897 erhielt sie außerdem den Titel der Ehrendoktorin der Münchener Universität (vgl. Gesamtverzeichnis 1984: 20; Häntzschel/Bußmann 1997: 13 mit Abb.). Elise Wentzel-Heckmann wurde 1899/1900 zum Ehrenmitglied der *Preußischen Akademie der Wissenschaften* gewählt, nachdem sie eine beträchtliche Summe der Berliner Akademie zur Verfügung gestellt hatte. Elise Koenigs, der 1912 aufgrund ihrer Zuwendungen die *Goldene Leibniz-Medaille* der *Preußischen Akademie der Wissenschaften* verliehen worden war, gehörte ebenfalls zu diesen Mäzeninnen, denen ausnahmsweise die Akademien offen standen.

Ausländerinnen

Es ist ein bisher kaum untersuchtes Phänomen, daß zu verschiedenen Zeiten in einigen europäischen Ländern die Wissenschaftlerinnen, die als erste den Zugang zu akademischen Institutionen erhielten, eine Vorreiterrolle ausübten und deshalb *Pionierinnen* genannt wurden, aus dem Ausland kamen. Sie waren *Außenseiterinnen* und *Ausländerinnen* in einer Person, gewissermaßen die *Ausnahmen in Potenz*, z. B. die Polin Marie Curie 1905 an der *Sorbonne* in Paris und als Akademiemitglied in St. Petersburg 1907; die Russin Lydia Rabinowitsch-Kempner als *Titular-Professorin* in Berlin 1912. Auch in der *Kaiser-Wilhelm-Gesellschaft* war dieses Phänomen zu beobachten: Die beiden ersten weiblichen Wissenschaftlichen Mitglieder wurden 1914 die Österreicherin Lise Meitner und 1919 die Französin Cécile Vogt.

Eine ähnliche Konstellation war noch nach 1945 an der wiedereröffneten Berliner Akademie der Wissenschaften in (Ost-)Berlin eingetreten: Als erste Wissenschaftlerin wurde 1949 die schwedische bzw. österreichische Physikerin Lise Meitner zum Korrespondierenden Mitglied gewählt. 1950 kam die französische Physikerin Irène Joliot-Curie als Korrespondierendes Mitglied dazu. Im selben Jahr wurde die französische Hirnforscherin Cécile Vogt zusammen mit ihrem Kollegen und Ehemann Oskar Vogt (1870-1959) zum Ehrenmitglied gewählt.

Ausnahmen

Die Ausnahmen gab es auf drei Ebenen – unter den Wissenschaftlerinnen, beginnend mit den ›Pionierinnen‹, die die Ausnahme *per definitionem* bildeten, unter den Wissenschaftlern, die ihre Kolleginnen unterstützten, wie Max Planck oder Adolf von Harnack, und unter den Institutionen, wie der *Leopoldina* und der *Göttinger Gelehrtengesellschaft* oder der Petersburger Akademie der Wissenschaften und nicht zuletzt der *Kaiser-Wilhelm-Gesellschaft*.

Unter den Akademien der Wissenschaften in Europa gab es um 1912 nur wenige, die Wissenschaftlerinnen nicht ausschlossen, die in St. Petersburg (1889 Sof'ja V. Kovalevskaja und 1907 Marie Curie) oder die in Oslo (1911 Kristine Bonnevie), in Deutschland nur die *Leopoldina* (1902 Maria Gräfin von Linden). Aber die bedeutendsten, angesehensten und anerkanntesten Akademien verschlossen Wissenschaftlerinnen die Mitgliedschaft. Das markanteste (und negativste) Beispiel scheint die Akademie der Wissenschaften in Paris zu sein. Nach der Ablehnung der Nobelpreisträgerin Marie Curie im Jahre 1911 wurde erstmals 1962 eine Wissenschaftlerin gewählt, die Physikerin Marguerite Perey (1909-1975) (vgl. Index 1979; vgl. Tabelle 1).

Ein ähnliches Bild erhält man, wenn man die Akademien in Deutschland und Österreich betrachtet, die sich 1893 im Kartell der Akademien zusammengeschlossen hatten. Als einzige dieser sechs Akademien hatte die *Göttinger Gelehrtengesellschaft* 1926 Lise Meitner zum Korrespondierenden Mitglied gewählt. Ein kurzer Blick in die Gegenwart zeigt, daß 1998 die fünf der sechs Akademien, die dem Kartell angehörten und die der Konferenz der deutschen Akademien der Wissenschaften angehören, bezüglich der Mitgliedschaft von Wissenschaftlerinnen kaum die ›Fünf-Prozent-Hürde‹ überschritten haben (vgl. Akademien 1998; vgl. Tabelle 2).

Tabelle 2: Vergleich der Akademien der Wissenschaften in Deutschland (Kartell)

Akademie	**Berlin**	**Göttingen**	**München**	**Leipzig**	**Wien**	**Heidelberg**
Gründungsjahr	1700	1751	1759	1846	1847	1909
Erste Wissenschaftlerin als Mitglied	1949 Lise Meitner	1926 Lise Meitner	1936 Medea Norsa (Geistesw.)	1955 Paula Hertwig	1948 Lise Meitner	1977 Margot Becke
	1949-89 Σ 16		1936-84 Σ 8 (Geistesw.)	1955-90 Σ 11	1948-96 Σ 3 1997 keine	
Σ weibliche Mitglieder 1998	Σ 13	Σ 12	Σ 6	Σ 9		Σ 5
Σ Mitglieder 1998	Σ 174	Σ 293	Σ 290	Σ 175		Σ 169
Anteil in %	7,47	4,09	2,06	5,14		2,95

Zusammengestellt nach Hartkopf (1992), Gesamtverzeichnis (1984), Wiemers/Fischer (1996) und Akademien (1998)

Man geht sicher nicht fehl in der Annahme, daß diese Mitgliederzahlen den Folgen der Vergangenheit geschuldet sind und außerdem belegen, wie hartnäckig selbst unsichtbare Barrieren und Vorurteile sind. Vergleicht man die Situation in der *Leopoldina* und der *Kaiser-Wilhelm-Gesellschaft*, die beide nicht dem Kartell angehört haben, fällt auf, daß diese beiden Institutionen mehr (vergleichsweise, und auf sehr geringem Niveau bezüglich der minimalen Anzahl) Wissenschaftlerinnen gewählt bzw. ernannt hatten (vgl. Tabelle 3).

Tabelle 3: Vergleich der Akademien der Wissenschaften in Deutschland (nicht im Kartell)

Leopoldina	**Kaiser-Wilhelm-Gesellschaft**	**Max-Planck-Gesellschaft**
1652	1912-1945	1948-1998
Erste Wissenschaftlerinnen als Mitglied 1902 Gräfin Maria von Linden		
	1914 Lise Meitner 1919 Cécile Vogt	
1926 Lise Meitner 1932 Cécile Vogt, Marie Curie, Lina Stern 1937 Ida Noddack		
	1938 Isolde Hausser	
1940 Lotte Möller 1944 Erna Mohr		
1902-1945: Σ 8	1912-1945: Σ 3	
1948/52-90: Σ 33		1948-1990: Σ 10
1991-98: Σ 6		1991-1998: Σ 3

Zusammengestellt nach Archiv der *Leopoldina* und Archiv der *Max-Planck-Gesellschaft* sowie *Max-Planck-Gesellschaft* (1998)

Danach war die unter den Akademien älteste Organisation, die *Leopoldina*, die frauenfreundlichste akademische Institution in Deutschland zwischen 1900 und 1945. Auch die *Kaiser-Wilhelm-Gesellschaft* als jüngste Einrichtung bekundete eine relativ große Offenheit gegenüber Wissenschaftlerinnen, weniger in der Zahl der ernannten Wissenschaftlichen Mitglieder als mit der Anzahl der beschäftigten Wissenschaftlerinnen. Dieses Verhalten war vor allem bis 1933 gültig, aber selbst in der NS-Zeit wurde die frauenfeindliche Politik in der *Kaiser-Wilhelm-Gesellschaft* nicht so strikt wie an den Universitäten gehandhabt. Der Bruch jedoch, der durch die Vertreibung vieler Wissenschaftlerinnen, darunter vier der damals fünf Abteilungsleiterinnen, infolge der Nazi-Politik auch in den KWI eingetreten war, hatte langanhaltende negative Auswirkungen für die Präsenz von Wissenschaftlerinnen, einschließlich des *Vergessens* dieser Wissenschaftlerinnen (vgl. Vogt 2002) und der nur sehr geringen Anzahl weiblicher Wissenschaftlicher Mitglieder in der Nachfolgeorganisation der *Kaiser-Wilhelm-Gesellschaft*, der Max-Planck-Gesellschaft, bis in die Gegenwart.

Schlußbemerkungen

Fassen wir die Ergebnisse dieser vergleichenden Untersuchung der Situation für Wissenschaftlerinnen in den drei Wissenschaftsorganisationen – Universitäten, Akademien, *Kaiser-Wilhelm-Gesellschaft* – zusammen, ergibt sich:

1. Unter den akademischen Organisationen in Deutschland waren es die jüngste, die *Kaiser-Wilhelm-Gesellschaft*, und die älteste, die *Leopoldina*, die Wissenschaftlerinnen wesentlich früher als die anderen als gleichberechtigte Mitglieder aufnahmen. Beide Institutionen besaßen ein ähnliches Verfahren der Aufnahme ihrer Mitglieder mittels eines kleinen repräsentativen Gremiums, der Ernennung im Senat der *Kaiser-Wilhelm-Gesellschaft* bzw. der Wahl durch Präsident und Disziplinvertreter in der *Leopoldina*.
2. Akademische Institutionen, die innerhalb ihrer *community* eher als Außenseiter betrachtet wurden, wie z. B. die *Kaiser-Wilhelm-Gesellschaft*, die nicht dem Kartell der Akademien angehörte, konnten es sich offenbar leisten, Wissenschaftlerinnen (als Außenseiter oder Ausnahmen) früher als die etablierten Einrichtungen gleichberechtigt zu behandeln.
3. Unter den Wissenschaftlerinnen, die in Akademien, in die *Kaiser-Wilhelm-Gesellschaft* und übrigens auch in die Vereinigungen der Fachvertreter, z. B. in die *Deutsche Physikalische Gesellschaft*[36], aufgenommen, akzeptiert und gleichberechtigt behandelt wurden, dominierten die Naturwissenschaftlerinnen – Physikerinnen, Physiologinnen, Biologinnen –, vom Ende des vorigen Jahrhunderts bis weit in die 50er Jahre des 20. Jahrhunderts.

Das aufgeschlossenere Verhalten gegenüber Wissenschaftlerinnen unter den Naturwissenschaftlern, das hieraus für die Zeit Ende des 19. und Anfang des 20. Jahrhunderts abgeleitet werden kann, lag vermutlich an den *unsichtbaren* Regeln des Verhaltens in diesen Disziplinen. Zu diesen Regeln gehörte das Festhalten an ethischen und wissenschaftsethischen Kategorien wie Objektivität, Gleichheit (natürlich nur unter den sich selbst als Elite betrachteten Gruppen), Fairneß und manchmal auch Ritterlichkeit. Aber diese Verhaltensregeln boten keine Garantie für den aufgeschlossenen, vorurteilslosen Umgang untereinander. Die Regeln konnten und wurden umgangen, sie wurden *vergessen* oder geändert. Nicht zuletzt deshalb blieben die Wissenschaftlerinnen bis in die Gegenwart in allen drei Wissenschaftsinstitutionen – Universitäten, Akademien und *Max-Planck-Gesellschaft* – immer noch die Ausnahmen.

Anmerkungen

1 | Lise Meitner an Berta Karlik, 20. Juni 1948, in: Cambridge, Churchill College Archives, Meitner-papers, MTNR 5/10, folder 2, Bl. 11. Berta Karlik folgte in der Tat Lise Meitner und wurde 1954 Korrespondierendes und 1973 Wirkliches Mitglied der *Österreichischen Akademie der Wissenschaften* Wien; zu Karlik vgl. Lintner (1990).

2 | Im Deutschen als Daschkoff transliteriert.

3 | Auf Anordnung Friedrich II. (1712-1786) erfolgte am 21.1.1768 die Umwandlung der Stelle vom Korrespondierenden Mitglied zum Auswärtigen Mitglied.

4 | Dank der MitarbeiterInnen des Archivs der *Leopoldina* in Halle erhielt die Autorin eine komplette Liste aller weiblichen Mitglieder von 1789 bis 1998.

5 | Mit ›Peter‹ meinte Herzen Zar Peter I. (oder der Große), mit Lomonosov den Gelehrten Michail Vasil'evic Lomonosov (1711-1765), u.a. Begründer der Moskauer Universität.

6 | Untersuchungen hierzu wären wünschenswert, denn Ende des 19. Jahrhunderts traten relativ viele russische Frauen in Politik und Wissenschaft hervor. Um die Jahrhundertwende gab es vergleichsweise viele studierende Russinnen, von denen eine Reihe zu anerkannten Wissenschaftlerinnen wurden.

7 | Gemeint ist die Geisteswissenschaftliche Klasse der Akademie.

8 | Elise Koenigs kommt bei Vierhaus/Brocke (1990) aber nicht vor.

9 | Dieser Text ist hier erstmals publiziert: Adolf von Harnack: Wahlvorschlag für Elise Koenigs vom 7. Februar 1912, handschriftlich, in: Archiv BBAW II-X,4, Bl. 183 und 184R. Vgl. außerdem zur Wahl Elise Koenigs: Archiv BBAW: II-X,4, Bl. 128 (2.2.1911), Bl. 139 (9.2.11), Bl. 163 (11.1.1912), Bl. 165 (1.2.12), Bl. 166 (8.2.12 und 22.2.12).

10 | Vgl. *Vossische Zeitung, Berliner Tageblatt, Berliner Lokal-Anzeiger* und *Der Tag*, alle vom 5. Juli 1912. Sie berichteten mehr oder weniger mit demselben Text über die Vergabe und hoben hervor, daß die Geehrte höchst bescheiden sei und kein Aufhebens um ihre Person wünsche.

11 | Zu den Lebensdaten vgl. Amburger 1950: 180. Amburger hatte jedoch Elise Koenigs unter die Empfänger der *Silbernen Leibniz-Medaille* eingereiht und die goldene Medaille des Jahres 1912 »vergessen«. Den Hinweis auf die Quelle verdanke ich Peter Th. Walther.

12 | Vgl. Archiv MPA: FM 1911-1921, Bd. 3/I: »Akten betreffend Fräulein Elise Königs Charlottenburg, Schillerstrasse 121/123. K5, Bd. 1. angefangen 1911. weggelegt 1920«.

13 | Dank dieses verspäteten Nachrufs auf Elise Koenigs Bruder konnte der familiäre Hintergrund etwas aufgeklärt werden.

14 | Aber in der Berliner Akademie der Wissenschaften konnten vergleichsweise viele Wissenschaftlerinnen arbeiten, wenn auch meist nur in untergeordneten Positionen; hierzu vgl. Hoffmann 2002.

15 | Eine Tabelle aller 52 *fellows* von 1947 bis 1994 gibt es bei Mason 1995: 130f. Zu den *fellows* der *Royal Society* Charlotte Auerbach und Marthe L. Vogt, die nach 1945 gewählt wurden und mit der *Kaiser-Wilhelm-Gesellschaft* verbunden waren, aber wegen der Nazis nach Großbritannien emigrierten; vgl. Vogt 1999c, 1999d.

16 | Flecken betrachtete nur die Universitätslaufbahn von v. Linden.

17 | Archiv Leopoldina, Dank an Frau Dell (Auskunft 9. Juni 2000). Die Mitglieder, die für Gräfin von Linden stimmten, waren Karl Freiherr von Fritsch, Präsident, sowie Albert von Kölliger, Eduard Strasburger, Benjamin Klunzinger, Ernst Mach, Karl Brandt, Alfred Jentzsch, Guido Stache, Richard Lepsius, Julius von Hamm.

18 | Elise Richter kam 1943 im KZ Theresienstadt um.

19 | Margaret Rossiter beschreibt das vergleichbare Phänomen für die USA, vgl. ihr ›Nischen‹-Konzept; Rossiter 1982, 1995, 1993.

20 | Als Nachweis galt, daß die Betreffende entweder in den offiziellen Berichten oder in anderen Dokumenten nachgewiesen werden konnte. Zur dabei verwendeten Methode und dem Wesen der *longue-durée* vgl. Wobbe 2002b.

21 | Zur Beschreibung der Anstellungsarten vgl. Vogt 1997e: 117ff.; die Beschreibung der Anstellung als Laborleiterin fehlte hier noch, weil erst danach die Laborleiterinnen im KWI für Silikatforschung in Berlin ermittelt werden konnten.

22 | In den Akten der Institute können oft die Gehälter ermittelt werden, es finden sich aber keine Belege oder Dokumente dafür, warum die KWI eine gleiche Bezahlung der Frauen vornahmen. In der Weimarer Republik erhielten Frauen im öffentlichen Dienst meist nur 70 Prozent des

Gehalts, das ein Mann in der vergleichbaren Position bezog, in der Kaiserzeit waren es 60 Prozent. In der NS-Zeit wurden in den KWI meist die Verordnungen des öffentlichen Dienstes übernommen, die von vornherein die schlechtere Bezahlung der Frauen vorsahen.

23 | Der langjährige Generalsekretär der *Kaiser-Wilhelm-Gesellschaft*, Friedrich Glum (1891-1974), hatte 1928 über die Struktur der Institute geschrieben und die Gleichrangigkeit der Direktoren und Wissenschaftlichen Mitglieder betont.

24 | Isolde Hausser wurde Wissenschaftliches Mitglied am 30. Mai 1938, Lise Meitner mußte aus Deutschland am 13. Juli 1938 fliehen, Cécile Vogt wurde als Auswärtiges Mitglied geführt.

25 | Eine Liste aller Wissenschaftlichen Mitglieder wurde publiziert, es waren am 1. April 1928 exakt 64, darunter zwei Frauen, also 3,125 Prozent.

26 | Vgl. Präsident Abderhalden an Cécile Vogt, in: Archiv BBAW, Teil-Nachlaß Vogt, Nr. 14. Danach war es der 19. Februar 1932.

27 | Vgl. den Briefwechsel Lina Sterns: Briefe Lina Sterns an Cécile und Oskar Vogt, 20 Briefe zwischen 1920 und 1932, in: Archiv BBAW, Teil-Nachlaß Vogt, Nr. 114, nicht paginiert.

28 | Auskunft des *Archivs Leopoldina* vom 16. Juli 1998.

29 | Zu Lina S. Stern (14. August 1878-7. März 1968) vgl. Stern (1930); BSE (1945ff., 1970ff.): 2. Aufl.: 196 und 3. Aufl.: 495; Lustiger 1994: 1093ff., 1998: 371f.; Hoffer 1999.

BSE 20e izd., Moskva 1957, tom 48: 196 mit Bild und BSE, 30e izd., Moskva 1978, tom 29: 495 (und dasselbe Bild S. 494). Hier steht kein Wort über ihre Verhaftung, Verurteilung und Rehabilitierung. Ein »Ungemach« kann nur der erahnen, der die sowjetische Geschichte genau kennt und dem deshalb auffällt, daß zwischen 1948 und 1954 in ihrer Biographie eine *Lücke* klafft.

Die Selbstdarstellung von Lina Stern (1930) erschien erneut 1999. Die Kurzbiographie in der Jubiläumsausgabe (Kern 1999: 270f.) dazu ist jedoch leider falsch und unterschlägt komplett das tragische Schicksal Lina Sterns unter Stalin. Über die Verhaftungen im Jahr 1948, die Urteile und den Geheimprozeß im Frühjahr 1952 sowie über die Annulierung dieses Urteils am 22. November 1955 vgl. Izvestija CK KPSS, Nr. 12/1989: 34ff. (russ.); Lustiger 1994, 1998.

30 | Vgl. den Fall am KWI für Züchtungsforschung in Müncheberg bei Berlin, wo der Direktor Erwin Baur (1875-1933) es 1928 strikt ablehnte, seine bisher mit ihm an der *Landwirtschaftlichen Hochschule* tätige langjährige Assistentin Elisabeth Schiemann (1881-1972) – wie ursprünglich vorgesehen – am Institut anzustellen.

31 | Margarete von Wrangell (1876/77-1932) wurde 1923 als erste Frau in Deutschland ordentliche Professorin für Pflanzenernährung an der *Land-*

wirtschaftlichen Hochschule Hohenheim, Mathilde Vaerting (1884-1977) wurde ordentliche Professorin für Pädagogik an der Universität Jena; vgl. Wrangell 1930; Andronikow 1935; Fellmeth/Hosseinzadeh 1998; Wobbe 1994.

32 | Als Kristine Bonnevie in Oslo Professorin wurde, berichtete das *Berliner Tageblatt* im Februar 1912 äußerst lobend darüber.

33 | Den Hinweis auf diese Voraussetzung und die möglichen Folgen für Wissenschaftlerinnen verdanke ich Conrad Grau.

34 | Z. B. der Astronomen; vgl. Vogt (2000).

35 | Vgl. Vogt (1997d) über Max Planck und die Doppeldeutigkeit des Wortes ›Ausnahme‹.

36 | Die erste Wissenschaftlerin, die in die *Physikalische Gesellschaft* aufgenommen wurde, war 1899 die eben promovierte Elsa Neumann; zur selben Zeit durfte die Neurowissenschaftlerin Cécile Vogt bei Tagungen nicht einmal den Saal betreten, obwohl sie und ihr Mann Oskar Vogt auch Vorträge angemeldet hatten; vgl. Vogt 1999a: 21.

Literatur

Archive

Archiv BBAW: Archiv der Berlin-Brandenburgischen Akademie der Wissenschaften, Berlin

Archiv Leopoldina: Archiv der Deutschen Akademie der Naturforscher Leopoldina, Halle

Archiv MPA: Archiv zur Geschichte der Kaiser-Wilhelm-/Max-Planck-Gesellschaft, Berlin

Churchill College Archives, Meitner-Nachlaß, Cambridge.

Primär- und Sekundärliteratur

Abir-Am, Pnina G./Outram, Dorinda (Hg.) (1987): *Uneasy Careers and intimate Lives. Women in Science 1789-1979*, New Brunswick, London: Rutgers University Press.

Akademien (1998): *Die Deutschen Akademien der Wissenschaften. Gesamtverzeichnis ihrer Mitglieder*. Hg. Clemens Zintzen. Konferenz der deutschen Akademien der Wissenschaften, Berlin.

Amburger, Erik (1950): *Die Mitglieder der Deutschen Akademie der Wissenschaften zu Berlin. 1700-1950*, Berlin: Akademie-Verlag.

Andronikow, Fürst Wladimir (Hg.) (1935): *Margarethe von Wrangell, das Leben einer Frau 1876-1932*, München: Albert Langen/Georg Müller.

Bleker, Johanna (Hg.) (1998): *Der Eintritt der Frauen in die Gelehrtenrepublik. Zur Geschlechterfrage im akademischen Selbstverständnis und in der wissenschaftlichen Praxis am Anfang des 20. Jahrhunderts,* in: R. Winau/H. M. Dietz (Hg.), *Abhandlungen zur Geschichte der Medizin und der Naturwissenschaften* 84, Husum: Matthiesen.

Bölling, Reinhard (Hg.) (1993): *Briefwechsel Weierstraß-Kovalevskaja,* Berlin: Akademie-Verlag.

Bonnevie, Kristine (1928): »Selbstdarstellung«, in: Kern (Hg.) (1999), S. 187-198.

Boudia, Soraya (1997): »The Curie Laboratory: ›Radioactivity and Metrology‹«, in: *History and Technology* 13/4, S. 249-265.

Brinkschulte, Eva (1998): »Preußische Wissenschaftsbürokratie im Zugzwang der Geschlechterfrage. Die Umfrage des Ministeriums für die geistlichen, Unterrichts- und Medizinal-Angelegenheiten von 1907«, in: Bleker (Hg.), S. 51-70.

Brocke, Bernhard vom/Laitko, Hubert (Hg.), *Die Kaiser-Wilhelm-/Max-Planck-Gesellschaft und ihre Institute. Studien zu ihrer Geschichte: Das Harnack-Prinzip,* Berlin, New York: Walter de Gruyter.

Brockhaus (1898): *Brockhaus Konversationslexikon,* 13. Aufl., Leipzig: Brockhaus.

BSE, *Bol'saja Sovetskaja Enciklopedija* (Große Sowjet-Enzyklopädie) (1945ff.; 1970ff.): Moskau: 2. Auflage, 1945ff., 3. Auflage 1970ff.

Curie, Eve (1994): *Madame Curie. Eine Biographie,* Frankfurt/Main: Fischer Taschenbuch Verlag.

Curtius, Theodor/Bredt, Julius (1912): »Wilhelm Koenigs«, in: *Berichte der Deutschen Chemischen Gesellschaft* 45, S. 3781-3830.

Daschkoff, Katharina Romanova (1858): *Memoiren der Fürstin Daschkoff. Zur Geschichte der Kaiserin Katharina II,* Hamburg: Hoffmann & Campe, (2 Teile).

Engel, Michael (1994): »Paradigmenwechsel und Exodus. Zellbiologie, Zellchemie und Biochemie«, in: Wolfram Fischer et al. (Hg.), *Exodus von Wissenschaften aus Berlin,* Berlin, New York: de Gruyter, S. 296-342.

Fellmeth, Ulrich/Hosseinzadeh, Sonja (Hg.) (1998): *Margarete von Wrangell und andere Pionierinnen. Die ersten Frauen an den Hochschulen in Baden und Württemberg. Begleitbuch zur Ausstellung,* Hohenheim: Mercator Verlag.

Flecken, Susanne (1996): »Maria Gräfin von Linden«, in: Kuhn et al. (Hg.), *100 Jahre Frauenstudium,* S. 117-125.

Flecken, Susanne (2000): »Maria Gräfin von Linden. Wissenschaftlerin an der Universität Bonn von 1899 bis 1933«, in: Elisabeth Dieckmann/Eva Schöck-Quinteros (Hg.), *Barrieren und Karrieren. Die Anfänge des Frauenstudiums in Deutschland,* Berlin: trafo verlag, S. 253-269.

Fuchs, Margot (1993): »Isolde Hausser (1889-1951), Physikerin in Industrie und Forschung«, in: Annemarie Haase/Harro Kieser (Hg.), *Können, Mut und Phantasie. Portraits schöpferischer Frauen aus Mitteldeutschland*, Weimar, Köln, Wien: Böhlau-Verlag, S. 149-164.

Fuchs, Margot (1994): »Isolde Hausser (7.12.1889-5.10.1951), Technische Physikerin und Wissenschaftlerin am Kaiser-Wilhelm-/Max-Planck-Institut für Medizinische Forschung, Heidelberg«, in: *Berichte zur Wissenschaftsgeschichte* 17/3, S. 201-215.

Gerstengarbe, Sybille/Hallmann, Heidrun/Berg, Wieland (1995): »Die Leopoldina im Dritten Reich«, in: *Leopoldina-Symposium*, S. 168-204.

Gesamtverzeichnis (1984): *Gesamtverzeichnis der Mitglieder der Bayerischen Akademie der Wissenschaften, 1759-1984*, München: Beck Verlag.

Glum, Friedrich (1928): »Die Kaiser Wilhelm-Gesellschaft zur Förderung der Wissenschaften«, in: Harnack (Hg.), S. 11-37.

Graffmann-Weschke, Katharina (1994): »Frau Prof. Dr. Lydia Rabinowitsch-Kempner. Die führende Wissenschaftlerin in der Medizin ihrer Zeit«, in: Eva Brinkschulte (Hg.): *Weibliche Ärzte*, Berlin: Edition Hentrich, S. 93-102.

Graffmann-Weschke, Katharina (1999): *Lydia Rabinowitsch-Kempner (1871-1935). Leben und Werk einer der führenden Persönlichkeiten der Tuberkuloseforschung am Anfang des 20. Jahrhunderts*, Herdecke: GCA-Verlag.

Grau, Conrad (1988): *Berühmte Wissenschaftsakademien: von ihrem Entstehen und ihrem weltweiten Erfolg*, Frankfurt/Main: Verlag Deutsch.

Häntzschel, Hiltrud/Bußmann, Hadumod (Hg.) (1997): *Bedrohlich gescheit. Ein Jahrhundert Frauen und Wissenschaft in Bayern*, München: Beck Verlag.

Harnack, Adolf von (Hg.) (1928): *Handbuch der Kaiser Wilhelm Gesellschaft*, Berlin: Hobbing Verlag.

Hartkopf, Werner/Wangermann, Gert (1991): *Dokumente zur Geschichte der Berliner Akademie der Wissenschaften von 1700 bis 1990*, Berlin: Spektrum, Akademie-Verlag.

Hartkopf, Werner (1992): *Die Berliner Akademie der Wissenschaften. Ihre Mitglieder und Preisträger. 1700-1990*, Berlin: Akademie-Verlag.

Hausmann, Frank-Rutger (2000): *»Vom Strudel der Ereignisse verschlungen«. Deutsche Romanistik im »Dritten Reich«*, Frankfurt/Main: Vittorio Klostermann Verlag.

Hoffer, Gerda (1999): »Lina Stern«, in: dies. (Hg.), *Zeit der Heldinnen. Lebensbilder außergewöhnlicher jüdischer Frauen*, München: Deutscher Taschenbuch Verlag, S. 159-184.

Hoffmann, Petra (2002): »Innenansichten der Forschungsarbeit an der Akademie. Zur Geschichte von Mitarbeiterinnen in den wissenschaftlichen Projekten der Preußischen Akademie der Wissenschaften zu Berlin (1890-1945)«, in: Wobbe 2000a, S. 93-123.

Index (1979): *Index Biographique de L'Académie des Sciences, 1666-1978*, Paris: Gauthier-Villars.

Kempner, Robert M. W. (1983): *Ankläger einer Epoche. Lebenserinnerungen*, Frankfurt/Main, Berlin, Wien: Ullstein-Verlag.

Kern, Elga (1999 [1928/1930]): *Führende Frauen Europas*. München, Basel: Ernst Reinhard Verlag.

Kirchhoff, Arthur (Hg.) (1897): *Die akademische Frau. Gutachten hervorragender Universitätsprofessoren, Frauenlehrer und Schriftsteller über die Befähigung der Frau zum wissenschaftlichen Studium und Berufe*, Berlin: Hugo Steinitz Verlag.

Koblitz-Hibner, Ann (1983): *A Convergence of Lives. Sofja Kovalevskaja: Scientist, Writer, Revolutionary*, Boston, Basel, Stuttgart: Birkhäuser.

Koblitz-Hibner, Ann (1987): »Sofia Vasil'evna Kovalevskaia (1850-1891)«, in: Louise S. Grinstein/Paul J. Campbell. (Hg.), *Women of Mathematics. A Biobibliographic Sourcebook*, Westport/CN, London: Greenwood Press, S. 103-113.

Kocina, Pelageja Jakovlevna (Hg.) (1973): *Briefwechsel Weierstraß-Kovalevskaja 1871-1891. (Russisch-Deutsch)*, Moskau: Izdatelstvo Nauka.

Kocina, Pelageja Jakovlevna (1981): *Sof'ja Vasil'evna Kovalevskaja (1850-1891). (russ.)*, Moskau: Izdatelstvo Nauka, S. 312.

Komkov Genadi D./Levsin, Boris V./Semenov, Lef K. (1981): *Geschichte der Akademie der Wissenschaften der UdSSR*, Berlin: Akademie Verlag (russisch 1977).

Kotzur, Marlene (1990): *Steglitz – Frauen setzen Zeichen*, Berlin: Wort-und-Bild-Specials.

Kowalewsky, Sonja (1961): *Erinnerungen an meine Kindheit*, Weimar: Gustav Kiepenheuer Verlag.

Kuhn, Annette/Rothe, Valentine/Mühlenbruch, Brigitte (Hg.) (1996): *100 Jahre Frauenstudium: Frauen der Rheinischen Friedrich-Wilhelms-Universität Bonn*, Bonn: edition ebersbach.

Leopoldina-Symposium (1995): »Die Elite der Nation im Dritten Reich. Das Verhältnis von Akademien und ihrem wissenschaftlichen Umfeld zum Nationalsozialismus«, in: *Acta Historica Leopoldina* 22.

Lintner, Karl (1990): »Berta Karlik. Nachruf«, in: *Almanach der Österreichischen Akademie der Wissenschaften* 140, S. 305-313.

Loriot, Noëlle (1991): *Irène Joliot-Curie*, Paris: Presses de la Renaissance.

Lustiger, Arno (1994): »Die Geschichte des Jüdischen Antifaschistischen Komitees der Sowjetunion«, in: Wassilie Grossman/Ilja Ehrenburg (Hg.), *Das Schwarzbuch. Der Genozid an den sowjetischen Juden*, Reinbek: Rowohlt Verlag, S. 1093-1101.

Lustiger, Arno (1998): *Rotbuch: Stalin und die Juden. Die tragische Geschichte des Jüdischen Antifaschistischen Komitees und der sowjetischen Juden*, Berlin: Aufbau Verlag.

Mason, Joan (1995): »The Women Fellows' Jubilee«, in: *Notes and Records Royal Soc.* 49/1, S. 125-140.

Max-Planck-Gesellschaft (1998): *50 Jahre Max-Planck-Gesellschaft zur Förderung der Wissenschaften*, Berlin: Duncker und Humblot.

Pross, Christian/Winau, Rolf (1984): *Nicht mißhandeln. Das Krankenhaus Moabit*, Berlin: Edition Hentrich.

Richter, Elise (1928): »Selbstdarstellung«, in: Kern (Hg.) (1999), S. 70-93.

Richter, Elise (1997): *Summe des Lebens.* (Autobiographie), Wien: WUV Universitätsverlag.

Richter, Jochen (1996): »Das Kaiser-Wilhelm-Institut für Hirnforschung und die Topographie der Großhirnhemisphären. Ein Beitrag zur Institutsgeschichte der Kaiser-Wilhelm-Gesellschaft und zur Geschichte der architektonischen Hirnforschung«, in: Bernhard vom Brocke/Hubert Laitko, S. 349-408.

Roqué, Xavier (1997): »Marie Curie and the radium history«, in: *History and Technology* 13/4, S. 267-291.

Rossiter, Margaret W. (1982): *Women Scientists in America. Struggles and Strategies to 1940*, Baltimore, London: The Johns Hopkins University Press.

Rossiter, Margaret W. (1993): »The ~~Matthew~~ Matilda Effect in Science«, in: *Social Studies of Science* 23, S. 325-341.

Rossiter, Margaret W. (1995): *Women Scientists in America. Before Affirmative Action. 1940-1972*, Baltimore, London: The Johns Hopkins Uniersity Press.

Sassenberg, Marina (1993): »Elise Richter, Romanistin«, in: Jutta Dick/Marina Sassenberg (Hg.), *Jüdische Frauen im 19. und 20. Jahrhundert. Lexikon zu Leben und Werk*, Reinbek: Rowohlt Verlag, S. 315-317.

Satzinger, Helga (1996a): »Vom ›Artproblem‹ zur ›Genoplastik‹. Die Entwicklung genetischer Fragestellungen im Werk von Cécile und Oskar Vogt 1909-1925«, in: *Biologisches Zentralblatt* 115, S. 104-111.

Satzinger, Helga (1996b): »Das Gehirn, die Frau und ein Unterschied in den Neurowissenschaften des 20. Jahrhunderts: Cécile Vogt (1875-1962)«, in: Christoph Meinel/Monika Renneberg (Hg.), *Geschlechterverhältnisse in Medizin, Naturwissenschaft und Technik*, Bassum, Stuttgart: GNT Verlag, S. 75-82.

Satzinger, Helga (1998a): »Weiblichkeit und Wissenschaft – Das Beispiel der Hirnforscherin Cécile Vogt (1875-1962)«, in: Bleker (Hg.), S. 75-93.

Satzinger, Helga (1998b): *Die Geschichte der genetisch orientierten Hirnfor-*

schung von Cécile und Oskar Vogt in der Zeit von 1895 bis ca. 1927, Stuttgart: Deutscher Apotheker Verlag. (Braunschweiger Veröffentlichungen zur Geschichte der Pharmazie und der Naturwissenschaften, Bd. 41).

Satzinger, Helga (1999): »Die blauäugige Drosophila – Ordnung, Zufall und Politik als Faktoren der Evolutionstheorie bei Cécile und Oskar Vogt und Elena und Nikolaj Timoféeff-Ressovsky am Kaiser-Wilhelm-Institut für Hirnforschung Berlin 1925-1945«, in: Rainer Brömer/Uwe Hoßfeld/Nikolas Rupke (Hg.), *Evolutionstheorie von Darwin bis heute*, Berlin: Verlag Wissenschaft und Bildung, S. 161-195.

Satzinger, Helga/Vogt, Annette (2001): »Elena Aleksandrovna und Nikolaj Vladimirovic* Timoféeff-Ressovsky (1898-1973; 1900-1981)«, in: Ilse Jahn/Michael Schmitt (Hg.), *Darwin & Co.: eine Geschichte der Biologie in Portraits*, München: Bd. 2, Beck Verlag, S. 442-470 (und Anm. S. 553-560).

Schweizer Verein Feministische Wissenschaft (Hg.) (1988): *Ebenso neu als kühn. 120 Jahre Frauenstudium an der Universität Zürich*, Zürich: eFeF-Verlag.

Sime, Ruth Lewin (1996): *Lise Meitner. A Life in Physics*, Berkeley: University of California Press, dt. (2001): *Lise Meitner: Ein Leben für die Physik*, Frankfurt/Main: Insel Verlag .

Stern, Lina (1930): »Selbstdarstellung«, in: Kern (Hg.) (1999), S. 137-140.

Tollmien, Cordula (1995): *Sofja Kovalevskaja*, Weinheim/Basel: Verlag Beltz und Gelberg.

Tollmien, Cordula (1997): »Zwei erste Promotionen: Die Mathematikerin Kowalewskaja und die Chemikerin Lermontowa«, in: Renate Tobies (Hg.), *»Aller Männerkultur zum Trotz«*. Frankfurt/Main, New York: Campus, S. 83-109.

Vierhaus, Rudolf/Brocke, Bernhard vom (Hg.) (1990): *Forschung im Spannungsfeld von Politik und Gesellschaft. Geschichte und Struktur der Kaiser-Wilhelm-/Max-Planck-Gesellschaft*, Stuttgart: Deutsche Verlags-Anstalt.

Vogt, Annette (1988): »Wissenschaft und Persönlichkeit. Karl Weierstraß und Sonja Kovalevskaja«, in: *Wissenschaftliche Zeitschrift der FSU Jena, Naturwissenschaftliche Reihe*, 37/2, S. 271-278.

Vogt, Annette (1997a): *Findbuch (Index-Book). Die Promotionen von Frauen an der Philosophischen Fakultät von 1898 bis 1936 und an der Mathematisch-Naturwissenschaftlichen Fakultät von 1936 bis 1945 der Friedrich-Wilhelms-Universität zu Berlin sowie die Habilitationen von Frauen an beiden Fakultäten von 1919 bis 1945*, Berlin: Preprint 57 des MPI für Wissenschaftsgeschichte.

Vogt, Annette (1997b): »Die Kaiser-Wilhelm-Gesellschaft wagte es: Frauen als Abteilungsleiterinnen«, in: Renate Tobies (Hg.), *»Aller Männerkultur zum Trotz«: Frauen in Mathematik und Naturwissenschaften*, Frankfurt/Main, New York: Campus, S. 203-219

Vogt, Annette (1997c): »Berlins erste Professorin. Der ›Milch-Skandal‹ machte sie berühmt. Lydia Rabinowitsch-Kempner – die erste vom Kaiser ernannte Professorin in Berlin«, in: *Berlinische Monatsschrift* 6/7, S. 32-36.

Vogt, Annette (1997d): »›In Ausnahmefällen ja‹ – Max Planck als Förderer seiner Kolleginnen. Zum 50. Todestag von Max Planck«, in: *MPG-Spiegel* 4, S. 48-53.

Vogt, Annette (1997e): »Vom Hintereingang zum Hauptportal – Wissenschaftlerinnen in der Kaiser-Wilhelm-Gesellschaft«, in: *Dahlemer Archivgespräche* 2, S. 115-139.

Vogt, Annette (1999a): »Elsa Neumann – Berlins erstes Fräulein Doktor«. Hg. der Dokumente und Essay, Berlin: Verlag für Wissenschafts- und Regionalgeschichte Dr. Michael Engel.

Vogt, Annette (1999b): »Naturwissenschaftlerinnen-Portraits«, in: Marlise Hoff (Hg.), *Aufbrüche. Frauengeschichte(n) aus Tiergarten. 1850-1950.* Ausstellungskatalog, Berlin: Kulturamt Tiergarten.

Vogt, Annette (1999c): »Die Wissenschaftlerin Charlotte Auerbach«, in: *Berlinische Monatsschrift* 8/10, S. 54-59.

Vogt, Annette (1999d): »Fellow of the Royal Society – Die Wissenschaftlerin Marthe Vogt«, in: *Berlinische Monatsschrift* 8/11, S. 44-49.

Vogt, Annette (1999e): »Aufbruch und Verdrängung. Wissenschaftlerinnen an der Berliner Universität zwischen 1918 und 1945/46«, in: Hans Meyer (Hg.), *Frauen an der Humboldt-Universität 1908-1998*, Berlin: Humboldt-Universität, Öffentliche Vorlesungen, H. 99, S. 21-48.

Vogt, Annette (1999f): *Wissenschaftlerinnen der Kaiser-Wilhelm-Gesellschaft von A bis Z. Berlin 1999* (Veröffentlichungen des Archivs der MPG, Bd. 12).

Vogt, Annette (2000): »Astronominnen in Berlin und Potsdam«, in: Wolfgang R. Dick/Klaus Fritze (Hg.), *300 Jahre Astronomie in Berlin und Potsdam*, Frankfurt/Main: Harri Deutsch Verlag, S. 121-141.

Vogt, Annette (2001):»›Unsere Freundin hat eine Lebensaufgabe‹ (K. Weierstraß) – Zum 150. Geburtstag von Sof'ja Kovalevskaja«, in: Sitzungsberichte der Berliner Mathematischen Gesellschaft, Jg. 1997-2000 (im Erscheinen). Berlin, S. 509-535.

Vogt, Annette (2002): »Vertreibung und Verdrängung. Erfahrungen von Wissenschaftlerinnen mit Exil und ›Wiedergutmachung‹ in der Kaiser-Wilhelm-/Max-Planck-Gesellschaft 1933-1955«, in: *Dahlemer Archivgespräche* 8, S. 93-136.

Weber, Max (1918): »Wissenschaft als Beruf«, in: Horst Baier et al. (Hg.),

Max Weber Gesamtausgabe, Tübingen: Mohr Verlag, Bd. 17, S. 70-111.

Wiemers, Gerald/Fischer, Eberhard (1996): *Sächsische Akademie der Wissenschaften zu Leipzig. Die Mitglieder von 1846 bis 1996,* Berlin: Akademie-Verlag.

Wobbe, Theresa (1994): »Mathilde Vaerting«, in: Barbara Hahn (Hg.), *Frauen in den Kulturwissenschaften,* München: Beck, S. 123-135.

Wobbe, Theresa (Hg.) (2002a): *Frauen in Akademie und Wissenschaft. Arbeitsorte und Forschungspraktiken. 1700-2000,* (Forschungsberichte der interdisziplinären Arbeitsgruppen der BBAW, Bd. 10), Berlin: Akademie Verlag.

Wobbe, Theresa (2002b): »Die longue dureé von Frauen in der Wissenschaft. Orte, Organisationen, Anerkennung«, in: Wobbe (2002a), S. 1-28.

Wrangell, Margarete von (1930): »Dr. chem. Fürstin Margarete Andronikow geb. Baronesse Wrangell, o. Professor und Leiterin des Pflanzenernährungsinstitutes, Hohenheim bei Stuttgart, (Selbstdarstellung)«, in: Kern (1999), S. 141-151.

Inklusionskonzept. Konvertierung von Leistung in Anerkennung

Der ~~Matthäus~~ Matilda-Effekt in der Wissenschaft[1]

MARGARET W. ROSSITER

In seiner Autobiographie *Enigmas of Chance* beschreibt der Mathematiker Mark Kac seine im Jahr 1980 erfolgte Reise nach Polen, um dort die Gedenkrede zu Ehren des fast vergessenen Physikers Marian Smoluchowski zu halten. Smoluchowskis weitgehende Unbekanntheit schrieb Kac weder seinem frühen Tod im Alter von 45 Jahren noch seinem langen Namen oder seiner Karriere in Osteuropa zu, sondern dem sogenannten *Matthew Effect*. Smoluchowski wurde von Albert Einstein in den Schatten gestellt, der sich damals zu etwa derselben Zeit mit der Brownschen Molekularbewegung beschäftigte (vgl. Kac 1985: 22; Teske 1975).[2] Robert K. Merton benannte 1968 nach dem Evangelisten Matthäus eine Art ›Ausstrahlungseffekt‹, den bekannte Wissenschaftler erfahren, wenn ihnen Arbeiten zugeschrieben werden, für die sie nicht (oder zumindest nicht ausschließlich) verantwortlich sind. Oder wie im Matthäus-Evangelium geschrieben steht: »Denn wer da hat, dem wird gegeben werden, daß er die Fülle habe; wer aber nicht hat, dem wird auch das genommen, was er hat« (Die Bibel 1999: 13:12; vgl. auch Merton 1988).

Das Interessante an Kacs Aufgreifen dieser Bibelstelle ist die Betonung des zweiten Teils der Prophezeiung. Oftmals wird mit dem Begriff ›Matthäus-Effekt‹ nur der erste Teil beschrieben – die übermäßige Anerkennung, die jenen gezollt wird, die im Wissenschaftsbetrieb an der Spitze stehen. Es ist bislang nicht allgemein anerkannt, daß er in der zweiten Verwendung auf die Habenichtse der Wissenschaftsgeschichte anwendbar ist, darunter gerade auch auf Frauen in der Wissenschaft (vgl. Lorber 1984).[3]

Obwohl Mertons ursprünglicher Aufsatz von 1968 überwiegend anekdotisches Material anführt (mit zahlreichen Fußnoten, die auf Harriet Zukkermans Doktorarbeit von 1965 verweisen), haben anschließende Untersuchungen zu Zitierweisen, sogenannte *citation studies,* dieses verzerrte Muster belegt (vgl. Merton 1968).[4] Es ist sogar im wissenschaftlichen Journalismus weit verbreitet und überhaupt allgemein in ›Informationen‹. Da Leser leichter jene Namen behalten, die sie bereits kennen (ein bestimmter Wiedererkennungsfaktor, wie in politischen Wahlkämpfen), bevorzugen Journalisten und Redakteure diverse Abkürzungen, obwohl sie damit routinemäßig etwas verzerren, was doch, so wird behauptet, für die wissenschaftliche Moral und den Aufbau einer Reputation zentral ist, nämlich die richtige Attributierung wissenschaftlicher Leistung (vgl. Goddell 1977: 210). Der Großteil von Mertons (1968) Beweismaterial bezog sich auf das Ungleichgewicht in der Beachtung und Wertschätzung von Mitarbeitern und (unabhängigen) zeitgleichen Entdeckern: Der bevorzugte Mitarbeiter erwirbt bleibenden Ruhm durch Preise, Lehrbücher und posthume Eponyme, während der Partner, falls er oder sie überhaupt dem posthumen Vergessen entrinnt, höchstens kurze Erwähnung in der Rede des anderen während der Nobelpreis-Verleihung oder in einer Fußnote in seiner Biographie findet. Die spätere Bibelforschung hat ergeben, daß dieser Teil des Effektes besonders treffend benannt wurde, denn wir wissen jetzt, daß Matthäus dieses Evangelium selbst nicht geschrieben hat, auch wenn es im 2. Jahrhundert nach ihm benannt wurde. Man verfaßte es erst zwei oder drei Generationen nach seinem Tod (vgl. Beare 1981: 7-13).

Merton (1968) schrieb diese ungleiche Verteilung des Ruhmes dem ein Stück weit zirkularen Prozeß der ›Akkumulation von Vorteilen‹ zu. Jene Wissenschaftler und Wissenschaftlerinnen, die erinnert werden, verfügten oftmals bereits über Charisma, etablierte Reputationen, Posten an forschungsorientierten Hochschulen und viele gut plazierte Schüler, weshalb all dieses dazu beitrug, daß sie noch mehr Ruhm erlangten. Die ›Verlierer‹ in diesem Prozeß dagegen sind oftmals marginale Figuren ohne festen Posten, feste Institution oder Schüler, die für sie kämpfen oder gegen ihren Ausschluß protestieren. Das zeigt, daß Politik in der wissenschaftlichen Mythenbildung mindestens eine ebenso große Rolle spielen kann wie das Werk selbst. Aber Merton verurteilte nicht den Mangel an Fairneß dieser ziemlich systematischen Fehlattribution von Anerkennung. Stattdessen machte er sich daran zu beschreiben, wie ›funktional‹ dies sei, und schlug sogar vor, daß unbekannte Wissenschaftler sich diese Asymmetrie zunutze machen sollten, indem sie ihre Ideen den bereits bekannten Größen mitteilten, die jene dann für sie publizieren könnten (mit oder ohne Angabe der Quelle). Doch solch ein zynischer Rat – wie man das vorherrschende System am besten nutzt, statt es zu verändern – kann nur weiter die Moral von Postdoktoranden und anderen untergraben, deren Leistungen heutzutage routinemäßig der Reputation ihrer Vorgesetzten zugute kommen (vgl. Merton 1968: 59f.; Hall 1987: 88f., 95f., 142ff.).

Beispiele

Seit 1968 ist viel über die Geschichte von Frauen in der Wissenschaft geschrieben worden, und vieles davon über unbekannte Personen, die zuvor höchstens in Fußnoten auftauchten, wenn überhaupt. Doch ihre Wiederentdeckung wirft die Frage auf, wie bekannt die durchschnittliche Wissenschaftlerpersönlichkeit sein sollte. Sollte jemand, der beispielsweise 40 Jahre lang Botanik am *Wellesley College* gelehrt hat, von der gesamten Wissenschaftsgemeinde erinnert werden? Von allen Botanikern (und Botanikerinnen)? Von den Ehemaligen des *Wellesley Colleges*? Was, wenn sie auch noch Präsidentin der *Botanical Society of America* war? Oder eine wichtige Auszeichnung erhalten hat? Und was ist mit einer Regierungsangestellten, die 40 Jahre lang die *chestnut blight disease* erforscht hat? Vielleicht ist sie anderen Spezialist(inn)en auf der ganzen Welt bekannt, doch niemand kennt sie in ihrer Heimatstadt. Wie spezifisch oder weit gestreut sollte eine wissenschaftliche Reputation sein? Wenn wir irgendeine Skala oder einen Maßstab hätten, könnten wir wissen, wie besorgt oder empört wir zu sein haben, wenn eine verdiente Wissenschaftlerin ignoriert oder vergessen wird. Schließlich kann und sollte nicht jede(r) von jedem erinnert werden. Aber wie auch immer die Hierarchie aussieht, wenn die Wissenschaft meritokratisch sein will und die Wissenschaftsgeschichte dieses reflektieren soll, dann sollten ähnliche oder gleiche Leistungen auch ähnlich anerkannt und belohnt werden.

Doch dies ist in der Geschichte von Frauen selten der Fall. Sicherlich gibt es Ausnahmen, wie beispielsweise Marie Curie. Doch ob sie wegen ihrer beiden Nobelpreise, der Bestseller-Biographie ihrer Tochter, ihrer Machtfülle an der Spitze des *Radium Instituts* in Frankreich oder aber wegen des 1943 erschienenen Films mit Greer Garson erinnert wird, ist nicht klar. Kürzlich hat Helena Pycior über Curies frühe Reputation und Veröffentlichungen geschrieben. Im Gegensatz zu vielen Ehefrauen, die mit ihren Männern zusammenarbeiteten, war sie alles andere als Pierre Curies stille und unsichtbare Mitarbeiterin, zumeist auch nicht die zweite Autorin seiner Werke. Häufiger war sie die einzige Autorin wichtiger Aufsätze, oder ihr Name kam zuerst und seiner an zweiter Stelle (vgl. Pycior 1993). Ein anderes Beispiel für eine Wissenschaftlerin, die fast so viel Anerkennung erhielt, wie sie verdiente, wäre die in wissenschaftlichen Zusammenhängen gut eingebundene Maria Goeppart Mayer, Mitarbeiterin von Enrico Fermi an der Universität von Chicago in den späten 1940ern, die sich 1963 den Nobelpreis mit Eugene Wigner und mit dem gleichzeitigen Entdecker des Schalen-Modells des Nukleus, dem Deutschen Hans D. Jensen, teilte. Aufgrund der Bestimmungen gegen Nepotismus an der Universität von Chicago, an der sie von 1947 bis 1949 arbeitete, war sie offiziell unbezahltes,

›freiwilliges‹ Mitglied des Lehrkörpers, und ihre Leistungen hätten von dem Nobelpreis-Komitee in Stockholm leicht übersehen werden können. Doch ihre Einbindung in das Fermi-Team half ihr, trotz ihres formalen Titels, diese scheinbar marginale Position zu überwinden (vgl. Dash 1980).

Obwohl Dean Keith Simonton kürzlich behauptet hat, daß wissenschaftliche Reputationen nach ihrem Aufbau Generationen überdauern (vgl. Simonton 1988: 91), ist dies für Frauen in der Wissenschaft oftmals nicht der Fall. Jene, die zu Lebzeiten keine Beachtung fanden, blieben auch nach ihrem Tod unbekannt. Doch auch andere, die einst bekannt waren, sind aus der Geschichtsschreibung gelöscht worden, sei es aus Faulheit, Trägheit oder durch Historiker, die bestimmte persönliche Ziele verfolgten. Die vermutlich empörendste Auslöschung oder Verzerrung in der Wissenschafts- und Medizingeschichte betrifft die Ärztin Trotula, die im 11. Jahrhundert in Salerno/Italien praktizierte und kürzlich von Margaret Alic in ihrem Buch *Hypatias Töchter* beschrieben wurde. Wir wissen durch eine Reihe von Hinweisen ihres Mannes, ihrer Söhne und sogar von Ärzten, daß sie tatsächlich existierte und wegen ihrer Heilverfahren und Traktate zu Frauenkrankheiten berühmt war. Doch im 12. Jahrhundert verfälschte ein Mönch ihren Namen auf einer ihrer Schriften in der Annahme, daß eine derart erfolgreiche Person ein Mann gewesen sein müsse. Er gab ihrem Namen die maskuline lateinische Form, und dieser Fehler sorgt seitdem für ständige Verwirrung bezüglich ihres Geschlechts. Im 20. Jahrhundert machte der deutsche Medizinhistoriker Karl Sudhoff, der das Ansehen seines Faches zu mehren suchte, aus Trotula eine Hebamme in der fälschlichen Annahme, daß so wichtige Traktate nur von einem männlichen Arzt stammen konnten. Die Folge ist, daß sie im *Dictionary of Scientific Biography* (DSB) keinen eigenen Eintrag hat (vgl. Alic 1986: 54f.; Winau 1983: 112f.).

Zu jenen zeitgleichen Entdeckern, die nicht die gleiche Reputation erwarben, gehörte die ungebildete Deutsche Agnes Pockels, die 1890 ihre Beobachtungen zur Oberflächenspannung an Lord Rayleigh vom *Cavendish Labor* in England schickte. Obwohl dieser dann durchaus korrekt dafür sorgte, daß ihr Brief veröffentlicht wurde, ist in der Regel er es, dem die Entdekkung des Phänomens zugesprochen wird, eine der geringeren Errungenschaften in seiner langen und erfolgreichen Karriere.[5] Die Genetikerin Nettie Stevens, damals am *Bryn Mawr College*, und Edwin B. Wilson an der *Columbia University* entdeckten beide die chromosomale Grundlage der Geschlechtsbestimmung. Doch nur er und nicht sie, die im Alter von 51 Jahren starb, wird in den Textbüchern und im DSB erwähnt (vgl. Brush 1978; Ogilvie/Choquette 1981; Ogilvie 1986: 167ff.; Kass-Simon/Farnes 1990: 225f.).

Es gibt unter Wissenschaftlern und Wissenschaftlerinnen, die zusammenarbeiteten, jedoch nicht verheiratet waren, viele Beispiele für gemeinsame Entdeckungen, die nicht als solche anerkannt wurden. Besonders ausgeprägt ist dieses Phänomen auf der Nobelpreis-Ebene oder bei ähnlichen prestigeträchtigen Formen von Anerkennung. Frieda Robscheit-Robbins z.B., die 30 Jahre lang mit dem Pathologen George Hoyt Whipple zusammenarbeitete und Koautorin fast aller seiner/ihrer Publikationen war, ging leer aus, als er 1934 den Nobelpreis für Medizin erhielt.[6] Whipple erkannte allerdings, wie viel er ihr zu verdanken hatte und wie ungerecht und beschämend die Preisverleihung war. Er lobte sie in den höchsten Tönen und teilte sich sogar das Preisgeld mit ihr und zwei anderen Assistentinnen (vgl. Rossiter 1982: 213f.). Ein weiteres Beispiel für versagte Anerkennung – bekannter, doch weniger generös – ist der Fall der Kristallforscherin Rosalind Franklin. Sie starb, bevor ihre ›Mitarbeiter‹ (um einen weiten Begriff bis an seine Grenzen zu treiben) 1962 den Nobelpreis erhielten, und deren zentraler Beitrag von ihnen auch noch zusätzlich in der verzerrten autobiographischen Darstellung ›ihrer‹ Entdeckung heruntergespielt wurde (vgl. Watson 1968; Sayre 1975).[7] In einem weiteren Fall aus den 50er Jahren des 20. Jahrhunderts scheint niemand dagegen protestiert zu haben, daß Chien-Shiumg Wu, Physikerin an der *Columbia University*, deren Forschung zeigte, daß Parität nicht bewahrt wird (that parity is not conserved), nicht den Nobelpreis in Physik gemeinsam mit den Theoretikern Tsung-Dao Lee und Chen Ning Yang erhielt (vgl. Lubkin 1971). Auch in den 1960er und 70er Jahren arbeiteten jüngere Kolleginnen, wie die Astrophysikerin Jocelyn Bell in England[8] oder die Pharmakologin Candace Pert in den USA, an wichtigen wissenschaftlichen Projekten mit, wurden aber nicht für die daraus resultierenden Nobel- bzw. Lasker-Preise berücksichtigt. Zu diesem Zeitpunkt hatte sich bereits genügend feministische Kritik entwickelt, um diese Entscheidungen zumindest ›kontrovers‹ erscheinen zu lassen (vgl. J.L.M. 1979: 341; Pollin 1979: 8; Arehart-Treichel 1979: 120, 126; Snyder 1989; Goldberg 1988; Kanigel 1986).

Doch der vermutlich berüchtigste Diebstahl eines Nobelpreises geschah im Fall von Lise Meitner, die jahrzehntelang mit Otto Hahn in Deutschland arbeitete, und die 1939 erkannte, daß das, was sie vollbracht hatten, aber nicht erklären konnten, eine Kernspaltung war. Sie muß verblüfft gewesen sein, als sie 1944 erfuhr, daß Otto Hahn allein den Nobelpreis für eine der größten gemeinschaftlichen Entdeckungen des 20. Jahrhunderts erhalten hatte. Sie beschwerte sich nicht öffentlich, doch als Hahn im Dezember 1946 nach Stockholm kam, ihr Wohnort nach 1938, um seinen Preis in Empfang zu nehmen, schrieb er in seiner Autobiographie:

> Zuvor hatte ich aber noch eine recht unglückliche Unterhaltung mit Lise Meitner, die meinte, ich hätte sie damals nicht aus Deutschland fortschicken dürfen. Dieser Mißklang war wohl auf eine gewisse Enttäuschung zurückzuführen, daß ich den Preis allein bekommen hatte. Darüber habe ich mit Lise Meitner zwar nicht gesprochen,

wohl aber gaben es mir einige ihrer Bekannten auf eine wenig freundliche Weise zu verstehen. An dieser Entwicklung war ich aber damals wirklich unschuldig gewesen; ich hatte doch nur das Wohl meiner geschätzten Kollegin im Auge gehabt, als ich ihre Emigration vorbereitete. Und schließlich war mir der Preis nur für Arbeiten zuerkannt worden, die ich allein oder gemeinsam mit meinem Kollegen Fritz Straßmann durchgeführt hatte, und Lise Meitner ist für ihre Leistungen in den USA mehrfach Ehrendoktor und sogar einmal »Frau des Jahres« geworden (Hahn 1968: 206).[9]

Die Ehe als Sonderfall

Wenn schon Mitarbeiterinnen häufig weniger Anerkennung für ihre Arbeit gezollt wird, so ist dieses Muster bei verheirateten Paaren, die zusammenarbeiten, noch ausgeprägter. In diesem Fall – wie z.B. aus den zahlreichen kürzlich erschienenen Beiträgen über die erste Ehefrau Albert Einsteins ersichtlich wird (vgl. Renn/Schulmann 1992) – wird der Beitrag eines Partners (in der Regel ist es der der Ehefrau) systematisch unterbewertet, sei es bewußt aus strategischen Gründen oder unbewußt als Folge traditioneller Stereotype. Im Fall des britischen Physikerehepaars Hertha Marks und William Edward Ayrton war sie es, die die Arbeiten ihres Mannes durchführte, als er, der wesentlich älter war, krank wurde. Sie veröffentlichte die Arbeiten bewußt unter seinem Namen und nicht unter ihrem, da er den Eindruck aufrechterhalten wollte, noch immer in der Lage zu sein, seine Studien durchzuführen (vgl. Ogilvie 1986: 32ff.; Sharp 1926; Mason 1992). Ein weiterer Fall, in dem dem Ehemann mehr Anerkennung zuteil wurde, als ihm zukam, ist vermutlich das Biochemikerehepaar Gerty und Carl Cori, die sich 1947 den Nobelpreis in Medizin mit Bernardo Houssay aus Argentinien teilten. Es waren weniger die schriftlichen Darstellungen ihrer Arbeit als Gerüchte, die darauf hinwiesen, daß sie eine weitaus bessere Wissenschaftlerin war als er (vgl. Sicherman/Green 1980: 165ff.).

Tatsächlich mag die Heirat mit einer Mitarbeiterin für so manchen gefährdeten Wissenschaftler eine Strategie gewesen sein, eine ernsthafte Konkurrentin im Kampf um Anerkennung aus dem Feld zu drängen. Etwas in dieser Art geschah zwischen Ruth Hubbard und George Wald, die ursprünglich getrennt und erst später zusammengearbeitet hatten. Obwohl sie in den 50er Jahren des 20. Jahrhunderts eigenständige Arbeit zur Biochemie der Sehkraft geleistet hatte, mußte sie nach ihrer Heirat mit Wald, der ähnliche Fragestellungen untersuchte, feststellen, daß ihre gesamten früheren Arbeiten nun ihm und ihrer späteren Zusammenarbeit zugerechnet wurden (vgl. Walzer 1981; Farnes 1990: 289). 1967 erhielt er den Nobelpreis. Erst kürzlich mußte die Kristallforscherin Isabella Karle, die fast 50 Jahre lang mit ihrem Ehemann Jerome zusammengearbeitet hatte, mit

Verblüffung zur Kenntnis nehmen, daß er seinen Nobelpreis nicht mit ihr, sondern mit einem deutschen Kollegen und Koautoren teilen sollte. Ihre Tochter, selbst Forscherin am *Brookhaven National Laboratory*, protestierte in einem *New-York-Times*-Interview (1985).

In der Gesamtheit

Die Liste der Beispiele für dieses Gesamtphänomen könnte noch fortgesetzt werden, doch das Muster betrifft nicht nur individuelle Fälle, die uns trotz aller Widrigkeiten zu Ohren gekommen sind, sondern tritt auch systematisch in ganzen Populationen auf. Ein hervorragendes Beispiel für das Unterbieten, Ignorieren und Bagatellisieren der Präsenz von Frauen liefert die Wahl des Titels des *American Men of Science* von 1906 in seiner ersten Ausgabe. Es gab Frauen, Hunderte und später Tausende in jeder Ausgabe, doch der gewählte Titel spielte diese Tatsache bewußt herunter. Kritische Stimmen mahnten bereits 1920 an, daß er eigentlich *Men and Women of Science* oder einfach *Scientists* oder auch *Scientific Worthies* lauten sollte, wie ein Verzeichnis in England, aber vergebens. Bis 1971, als die Entscheidung gefällt wurde, den Titel der anstehenden 12. Ausgabe in sechs schweren Bänden um *American Men and Women of Science* zu erweitern (Rossiter 1982: 112; New York Times 1971).[10] Die zwei Bände des *McGraw-Hill Modern Men of Science* waren sogar noch exklusiver, indem sie nicht nur das Geschlecht der Wissenschaftler in ihrem Titel festlegten, sondern auch die meisten Frauen aus ihrem Text ausließen. Von den 426 zeitgenössischen Wissenschaftler(inne)n im ersten Band (1966) waren nur neun Frauen (sechs Amerikanerinnen und drei Britinnen), und im 1968 erschienenen zweiten Band fanden sich sogar nur zwei Frauen unter den 420 ›führenden‹ Wissenschaftler(inne)n (Meitner und Honor Fell). Nicht einmal die üblichen Kandidatinnen wie Barbara McClintock schafften es, in dieses biographische Wörterbuch aufgenommen zu werden (McGraw-Hill 1966/1968). Selbst das *Dictionary of Scientific Biography* (1970-1980) mit etwa 2.000 Einträgen für Wissenschaftler(innen) und andere führte lediglich 25 Frauen auf, darunter acht Astronominnen, vier davon vom *Harvard College Observatory*, was darauf zurückzuführen sein mag, daß I. Bernhard Cohen und Gerald Holton in einem der Auswahlkomitees saßen (vgl. DSB 1970).

Betrachtet man nun statt der Verzeichnisse und Listen die Literatur, die in jüngster Vergangenheit in der Kategorie ›Sozialwissenschaft‹ erschienen ist, so war es für viele Studien aus den 1950ern und 60ern die übliche Praxis, Frauen und bestimmte Männer überhaupt nicht zu erwähnen. Ein einflußreiches Buch, das so verfuhr, war *The Making of a Scientist* (1953) von der Psychologin Anne Roe (Simpson). Wie sie in einem der Anfangskapitel erklärt, wollte sie die Abweichungen in den Ergebnissen ihrer Testpersonen möglichst gering halten und schloß daher folgende anderenfalls qualifizierte Kandidat(inn)en aus: im Ausland geborene, über 61 Jahre alte Inhaber administrativer Positionen, ihren Mann und seine Freunde sowie Frauen. Letzteres war besonders einfach, da es in den späten 1940ern nur zwei weibliche Mitglieder an der *National Academy of Sciences* und in der *American Philosophical Society* gab, Barbara McClintock und Cecilia Payne-Gaposchkin, die in England geboren war. Eine solche Mitgliedschaft war jedoch für die meisten Testpersonen Bedingung. Derart bereinigt, konnte ihre Stichprobe von 64 bekannten männlichen Forschern als respektable Sozialwissenschaft Geltung beanspruchen. Die erzieherischen Implikationen einer solchen Eingrenzung – ihr Mangel an Sensibilität und ihre Ignoranz der Vielfalt – erschienen erst später als ernsthaftes Problem. Ein solcher ›Idealtypus‹ schien damals die Gesamtheit dessen, was einen Wissenschaftler ausmacht, angemessen zu repräsentieren. Tatsächlich gibt es später Hinweise darauf, daß Roes eigenes Gewissen dem ihrer Zeit etwas voraus war, denn 1966 veröffentlichte sie Material über die eher chauvinistischen und sexistischen Praktiken dieser Männer, die zuvor nicht in ihre idealisierte Darstellung gepaßt hatten (Roe 1953).[11]

Andere Studien aus den 1950er und 60er Jahren bezogen zwar Frauen in die Datenerhebung mit ein, erwähnten sie aber nicht im Text. Eine dieser Studien, durchgeführt von R. H. Knapp und H. B. Goodrich von der Wesleyan University, untersuchte die Undergraduate-Wurzeln jener Wissenschaftler der Jahrgänge 1924 bis 1934, die später in *American Men of Science* Aufnahme fanden. Zwar wurden Frauen bei den institutionellen Erhebungen und Rohdaten berücksichtigt, doch nachdem festgestellt wurde, daß nur zwei Prozent der aufgelisteten Promotionen (PhDs) von Frauen erworben worden waren, wurden sie aus den weiteren Berechnungen und aus dem Text ausgeschlossen. Wenn also spätere Leser (und Leserinnen) nachschauen wollten, wo amerikanische Wissenschaftler(innen) zum College gegangen waren, fanden sie die Namen von privaten *Liberal Arts Colleges* wie Oberlin, Swarthmore und Reed, nicht aber die höchst produktiven Frauen-Colleges wie Mount Holyoke, Vassar, Wellesley und Smith. Es ist zu vermuten, daß der Ausschluß von Frauen auch das Abschneiden von großen gemischtgeschlechtlichen Universitäten wie Cornell, Berkeley oder die *University of Michigan* negativ beeinflußt hat, wo viele Wissenschaftlerinnen ausgebildet wurden. Dadurch, daß ein Teil der Vergangenheit verschwiegen wurde, beförderte diese scheinbar autoritative Studie (die wichtigen Einfluß auf die Studien-/Ausbildungsberatung hatte) die Annahme, daß Frauen grundsätzlich keine Naturwissenschaften betreiben, und ignorierte die beachtlichen Beiträge einiger Frauen-Colleges und großer Universitäten. (Festzuhalten ist vielleicht auch, daß von der daraus resultierenden Verzerrung die *Liberal Arts Colleges* für Männer profitierten, so wie die *Wesleyan University*, die die Studie finanziert hatte.)[12]

Eine weitere Untersuchung, die ebenfalls Frauen in die Datenerhebung mit einbezieht, sie dann aber im Text nicht mehr erwähnt, ist *The Professional Scientist: A Study of American Chemists*, die 1962 von den bekannten Soziologen Anselm Strauss und Lee Rainwater publiziert wurde. Auf der Grundlage eines Vertrags mit der *American Chemical Society*, dem zufolge eine repräsentative Stichprobe erhoben und die Einstellungen der Mitglieder in Erfahrung gebracht werden sollten, sandten die Forscher einen Fragebogen an fast 1.000 Chemiker(innen), sorgfältig ausgewählt, um einen Prozentsatz von 7,5 Prozent Frauen sicherzustellen. 200 Chemiker wurden interviewt, darunter auch, wiederum sorgfältig gewichtet, 15 Frauen. Doch die anschließende Publikation läßt die Frauen ungeniert aus (ebenso die nicht länger aktiven und die im Ausland geborenen Chemiker), damit sich die Studie, nach Auskunft der Autoren im ersten Kapitel, intensiver mit den Variationen bei den (weißen) Männern befassen könne. Es gab nicht einmal ein separates Kapitel zu den Frauen oder den im Ausland geborenen Chemikern, obwohl gerade damals die Präsenz beider Gruppen unter amerikanischen Chemikern zunahm (vgl. Strauss/Rainwater 1962). Vielleicht gingen ihre Ansichten weit genug auseinander, um verschieden zu sein, aber auch dann hätte ein gesondertes Kapitel aufschlußreich sein können, vor allem, da die *American Chemical Society* die Studie in Auftrag gegeben hatte, um die eigene Zukunft besser planen zu können.

Angesichts solcher Auslassungen und Ausgrenzungen war es ein Fortschritt, als Jonathan Cole mit seiner unglücklich betitelten Arbeit *Fair Science* im Jahr 1979 den Wissenschaftlerinnen einen ganzen Band widmete. Doch während Robert K. Merton 1968 scherzhaft auf die Unausgewogenheiten (d.h. Ungerechtigkeiten) des Anerkennungssystems in bezug auf bereits bekannte Wissenschaftler(innen) hinweisen konnte und den ›Matthäus-Effekt‹ aus anekdotischem Material ableitete, gab sich Cole die größte Mühe zu beweisen, daß dasselbe System Frauen in der Wissenschaft fair behandelte – bis auf drei Stellen hinter dem Komma. Weil die weiblichen Promovierten (PhDs) von 1957 so viel weniger publizierten und zitiert wurden als Männer desselben Fachs und Jahrgangs, so seine Behauptung, war ihr durchweg geringerer akademischer Rang und Status verdient. Allerdings zeigten sich die meisten Kritiker von dieser These nicht überzeugt, sondern waren sich stattdessen sicher, daß der akademische Betrieb, in dem der Großteil der Wissenschaft geregelt wurde, unfair war (vgl. Cole 1979).[13] Seit dieser Zeit hat sich die Wissenschaftssoziologie aus dieser Sackgasse kaum befreien können. Tatsächlich hat die Wissenssoziologie erst seit dem Aufsatz von Sara Delamont in *Social Studies of Science* vor sechs Jahren begonnen, Frauen überhaupt nennenswerte Beachtung zu schenken (vgl. Delamont 1987; Burrage 1983). Sogar die Wissenschaftsphilosophie, der es eigentlich immer um unpersönliches, abstraktes Denken geht, hat der Kategorie ›Geschlecht‹ mehr Aufmerksamkeit gewidmet als die Wissenschaftssoziologie.

Eine bessere und weniger strittige Erklärung des oben beschriebenen Phänomens der Invisibilisierung kommt aus dem Feld der Literaturkritik. Joanna Russ (1983) hat eine systematische Zusammenfassung und Kritik der mannigfaltigen Mechanismen vorgelegt, durch die die Beiträge von Frauen zur Literatur im Laufe der Jahrhunderte bewußt oder unbewußt herabgesetzt wurden. Sie bietet damit einen guten Überblick über die vielfältigen Weisen, auf denen Leistungen bewertet werden können und bewertet wurden, um sie doch letztlich zu schmälern und zu verwerfen. Der Umschlag der Taschenbuchausgabe ihres Buchs *How to Suppress Women's Writing* liefert sowohl eine Zusammenfassung als auch eine Karikatur ihrer Kritik, die für rein wissenschaftsorientierte Soziologen neu sein mag:

She didn't write it.
She wrote it, but she shouldn't have.
She wrote it, but look what she wrote about.
She wrote it, but she wrote only one of it.
She wrote it, but she isn't really an artist, and it isn't really art.
She wrote it, but she had help.
She wrote it, but she's an anomaly.
She wrote it, BUT ... (Russ 1983; vgl. Ozick 1972).

Auf der Suche nach einem Namen

Akzeptiert man die Tatsache, daß so eine systematische Unterbewertung der Beiträge von Frauen zu Wissenschaft und Literatur, wie auch zu Geschichtswissenschaft und Medizin, wirklich vorliegt (vgl. Carroll 1990), und daß sie in verschiedenen Varianten in der Wissenschaftsgeschichte und -soziologie häufig genug vorkommt, um eines Namens zu bedürfen, dann sollten wir uns Mühe geben, einen passenden zu finden. Man könnte es den ›Lise-Effekt‹ nennen, für Lise Meitner, die, wie oben erwähnt, eines der bekanntesten Beispiele für das Auftreten des Phänomens unter ›Beinahe-Nobelpreisträgern‹ verkörpert. Oder man könnte es aus Liebenswürdigkeit gegenüber Robert K. Merton auch den ›Harriet-Effekt‹ nennen, zu Ehren seiner unsichtbaren Mitarbeiterin Harriet Zuckerman, die den Großteil der Arbeit vollbracht hatte, auf die sich der ›Matthew Effect‹ stützte und die somit als Mitautorin hätte Erwähnung finden müssen – wie Merton selbst später zugab (vgl. Merton 1988: 607, Fn. 2).[14] Doch als Inhaberin einer

Professur an der *Columbia University* und als ehemalige Vorsitzende der *Society for Social Studies of Science* kann sie kaum als verkannt und von der Geschichte ausgebeutet oder unterdrückt bezeichnet werden (vgl. *Who's Who* 1990/1991).

Vielleicht könnte man sich, wie es sich für die zweite Generation der Wissenschaftsgeschichte und -soziologie geziemt, sozusagen auf Mertons Schultern stellen (um einen weiteren Ausdruck zu gebrauchen, den er berühmt gemacht hat) und einen religiösen oder halb-religiösen Namen finden, der zu dem Eponym paßt. Hier bieten sich zwei Möglichkeiten an, da das Phänomen sowohl in der Bibel als auch in der Bibelforschung geläufig ist, wie auch in anderen Bereichen. Wenn uns auch kein Name von Matthäus' unsichtbaren Assistentinnen geläufig ist, so haben Bibelforscher dennoch herausgefunden, daß eine obskure, als Priscilla oder Prisca bekannte Person bestimmte Teile der Heiligen Schriften geschrieben hat (vgl. Hoppin 1969). Eine zweite Möglichkeit wäre die biblische Figur Martha, die Schwester von Maria. Über sie gibt es genügend Informationen, um sie als besonders geeignet erscheinen zu lassen, denn anders als Maria, der als Mutter von Christus zu Lebzeiten und später stets eine gute Behandlung widerfuhr, verblieb Martha nur eine Menge Arbeit im Haushalt und keinerlei Anerkennung. In der Bibel, Lukas 10:40, wird sie sogar von Christus wegen ihrer vermeintlichen Unhöflichkeit zurechtgewiesen, weil sie mit der Hausarbeit fortfährt, obwohl Christus gekommen war, um mit seiner Mutter zu sprechen. So kam zu der undankbaren Schinderei auch noch Beleidigung hinzu. Ein weiteres Argument für ihre Wahl ist die Tradition von Gedichten ihr zu Ehren, wozu auch das Gedicht *The Sons of Martha* von Rudyard Kipling (1949; vgl. Shahane 1973) gehört. Es ist eine Hymne auf die Freuden der Kameradschaft unter denjenigen, die wertvolle, aber unbeachtete Arbeit leisten; in Kiplings Fall die britischen Ingenieure in Indien, die statt der königlichen Behandlung, die den Söhnen Marias zukommt, als Söhne von Martha nur fortwährende Arbeit zu erwarten haben, beim Bau von Eisenbahnschienen, Dämmen und Straßen – alle Sorten von unbeachteter Infrastruktur, ohne dafür Aufmerksamkeit oder Dank zu erfahren.[15] Jahre später griff die amerikanische ehemalige Psychologin und jetzige Ingenieurin Lillian Gilbreth das Gedicht in ihrer Ansprache *The Daughters of Martha* vor der *Society of Women Engineers* wieder auf und nutzte die Gelegenheit, darauf hinzuweisen, wie unterbewertet die Arbeit von weiblichen Ingenieuren noch immer sei (vgl. Gilbreth 1961).

Doch als Historikerin, die über amerikanische Frauen arbeitet, bevorzuge ich eine dritte Kandidatin, Matilda, die keinesfalls eine unbeachtete und vielleicht mythische Bibelfigur war, sondern eine amerikanische Feministin, Suffragette, Religions- und Bibelkritikerin und frühe Wissenssoziologin des 19. Jahrhunderts. Sie sah, was geschah, erkannte das Muster, verurteilte es, mußte aber einige der hier beschriebenen Phänomene am eigenen Leib erfahren. Matilda Joslyn Gage (1826-1898) wurde zehn Meilen außerhalb von Syracuse/New York geboren und verbrachte den Großteil ihres Lebens in dieser Gegend. Ihr Vater hatte einen großen Einfluß auf ihre intellektuelle Entwicklung. Er arbeitete als Arzt, war aber zugleich Abolitionist, Befürworter der *Temperance*-Bewegung, ein Frauenrechtler und Freidenker, dessen Haus angeblich Station der *Underground Railroad* bildete, die entflohene Sklaven nach Kanada brachte. Er lehrte Matilda Griechisch, Mathematik und Physiologie, doch die einzige wirkliche Schulausbildung erhielt sie am *Liberal Institute* im nahegelegenen Städtchen Clinton/New York. 1845 heiratete sie Henry Gage, einen ortsansäßigen Händler, der einen Kurzwarenladen betrieb. Sie hatten fünf Kinder, von denen eines starb, und sie selbst machte einen zarten und kränklichen Eindruck, doch dies hielt sie nicht von ihren Vorhaben ab. Ihre erste öffentliche Versammlung war die *National Woman's Rights Convention* in Syracuse/New York. Damals erhoben Frauen in der Öffentlichkeit nur selten ihre Stimme – sie tat es. Zeugen erinnerten sich nicht nur an ihre schwache Stimme, sondern auch an ihre modische Kleidung. Nach 1875, als ihre Kinder groß waren, engagierte sie sich stärker und legte 1875 als Vorsitzende der New Yorker und auch nationaler Frauenstimmrechtgruppen vor dem Kongreß Zeugnis ab. Obwohl sie primär als Autorin und Herausgeberin von Frauenstimmrecht-Zeitungen arbeitete, veröffentlichte sie 1870 einen schmalen Band zu Frauen in der Geschichte der Technologie, *Woman as Inventor*, in dem sie unter anderem die Behauptung angriff, Eli Whitney sei der Erfinder der Baumwollmaschine gewesen. Sie war überzeugt, wie es auch heute noch einige sind, daß Constance Greene Whitney gezeigt hatte, wie man die Teile zusammensetzt. In den 1880ern, als Gage, wie auch andere, angesichts des ausbleibenden Erfolgs im Kampf um das Frauenstimmrecht entmutigt war, veröffentlichte sie gemeinsam mit zwei weiteren Herausgeberinnen die verfrühte, aber dennoch voluminöse *History of the Women's Suffrage* (1881-1886).

In den 1890ern richtete sie ihre Aufmerksamkeit auf die Religion – was sie für den Kontext dieses Beitrags relevant macht –, vor allem auf die christliche, die sie für besonders frauenfeindlich hielt. 1893 veröffentlichte sie ihre scharfe Kritik *Woman, Christ, and the State*, in der sie zeigte, wie das Christentum die Unterdrückung von Frauen gerechtfertigt und befürwortet hat. Es hält Frauen dazu an, hart zu arbeiten, sich aufzuopfern und nimmt ihr Geld, doch im Gegenzug erfahren sie wenig Wertschätzung, und ihre Ausbeutung durch Männer wird als legitim dargestellt (vgl. James et al. 1971; Roesch Wagner 1980).[16] Anschließend beteiligte sich Gage gemeinsam mit 19 anderen amerikanischen Frauen, darunter Elizabeth Cady Stanton, an der Niederschrift der *Woman's Bible*, die 1895 und 1898 in zwei Teilen erschien. Die Autorinnen glaubten, daß eine feministische Reinterpretation der Bibel notwendig war, denn nur allzu oft wurden im Amerika des 19. Jahrhunderts Bibelgeschichten und -analogien als Anleitung für Benimm und Etikette herangezogen. Da die Bibel durchaus patriarchale Züge trug, empfanden diese politisch bewußten Frauen deren Einschränkungen als zu weitgehend, insbesondere was das Verhalten von Frauen anging. Als in den 1890ern die Kampagne für das Frauenstimmrecht in einer Krise steckte, beschlossen daher einige intellektuelle Frauen, daß es lohnend wäre, die Bibel neu zu schreiben, und zwar nicht nur, indem sie ›er‹ durch ›er oder sie‹ ersetzten, sondern dadurch, daß sie alternative Texte jenen Stellen hinzufügten, die für eine neue, eher feministische und tolerante Interpretation sprachen. Dies war eine überragende intellektuelle Leistung für Frauen, die weder an einem College noch an theologischen Schulen studiert hatten, und die dazu erzogen worden waren, ihren Geistlichen zu gehorchen. Leider – auf unsere Zwecke bezogen – thematisiert die *Woman's Bible* von 1895 und 1898 die Verse Matthäus 13:12 nicht; vermutlich deswegen, weil sie Teil einer längeren Reihe von ›Parabeln‹ waren, von denen man nicht erwartete, daß sie unmittelbaren Sinn machen würden. Auf den Reisen, die darin beschrieben werden, befand sich Christus in einer seiner eher kryptischen oder mystischen Verfassungen, und Geistliche haben diese Passagen im Verlauf der Zeit immer wieder neu zu erklären versucht.[17]

In mancherlei Hinsicht scheint Gage als Namensgeberin eine besser geeignete Kandidatin zu sein als die biblische Martha, denn sie war sich der Tendenz von Männern bewußt, Frauen um den Lohn ihrer eigenen Arbeit zu bringen, und verurteilte sie. Sie hatte zudem festgestellt, daß, je mehr eine Frau arbeitet, desto mehr die Männer in ihrer Umgebung davon profitieren und desto weniger Anerkennung ihr selbst zuteil wird. Und da Gage heute so gut wie unbekannt ist, personifiziert ihr eigenes Leben dieses Phänomen. Die australische feministische Schriftstellerin Dale Spender hat sie beschrieben:

> Trotz ihrer Analyse, ihrer Energie und ihren Taten ist sie negiert und verleugnet worden. Unfähig, von ihren Ideen Gebrauch zu machen, hat das Patriarchat sich entschieden, sie unter den Tisch fallen zu lassen. Es ist, als hätte sie nie existiert. Auf der Grundlage der wenigen Fragmente, die ich sammeln konnte, scheint es mir dennoch, daß sie mehr als irgendeine andere Frau in der Vergangenheit (mit Ausnahme von Mary Beard, 1946) den Prozeß erkannt und verstanden hat, durch den die Existenz der Frau in einer männlich-dominierten Gesellschaft verleugnet und ihr ihr Wesen geraubt wird (Spender 1982: 252).

Schlußbemerkung

Der Begriff ›Matthew Effect‹, wie ihn Merton 1968 prägte, rühmte und bezog sich primär auf den ersten Abschnitt von Matthäus 13:12, in dem es um die unverhältnismäßige Anerkennung geht, die bereits bekannten oder gut situierten Personen gezollt wird. Das Phänomen, das im zweiten Abschnitt der Parabel beschrieben wird, ist jedoch weniger beachtet worden (was auch seiner Grundaussage entspricht), obwohl es relativ häufig zu beobachten ist – vor allem im Zusammenhang mit der langen historischen Existenz von Frauen in der Wissenschaft. Statt dies abzustreiten, wie es in der Soziologie bis heute gängige Praxis ist, sollte die sexistische Dimension der systematischen Unterbewertung von Frauen in der Wissens- und Wissenschaftssoziologie eingestanden, notiert und sogar hervorgehoben werden, wie dies für einen ›Effekt‹ üblich ist. Da die Bibel so patriarchalisch war, mögen selbst biblische Frauen wie die Autorin Priscilla oder die Figur der Martha für unsere Zwecke weniger geeignet sein, als ihre späteren feministischen Kritikerinnen, die die *Woman's Bible* in den 1890er geschrieben haben. Von diesen kommt der Amerikanerin Matilda J. Gage aus New York am ehesten die Ehre zu, ihren Namen dem Phänomen zu leihen, das sie als erste in Worte gefaßt (aber bedauerlicherweise auch am eigenen Leib erfahren) hat, dem ›Matilda-Effekt‹. Wenn es uns gelingt, sie und dieses jahrhundertealte Phänomen bekannt zu machen, so kann dies vielleicht dazu beitragen, daß jetzige und künftige Wissenschaftler(innen) eine ausgewogenere Geschichte und Soziologie der Wissenschaft betreiben, die nicht nur die ›Matildas‹ nicht länger vernachlässigt, sondern uns noch weitere von ihnen ins Gedächtnis ruft.

Aus dem Amerikanischen übersetzt von Kira Kosnick

Anmerkungen

1 | Es handelt sich um die Übersetzung des Aufsatzes *The ~~Matthew~~ Matilda Effect in Science*, in: Social Studies of Science 23/1993, Sage: London, Newbury Park, New Dehli, S. 325-341.

2 | Smoluchowskis Erwähnung in diesem Werk garantiert ihm zumindest einen größeren Bekanntheitsgrad als vielen anderen, denen diese Ehre nicht widerfuhr.

3 | Sie bezog den zweiten Teil des Matthäus-Wortes auf den Mangel an Physikerinnen in Führungspositionen.

4 | Alle Untersuchungen scheinen sich über die Verzerrungen einig zu sein – einige Artikel und Autor(inne)n werden sehr viel häufiger zitiert als andere –, aber in der Interpretation ihrer Bedeutung gehen sie auseinander. Vielleicht sind die vielzitierten Aufsätze oder Autor(inn)en in gewisser Weise ›besser‹, doch eventuell sind die Aufsätze auch einfach besser plaziert oder die Autor(inn)en mächtiger. Wenn Letzteres der Fall ist – und darum geht es hier – so lassen die Fairneß des Systems und das relative Gewicht der Beiträge von anderen Raum für Interpretationen (vgl. MacRoberts/MacRoberts 1987; Zuckerman 1987).

5 | Vgl. Derrick 1982; Tanford 1989 (Kap. 10-11); Miller 1990: 309f. Doch Robscheit-Robbins findet keine Erwähnung in Ogilvie 1986. Pockels wird allerdings im DSB-Eintrag für Henri Devaux erwähnt, der 1903 an ihr früheres Werk anknüpfte, vgl. Monnier 1971: 76f.

6 | Zwei Männer an anderen Institutionen teilten sich den Nobelpreis mit Whipple.

7 | Es fehlt immer noch eine vollständige Biographie über Franklin.

8 | Zu Jocelyn Bell vgl. Wade 1975; Reed 1983. Ich danke Michele Aldrich für die Kopie.

9 | Mehr Informationen zu Meitners Auszeichnung finden sich in ›Honor Dr. Meitner for Work on Atom‹, *New York Times*, 10. Februar 1946, S. 13. Ihr wurde auch die Anerkennung für ihre 1922 erfolgte Entdeckung dessen versagt, was später als ›Auger-Effekt‹ nach den 1925-1926 veröffentlichten Arbeiten von Pierre Auger bekannt wurde (vgl. Sietmann 1988).

10 | Nur zwei Prozent ihrer »starred scientists«, eine Praxis, die erst 1943 aufgegeben wurde, waren Frauen gewesen (vgl. Rossiter 1982: 291).

11 | Einige von ihnen weigerten sich beispielsweise, Frauen als Graduate-Studenten anzunehmen; vgl. ›Women in Science‹ 1966.

12 | Vgl. Knapp/Goodrich 1952: 20, App. 2. Die Zahl von zwei Prozent ist wesentlich niedriger als der Anteil an naturwissenschaftlichen Doktortiteln, die tatsächlich in den 1920ern und 30ern Frauen verliehen wurden, gerade auch, weil das Fach Psychologie in die Studie mit einbezogen worden war. Sie ist auch deswegen fragwürdig, weil Frauen in der *American Men of Science* häufiger Doktortitel besaßen als Männer. Ein anderes Beispiel für die bewußte Auslassung von Frauen-Colleges bietet *Research and Teaching in the Liberal Arts College: A Report* (o.O.: 1959),15, das trotz seines Titels kein einziges Frauen-College erwähnte, obwohl das *Mount Holyoke College* für Frauen lange Zeit konkurrenzlos die erste Wahl war (vgl. Sampey 1960; Hall 1985; Sherill 1957; Carr 1957).

13 | Obwohl die von Cole beforschten Wissenschaftlerinnen akademische Stellen hatten, vernachlässigte er die gesamte *matched-vita*-Literatur der frühen 1970er, die diskriminierende Einstellungspraktiken belegte (vgl. Simpson 1968, 1970; Fidell 1970; Lewin/Duchan 1971). Das Buch wurde unter anderen besprochen von Tuchman 1980; Reskin 1981; Rossiter 1981; Martin 1980 und White 1982.

14 | Dort wird zugegeben, daß Zuckerman als Mitautorin hätte Erwähnung finden müssen. Ich danke Mordechai Feingold für den Hinweis auf diesen Aufsatz.

15 | Ich danke Sheila Jasanoff dafür, Martha vorgeschlagen zu haben. Zu Marthas Geschichte siehe Lukas 10:38-42.

16 | Gage starb 1898 in Chicago im Haus ihrer Tochter, deren Ehemann später *The Wizard of Oz* schrieb. Ich danke Ruth Oldenziel für eine Kopie von Gage 1870.

17 | Zur *Woman's Bible* und der Gruppe von Frauen, die daran arbeitete, siehe Schüssler 1983; Brown Zikmund 1985; MacHaffie 1986: 113-116; *The Woman's Bible*, Teil I und II.

Literatur

Alic, Margaret (1986): *Hypatia's Heritage: A History of Women in Science from Antiquity through the Nineteenth Century*, Boston: Beacon Press.

Arehart-Treichel, Joan (1979): ›Winning and Losing: The Medical Awards Game‹, in: *Science News* 115.

Beare, Francis Wright (1981): *The Gospel According to Matthew*, San Francisco: Harper & Row.

Die Bibel (1999): nach der Übersetzung Martin Luthers, Stuttgart: Deutsche Bibelgesellschaft.

Brown Zikmund, Barbara (1985): ›Feminist Consciousness in Historical Perspective‹, in: Letty M. Russell (Hg.), *Feminist Interpretation of the Bible*, Philadelphia: Westminster Press.

Brush, Stephen G. (1978): ›Nettie M. Stevens and the Discovery of Sex Discrimination of Chromosomes‹, in: *Isis* 59.

Burrage, Hilary F. (1983): ›Women University Teachers of Natural Science, 1971-72: An Empirical Survey‹, in: *Social Studies of Science* 13.

Carr, Emma Perry (1957): ›Research in a Liberal Arts College‹, in: *Journal of Chemical Education* 34.

Carroll, Berenice (1990): ›The Politics of Originality: Women in the Class System of the Intellect‹, in: *Journal of Women's History* 2.

Cole, John (1979): *Fair Science. Women in the Scientific Community*, New York: Free Press.

Dash, Joan (1980): ›Maria Goeppart Mayer‹, in: Sicherman/Green (Hg.).

Delamont, Sara (1987): ›Three Blind Spots? A Comment on the Sociology of Science by a Puzzled Outsider‹, in: *Social Studies of Science* 17.

Derrick, M. Elisabeth (1982): ›Agnes Pockels, 1862-1935‹, in: *Journal of Chemical Education* 59.

Dictionary of Scientific Biography (1970): Vol. 1, front matter, New York: Scribner.

Farnes, Patricia (1990): ›Women in Medical Science‹, in: Kass-Simon/Farnes (Hg.).

Fidell, Linda S. (1970): ›Empirical Verification of Sex Discrimination in Hiring Practices in Psychology‹, in: *American Psychologist* 25, S. 1094-1098.

Gage, Matilda (1870): *Woman as Inventor*, Woman Suffrage Tract No. 1, Fayetteville, New York.

Gilbreth, Lillian (1961): ›*The Daughters of Martha*‹, *Programm*, Society of Women Engineers Banquet, New York City, 8. November, S. 4-9 (Kopie in den Schriften Lillian Gilbreths, Special Collections, Purdue University Library).

Goddell, Rae (1977): *The Visible Scientists*, Boston: Little, Brown & Co.

Goldberg, Jeff (1988): *Anatomy of a Scientific Discovery*, Toronto: Bantam Books.

Hahn, Otto (1968): *Mein Leben*, München: Bruckmann.

Hall, Alfred E. (1985): ›Baccalaureate Origins of Doctorate Recipients in Chemistry: 1920-80‹, in: *Journal of Chemical Education* 62.

Hall, Stephen (1987): *Invisible Frontiers: the Race to Synthesize a Human Gene*, New York: Atlantic Monthly Press.

Hoppin, Ruth (1969): *Priscilla: Author of the Epistle to the Hebrews*, Jericho: Exposition Press.

James, Eward T. et al. (Hg.) (1971): *Notable American Women, 1607-1950*, Bd. II, Cambridge: Harvard University Press.

J. L. M. (1979): ›Lasker Award Stirs Controversy‹, in: *Science* 203.

Kac, Mark (1985): *Enigmas of Chance: An Autobiography*, New York: Harper & Row.

Kanigel, Robert (1986): *Apprenticeship to Genius: The Making of a Scientific Discovery*, New York: Macmillan.

Kass-Simon, Gabriele/Farnes, Patricia (Hg.) (1990): *Women of Science: Righting the Record*, Bloomington: Indiana University Press.

Kipling, Rudyard (1949): ›The Sons of Martha‹, in: Burton E. Stevenson, *The Home Book of Verse*, Bd. I, New York: H. Holt.

Knapp, Robert H./Goodrich, Hubert B. (1952): *Origins of American Scientists*, Chicago: The University of Chicago Press.

Lewin, Arie Y./Duchan, Linda (1971): ›Women in Academia, A Study of the Hiring Decision in Departments of Physical Science‹, in: *Science* 173.

Lorber, Judith (1984): *Women Physicians, Careers, Status and Power*, New York: Tavistock Publications.

Lubkin, Gloria (1971): ›Chien-Shiumg Wu, The First Lady of Physics Research‹, in: *Smithonian* 1.

MacHaffie, Barbara J. (1986): *Her Story: Women in Christian Tradition*, Philadelphia: Fortress Press.

MacRoberts H. M./MacRoberts B. R. (1987): ›Testing the Ortega Hypothesis: Facts or Artifacts?‹, in: *Scientometrics* 12.

Martin, Patricia Yancey (1980): ›Fair Science: Test or Assertion?‹, in: *Sociological Review* 30.

Mason, Joan (1992): ›Hertha Ayrton (1854-1923) and the Admission of Women to the Royal Society of London‹, in: *Notes and Records of the Royal Society of London* 46.

McGraw-Hill Modern Men of Science (1966/1968): 2 Bde., New York: McGraw-Hill.

Merton, Robert K. (1968): ›The Matthew Effect in Science‹, in: *Science* 149.

Merton, Robert K. (1988): ›The Matthew Effect in Science, II: Cumulative Advantage and the Symbolism of Intellectual Property‹, in: *Isis* 69.

Miller, Jane A. (1990): ›Women in Chemistry‹, in: Kass-Simon/Farnes (Hg.).

Monnier, A. M. (1971): ›Henri Devaux‹, *Dictionary of Scientific Biography*, Bd. 4.

New York Times (1971): ›Directory of Scientists Will Now List Women‹, 23. November.

New York Times (1985): ›3 Nobels in Science‹, 17. Oktober.

Ogilvie, Marilyn Bailey (Hg.) (1986): *Women in Science: A Biographical Dictionary with Annotated Bibliography, Antiquity through the Nineteenth Century*, Cambridge: MIT Press.

Ogilvie, Marilyn Bailey/Choquette, Clifford J. (1981): ›Nettie Maria Stevens (1861-1912): Her Life and Contribution to Cytogenetics‹, in: *Proceedings of the American Philosophical Society* 115.

Ozick, Cynthia (1972): ›We Are the Crazy Lady and Other Feisty Feminist Fables‹, in: *MS.* *1.*

Pollin, William (1979): ›Pert and Lasker Award‹, in: *Science* 204.

Pycior, Helena (1993): ›Reaping the Benefits of Collaboration While Avoiding its Pitfalls: Marie Curie's Rise to Scientific Prominence‹, in: *Social Studies of Science* 23.

Reed, George (1983): ›The Discovery of Pulsars: Was Credit Given Where It Was Due?‹, in: *Astronomy* 11.

Renn, Jürgen/Schulmann, Robert (Hg.) (1992): *Albert Einstein/Mileva Maric – The Love Letters*, Princeton: Princeton University Press.

Reskin, Barbara (1981): ›*Fair Science*: A Fair Test?‹, in: *Contemporary Sociology* 9.

Roe, Anne (1953): *The Making of a Scientist*, Mead, New York: Dodd.

Roesch Wagner, Sally (1980 [1893]): ›Introduction‹, in: Matilda Joslyn Gage, *Woman, Church and State*, Watertown: Persephone Press.

Rossiter, Margaret W. (1981): ›Fair Enough?‹, in: *Isis* 72.

Rossiter, Margaret W. (1982): *Women Scientists in America: Struggles and Strategies to 1940*, Baltimore: Johns Hopkins University Press.

Russ, Joanna (1983): *How To Suppress Women's Writing*, Austin: University of Texas Press.

Sampey, John R. (1960): ›Chemical Research in Liberal Arts Colleges, 1952-59‹, in: *Journal of Chemical Education* 37.

Sayre, Anne (1975): *Rosalind Franklin and DNA*, New York: W.W. Norton.

Schüssler, Fiorenza Elisabeth (1983): *In Memory of Her*, New York: Crossroad Publishing Co.

Shahane, Vasant A. (1973): *Rudyard Kipling, Activist and Artist*, Carbondale: Southern Illinois University Press.

Sharp, Evelyn (1926): *Hertha Ayrton, 1854-1923: A Memoir*, London: Edward Arnold.

Sherrill, Mary L. (1957): ›Group Research in a Small Department‹, in: *Journal of Chemical Education* 34.

Sicherman, Barbara/Green, Carol Hurd (Hg.) (1980): *Notable American Women: The Modern Period*, Cambridge: Harvard University Press.

Sietmann, Richard (1988): ›False Attribution, A Female Physicist's Fate‹, in: *Physics Bulletin* 39.

Simonton, Dean Keith (1988): *Scientific Genius: A Psychology of Science*, Cambridge: Cambridge University Press.

Simpson, Lawrence A. (1968): *A Study of Employing Agents' Attitudes Toward Academic Women in Higher Education*, unveröffentlichte Doktorarbeit, Pennsylvania State University.

Simpson, Lawrence A. (1970): ›A Myth is Better Than a Miss: Men Get the Edge in Academic Employment‹, in: *College and University Business* 48.

Snyder, Solomon (1989): *Brainstorming: The Science and Politics of Opiate Research*, Cambridge: Harvard University Press.

Spender, Dale (1982): *Women of Ideas and What Men Have Done to Them*, London: Routledge & Kegan Paul.

Strauss, Anselm L./Rainwater, Lee (1962): *The Professional Scientist: A Study of American Chemists*, Chicago: Aldine.

Tanford, Charles (1989): *Ben Franklin Stilled the Waves: An Informal History of Pouring Oil on Water*, Durham: Duke University Press.

Teske, Andrzej A. (1975): ›Marian Smoluchowski‹, in: *Dictionary of Scientific Biography*, Bd. 12.

The Woman's Bible (1972): Teil I und II, New York: Arno Press (reprint).

Tuchman, Gaye (1980): ›Discriminating Science‹, in: *Social Policy* 11.

Wade, Nicholas (1975): ›Discovery of Pulsars: A Graduate Student's Story‹, in: *Science* 189.

Walzer, Judith (1981): ›Interview with Ruth Hubbard‹, Juli 1981, Transkript im Henry A. Murray Center, Radcliffe College.
Watson, James D. (1968): *The Double Helix*, New York: Athenaeum Press.
White, Harrison C. (1982): ›Review Essay: Fair Science?‹, in: *American Journal of Sociology* 87.
Who's Who in America (1990/1991): ›Zuckerman‹, Nr. 46.
Winau, Rolf (1983): ›The Role of Medical History in the History of Medicine in Germany‹, in: Loren Graham/Wolf Lepenies/Peter Weingart (Hg.), *Functions and Uses of Disciplinary Histories*, Dordrecht: Reidel.
›Women in Science‹ (1966): in: *Personnel and Guidance Journal* 44.
Zuckerman, Harriet (1987), ›Citation Analysis and the Complex Problem of Intellectual Influence‹, in: *Scientometrics* 12.

Die Objektivität der Wissenschaft und die Partikularität des Geschlechts. Geschlechterunterschiede im disziplinären Vergleich

Bettina Heintz

Die im 19. Jahrhundert entwickelte Vorstellung, daß Frauen und Männer grundsätzlich verschieden sind und ihre Andersartigkeit in ihren unterschiedlichen Körpern gründet, ließ die ungleiche Behandlung von Frauen und Männern lange Zeit als »natürlichen« und damit legitimen Sachverhalt erscheinen. Zu einem gesellschaftlichen Problem wurde die Benachteiligung von Frauen erst dann, als das Modell einer grundlegenden Verschiedenheit der Geschlechter durch die Vorstellung ihrer prinzipiellen Gleichheit ersetzt wurde. Die internationale Karriere des Gleichberechtigungsprinzips war eine wesentliche Voraussetzung dafür, daß geschlechtsspezifische Ungleichheit überhaupt wahrgenommen und als ungerecht interpretiert werden konnte (vgl. Ramirez in diesem Band). Dies gilt erst recht für die Wissenschaft, wo die im Berufskontext herrschende Norm der Sachrationalität durch das Universalismusprinzip auch kognitiv begründet ist. Die Institutionalisierung des Prinzips, wissenschaftliche Ergebnisse ausschließlich nach sachlichen Gesichtspunkten zu beurteilen und von den persönlichen Merkmalen der Wissensproduzenten zu abstrahieren, hat zur Folge, daß eine unterschiedliche Behandlung von Männern und Frauen in der Wissenschaft noch illegitimer ist als in anderen Berufsfeldern. Auch in der Wissenschaft werden Personen nach ihrer Geschlechtszugehörigkeit unterschieden, doch darf die geschlechtliche Kategorisierung nicht als Anschlußpunkt für weitere soziale Differenzierungen genutzt werden. Im Selbstverständnis der modernen Wissenschaft ist Geschlecht ein Unterschied, der keinen Unterschied macht.[1]

Aber ist dies wirklich so? Erzeugen die in der Wissenschaft institutionalisierten sozialen und methodischen Regeln tatsächlich »geschlechtliche Indifferenz« oder sind Frauen auch in der Wissenschaft systematischen Benachteiligungen ausgesetzt? Um diese Frage zu beantworten, wurden insbesondere im angelsächsischen Raum eine Reihe von quantitativen Studien durchgeführt, die insgesamt belegen, daß Frauen auch in der Wissenschaft mit spezifischen Behinderungen konfrontiert sind. Die Norm, wissenschaftliche Arbeiten nach ihrem Inhalt und nicht nach den sozialen Merkmalen ihrer Autoren und Autorinnen zu beurteilen, schafft zwar ein kulturelles Umfeld, das partikularistische Zuschreibungen besonders problematisch erscheinen läßt, dennoch sind auch in der Wissenschaft Mechanismen am Werk, die Frauen systematisch benachteiligen (als Überblick vgl. u.a. Long/Fox 1995; Zuckerman 1991 et al.). Implizit gehen die meisten Untersuchungen davon aus, daß diese Mechanismen disziplinenübergreifend wirksam sind. Wissenschaft ist jedoch kein homogenes Gebilde, sondern besteht aus einer Vielzahl von disziplinären Kulturen, die sich teilweise massiv unterscheiden, was ihre Arbeitsorganisation, ihre Kommunikationsform und ihre epistemischen Verfahren betrifft. Diese disziplinären Kulturen bilden die Umwelten, innerhalb derer sich wissenschaftliche Anerkennungsprozesse vollziehen, und es ist anzunehmen, daß sie auch die Karrierechancen von Frauen beeinflussen. Dieser Beziehung möchte ich im folgenden nachgehen. Ich werde mich dabei auf die epistemische Dimension konzentrieren, d.h. auf die Frage, inwieweit die in einer Disziplin institutionalisierten Verfahren der Wissensbegründung universalistische Leistungsbeurteilungen fördern bzw. behindern.

In einem ersten Abschnitt werde ich kurz beschreiben, weshalb sich ein interaktionstheoretischer Zugang im Falle der Geschlechterungleichheit besonders anbietet. Interaktionen führen jedoch nicht in jedem Fall zu geschlechtlichen Differenzierungen. Entsprechend stellt sich die Frage, ob sich spezifische Bedingungen identifizieren lassen, unter denen die Geschlechtszugehörigkeit »vergessen« geht (bzw. sozial folgenreich wird). Ich gehe dabei von der Annahme aus, daß sich geschlechtliche Zuschreibungen vor allem dann aufbauen können, wenn der Handlungs- und Interpretationsspielraum wenig strukturiert ist. Darauf weisen jedenfalls organisationssoziologische Studien hin, die belegen, daß sich das Prinzip der Leistungsgerechtigkeit in bürokratisierten Organisationen eher durchsetzt als in Betrieben, in denen die Organisationsroutinen wenig formalisiert sind. Dies wirft die Frage auf, ob es auch epistemische Bedingungen gibt, die eine ähnlich versachlichende Wirkung haben. Ich werde die These vertreten, daß eine hohe Standardisierung der wissenschaftlichen Verfahren den Raum für partikularistische Leistungsbeurteilungen einschränkt. Diese These werde ich in einem zweiten Abschnitt anhand der differenzierungstheoretischen Überlegungen von Niklas Luhmann und Pierre Bourdieu begründen. Bislang gibt es keine empirischen Studien, die den Standardisierungsgrad der wissenschaftlichen Verfahren disziplinär vergleichend untersuchen und mit geschlechtlichen Zuschreibungen auf der Interaktionsebene in Beziehung setzen. Allerdings finden sich Indizien, die den von mir postulierten Zusammenhang stützen. Einige dieser Indizien werde ich in einem dritten Abschnitt präsentieren und anschließend meine Argumentation noch einmal zusammenfassen.[2]

Interaktion und Ungleichheit

Wie verschiedene Aufsätze in diesem Band zeigen (Daston, Wobbe) wurde Wissenschaft im Verlaufe des 19. Jahrhunderts zu einem Beruf mit einem vom Wissenschaftssystem selbst festgelegten Qualifikations- und Anforderungsprofil. In der Folge konnte »ernsthafte« Wissenschaft nur noch von jenen Personen betrieben werden, die die Qualifikationskriterien erfüllen und über eine offizielle Position in die Universitäten integriert sind. Der früher vorherrschende Typus des »Amateurs«, der in vielen Fällen weder über eine formale Ausbildung noch über eine exklusive wissenschaftliche Berufsrolle verfügte, wurde abgelöst durch die Figur des »Berufswissenschaftlers«, der im Rahmen von spezialisierten Wissenschaftsorganisationen ausschließlich für die Wissenschaft tätig war. Diese »Verberuflichung« der Wissenschaft ist Teil einer sehr viel umfassenderen gesellschaftlichen Entwicklung, die Karin Hausen als »Dissoziation von Berufs- und Familienleben« bezeichnet hat (Hausen 1976). Die Trennung von privater Hausarbeit und externer Erwerbsarbeit betraf auch die Wissenschaft, die ursprünglich vorwiegend zu Hause und teilweise unter Mithilfe weiblicher Familienmitglieder geleistet und erst im Verlaufe des 19. Jahrhunderts in Räume verlagert wurde, die von der privaten Lebenswelt auch örtlich separiert waren (vgl. zu dieser Entwicklung verschiedene Aufsätze in Wobbe 2002).

Mit der Umwandlung wissenschaftlicher Tätigkeit in einen Beruf, der außerhalb der Familie in speziell dafür geschaffenen Räumen ausgeübt wurde, wurde zwischen Privatem und Beruflichem, Familie und Wissenschaft eine für Frauen lange Zeit unüberbrückbare Mauer aufgezogen, die zunächst rechtlich abgesichert war und später vor allem als kulturelle Barriere wirkte. Wissenschaft etablierte sich als eine exklusiv männliche Sphäre – nicht nur numerisch, sondern auch symbolisch. Im Idealbild des Wissenschaftlers verdichteten sich jene Eigenschaften, die im Rahmen des Differenzmodells den Männern zugeschrieben wurden und für Frauen prinzipiell – d.h. qua »Natur« – nicht zugänglich waren: Selbstbeherrschung, Disziplin und Rationalität (vgl. dazu Daston in diesem Band).[3] Dies änderte sich erst in der zweiten Hälfte des 20. Jahrhunderts, als das Modell der Differenz allmählich durch die Vorstellung einer grundsätzlichen Gleichheit der Geschlechter abgelöst wurde.

Die Durchsetzung der Gleichberechtigungsnorm geht mit einer Entwicklung einher, die man im Anschluß an den soziologischen Neo-Institutionalismus als »De-Institutionalisierung der Geschlechterdifferenz« bezeichnen könnte (vgl. ausführlicher Heintz/Nadai 1998). Jepperson (1991) hat in einem wichtigen Aufsatz vorgeschlagen, zwischen Institution und Institutionalisierung analytisch zu unterscheiden und den Begriff der Institution von der Vorstellung selbstverständlicher Handlungsroutinen zu lösen. Aus seiner Sicht können Institutionen auch dann aufrechterhalten werden, wenn ihre normative Grundlage an Selbstverständlichkeit eingebüßt hat: Institutionen werden in diesem Fall nicht mehr über routinehaften Vollzug (›enacting‹), sondern über gezieltes und bewußtes Handeln reproduziert (›acting‹). Im Zuge dieser Umstellung wird das eigene Handeln zunehmend begründungspflichtig: die Institution verliert ihren überindividuellen Faktizitätscharakter, ohne sich jedoch notwendigerweise aufzulösen. Während die Individualisierungsthese aus dem Abbau normativer Vorgaben vorschnell auf Entstrukturierung und Auflösung schließt, verhilft Jeppersons Vorschlag dazu, zwischen der Institution und ihren Reproduktionsmechanismen zu unterscheiden (vgl. ausführlicher Nedelmann 1995).

Bezogen auf die Geschlechterdimension impliziert De-Institutionalisierung also nicht, daß die Hierarchisierung von Männern und Frauen automatisch verschwindet, sondern bedeutet zunächst nur, daß sich die Mechanismen ändern, über die sie hergestellt wird. Anders als von Jefferson behauptet, müssen diese Mechanismen jedoch nicht auf gezieltes und bewußtes Handeln beschränkt sein; es ist auch möglich, daß Institutionen über Handlungen reproduziert werden, die sich auch dann einer bewußten Reflexion entziehen, wenn die Institution ihren quasi-natürlichen Charakter verloren hat. Der Übergang von einem Modell der (asymmetrischen) Differenz zu einem Modell der Gleichheit ist dafür ein Beispiel. Da die Hierarchisierung der Geschlechter keine legitime normative Basis mehr hat und entsprechend begründungspflichtig wird, kann sie nur bei Strafe der Illegitimität über gezieltes Handeln hergestellt werden. Wahrscheinlicher ist, daß sie sich in diesem Fall über Mechanismen reproduziert, die im Hintergrund wirken und deren geschlechterdifferenzierende Wirkung sich nicht auf den ersten Blick erkennen läßt. Ich gehe im folgenden davon aus, daß unter dieser Bedingung Interaktion der Hauptmechanismus ist, über den sich geschlechtliche Differenzierungen reproduzieren können, und zwar unter Umständen auch gegen die bewußten Intentionen der Beteiligten (vgl. ausführlicher Heintz et al. 1997).[4] Die Umstellung der Reproduktionsmechanismen hat zur Folge, daß sich Geschlechterhierarchien nur unter bestimmten Bedingungen aufbauen und stabilisieren können. Da die Geschlechterungleichheit normativ nicht mehr abgesichert ist, verliert sie ihren Status als durchgängiges gesellschaftliches Ordnungsprinzip und wird zu einem kontextspezifischen und potentiell instabilen Phänomen.

Interaktionen sind im Arbeitsleben nach wie vor allgegenwärtig: bei der Anstellung und der Arbeitszuweisung, bei der Beförderung und der beruflichen Plazierung und im formellen und informellen Kontakt mit Kolleginnen, Vorgesetzten und Klienten. Was z.B. in nationalen Statistiken als Durchschnittseinkommen von Männern und Frauen erscheint, ist nichts anderes als das aggregierte Produkt einer Vielzahl von Interaktionen, in denen Verträge und individuelle Einkommen ausgehandelt werden. Dies gilt auch für die Wissenschaft. Obschon in der Wissenschaft Publikationen die offizielle Währung sind, stellen *face to face*-Interaktionen – Bewerbungsgespräche, Prüfungen, Vorträge, Arbeitsdiskussionen etc. – nach wie vor ein wichtiges Medium dar, innerhalb dessen sich wissenschaftliche Anerkennungsprozesse vollziehen.

Mit diesem interaktionstheoretischen Zugang vertrete ich eine Auffassung, wie sie ähnlich Randall Collins mit seiner Forderung, soziale Ungleichheit interaktionstheoretisch zu fundieren, formuliert hat (Collins 2000). Für Collins sind Makrostrukturen – Einkommensverteilungen, Organisationsstrukturen etc. – »fiktive« Größen, die sich aus einer Vielzahl von Mikrobegegnungen zusammensetzen und über diese erklärt werden müssen. Collins' Forderung Makrokonstellationen in »Mikrosituationen« zu übersetzen, muß jedoch in zwei Punkten relativiert werden. 1. Während Collins eine radikal reduktionistische Position vertritt, scheint mir der Rückbezug auf die Interaktionsebene vor allem dann angebracht, wenn Verhaltensmuster an Selbstverständlichkeit verlieren. Institutionen werden auch im Falle hoher Institutionalisierung über Interaktionen reproduziert, die Routinehaftigkeit und die damit verbundene geringere Kontingenz des Handelns erlauben es jedoch, soziale Tatsachen bis zu einem gewissen Grad ohne Rekurs auf die Handlungsebene zu analysieren. Genau dies ist im Falle von De-Institutionalisierungsprozessen nicht mehr möglich (vgl. ähnlich auch Wagner 1993). 2. Eine interaktionstheoretische Erklärung sozialer Ungleichheit bietet sich vor allem dann an, wenn die kategoriale Zugehörigkeit gut sichtbar ist und zwischen den Gruppen dichte Interaktionsbeziehungen bestehen. Beide Voraussetzungen sind im Falle der Geschlechtszugehörigkeit in stärkerem Maße gegeben als z.B. bei Klassen- oder ethnischen Beziehungen.

Angesichts der in der Wissenschaft besonders hochgehaltenen Norm, zugeschriebene Merkmale zu ignorieren und berufliche Interaktionen unter »Absehung des Geschlechts« zu vollziehen, ist die Annahme einer interaktionsvermittelten Herstellung von Ungleichheit allerdings keineswegs selbstverständlich. Wie ist es unter dieser Bedingung überhaupt möglich, daß die Geschlechtszugehörigkeit den Verlauf und das Ergebnis von Interaktionen beeinflussen kann? Der Grund dafür liegt zum einen in der Eigenheit von Interaktionssystemen (1.) und zum anderen in der besonderen Rolle, die Geschlechtszugehörigkeit in Interaktionen spielt (2.). Beides zusammen erklärt, weshalb geschlechtsspezifische Erwartungen und Stereotype sogar in jene Interaktionsprozesse einfließen können, die besondere Sachlichkeit für sich reklamieren.

1. Als soziale Systeme, die sich über gemeinsame Anwesenheit ausdifferenzieren, können Interaktionssysteme von Personenmerkmalen, die sich der Wahrnehmung aufdrängen, nicht vollständig abstrahieren, und zwar auch dann nicht, wenn das Sichtbare normativ gesehen nicht existent sein darf (vgl. Luhmann 1984: Kap. 10; Kieserling 1999). Der gesellschaftliche Imperativ, daß zugeschriebene Merkmale zu übersehen sind, greift zwar in beruflichen Interaktionen stärker durch als in Luhmanns berühmten »Kommunikationen au trottoir«, dennoch wird er auch hier nur bedingt befolgt. Erving Goffmans »civil inattention« ist ein Gebot, das in der Praxis nicht immer zu erfüllen ist. Durch besondere interaktive Anstrengungen läßt sich das Wahrgenommene zwar aus dem Gespräch verbannen, vollständig verdrängen läßt es sich jedoch nicht. Dies gilt vor allem für Merkmale, die hochgradig sichtbar und zusätzlich mit externen Rollenerwartungen gekoppelt sind. Beide Bedingungen sind im Falle der Geschlechtszugehörigkeit in besonderem Maße erfüllt. Während die Berücksichtigung anderer Bindungen und Verpflichtungen in »freien« Interaktionen legitim und teilweise sogar gefordert ist (Luhmann 1984: 569f.), sind funktionsgebundene Interaktionen relativ indifferent gegenüber den Rollen, die die Teilnehmer sonst noch ausüben: Es interessiert nicht (bzw. es hat nicht zu interessieren), daß die Arbeitnehmerin Mitglied in einem Sportverein ist und neben ihrer Arbeit noch Kinder zu betreuen hat. Solange die anderen Rollenverpflichtungen aus dem Wahrgenommenen nicht erschließbar sind, ist diese Strategie der Indifferenz relativ problemlos. Sobald jedoch das Wahrgenommene Hinweise auf interaktionsexterne Rollenverpflichtungen erlaubt, kann es den Verlauf der Interaktion be-

einflussen, auch ohne explizit zum Thema gemacht zu werden (vgl. dazu ausführlicher Weinbach/Stichweh 2001).

2. Als hochgradig sichtbares Merkmal drängt sich die Geschlechtszugehörigkeit dem Auge in besonderem Maße auf. Sie erlaubt eine Einordnung, die sehr viel einfacher zu handhaben ist als eine Kategorisierung nach dem graduellen Merkmal der Hautfarbe, und die zuverlässiger funktioniert als eine Einteilung nach dem nur indirekt erschließbaren sozialen Status. Dies ist der Grund dafür, weshalb in Interaktionen immer und zuallererst nach Geschlecht kategorisiert wird: Interaktion ohne gegenseitige geschlechtliche Identifizierung ist praktisch ausgeschlossen. Dies bedeutet jedoch nicht, daß die Geschlechtszugehörigkeit sozial immer relevant ist. Die Einteilung von Menschen in Männer und Frauen ist ein Angebot, das zur weiteren sozialen Differenzierung genutzt werden kann, aber nicht genutzt werden muß. Anstatt sie zu aktivieren, kann die Geschlechtszugehörigkeit auch gezielt negiert oder durch andere soziale Rollen, z. B. jene des Wissenschaftlers oder des Vorgesetzten, in den Hintergrund gedrängt werden (vgl. Hirschauer 2001).[5]

Als kategoriale Basiskategorie bleibt die Geschlechtszugehörigkeit latent jedoch immer präsent und kann deshalb leicht aktiviert werden, zusammen mit normativen Vorstellungen darüber, wie sich Männer und Frauen im Normalfall verhalten. Die Reduktion vielschichtiger Interaktionsgeschehnisse auf zwei gegensätzliche Verhaltensformen hat eine enorm komplexitätsreduzierende Funktion und bietet sich deshalb vor allem in komplexen und wenig strukturierten Interaktionssituationen an. Wie Ridgeway (2001) zeigt, wird an diesen Erwartungen auch dann festgehalten, wenn das faktische Verhalten ihnen widerspricht. Dieses Beharrungsvermögen von Geschlechterstereotypen ist für sie der Hauptgrund dafür, weshalb Geschlechterungleichheit auch dann fortbesteht, wenn sich ihre ursprüngliche Grundlage verändert hat. Hinzu kommt, daß die im Berufskontext herrschende Norm der Sachrationalität es schwierig macht, die geschlechtliche Einfärbung von Interaktionen überhaupt zu erkennen. Da Stellen mit Individuen besetzt sind, die (auch) über ihre persönlichen Merkmale wahrgenommen werden – als Personen zum Beispiel, die besondere außerberufliche Qualifikationen mitbringen und noch in andere Interaktionszusammenhänge eingebunden sind –, gibt es jedoch genügend Ansatzstellen, an denen sich geschlechtsbezogene Erwartungen und Codierungen festmachen können.

Ridgeway vertritt die Auffassung, daß sich die Geschlechtszugehörigkeit praktisch immer in berufliche Interaktionen einschreibt und in der Folge zur Herstellung von Geschlechterungleichheit führt. Demgegenüber scheint mir eine Perspektive produktiver zu sein, die nach Variabilität sucht und die spezifischen Bedingungen identifiziert, unter denen geschlechtsspezifische Erwartungen in augenscheinlich sachbezogene Interaktionen einfließen (oder umgekehrt: blockiert werden). Ein entscheidender Faktor ist der Standardisierungsgrad des interaktiven Settings, d.h. der Spielraum, der für »Personalisierungen« zur Verfügung steht. Organisationssoziologische Untersuchungen zeigen, daß die Geschlechtszugehörigkeit vor allem in wenig standardisierten Interaktionssituationen für weitere soziale Differenzierungen genutzt wird (vgl. Tomaskovic-Devey/Skaggs 1999, 2001; Reskin/McBrier 2000; sowie Allmendinger in diesem Band). Diese Studien geben zwar keinen Aufschluß darüber, wie die Interaktionsprozesse im einzelnen ablaufen, sie zeigen jedoch, daß zwischen dem Formalisierungsgrad einer Organisation und den beruflichen Integrationschancen von Frauen ein Zusammenhang besteht. Offenbar wird das Prinzip der Leistungsgerechtigkeit in bürokratisierten Organisationsstrukturen eher umgesetzt, während sich in gruppenförmig organisierten Betrieben, in denen die Grenze zwischen Person und Rolle verschwimmt und Entscheidungen ad hoc getroffen werden, die von Ridgeway beschriebenen Mechanismen eher entfalten können. Eine explizite Festlegung von Einstellungsvoraussetzungen, Aufstiegskriterien, Arbeitsanforderungen und Bewertungsverfahren fördert leistungsorientierte Rekrutierungs- und Beförderungspraktiken und erschwert damit Entscheidungen, die nach Maßgabe subjektiver Kriterien und auf der Basis funktional irrelevanter Merkmale getroffen werden. Formalisierung hat damit eine doppelte Konsequenz: Die Geschlechtszugehörigkeit wird offiziell unter Beachtungsverbot gestellt und Interaktionen spielen eine geringere Rolle. Sobald klare Regeln existieren, braucht nicht mehr verhandelt zu werden.[6]

In diesem Zusammenhang stellt sich die Frage, ob es neben organisationsstrukturellen auch epistemische Bedingungen gibt, die den Spielraum für geschlechtliche Zuschreibungen und Inszenierungen einschränken und dazu führen, daß Sachüberlegungen gegenüber partikularistischen Zuschreibungen Vorrang besitzen. Wie bereits angemerkt, gehe ich davon aus, daß der Standardisierungsgrad der wissenschaftlichen Begründungsverfahren eine ähnlich neutralisierende Wirkung hat wie die Formalisierung von Organisationsroutinen.[7] Eine hohe Standardisierung bedeutet, daß explizite und kontrollierbare Verfahren entwickelt wurden, wie Ergebnisse zu erzeugen und Hypothesen zu begründen (bzw. zu widerlegen) sind. Der mathematische Beweis ist dafür ein augenfälliges Beispiel. Sobald es solche eigenständigen Verfahren gibt, stehen relativ breit akzeptierte Sachkriterien zur Verfügung, nach denen sich wissenschaftliche Leistungen beurteilen lassen und auf die man sich im Falle von Meinungsverschiedenheiten berufen kann. Beweisansprüche sind nur durch Gegenbeweise zu widerlegen, partikulare Merkmale wie die Geschlechtszugehörigkeit mögen zwar registriert werden, sind aber für die Beurteilung der Stringenz eines Beweises irrelevant. Der Standardisierungsgrad der wissenschaftlichen Begründungsverfahren ist jedoch variabel. Es gibt Disziplinen wie etwa die Mathematik, in denen die Wissensbegründung in hohem Maße standardisierten Verfahren folgt, und andere, in denen der Interpretationsspielraum größer und die Beurteilung der Ergebnisse entsprechend kontroverser ist (vgl. Abschnitt »Außengrenzen und Binnendifferenzierung«).

Die Annahme, daß die Wissenschaft, wenn auch in disziplinär unterschiedlichem Maße, Verfahren ausgebildet hat, die sie vor externen Einflüssen schützen, ist in der Wissenschaftsforschung allerdings nicht unbestritten. Thomas Gieryn (1994) unterscheidet in diesem Zusammenhang zwischen einer »essentialistischen« und einer »konstruktivistischen« Auffassung der Grenze, die die Wissenschaft von anderen sozialen Welten separiert. Aus der Sicht der Wissenschaftstheorie ist das Wissenschaftliche vom Nicht-Wissenschaftlichen durch eine gewissermaßen »natürliche« Mauer getrennt: Wissenschaftliches Wissen ist ein Wissen, das durch anerkannte Verfahren erzeugt wurde und sich genau dadurch von anderen Wissensformen unterscheidet.[8] Es ist mit anderen Worten die Art und Weise der Begründung, die den epistemischen Sonderstatus der Wissenschaft garantiert und dafür sorgt, daß wissenschaftliche Ergebnisse ausschließlich nach Sachkriterien beurteilt werden. Demgegenüber neigt die konstruktivistische Wissenschaftssoziologie dazu, den epistemischen Sonderstatus der Wissenschaft zu bestreiten. Aus konstruktivistischer Sicht sprechen Beobachtungen nicht für sich selbst, sondern sie sind vieldeutig interpretierbar und können je nach theoretischer Perspektive eine, wie es Thomas Kuhn formuliert, andere »Gestalt« annehmen. Wenn aber die empirische Beobachtung keine Letztinstanz ist für die Beurteilung von Theorien, wird Raum frei für den Einfluß sozialer Faktoren. Radikalisiert führt diese Perspektive zur Auffassung, daß zwischen der Wissenschaft und anderen sozialen Welten keine »interessante epistemologische Differenz besteht« (Rorty zit. nach Knorr-Cetina 1992: 408). Die epistemische Besonderheit, die die Wissenschaft für sich beansprucht, gründet nicht auf ihren spezifischen Erkenntnis- und Begründungsverfahren, sondern ist das Produkt einer kulturellen Zuschreibung, d.h. Resultat einer erfolgreichen Distinktions- und Diffusionspolitik.

Wie ich im folgenden zeigen werde, nehmen Niklas Luhmann und Pierre Bourdieu in dieser Kontroverse eine dritte Position ein, indem sie die Frage nach dem epistemischen Sonderstatus der Wissenschaft in einen differenzierungstheoretischen Rahmen stellen, der zwischen dem Essentialismus der Wissenschaftsphilosophie und dem Relativismus der konstruktivistischen Wissenschaftsforschung vermittelt. Im Gegensatz allerdings zu Luhmann, der die interne Differenzierung der Wissenschaft kaum thematisiert, ist die Autonomie des wissenschaftlichen Feldes für Bourdieu relativ und unterscheidet sich zwischen den einzelnen Disziplinen.

Außengrenzen und Binnendifferenzierungen

Aus systemtheoretischer Sicht ist es die Festlegung auf den binären Code der Wahrheit, die das Wissenschaftssystem von anderen Funktionssystemen (z.B. Politik, Recht, Wirtschaft) unterscheidet. Codes sind für Luhmann Unterscheidungen, mit denen das System seine Umwelt und seine eigenen Operationen beobachtet: Im Falle der Wissenschaft nimmt diese Unterscheidung die Form wahr vs. falsch an. Als (vorläufig) wahres Wissen gilt jenes Wissen, das aufgrund von komplexen und nur noch Spezialisten zugänglichen Verfahren überprüft und in einen theoretischen Zusammenhang gestellt wurde. Es sind diese Verfahren – Luhmann nennt sie »Programme« –, die der Wissenschaft in der Innen- wie Außenwahrnehmung ihren epistemologischen Sonderstatus sichern. »Anspruchsvolle Wahrheit«, so Luhmann, »ist jetzt wissenschaftlich gesicherte Wahrheit, und nirgendwo anders in der Gesellschaft kann sie produziert werden« (Luhmann 1994: 52). Die Besonderheit der Wissenschaft besteht damit vor allem darin, »wahrheitsfähiges«, d.h. überprüftes bzw. überprüfbares Wissen zu produzieren, und es ist diese Zentrierung auf beurteilbare Wahrheit (und nicht auf Rechtmäßigkeit oder Rentabilität), die die Wissenschaft von anderen Funktionssystemen unterscheidet. Im Vergleich dazu gerät alles andere Wissen, z.B. politische Erklärungen oder journalistische Nachrichten, auch wenn sie Wahrheit für sich reklamieren, in die Nähe von Meinungen oder bloßen Beschreibungen. Denn nur in der Wissenschaft geht es, so Luhmann, um »codierte« Wahrheit, d.h. um »die Aussage, daß wahre Aussagen eine vorausgehende Prüfung und Verwerfung ihrer etwaigen Unwahrheit implizieren. Und nur hier hat, da diese Prüfung nie abgeschlossen werden kann, das Wahrheitssymbol einen stets hypothetischen Sinn« (Luhmann 1990: 274).

Luhmann interessiert sich nicht dafür, ob Aussagen zu recht als wahr oder falsch codiert werden, im Mittelpunkt steht die Frage, unter welchen Bedingungen Kommunikationen überhaupt aufgegriffen werden. Dieses Problem stellt sich für die Wissenschaft in besonderem Maße: Weshalb sollte eine Behauptung, die dem bekannten Wissen und allen Alltagsplausibilitäten widerspricht, ernst genommen und zum Ausgangspunkt weiterer Überlegungen gemacht werden? Wie oben ausgeführt liegt der Grund vor allem darin, daß wissenschaftliche Behauptungen – im Gegensatz zu politischen Meinungen oder ästhetischen Urteilen – mit dem Anspruch auftreten können, durch komplexe Verfahren und unter Beachtung rationaler, d.h. wissenschaftlich harter Kriterien zustande gekommen zu sein. Luhmann spricht in diesem Zusammenhang von Wahrheit als einem »symbolisch generalisierten Kommunikationsmedium«. Symbolisch generalisierte Kommunikationsmedien sind Interpretationsvorschriften – »semantische Einrichtungen« (Luhmann 1982: 21) –, die dazu dienen, die Akzeptanzwahrscheinlichkeit von an sich unwahrscheinlichen Kommunikationen zu erhöhen, und sie tun dies, indem die »Konditionierung der Selektion zu einem Motivationsfaktor« gemacht wird, d.h. indem sie signalisieren, daß die Kommunikation unter spezifischen Bedingungen zu Stande kam (Luhmann 1997: 321). Im Falle der Wissenschaft signalisiert das Kommunikationsmedium Wahrheit, daß die getroffene Aussage das Ergebnis wissenschaftlicher Verfahren ist und nicht bloß Meinungen und Wertungen wiedergibt. Dies blockiert Gegenfragen und erhöht damit die Akzeptanz von Aussagen, und zwar auch dann, wenn sie Intuition und früherem Wissen zuwiderlaufen.

Im Unterschied zu anderen Kommunikationsmedien, z.B. Liebe, Geld oder Macht, liegt das Spezifikum des Mediums Wahrheit darin, daß die Selektion der Information der Umwelt (›Erleben‹) und nicht den Beteiligten (›Handeln‹) zugeschrieben wird (Luhmann 1997: 332ff.). Oder umgekehrt: Sobald eine Aussage den persönlichen Interessen oder subjektiven Einschätzungen der Beteiligten zugerechnet wird, ist der Begriff der Wahrheit fehl am Platz: »Man kann schließlich nicht sagen: es ist wahr, weil ich es so will oder weil ich es vorschlage« (Luhmann 1990: 221). Eine Aussage wird in der Wissenschaft also genau dann als wahr eingestuft, wenn unterstellt werden kann, daß sie einen »externen« Sachverhalt wiedergibt und nicht die persönliche Meinung der Beteiligten.[9] Genau dies formuliert der moderne Begriff von Objektivität als normative Vorgabe, und hier liegt auch die Verbindung zwischen Luhmanns Theorie symbolisch generalisierter Kommunikationsmedien und historischen Arbeiten zur Geschichte der Objektivität (vgl. ausführlicher Heintz 2000: Kap. 7). Wie Lorraine Daston in ihren Arbeiten zeigt, sind sowohl die Verfahren, »objektives« Wissen zu erzeugen, wie auch der Begriff der Objektivität selbst, historisch wandelbar (vgl. Daston 2001). Die heute selbstverständliche Vorstellung, daß objektives Wissen ein von subjektiven Einschätzungen gereinigtes Wissen ist und das Hauptziel der wissenschaftlichen Bemühungen bildet, hat sich erst im Verlaufe des 19. Jahrhunderts als methodischer Kanon herausgebildet und überlagerte die frühere Vorstellung, daß es in der Wissenschaft vor allem darum geht, hinter dem Zufälligen und Unvollkommenen der empirischen Erscheinungen das »Wahre« zu erkennen (vgl. Daston 2002).[10] Gleichzeitig verschob sich die Definition dessen, was als wissenschaftliches Wissen gilt: Unter dem »Regime der Objektivität« (Daston) ist wissenschaftliches Wissen ein Wissen, das über möglichst entpersonalisierte Verfahren erzeugt und begründet wird. Lorraine Daston und Peter Galison sprechen in diesem Zusammenhang von »mechanischer« Objektivität (Daston/Galison 1992). Diese Verschiebung macht deutlich, daß Wahrheit und Begründung (bzw. Objektivität) nicht identisch sind, sondern in ein Spannungsverhältnis geraten können. Insofern ist Luhmanns Terminologie nicht unproblematisch: Streng genommen indiziert das Kommunikationsmedium »Wahrheit« nicht Wahrheit, sondern Begründung, und zwar auf der Basis der zu einem bestimmten Zeitpunkt anerkannten Objektivierungsverfahren.

Davon abgesehen bleibt Luhmann jedoch erkenntnistheoretisch neutral und bezieht damit eine Position, die zwischen dem »Essentialismus« der konventionellen Wissenschaftstheorie und dem radikalem Konstruktivismus gewisser Ansätze der neueren Wissenschaftssoziologie liegt. Aus seiner Sicht orientiert sich die Wissenschaft an der Leitdifferenz wahr/falsch und verfügt über eigene, hoch komplexe Verfahren, um den Codewert – den »Wahrheitsgehalt« – von Aussagen zu bestimmen. Wissenschaftliche Kommunikationen erheben den Anspruch, das Ergebnis der Anwendung dieser Verfahren zu sein, und genau dies macht sie für weitere Kommunikationen anschlußfähig. Dieser Anspruch wird normalerweise nicht im einzelnen überprüft. Publizierte Untersuchungsergebnisse werden in der Regel akzeptiert, ohne daß die Untersuchung eigenhändig nochmals durchgeführt würde. An die Stelle der Replikation oder der »gemeinsamen Zeugenschaft« (vgl. Shapin/Schaffer 1985: 55) tritt eine detaillierte Beschreibung der Verfahren, mit denen die Ergebnisse gewonnen wurden, so daß die Leserin – gewissermaßen als »virtuelle Zeugin« – den Weg der Untersuchung im Prinzip rekonstruieren kann. Dies erfordert allerdings eine Normierung der wissenschaftlichen Sprache und funktioniert nur dann, wenn sich die Texte an die wissenschaftlichen Kommunikationsregeln halten.[11]

Mit seiner Theorie der wissenschaftlichen Felder bezieht Pierre Bourdieu eine Position, die jener von Luhmann in vielen Punkten gleicht. Beide wenden sich gegen einen überzogenen soziologischen Reduktionismus, der die (relative) Autonomie der Wissenschaft negiert, aber auch gegen eine Sicht, die, wie es Bourdieu formuliert, »den Fortpflanzungsvorgang der Wissenschaft als eine Art Parthenogenese beschreibt, aus der sich die Wissenschaft selbst hervorbringt, ohne je vom Gesellschaftlichen berührt worden zu sein« (Bourdieu 1998: 17). Aus Bourdieus Sicht werden externe Einflüsse durch die Eigenlogik der Wissenschaft, d.h. durch die in ihr institutionalisierten Begründungsverfahren »gebrochen« und in die ihr eigene »Sprache« übersetzt. Im Gegensatz allerdings zu Luhmann, der die Interdependenzunterbrechung zwischen den verschiedenen Funktionssystemen absolut setzt und der disziplinären Differenzierung der Wissenschaft kaum Rechnung trägt, ist wissenschaftliche Autonomie für Bourdieu relativ und variiert zwischen den Disziplinen. Bourdieu spricht deshalb von einer unterschiedlichen »Brechungsstärke« der einzelnen Disziplinen. Je autonomer ein disziplinäres Feld ist, desto stärkere Geltung haben die spezifisch wissenschaftlichen Beurteilungskriterien und desto irrelevanter werden externe Einflüsse und funktional irrelevante Kriterien. »Wenn Sie«, so Bourdieu, »einen Mathematiker ausstechen wollen, muss es mathematisch gemacht werden, durch einen Beweis oder eine Widerlegung« (Bourdieu 1998: 28) – Geschlecht, Nationalität oder politischer Einfluß sind dafür kein Substitut. Das umgekehrte gilt für Disziplinen, die nur partiell eigenständige Verfahren entwickelt haben und in denen kein Konsens über die zulässigen Methoden und Theorien besteht. In diesem Fall können externe Einflüsse und außerwissenschaftliche Kriterien relativ ungebrochen die Leistungsbeurteilung und damit auch die Reputationshierarchie affizieren. Im Gegensatz also zu Luhmann, der kaum zwischen den einzelnen Disziplinen differenziert und das Modell der quantifizierenden und experimentell verfahrenden Wissenschaften implizit generalisiert, argumentiert Bourdieu, daß nicht alle Disziplinen in gleichem Maße über autonome und konsensual akzeptierte Begründungsverfahren verfügen, d.h. Wahrheit funktioniert nicht überall und uneingeschränkt als generalisiertes Kommunikationsmedium.

Augenfälliges Beispiel für eine Disziplin mit hoher »Brechungsstärke« ist die Mathematik, die mit dem Beweis über ein eigenständiges und hoch standardisiertes Begründungsverfahren verfügt. Mathematische Aussagen werden (heute) nur dann als wahr akzeptiert, wenn sie in einem strengen Sinn bewiesen, d.h. auf der Basis einer formalisierten Sprache deduktiv und im Idealfall Schritt für Schritt aus einem Satz von Axiomen abgeleitet wurden.[12] Ob ein Beweis fehlerhaft ist oder eine Lücke enthält, ist im Prinzip eindeutig entscheidbar und jederzeit kontrollierbar, d.h. es gibt unmißverständliche und von der Mathematik selbst festgelegte Kriterien dafür, wie ein mathematisches Ergebnis (und sein Autor) zu bewerten und auf welche Weise der Geltungsanspruch einer Aussage zu widerlegen ist (vgl. dazu ausführlicher Heintz 2000). Am anderen Pol liegen qualitativ verfahrende Feldwissenschaften, in denen die Erhebungs- und Begründungsverfahren wenig standardisiert und nicht direkt kontrollierbar sind. Während Beobachtung in den Laborwissenschaften unter Bedingungen stattfindet, die sich systematisch kontrollieren und gezielt variieren lassen, sind Feldwissenschaften prinzipiell abhängig von externen Restriktionen und sozialen und natürlichen Kontingenzen, die sich niemals vollständig unter Kontrolle bringen lassen. Entsprechend sind Feldwissenschaften kaum in der Lage, stabile Außengrenzen zu etablieren. Ihr Untersuchungsraum ist immer auch ein gesellschaftlicher Raum, der bereits durch andere Akteure besetzt ist. »Unlike laboratories, natural sites can never be exclusively scientific domains. They have a chronic problem policing their boundaries« (Kuklick/Kohler 1996: 4f.).

Im Unterschied zu den Laborwissenschaften, in denen die Untersuchungsobjekte jederzeit zur Verfügung stehen, können Ereignisse in den Feldwissenschaften nur dann untersucht werden, wenn sie stattfinden, und Objekte nur dort beobachtet werden, wo sie gerade sind. Meßinstrument ist in der Regel das Auge, und die Bedingungen, unter denen beobachtet wird, ändern sich laufend: Die Wiederholung von Beobachtungen ist aus prinzipiellen Gründen ausgeschlossen. Dazu kommt, daß Feldbeobachtungen oft alleine durchgeführt werden (vgl. Roth/Bowen 2001), und das bedeutet, daß damit auch der Rückgriff auf die Objektivierungsstrategie der »gemeinsamen Zeugenschaft« verunmöglicht ist. Im Gegensatz zu den Laborwissenschaften, in denen die Möglichkeit zur Replikation als eine Art »Wahrheitsgarantie« funktioniert, gibt es im Falle der qualitativ verfahrenden Feldwissenschaften oft keine überprüfbare Garantie, daß die Aussagen auf wissenschaftlich akzeptierten Grundlagen beruhen und nicht auf den subjektiven Einschätzungen des Forschers. Es ist in diesem Fall vor allem die persönliche Glaubwürdigkeit des Forschers und die narrative Konsistenz seiner Darstellung, die für die Zuverlässigkeit der Resultate bürgen, mit der Folge, daß Kontroversen in Feldwissenschaften häufiger und unentscheidbarer sind als in den Laborwissenschaften oder der Mathematik (vgl. u.a. Rees 2001; McCook 1996). Dies ist mit ein Grund dafür, weshalb qualitativ arbeitende Feldwissenschaften beträchtliche Schwierigkeiten haben, das Signum der »Wissenschaftlichkeit« zu erreichen (vgl. dazu ausführlicher Heintz et al. 2003).

Geschlechterunterschiede im disziplinären Vergleich

Der Standardisierungsgrad der wissenschaftlichen Verfahren, d.h. das Ausmaß, in dem Disziplinen über eigene und kontrollierbare Begründungsverfahren verfügen, gibt einen Hinweis auf die relative Autonomie einer Disziplin und damit ihre Fähigkeit, sich gegenüber außerwissenschaftlichen Einflüssen abzugrenzen. Bislang fehlen jedoch empirische Arbeiten, die die »Brechungsstärke« disziplinärer Felder vergleichend untersuchen und mit der Umsetzung der Universalismusnorm in Beziehung setzen, und erst recht gibt es keine Arbeiten, die diesem Zusammenhang aus einer interaktionstheoretischen Perspektive nachgehen. Es finden sich jedoch einige verstreute Indizien, die zusammen genommen darauf hinweisen, daß eine hohe Standardisierung der wissenschaftlichen Verfahren partikularistische Zuschreibungen bis zu einem gewissen Grade blockiert. Einige dieser Indizien werde ich im folgenden präsentieren.

Im Anschluß an Kuhns Paradigma-Konzept wurden in den 70er Jahren eine Reihe von Untersuchungen durchgeführt, die den Grad an methodischer und theoretischer Übereinstimmung in einzelnen Disziplinen zu erheben versuchten. Der paradigmatische Konsens wurde entweder über die subjektiven Einschätzungen der Wissenschaftler erfaßt oder indirekt über die Rückweisungsrate in wissenschaftlichen Zeitschriften und die Übereinstimmung bei der Beurteilung von Forschungsanträgen und Manuskripten. Insgesamt gesehen weisen die Ergebnisse darauf hin, daß der Konsens in den Naturwissenschaften und in der Mathematik größer ist als in den Sozial- und Geisteswissenschaften. In ihrer Untersuchung zum kognitiven Konsens in vier Disziplinen (Physik, Chemie, Soziologie und Politologie) wiesen Beyer/Stevens (1975) nach, daß Meinungsverschiedenheiten in den Naturwissenschaften seltener auftreten als in den Sozialwissenschaften. Wenn es in den Naturwissenschaften dazu kam, drehte sich der Konflikt primär um die Interpretation von Ergebnissen, während sich der Dissens in den sozialwissenschaftlichen Fächern vor allem auf die verwendeten Theorien bezog.[13] Ein anderer verwendeter Indikator ist die Ablehnungsrate von Zeitschriften. Gemäß der Studie von Harriet Zuckerman und Robert Merton (1973a) liegen die Ablehnungsraten in den sozial- und geisteswissenschaftlichen Fächern sehr viel höher als in den Naturwissenschaften. Während in der Physik nur 20 Prozent der eingereichten Aufsätze abgelehnt werden, sind es in der Geschichte und der Philosophie über 70 Prozent. Einem ähnlichem Muster folgt auch die Herausgeberpolitik von Zeitschriften. In der Soziologie und den Politikwissenschaften wird der wissenschaftliche Beirat eher nach partikularistischen und institutionellen Kriterien ausgewählt (persönliche Kontakte, Position in den jeweiligen Fachgesellschaften, universitäre Zugehörigkeit), während in der Chemie und Physik die wissenschaftliche Leistung ausschlaggebend ist (vgl. Beyer 1978). Zu einem etwas anderen Schluß gelangt Stephen Cole, der in mehreren Studien den kognitiven Konsens in verschiedenen Disziplinen untersucht hat (vgl. Cole 1983). Insgesamt betrachtet weisen seine Ergebnisse darauf hin, daß die »harten« Wissenschaften zwar durch einen höheren Konsens geprägt sind, der Unterschied aber geringer ist als im allgemeinen vermutet wird.

In Disziplinen mit hohem kognitiven Konsens ist die Wahrscheinlichkeit größer, daß wissenschaftliche Beiträge nach ihrem Gehalt und nicht nach den sozialen Merkmalen ihrer Autoren und Autorinnen beurteilt werden. Bislang gibt es jedoch nur wenige empirische Studien, die dem Zusammenhang zwischen Konsens und Universalismus nachgegangen sind. Ausgehend von der Annahme, daß Disziplinen mit hohem Konsens meritokratischer organisiert sind als vorparadigmatische Fächer, untersuchten Hargens/Hagstrom (1982), inwieweit die Karrierechancen von jungen Wissenschaftlern von ihren eigenen Leistungen abhängig sind bzw. welche Rolle zugeschriebene Faktoren wie etwa das Prestige der Ausbildungsinstitution spielen. Die Resultate weisen darauf hin, daß die »harten« Wissenschaften universalistischer funktionieren als die »weichen«: In der Mathematik und den drei untersuchten naturwissenschaftlichen Disziplinen ist die wissenschaftliche Karriere vor allem von der eigenen Leistung abhängig, während in der Politikwissenschaft die akademische Herkunft eine größere Rolle spielt. Ähnlich argumentieren Merton/Zuckerman (1973b), daß in Disziplinen mit hohem Konsens wissenschaftliche Leistungen unabhängig vom Alter, d.h. der Bekanntheit des Forschers beurteilt werden, während in vorparadigmatischen Disziplinen persönliche und soziale Merkmale als eine Art Rezeptionsfilter wirken.[14]

Der Zusammenhang zwischen dem kognitiven Konsens innerhalb einer Disziplin und den Aufstiegschancen von Frauen wurde bislang noch nicht systematisch untersucht. Einzelne Ergebnisse weisen jedoch darauf hin, daß Frauen in Disziplinen mit hohem Konsens – und das sind, wie oben ausgeführt, vor allem die naturwissenschaftlichen und mathematischen Fächer – auf weniger Hindernisse stoßen als in den sozial- und geisteswissenschaftlichen Disziplinen. So zeigen etwa Toren/Kraus (1987), daß der Frauenanteil in den naturwissenschaftlichen Fakultäten zwar sehr klein ist, Frauen in diesen Fächern aber bessere Chancen haben, Spitzenpositionen zu erreichen als in den Geisteswissenschaften. Als Minderheit haben Frauen zwar das »falsche« Geschlecht, aber da sie in einem männlich konnotierten Bereich arbeiten, wird unterstellt »that they work like men« (Toren/Kraus 1987: 1098).

Zu einem ähnlichen Ergebnis gelangt auch Cole (1979), der am Beispiel von vier Disziplinen (Chemie, Biologie, Psychologie und Soziologie) untersucht hat, inwieweit die Geschlechtszugehörigkeit die wissenschaftliche Anerkennung beeinflußt. Kontrolliert man die wissenschaftliche Leistung, so haben Frauen die gleiche Chance, eine wissenschaftliche Auszeichnung zu erhalten wie Männer. Dies gilt allerdings nur für die drei experimentellen Wissenschaften, nicht für die Soziologie: Auch bei gleicher Leistung werden Preise in der Soziologie eher an Männer vergeben (vgl. Cole 1979: 70ff.). In einer weiteren Untersuchung wurden die Befragten gebeten, Namen von Personen zu nennen, die in ihrem Fach einen wichtigen Beitrag geleistet haben. Während Frauen in der Psychologie und Soziologie praktisch nur von Frauen erwähnt wurden, wurden sie in der Biologie ebenso häufig von Männern wie von Frauen genannt (vgl. ebd.: 103f.).

In eine ähnliche Richtung weist auch die bereits erwähnte Studie, die auf einer repräsentativen Befragung der Professoren und Professorinnen und des oberen Mittelbaus in der Schweiz beruht (vgl. Anm. 2). Auch diese Untersuchung macht deutlich, daß die Vernachlässigung der disziplinären Unterschiede zu einem verzerrten Bild der Formen und Ursachen der Untervertretung der Frauen in der Wissenschaft führt (vgl. Leemann 1999, 2002). Die Ergebnisse zeigen, daß die Disziplin für die Arbeits- und Qualifikationsbedingungen ausschlaggebender ist als die Geschlechtszugehörigkeit. Für beide Geschlechter sind die Bedingungen in den sogenannten »Männerdisziplinen« um einiges besser als in den Sozial- und Geisteswissenschaften. Wer in einem naturwissenschaftlichen oder mathematischen Fach tätig ist, kann damit rechnen, intensiv betreut zu werden, Zeit für die Forschung zu haben und die Qualifikationsarbeiten relativ rasch abzuschließen, und dies gilt unabhängig vom Geschlecht. Ganz anders in den Geisteswissenschaften und etwas weniger ausgeprägt in den Sozialwissenschaften: Hier ist die Belastung durch die Lehre größer und die Betreuung schlechter, und dies betrifft vor allem die Frauen im Vergleich zu ihren naturwissenschaftlichen Kolleginnen. Diese ungleichen Bedingungen führen dazu, daß die Frauen in den Sozial- und Geisteswissenschaften ihre Qualifikationsarbeiten (Dissertation, Habilitation) deutlich später abschließen als ihre männlichen Kollegen, während die Geschlechterunterschiede in den naturwissenschaftlichen und mathematischen Fächern relativ gering sind.

Zusammenfassend lassen sich aus diesen Studien zwei Schlußfolgerungen ziehen. Zum einen sind die Geschlechterunterschiede disziplinenabhängig, d.h. Frauen sind je nach Disziplin bzw. Disziplinengruppe mit unterschiedlich hohen Hürden konfrontiert. Zum anderen ist der Geschlechtereffekt in vielen Fällen indirekt und vor allem über die Studienwahl vermittelt: Frauen sind vorwiegend in Disziplinen tätig, in denen die Arbeits- und Qualifikationsbedingungen generell schlechter und die wissenschaftlichen Begründungsverfahren wenig standardisiert sind, so daß Raum bleibt für Personalisierungen und geschlechtliche Zuschreibungen. Zudem legen die Ergebnisse die Vermutung nahe, daß in den naturwissenschaftlichen und mathematischen Disziplinen andere Ausschlußmechanismen wirken als in den Geistes- und Sozialwissenschaften. Die Tatsache, daß es in den naturwissenschaftlichen und mathematischen Fächern auf der Professorenebene nur wenig Frauen gibt, scheint zu einem großen Teil ein Schwellen- bzw. ein Poolproblem zu sein, d.h. die Erklärung muß hier vor allem bei der Studienwahl ansetzen. Wenn Frauen diese Schwelle überschritten haben, dann stoßen sie auf ähnliche Bedingungen wie ihre männlichen Kollegen.[15] Demgegenüber erklärt sich der geringe Professorinnenanteil in den von ihnen mehrheitlich gewählten »weichen« Fächern aus den dort herrschenden Aufstiegsbarrieren, die größer zu sein scheinen als in den universalistischer strukturierten »harten« Disziplinen. Die horizontale Segregation des Wissenschaftssystems erweist sich damit als wesentliche Ursache für seine ausgeprägte vertikale Segregation.

Die Ergebnisse dieser quantitativen Studien zeigen zwar, daß Frauen entgegen dem verbreiteten Bild in den »harten« Disziplinen auf bessere Bedingungen treffen als in den sogenannten Frauenfächern, sie erklären aber nicht, weshalb dies so ist. Ich möchte deshalb meine Argumentation zum Schluß noch einmal zusammenfassen: Ausgangspunkt war die These, daß im Zuge der Durchsetzung der Gleichberechtigungsnorm Geschlechteruntergleichheit nicht mehr normativ abgesichert ist. Ich habe diese Entwicklung als »De-Institutionalisierung der Geschlechterdifferenz« bezeichnet und die Auffassung vertreten, daß unter dieser Bedingung Ungleichheit vor allem über interaktiv vermittelte Zuschreibungsprozesse hergestellt wird. Angesichts der in der Wissenschaft besonders hochgehaltenen Norm, von persönlichen Merkmalen abzusehen und Beurteilungen nur nach sachlichen Gesichtspunkten vorzunehmen, sind partikularistische Zuschreibungen allerdings keineswegs selbstverständlich. Daß sie dennoch auftreten, habe ich einerseits über die Eigenheit von Interaktionssystemen und andererseits über die besondere Bedeutung der geschlechtlichen Kategorisierung in Interaktionsprozessen erklärt.

Geschlechtliche Zuschreibungen sind jedoch nicht in allen interaktiven Settings in gleichem Maße wahrscheinlich. Im Anschluß an organisationssoziologische Studien, die zeigen, daß sich ein hoher Formalisierungsgrad positiv auf die Karrierechancen von Frauen auswirkt (oder umgekehrt: geschlechtsspezifische Rollen- und Positionszuweisungen zumindest partiell blockiert), habe ich argumentiert, daß ein hoher Standardisierungsgrad der wissenschaftlichen Verfahren eine ähnliche Wirkung haben kann. Die in der Wissenschaft praktizierten Begründungsverfahren sind systeminterne, d.h. wissenschaftseigene Errungenschaften, und es sind diese Verfahren, die die Außengrenze der Wissenschaft markieren und ihren epistemischen Sonderstatus begründen. Je nach Standardisierungsgrad der Verfahren sind die Außengrenzen mehr oder weniger porös. Bourdieu spricht in diesem Zusammenhang von der »Brechungsstärke« eines disziplinären Feldes und vertritt die Auffassung, daß Disziplinen gegenüber externen Einflüssen in unterschiedlichem Maße immun sind. Externe Einflüsse reichen von direkten politischen Eingriffen in die Forschung über rechtliche Einschränkungen und Verbote bis hin zur »Intrusion« system- bzw. feldfremder Interpretationskategorien und Bewertungskriterien. Geschlechtszugehörigkeit (oder Nationalität oder politische Orientierung) sind augenfällige Beispiele für solche »systemfremden« Klassifikationen, die das Prinzip des Universalismus unterlaufen.

Es gibt zwar keine empirischen Untersuchungen, die den Standardisierungsgrad der wissenschaftlichen Verfahren – und damit die »Brechungsstärke« disziplinärer Felder – vergleichend erfassen, der paradigmatische Konsens läßt sich jedoch als ein indirekter Hinweis auf die Autonomie einer Disziplin interpretieren. Verschiedene Studien zeigen, daß die Übereinstimmung hinsichtlich der zulässigen Methoden und Theorien in den naturwissenschaftlichen und mathematischen Disziplinen um einiges größer ist als in den sozial- und geisteswissenschaftlichen Fächern. In Disziplinen mit hohem kognitiven Konsens gibt es allgemein anerkannte Kriterien, nach denen Leistungen beurteilt werden können, partikularistische Bewertungen können entsprechend weniger greifen. Dies betrifft auch die Frauen. Darauf weisen jedenfalls Studien hin, in denen die Karrierechancen von Frauen in verschiedenen Disziplinen untersucht wurden. Die Ergebnisse relativieren das verbreitete Bild, daß Frauen in den sogenannten »Frauenfächern« bessere Chancen haben. Die Tatsache, daß es in den Sozial- und Geisteswissenschaften mehr Professorinnen gibt als in den naturwissenschaftlichen und mathematischen Fächern, hat vermutlich vor allem damit zu tun, daß ein größerer »Pool« an Kandidatinnen zu Verfügung steht, und indiziert nicht automatisch mehr Chancengleichheit. Eher trifft das Gegenteil zu: Es scheinen vor allem die »harten« und paradigmatisch geschlossenen Fächer zu sein, in denen die Leistungsbeurteilung nach universalistischen Kriterien und – zumindest partiell – unter »Absehung des Geschlechts« erfolgt. Fehlt ein solcher Konsens, besteht die Gefahr, daß bei der Leistungsbeurteilung funktional irrelevante Kriterien zum Tragen kommen. Das Geschlecht bietet sich in solchen offenen Situationen als leicht zugängliche Interpretationskategorie an, über die Stereotypen in Interaktionen und Entscheidungen einfließen können (vgl. Long/Fox 1995; Cole 1979: 75). Während dieser »spill-over-effect« (Gutek/Cohen 1992) für Männer Vorteile bringt, hat er für Frauen Nachteile. Unstrukturierte Situationen schaffen Raum für Selbstinszenierungen und partikularistische Zuschreibungen, von denen vor allem jenes Geschlecht profitiert, das kulturell höher bewertet wird und über bessere Strategien des »impression management« verfügt: »When standards are subjective and loosely defined, it is more likely that men will be perceived to be the superior candidates and that gender bias will operate« (Fox 1994: 222).

Auch in der Wissenschaft ist das Geschlecht ein Unterschied, der einen Unterschied macht, aber nicht immer und nicht überall. Als basale Kategorisierung, die latent immer präsent ist, stellt die Geschlechterdifferenz eine Offerte dar, an die soziale Differenzierungsprozesse ansetzen können, aber nicht ansetzen müssen. Entsprechend stellt sich die Frage, unter welchen Bedingungen das universalistische Ideal der Wissenschaft auf der Ebene der »Betriebskommunikation« durch Partikularisierungen konterkariert wird und wie dies genau geschieht und mit welchen Folgen. Um diese Frage zu beantworten, müssen die im Rahmen von quantitativen Studien festgestellten Zusammenhänge in die »Mikrobegegnungen« übersetzt werden, die ihnen zugrunde liegen (vgl. Abschnitt »Interaktion und Ungleichheit«). Eine solche »des-aggregierende« Perspektive zeigt, daß sich die Praxis der geschlechtlichen Differenzierung weder dem Modell des wissenschaftlichen Universalismus fügt noch der Vorstellung einer durchgängigen Relevanz der Geschlechtszugehörigkeit. Vielmehr sind wir heute mit vielfältigen

Konstellationen konfrontiert, die je nach ihrem »Mischungsverhältnis« zu einem Vergessen oder zu einer Stabilisierung der Geschlechterdifferenz führen mit der Folge, daß generelle Aussagen über »die« Situation »der« Frauen in »der« Wissenschaft zunehmend obsolet werden (vgl. ausführlicher Heintz et al. 2003).

Anmerkungen

1 | Ich danke Martina Merz, Christina Schumacher und Theresa Wobbe für ihre hilfreichen Kommentare.

2 | Ausgangspunkt dieser Überlegungen ist eine in der Schweiz durchgeführte Studie, die vom Schweizer Nationalfonds im Rahmen des Schwerpunktprogramms »Demain la Suisse« finanziert wurde (vgl. Heintz 1996). Das quantitative Teilprojekt beruht auf einer repräsentativen Befragung der Schweizer Professorinnen und Professoren und des oberen Mittelbaus und untersucht die Arbeits-, Qualifikations- und Karrierebedingungen von Männern und Frauen in einer disziplinär vergleichenden Perspektive (vgl. Leemann 1999, 2002). Im Rahmen des qualitativen Teilprojekts wurden ethnographische Fallstudien in vier Disziplinen durchgeführt (Architektur, Pharmazie, Botanik und Atmosphärenphysik). Im Mittelpunkt steht die Frage, ob und wie sich die Geschlechterunterschiede im wissenschaftlichen Alltag manifestieren und inwieweit auch hier disziplinäre Unterschiede festzustellen sind (vgl. Heintz et al. 2003). Ich werde auf die Ergebnisse nicht im einzelnen eingehen, sondern beschränke mich darauf, den theoretischen Argumentationsrahmen zu skizzieren.

3 | In seinem Aufsatz »Über die mannigfaltigen Wirklichkeiten« hat Alfred Schütz (1945) diese Polarisierung von Alltagswelt und wissenschaftlicher Welt eindrucksvoll beschrieben, ohne allerdings zu reflektieren, daß die Dissoziation von »natürlicher« und »theoretischer Einstellung« sich in dieser Deutlichkeit erst im 19. Jahrhundert herausgebildet hat. Erst nachdem sich Wissenschafts- und Alltagswelt sozial und räumlich separiert hatten, konnte der Wechsel zwischen den beiden Welten als »Sprung« und die Rückkehr in die Alltagswelt »in der subjektiven Erfahrung als Schock« empfunden werden (vgl. Schütz 1971: 267).

4 | Ein alternativer Reproduktionsmechanismus sind Arrangements, die zwar vordergründig geschlechtsneutral sind, sich aber auf die beiden Geschlechter unterschiedlich auswirken (z.B. Anciennitätsregeln oder Arbeitsbewertungssysteme). Während mit dem »gender mainstreaming« ein Instrument zu Verfügung steht, solche versteckten Benachteiligungen zu entdecken, ist es ungleich schwieriger, die geschlechtliche Imprägnierung von augenscheinlich sachbezogenen Interaktionen zu erkennen und zu einem öffentlichen Tatbestand zu machen.

5 | Empirische Studien, die sich aus einer interaktionstheoretischen Perspektive mit der »Neutralisierung« der Geschlechterdifferenz beschäftigen, sind allerdings immer noch an einer Hand abzuzählen (vgl. z. B. Bettie 2000; Heintz et al. 1997; Thorne 1993; Wilz 2001).

6 | Die staatlich verordneten Gleichstellungsbemühungen, die vor allem in großen und von staatlichen Aufträgen abhängigen Organisationen greifen, haben allerdings den paradoxen Effekt, daß sie die »Ethno-Methode des Geschlechter-Vergleichens« (Hirschauer 2001) ständig am Laufen halten und insofern die von der Organisationsspitze verordneten Neutralisierungsbemühungen systematisch untergraben.

7 | Ich schließe hier an Richard Whitleys Dimension der »task uncertainty« an (vgl. Whitley 1984). Eine hohe »task uncertainty« bedeutet, daß Probleme unklar definiert sind, konkurrierende Methoden koexistieren und die Beurteilungskriterien diffus und kontrovers sind. Zusammen mit der Dimension der »mutual dependence« bildet die Kategorie der »task uncertainty« die Grundlage für Whitleys Disziplinentypologie.

8 | Exemplarisch für diese Auffassung ist die harsche Kritik, die Imre Lakatos gegenüber Thomas Kuhn und dessen Konzept der wissenschaftlichen »Revolutionen« vorgebracht hat: »If Kuhn is right, then there is no demarcation between science and pseudoscience, no distinction between scientific progress and intellectual decay, there is no objective standard of honesty« (Lakatos 1974: 4).

9 | Diese Zurechnung auf Erleben wird auch durch den entpersonalisierten Kommunikationsstil wissenschaftlicher Publikationen nahegelegt. Wie die konstruktivistische Wissenschaftssoziologie zeigt, werden wissenschaftliche Texte von der ersten Forschungsnotiz bis hin zur endgültigen Publikation einem komplexen Bearbeitungsprozeß unterzogen, bei dem der vormals offene Forschungsprozeß in eine planvolle Abfolge zwingender Entscheidungen gebracht wird (vgl. u. a. Knorr-Cetina 1984: Kap. 5; Gooding 1992).

10 | Um das »Wahre« zu erkennen, bedurfte es der Urteilskraft des Forschers, der hinter dem empirisch Erfaßten das Wesentliche erkennen und u. U. durch gezielte Eingriffe zum Vorschein bringen mußte. Insofern ist der damalige Wahrheitsbegriff gerade nicht gleichzusetzen mit dem Begriff der Objektivität im Sinne eines Wissens, das auf einer »naturgetreuen« Wiedergabe beruht und möglichst ohne menschliche Intervention zustande kommt. Wie Peter Galison (1998) zeigt, ist es in der zweiten Hälfte des 20. Jahrhunderts zu einer Rehabilitierung der menschlichen Urteilskraft gekommen, nicht zuletzt im Zusammenhang mit dem zunehmenden Einsatz des Computers. Objektivität meint nun nicht mehr eine möglichst subjektfreie Aufzeichnung von Geschehnissen, das wäre bloße Genauigkeit, sondern eine durch den Wissenschaftler ausgewählte und in gewissem Sinne auch »gestaltete« Wirklichkeit. Diese Rehabilitierung der menschlichen Urteilskraft zeigt sich besonders deutlich im Falle von visuellen Darstellungen (vgl. dazu Heintz/Huber 2001).

11 | Diese »Entpersonalisierung« wissenschaftlicher Texte hat sich erst im 19. Jahrhundert endgültig durchgesetzt (vgl. auch Anm. 9). Frühe wissenschaftliche Texte bezogen ihre Glaubwürdigkeit gerade umgekehrt daraus, daß sich der Autor als Person kenntlich machte (vgl. u.a. Shapin/Schaffer 1985: Kap. 2).

12 | Wie mathematikhistorische Untersuchungen zeigen, war dies nicht immer der Fall. Zumindest in der Zahlentheorie und in der Analysis des 18. Jahrhunderts wurden mathematische Aussagen auch dann als wahr akzeptiert, wenn sie nicht im strengen Sinne bewiesen, sondern über Plausibilitätsüberlegungen, induktiv-empirisch oder auch bloß dadurch gerechtfertigt waren, daß sie »funktionieren« (vgl. u.a. Goldstein 1995; Grabiner 1981). Dies änderte sich im Verlaufe des 19. Jahrhunderts. Zum einen wurde der Beweis zum ausschließlichen Rechtfertigungsverfahren, d.h. es wurden nur noch jene Aussagen als wahr akzeptiert, die in einem strengen Sinn bewiesen sind, und zum anderen kam es zu einer ausgeprägten Standardisierung der mathematischen Sprache. Die Mathematik wurde, wie es Herbert Mehrtens formuliert, zu einer »Schriftsprache mit scharfen, allgemein gültigen Gebrauchsregeln, auf die jeder Sprecher verpflichtet werden kann« (Mehrtens 1990: 41).

13 | Zu einem ähnlichen Ergebnis gelangt auch die Studie von Lodahl/Gordon (1972), in der der disziplinäre Konsens über die Übereinstimmung hinsichtlich Prüfungsanforderungen und Lehrinhalten erhoben wurde. In den naturwissenschaftlichen Fächern (Physik und Chemie) war die Übereinstimmung um einiges größer als in den Sozialwissenschaften (Soziologie und Politologie) und im Falle eines Dissenses auch leichter zu erreichen.

14 | Zuckerman und Merton führen für die Beziehung zwischen kognitivem Konsens und Alter zwei Gründe an: In Disziplinen mit hohem Konsens bestehen allgemein akzeptierte Kriterien für die Beurteilung von Leistungen. Zugeschriebene Kriterien spielen entsprechend eine vergleichsweise geringe Rolle. Zudem ist das Wissen in diesen Disziplinen kodifizierter, d.h. für jüngere Wissenschaftler ist es einfacher, sich das notwendige Wissen in relativ kurzer Zeit anzueignen.

15 | Dieser Eindruck wurde auch in der bereits erwähnten qualitativen Untersuchung bestätigt, die auf ethnographischen Studien in der Botanik, Pharmazie, Atmosphärenphysik und Architektur beruht (vgl. Anm. 2). Die

Interviews und Feldbeobachtungen legen den Schluß nahe, daß das Geschlecht in diesen Fächern keine zentrale Kategorie ist, weder in der alltäglichen Interaktion noch in den Deutungen der Befragten, und, wenn überhaupt, vor allem indirekt wirkt. Eine Ausnahme ist die Architektur, in der die Beurteilungskriterien wenig explizit sind und persönliche und stark männlich besetzte (Stil-)Merkmale eine sehr viel größere Bedeutung besitzen als in den anderen drei Disziplinen (vgl. ausführlicher Heintz et al. 2003).

Literatur

Beckermann, Ansgar (2001): »Zur Inkohärenz und Irrelevanz des Wissensbegriffs. Plädoyer für eine neue Agenda in der Erkenntnistheorie«, in: *Zeitschrift für Philosophische Forschung* 55, S. 571-593.

Bettie, Julie (2000): »Women Without Class: Chicas, Cholas, Trash, and the Presence/Absence of Class Identity«, in: *Signs* 26, S. 1-35.

Beyer, Janice M./Stevens, John M. (1975): »Unterschiede zwischen einzelnen Wissenschaften in Hinblick auf Forschungsaktivität und Produktivität«, in: Nico Stehr/René König (Hg.), *Wissenschaftssoziologie, Sonderband 18 der Kölner Zeitschrift für Soziologie und Sozialpsychologie*, Opladen: Westdeutscher Verlag, S. 349-374.

Beyer, Janice (1978): »Editorial Policies and Practices Among Leading Journals in Four Scientific Fields«, in: *Sociological Quarterly* 19, S. 68-88.

Bourdieu, Pierre (1998): *Vom Gebrauch der Wissenschaft*, Konstanz: Universitätsverlag Konstanz.

Cole, Jonathan R. (1979): *Fair Science. Women in the Scientific Community*, New York: Free Press.

Cole, Stephen (1983): »The Hierarchy of the Sciences?«, in: *American Journal of Sociology* 89, S. 111-139.

Collins, Randall (2000): »Situational Stratification: A Micro-Macro-Theory of Inequality«, in: *Sociological Theory* 18, S. 17-42.

Daston, Lorraine (2001): *Wunder, Beweise und Tatsachen. Zur Geschichte der Rationalität*, Frankfurt/Main: Fischer.

Daston, Lorraine (2002): »Eine Geschichte der wissenschaftlichen Objektivität«, in: Renate Mayntz (Hg.), *Akteure – Mechanismen – Modelle. Zur Theoriefähigkeit makro-sozialer Analysen*, Frankfurt/Main, New York: Campus, S. 44-60.

Daston, Lorraine/Galison, Peter (1992): »The Image of Objectivity«, in: *Representations* 40, S. 81-128.

Fox, Mary Frank (1994): »Women and Scientific Careers«, in: Jasanoff et al. (Hg.), S. 205-223.

Galison, Peter (1998): »Judgement Against Objectivity«, in: Caroline A. Jones/Peter Galison (Hg.), *Picturing Science*, London: Producing Art, S. 327-359.

Gieryn, Thomas F. (1994): »Boundaries of Science«, in: Jasanoff et al., S. 393-443

Goldstein, Catherine (1995): »Zahlen als Liebhaberei und Beruf im 17. und 19. Jahrhundert«, in: Michel Serres (Hg.), *Elemente einer Geschichte der Wissenschaften*, Frankfurt/Main, S. 487-525.

Gooding, David (1992): »Putting Agency Back into Experiment«, in: Andrew Pickering (Hg.), *Science as Practice and Culture*, Chicago: Chicago University Press, S. 65-112.

Grabiner, Judith V. (1981): »Changing Attitudes Toward Mathematical Rigor: Lagrange and Analysis in the Eighteenth and Nineteenth Centuries«, in: Hans Niels Jahnke/Michael Otte (Hg.), *Epistemological and Social Problems of the Sciences in the Early Nineteenth Century*, Dordrecht: Reidel, S. 311-330.

Gutek, Barbara A./Cohen, Aaron Groff (1992): »Sex Ratios, Sex Role Spillover, and Sex at Work: A Comparison of Men's and Women's Experiences«, in: Albert J. Mills/Peta Tancred (Hg.), *Gendering Organizational Analysis*, London: Sage, S. 133-150.

Hargens, Lowell L./Hagstrom, Warren O. (1982): »Scientific Consensus and Academic Status Attainment Patterns«, in: *Sociology of Education* 55, S. 183-196.

Hausen, Karin (1976): »Die Polarisierung der ›Geschlechtscharaktere‹. Eine Spiegelung der Dissoziation von Erwerbs- und Familienleben«, in: Werner Conze (Hg.), *Sozialgeschichte der Familie in der Neuzeit Europas*, Stuttgart: Klett, S. 363-393.

Heintz, Bettina (1996): Wissenschaft als Beruf? Ursachen und Ausdrucksformen der Ungleichbehandlung der Frauen in der Wissenschaft: Projektantrag an den Schweizerischen Nationalfonds, Zürich.

Heintz, Bettina (Hg.) (2001): *Geschlechtersoziologie.* Sonderband 41 der *Kölner Zeitschrift für Soziologie und Sozialpsychologie*, Wiesbaden: Westdeutscher Verlag.

Heintz, Bettina/Nadai, Eva (1998): »Geschlecht und Kontext. De-Institutionalisierungsprozesse und geschlechtliche Differenzierung«, in: *Zeitschrift für Soziologie* 27, S. 75-93.

Heintz, Bettina (2000): *Die Innenwelt der Mathematik. Zur Kultur und Praxis einer beweisenden Disziplin*, Wien, New York: Springer.

Heintz, Bettina/Nadai, Eva/Fischer, Regula/Ummel, Hannes (1997): *Ungleich unter Gleichen. Studien zur geschlechtsspezifischen Segregation des Arbeitsmarktes*, Frankfurt/Main, New York: Campus.

Heintz, Bettina/Huber, Jörg (2001): *Mit den Augen denken. Strategien der*

Sichtbarmachung in wissenschaftlichen und virtuellen Welten, Zürich, Wien: Voldemeer/Springer.

Heintz, Bettina/Merz, Martina/Schumacher, Christina (2003): *Wissenschaft, die Grenzen schafft. Geschlechtliche Differenzierung im disziplinären Vergleich*, Bielefeld: transcript.

Hirschauer, Stefan (2001): »Das Vergessen des Geschlechts. Zur Praxeologie einer Kategorie sozialer Ordnung«, in: Heintz (Hg.) (2001), S. 208-235.

Jasanoff, Sheila/Markle, Gerald E./Peterson James C./Pinch, Trevor (Hg.) (1994): *Handbook of Science and Technology*, London: Sage.

Jepperson, Ronald L. (1991): »Institutions, Institutional Effects, and Institutionalism«, in: Walter W. Powell/Paul J. DiMaggio (Hg.), *The New Institutionalism in Organizational Analysis*, Chicago: Chicago University Press, S. 143-163.

Kieserling, André (1999): *Kommunikation unter Anwesenden. Studien über Interaktionssysteme*, Frankfurt/Main: Suhrkamp.

Knorr-Cetina, Karin (1984): *Die Fabrikation von Erkenntnis*, Frankfurt/Main: Suhrkamp.

Knorr-Cetina, Karin (1992): »Zur Unterkomplexität der Differenzierungstheorie. Empirische Anfragen an die Systemtheorie«, in: *Zeitschrift für Soziologie* 21, S. 406-419.

Kuklick, Henrika/Kohler, Robert E. (1996): »Introduction«, in: dies. (Hg.), *Sciences in the Field. Osiris* 11, S. 1-14.

Lakatos, Imre (1978): »Introduction: Science and Pseudoscience«, in: Ders., *The Methodology of Scientific Research Programmes*, Cambridge: Cambridge University Press, S. 1-7.

Leemann, Regula Julia (1999): *Ursachen und Ausdrucksformen der Untervertretung der Frauen in der Wissenschaft, Schlussbericht des quantitativen Teilprojekts*, Zürich: unveröff. Manuskript.

Leemann, Regula Julia (2002): *Chancenungleichheiten im Wissenschaftssystem. Wie Geschlecht und soziale Herkunft Karrieren beeinflussen*, Zürich: Rüegger.

Lodahl, Janice Beyer/Gordon, Gerald (1972): »The Structure of Scientific Fields and the Function of University Graduate Departments«, in: *American Sociological Review* 37, S. 57-72.

Long, J. Scott/Fox, Mary Frank (1995): »Scientific Careers: Universalism and Particularism«, in: *Annual Review of Sociology* 21, S. 45-71.

Luhmann, Niklas (1982): *Liebe als Passion*, Frankfurt/Main: Suhrkamp.

Luhmann, Niklas (1984): *Soziale Systeme*, Frankfurt/Main: Suhrkamp.

Luhmann, Niklas (1990): *Die Wissenschaft der Gesellschaft*, Frankfurt/Main: Suhrkamp.

Luhmann, Niklas (1994): »Gesellschaftsstrukturelle Bedingungen und Folgeprobleme des naturwissenschaftlich-technischen Fortschritts«, in: Ders., *Soziologische Aufklärung, Band 4*, Opladen: Westdeutscher Verlag, S. 49-66.

Luhmann, Niklas (1997): *Die Gesellschaft der Gesellschaft*, Frankfurt/Main: Suhrkamp.

McCook, Stuart (1996): »It May be Truth, But It Is Not Evidence: Paul du Chaillu and the Legitimation of Evidence in the Field Sciences«, in: Henrika Kuklick/Robert E. Kohler (Hg.), *Science in the Field, Osiris* 11, S. 177-197.

Mehrtens, Herbert (1990): *Moderne-Sprache-Mathematik. Eine Geschichte des Streits um die Grundlagen der Disziplin und des Subjekts formaler Systeme*, Frankfurt/Main: Suhrkamp.

Merton, Robert K. (1973): *The Sociology of Science*, Norman Storer (Hg.), Chicago: Chicago Unviersity Press.

Nedelmann, Birgitta (1995): »Gegensätze und Dynamik politischer Institutionen«, in: dies. (Hg.), *Politische Institutionen in Wandel, Sonderband 35 der Kölner Zeitschrift für Soziologie und Sozialpsychologie*, Opladen: Westdeutscher Verlag, S. 15-40.

Rees, Amanda (2001): »Practising Infanticide, Oberserving Narrative: Controversial Texts in a Field Science«, in: *Social Studies of Science* 31, S. 507-532.

Reskin, Barbara/McBrier, Debra (2000): »Why Not Ascription? Organization's Employment of Male and Female Managers«, in: *American Sociological Review* 65, S. 210-233.

Ridgeway, Cecilia L. (2001): »Interaktion und die Hartnäckigkeit der Geschlechter-Ungleichheit in der Arbeitswelt«, in: Heintz (Hg.) (2001), S. 250-275.

Roth, Wolff-Michael/Bowen, Michael (2001): »Creative Solutions and Fibbing Results: Enculturation in Field Ecology«, in: *Social Studies of Science* 31, S. 533-556.

Schütz, Alfred (1971 [1945]): »Über die mannigfaltigen Wirklichkeiten«, in: Ders., *Gesammelte Aufsätze 1*, Den Haag: Martinus Nijhoff, S. 237-298.

Shapin, Steven/Schaffer, Simon (1985): *Leviathan and the Air-Pump: Hobbes, Boyle, and the Experimental Life*, Princeton: Princeton University Press.

Thorne, Barrie (1993): *Gender Play. Girls and Boys in School*, Buckingham: Open University Press.

Tomaskovic-Devey, Donald/Skaggs, Sheryl (1999): »Degendered Jobs? Organizational Processes and Gender Segregated Employment«, in: *Research in Social Stratification and Mobility* 17, S. 139-172.

Tomaskovic-Devey, Donald/Skaggs, Sheryl (2001): »Führt Bürokratisierung zu geschlechtsspezifischer Segregation?«, in: Heintz (Hg.) (2001), S. 308-332.

Toren, Nina/Kraus, Vered (1987): »The Effects of Minority Size on Women's Position in Academia«, in: *Social Forces* 65, S. 1090-1100.

Wagner, Peter (1993): »Die Soziologie der Genese sozialer Institutionen – Theoretische Perspektiven der ›neuen Sozialwissenschaften‹ in Frankreich«, in: *Zeitschrift für Soziologie* 22, S. 464-476.

Weinbach, Christine/Stichweh, Rudolf (2001): »Die Geschlechterdifferenz in der funktional differenzierten Gesellschaft«, in: Heintz (Hg.) (2001), S. 30-52.

Whitley, Richard (1984): *The Intellectual and Social Organization of the Sciences*, Oxford: Clarendon Press.

Wilz, Sylvia Marlene (2002): *Organisation und Geschlecht*, Opladen: Leske + Budrich.

Wobbe, Theresa (2002): *Frauen in Akademie und Wissenschaft. Arbeitsorte und Forschungspraktiken 1700-2000*, Berlin: Akademie Verlag.

Zuckerman, Harriet/Cole, Jonathan R./Bruer, John T. (1991): *The Outer Circle. Women in the Scientific Community*, New York: W.W. Norton & Company.

Zuckerman, Harriet/Merton, Robert K. (1973a): »Institutionalization and Patterns of Evaluation in Science«, in: Merton (Hg.), S. 460-496.

Zuckerman, Harriet/Merton, Robert K. (1973b): »Age, Aging, and Age Structure in Science«, in: Merton (Hg.), S. 497-559.

Geschlecht, Lehrende und Promotionsstudium in den Natur- und Ingenieurwissenschaften[1]

MARY FRANK FOX

Einleitung

Initiativen zur Erhöhung des Frauenanteils in der Wissenschaft beruhen teilweise auf der Annahme, daß die Mitwirkung weiblicher Lehrender ein wichtiges Element der Kultur und der Atmosphäre an Universitäten sei und sich entscheidend auf die Entwicklung der Fähigkeiten und Potentiale ihrer Studierenden auswirke. Lehrende nehmen durch die Auswahl der Inhalte, die sie vermitteln, aufzeigen und beispielhaft veranschaulichen, maßgeblich Einfluß auf die Studierenden. Dies gilt für alle Phasen der Ausbildung, insbesondere aber für die Ausbildung von Doktoranden und Doktorandinnen. Für Hochschulabsolventen und -absolventinnen ist der Einfluß der Lehrenden auf die eigene Art der Aneignung von Wissen, Werten, Normen, Fähigkeiten und Einstellungen umfassend und weitreichend (vgl. Zuckerman 1977). Hochschulabsolventen und -absolventinnen berichten, daß Lehrende den wichtigsten Einfluß auf ihre Ausbildung nehmen (vgl. Clark/Corcoran 1986; Katz/Hartnett 1976). Dieser Einfluß mag so oder so, positiv und/oder negativ ausfallen – so wie es auch in der Ausbildung von Studierenden der Fall ist (vgl. Astin/Sax 1996). Für diejenigen Studierenden, die eine akademische Laufbahn antreten, ist er oft so groß, daß er die Orientierungen und Perspektiven der eigenen Lehre und Forschung lebenslang entscheidend mitbestimmt (vgl. Trow 1977: 15).

Worüber es weitgehend noch an Wissen und Forschungsergebnissen mangelt, sind Merkmale der *sozialen Komplexität und der Dynamik im Bereich der Promotionsausbildung* im Zusammenhang mit dem Geschlecht der

Lehrenden sowie deren Bezugnahme auf das Geschlecht der Studierenden. Dies ist der Gegenstand des vorliegenden Beitrags. Die zentralen Fragen lauten: Zeichnen sich weibliche und männliche Lehrende in den Natur- und Ingenieurwissenschaften durch verschiedene oder ähnliche Muster aus und zwar bezogen auf:

1. die Zusammensetzung der Mitglieder in den von ihnen betreuten Gruppen und studentischen Forschungsteams,
2. die Art und Weise, wie sie mit den zu betreuenden Studierenden interagieren,
3. ihre Annahmen über das, was für Studentinnen im Vergleich zu Studenten innerhalb der Promotionsausbildung von größerer Bedeutung ist.

Diese Fragen beziehen sich auf ein grundlegendes Thema: Welche Auswirkungen hat die Mitwirkung weiblicher Lehrender? Wie und warum ist es bedeutsam sowohl von männlichen als auch von weiblichen Lehrenden ausgebildet zu werden?

Die Natur- und Ingenieurwissenschaften stellen für die Untersuchung des Zusammenhangs von Geschlecht, Lehre und Promotion ein aufschlußreiches Forschungsfeld dar. Wissenschaftliches Arbeiten und Lernen basieren in diesen Disziplinen wesentlich auf dem Austausch zwischen Lehrenden und Studierenden. In den Natur- und Ingenieurwissenschaften arbeiten Lehrende und Studierende innerhalb der Forschungseinrichtungen und -projekte tendentiell eng miteinander zusammen, wobei die Lehrenden grundsätzlich als Vorgesetzte und Forscher fungieren, für die die Studierenden nahezu täglich arbeiten (vgl. z. B. National Research Council 1998). In diesen Bereichen forschen und promovieren Studierende fast nie eigenständig. Die Lehrenden haben deshalb unmittelbaren Einfluß auf das Leben der Studierenden (vgl. Fox 2000).

Methode

Daten

Die Daten stammen aus einer nationalen schriftlichen Erhebung, die ich 1993/94 bei 1.215 Lehrenden aus den Doktorgrad verleihenden natur- und ingenieurwissenschaftlichen Departments durchgeführt habe. Dabei handelt es sich um Departments der Fachrichtungen: Computerwissenschaften, Chemie, Elektrotechnik, Mikrobiologie und Physik. Die Studie zeichnet sich durch ein Sample der Lehrenden der bekannten Population aus. Detaillierte Angaben zum Stichprobenmodell befinden sich im Anhang. Die Rücklaufquote betrug 69 Prozent. In den Computerwissenschaften und der Elektrotechnik war sie etwas geringer, in der Chemie und der Physik etwas höher als der Durchschnittswert. Außerdem war die Rücklaufquote bei den Frauen etwas höher als bei den Männern.

Variablen

Im Hinblick auf geschlechtsspezifische Merkmale der betreuten Gruppen und der Forschungsteams liegen von den Lehrenden Aussagen vor:

1. zur Anzahl der männlichen und weiblichen Studierenden, für die die Lehrenden »als primäre Ratgeber bei der Forschung agieren« und
2. zur Anzahl der männlichen und weiblichen Hochschulabsolventen in den jeweiligen Forschungsteams (für diejenigen, die Forschung als »Team oder Gruppe« betreiben).

Zur Interaktion zwischen den Lehrenden und den Studierenden wurden von den Lehrenden Angaben zu folgenden Themenbereichen erhoben:

1. Ausrichtung bei der Ausbildung der Absolventen,
2. Charakterisierung einer idealen Beziehung zu Studierenden,
3. Struktur der Arbeit mit Studierenden und
4. Häufigkeit der Gespräche mit den betreuten Studierenden.

Die *Ausrichtung bei der Ausbildung von Absolventen* wurde anhand der Frage untersucht: »Welche der folgenden Intentionen bei der Ausbildung von Hochschulabsolventen trifft für Sie eher zu: a) Studierende veranlassen, Erfolg zu haben oder b) Studierende auszusieben: Laß sie untergehen oder schwimmen?«.

Die *Charakterisierung einer idealen Beziehung zu Studierenden* wurde anhand der Frage untersucht: »Wie sehen Sie idealerweise die Beziehung zwischen Beratern/Beraterinnen und Promotionsstudierenden: a) als eine zwischen Angehörigen des Lehrkörpers und Studierenden oder b) als eine zwischen Mentor(in) und zu Betreuenden oder c) als eine unter Kollegen/Kolleginnen?«.

Die *Struktur der Arbeit mit Studierenden* wurde mittels der Frage untersucht: »Vereinbaren Sie Arbeitstreffen, um die Forschungsarbeiten der Studierenden zu diskutieren?«.

Die *Häufigkeit der Gespräche mit den betreuten Studierenden* wurde mit Hilfe der Frage untersucht: »Wie oft diskutieren Sie Forschungsprojekte und Forschungsfragen der zu Betreuenden: fast nie, ein-/zweimal pro Semester, ein-/zweimal monatlich, einmal wöchentlich, fast täglich, mehrmals pro Tag?«.

Haltungen und Überzeugungen der Lehrenden in bezug auf das, was im Promotionsstudium von Bedeutung ist, wurden anhand einer Skala von Bedeutungszuschreibungen untersucht (»unwichtig«, »eher unwichtig«, »eher wichtig«, »sehr wichtig«). Vorgegeben wurden:

1. 12 Items die Unterstützung der zu Betreuenden betreffend,
2. 8 Items zu Fertigkeiten/Fähigkeiten von Studierenden zur Erlangung des Doktorgrades,
3. 7 Faktoren, die als Bedingungen des Erfolgs von Studierenden angesehen werden.

Bezüglich der Bedeutung von Fertigkeiten/Fähigkeiten und den Faktoren, die mit Erfolg verbunden werden, wurden die Lehrenden gebeten, unterschiedliche Bewertungen der Bedeutung für männliche und weibliche Studierende abzugeben.

Abbildung 1: Verteilung der Lehrenden auf die Fachrichtungen

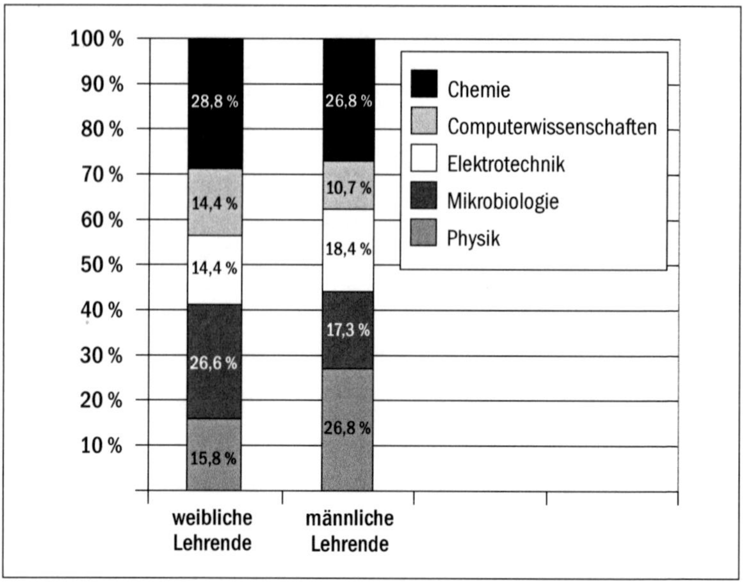

Die Ergebnisse werden fächerübergreifend präsentiert und unterscheiden nach Geschlechtern. Aufgrund der geringen Anzahl von Frauen unter den Lehrenden in natur- und ingenieurwissenschaftlichen Fächern wurden keine fachspezifischen Vergleiche vorgenommen. Abbildung 1 zeigt die Verteilung der weiblichen und der männlichen Lehrenden auf die Fachrichtungen.

Tabelle 1 zeigt die Verteilung der weiblichen und männlichen Lehrenden nach ihrem akademischen Rang. Im folgenden unterscheide ich nach dem Geschlecht der Lehrenden und dem der Studierenden und gebrauche die Begriffe »weibliche und männliche Lehrende« und »weibliche und männliche Studierende«.

Tabelle 1: Profil der Lehrenden nach akademischem Rang

Rang	**Weibliche Lehrende (Anzahl: 137)**	**Männliche Lehrende (Anzahl: 628)**
Dozent(in) oder Lehrbeauftragte	2,2 Prozent	0,5 Prozent
Assistenz-Professur	40,9 Prozent	17,4 Prozent
Außerordentliche Professur	23,4 Prozent	20,4 Prozent
Volle Professur	29,2 Prozent	56,4 Prozent
Ernannte Professur	1,4 Prozent	2,9 Prozent
Verwaltung, Forschungseinrichtungen, Sonstige	2,9 Prozent	2,9 Prozent

Ergebnisse und Diskussion

Betreuungs- und Forschungsteams: Zusammensetzung nach dem Geschlecht der Studierenden und dem der Lehrenden

Die große Mehrheit der Lehrenden – 88 Prozent der Männer, 84 Prozent der Frauen – fungieren als Betreuer und Betreuerinnen von Hochschulabsolventinnen und -absolventen. *Wer* betreut *wen* nach Geschlechtszugehörigkeit? Im Vergleich zu männlichen Lehrenden betreuen Frauen mehr Studentinnen und weniger Studenten; bei den männlichen Betreuern verhält es sich genau umgekehrt. Im Hinblick auf die Gesamtzahl der betreuten Studierenden gibt es zwischen männlichen und weiblichen Lehrenden keine signifikanten Unterschiede.

Abbildung 2: Anzahl der betreuten Studierenden nach Geschlecht

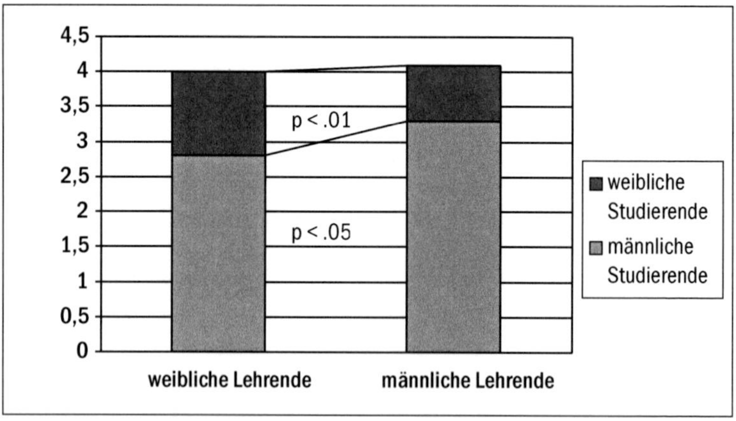

Die Daten über Betreuungsverhältnisse umfassen sowohl Forschungsarbeiten, die im »Team« als auch diejenigen, die einzeln durchgeführt wurden. Eine Mehrheit von 70 Prozent der Lehrenden berichtet, daß sie ihre Forschung als »Team-Forschung« mit Gruppen von Hochschulabsolvent(inn)en durchführt. Gelegentlich arbeiten Promovierende auch mit anderen Teilnehmer(inne)n wie Techniker(inne)n und Studierenden zusammen. Wie sieht die Zusammensetzung der Forschungsteams hinsichtlich des Geschlechts der Lehrenden und der Studierenden aus? Weibliche Lehrende haben in ihren Forschungsteams eine größere Zahl an Studentinnen als männliche Lehrende. Allerdings unterscheiden sich die Forschungsteams von Männern und Frauen *nicht* signifikant in der Anzahl männlicher Studierender. Wenn also in den Teams von Wissenschaftlerinnen eine höhere Gesamtzahl von Studierenden anzutreffen ist (und dies ist der Fall), so ist das dadurch begründet, daß die Zahl der Studentinnen höher ist (Abb. 3).[2]

Interaktionen zwischen Lehrenden und Studierenden: Ausrichtung/Charakterisierung, Struktur und Häufigkeit

Die Untersuchung der Interaktionen zwischen Lehrenden und Studierenden erstreckte sich auf die Intention der Lehrenden bei der Ausbildung von Doktoranden und Doktorandinnen, ebenso auf die Struktur und Häufigkeit der Interaktionen. Die diesbezüglich erhobenen Daten nehmen keinen Bezug auf das Geschlecht der Studierenden.

Abbildung 3: Anzahl der Studierenden in Forschungsteams

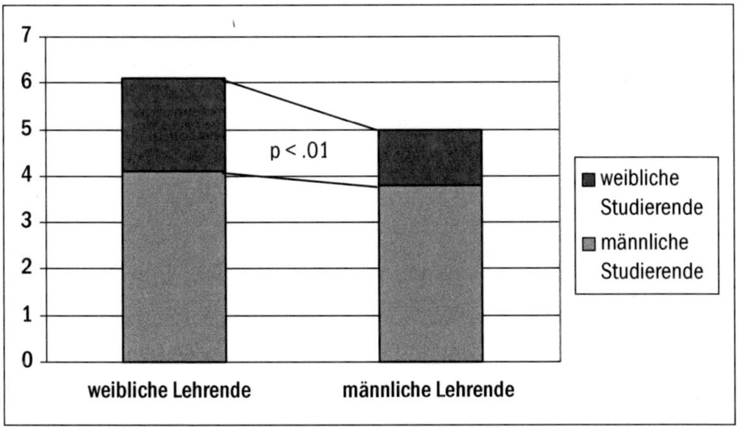

Ausrichtung und Charakterisierung

Um eine »generelle Ausrichtung bzw. Intention« bei der Ausbildung von Hochschulabsolvent(inn)en zu erheben, wurden den Lehrenden zwei Antwortmöglichkeiten vorgegeben:

1. »Studierende veranlassen, Erfolg zu haben« oder
2. »Studierende aussieben: Laß' sie untergehen oder schwimmen«.

Die Mehrheit der Lehrenden – 78 Prozent der Frauen, 74 Prozent der Männer – vertraten eine dieser Richtungen. Davon gaben über 90 Prozent sowohl der weiblichen als auch der männlichen Lehrenden an, ihre eigene Ausrichtung sei »Studierende zu veranlassen, Erfolg zu haben«. In diesem Punkt stimmen sowohl weibliche als auch männliche Lehrende überwältigend überein (Tabelle 2).

Tabelle 2: Ausrichtung der Lehrenden bei der Ausbildung der Studierenden

Hinwendung zu den Studierenden	Weibliche Lehrende	Männliche Lehrende
Sie veranlassen, Erfolg zu haben	90,8 Prozent	91,5 Prozent
Laß sie untergehen oder schwimmen	5,5 Prozent	7,0 Prozent
Beides	2,8 Prozent	0,8 Prozent
Kommt darauf an	0,9 Prozent	0,6 Prozent

Bei der Frage nach der Charakterisierung einer idealen Beziehung zwischen Beratenden und Studierenden – als »Lehrende und Studierende«, »Mentor(in) und Betreuten« oder »Kollegen/Kolleginnen« –, werden Unterschiede zwischen weiblichen und männlichen Lehrenden erkennbar. Es handelt sich jedoch nicht um Unterschiede, bei denen Frauen eine gleichberechtigte Beziehung zu Studierenden idealisieren. Verglichen mit Männern, neigen weibliche Lehrende eher zu einer Häufung bei der Antwort, daß die ideale Beziehung eher ein Beratungsverhältnis (»Mentor[in]/Mentee«) sei. Die Charakterisierungen durch die männlichen Lehrenden sind stärker auf die einzelnen Varianten verteilt, wobei ein höherer Anteil von Männern »Kollegiales Verhältnis« wählte oder angab, daß es eine »Kombination« oder »je nachdem« sei (Tabelle 3).

Tabelle 3: Ideale Beziehung zu Studierenden

Beziehung	Weibliche Lehrende	Männliche Lehrende
Lehrende – Studierende	3,6 Prozent	3,0 Prozent
Mentor(in) – zu Betreuende	82,0 Prozent	76,1 Prozent
Kollegen/Kolleginnen	9,4 Prozent	12,7 Prozent
Kombination	5,0 Prozent	8,2 Prozent

Struktur

In der Struktur der Arbeit mit den Studierenden (Frage: »Werden Arbeitstreffen verabredet oder nicht?«), prägt das Geschlecht die Praxis. Weniger als ein Drittel (28 Prozent) der männlichen Lehrenden und 41 Prozent der weiblichen Lehrenden diskutieren nach Verabredung (Abb. 4). Diese Ergebnisse sowie Aussagen zur idealen Beziehung deuten darauf hin, daß weibliche Lehrende in der Arbeit mit Studierenden einem mehr »planvollen« Zugang folgen, d.h. eher absichtsvoll und möglicherweise bewußter, »intentional« handeln.

Häufigkeit

Ein weiterer Hinweis auf ein solches Vorgehen deutet sich in der Antwort auf die Frage an: »Wie oft sprechen Angehörige des Lehrkörpers mit den zu Betreuenden über deren Forschungsarbeiten?«. Bei weiblichen Lehrenden ist die häufigste Antwort: »einmal wöchentlich«. Bei den männlichen Lehrenden lautet sie: »fast täglich« (Tabelle 4). Besprechungen der weiblichen Lehrenden mit Studierenden nach Verabredung bzw. »geplant« (Abb. 4)

Abbildung 4: Verabredete Treffen mit Studierenden

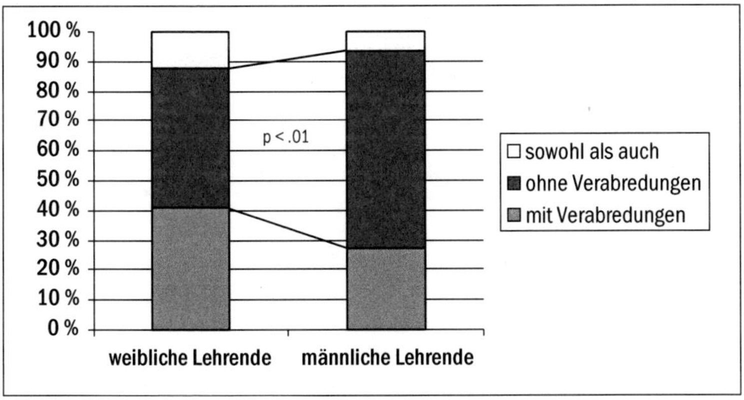

sind mit wöchentlichen Diskussionen vereinbar. Die ohne Absprache stattfindenden Besprechungen der männlichen Lehrenden mit den Studierenden sind vermutlich weniger strukturiert, eher zufälliger Art und kommen deswegen auch häufiger zustande (Tabelle 4).

Tabelle 4: Häufigkeit von Besprechungen mit Studierenden

Häufigkeit	Weibliche Lehrende	Männliche Lehrende
Einmal pro Monat oder seltener	6,0 Prozent	5,6 Prozent
Einmal pro Woche	45,7 Prozent	38,5 Prozent
Fast täglich	35,3 Prozent	47,4 Prozent
Mehrmals täglich	11,2 Prozent	8,1 Prozent
Je nach Bedarf	1,7 Prozent	0,4 Prozent

Haltungen und Überzeugungen in bezug auf das, was im Promotionsstudium von Bedeutung ist

Haltungen und Überzeugungen der Lehrenden zum Promotionsstudium werden durch die Bedeutung angezeigt, die sie folgendem beimessen:

1. Maßnahmen zur Unterstützung der Studierenden,
2. den Fertigkeiten/Fähigkeiten von Studierenden,
3. Faktoren, die für den Erfolg von Studierenden ausschlaggebend sind.

Die Lehrenden wurden gebeten, die Bedeutung von zwölf Maßnahmen zur

Unterstützung der Studierenden auf einer Vier-Punkte-Skala festzulegen (von 1 = unwichtig bis 4 = sehr wichtig) (Abb. 5).

Abbildung 5: Wie wichtig ist es, Studierende zu unterstützen

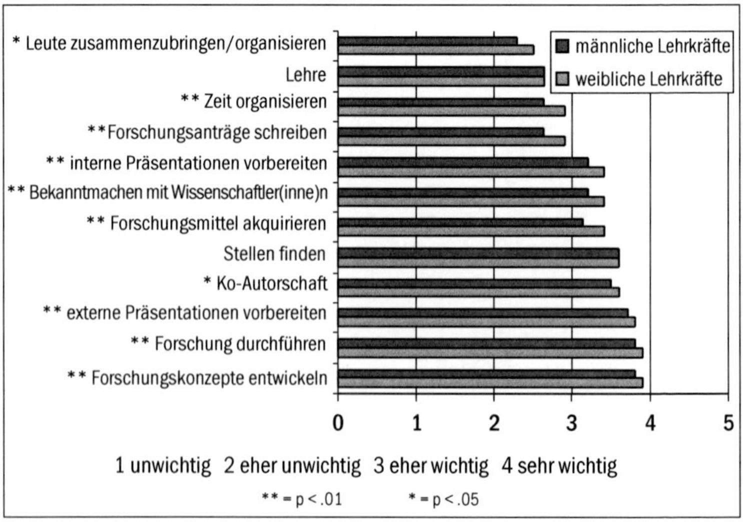

Bei dieser Frage wurde nicht zwischen männlichen und weiblichen Studierenden unterschieden. Sowohl weibliche als auch männliche Lehrende stuften bestimmte Aktivitäten der Unterstützung als sehr wichtig ein, namentlich die Unterstützung beim Konzipieren der Forschung, bei der Umsetzung der Forschung, bei ihrer Präsentation nach außen, die Ermöglichung von Ko-Autorenschaft sowie die Unterstützung bei der Stellensuche. Weibliche und männliche Lehrende in den Natur- und Ingenieurwissenschaften stimmen danach in hohem Maße darin überein, worin wichtige Formen der Unterstützung von Doktoranden und Doktorandinnen bestehen. In nicht-naturwissenschaftlichen Bereichen ist der Konsens bezüglich grundlegender Fragen allgemein sehr viel geringer, einschließlich der Überlegung, was eine wichtige (im Vergleich zu einer unwichtigen) Forschungsfrage ausmacht, einen eleganten (im Vergleich mit einem banalen) Forschungsentwurf sowie eine umfassende und weitreichende (im Vergleich zu einer trivialen) Problemstellung (vgl. Fox 1989: 189).

In nicht-naturwissenschaftlichen Disziplinen dürfte die Übereinstimmung im Hinblick auf wichtige Faktoren bei der Promotionsausbildung auch zwischen den Lehrenden geringer sein, ebenso, wenn ein Vergleich zwischen weiblichen und männlichen Lehrenden vorgenommen würde.

Zehn der zwölf Maßnahmen zur Unterstützung von Studierenden werden von weiblichen Lehrenden in den Bereichen Natur- und Ingenieurwissenschaften im Vergleich mit männlichen Lehrenden signifikant als *wichtiger* bewertet. Diejenigen, bei denen Frauen keine signifikant höhere Bedeutungsklassifikationen vornehmen, sind »Lehre« und »Stelle finden«. Kurz gesagt, im Hinblick auf alle Maßnahmen zur Unterstützung von Studierenden, mit Ausnahme dieser beiden, ist die Gewichtung durch weibliche Lehrende signifikant höher als durch männliche Lehrende.

Bedeutung von Fertigkeiten/Fähigkeiten von Studierenden zur Erlangung des Doktorgrades

Die Graduiertenausbildung ist – direkt und indirekt – auch berufliche Partizipation und Darstellung. Außerdem umfaßt sie die Aneignung von Forschungsfertigkeiten, Urteilsvermögen und interaktiven Kompetenzen (vgl. Zuckermann 1977). Mit einem zweiten Fragensatz zu Annahmen/Haltungen von Lehrenden wurde untersucht, für wie wichtig sie verschiedene Fertigkeiten/Fähigkeiten von Studierenden halten. Die Fragen wurden für männliche und für weibliche Studierende jeweils separat erhoben.

Abbildung 6: Bedeutung von Fertigkeiten: Männliche Studierende

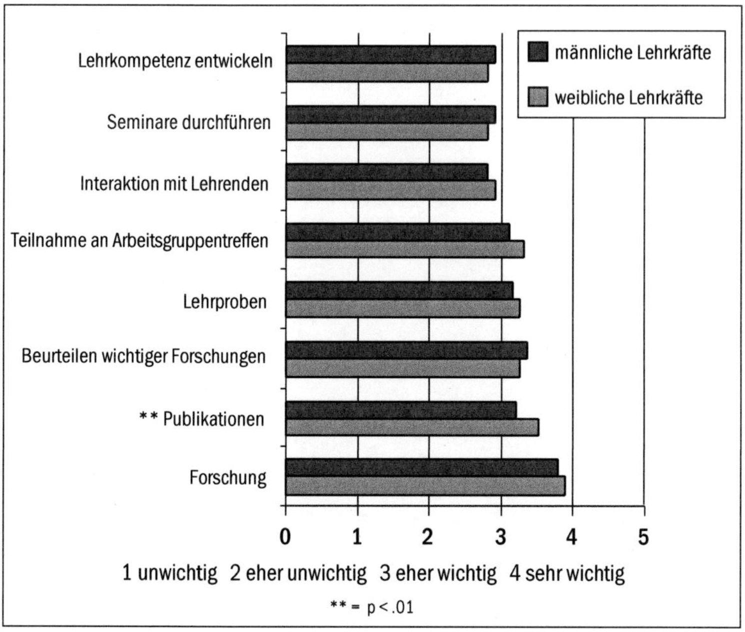

Hinsichtlich der männlichen Studierende gewichteten männliche und weibliche Lehrende die Bedeutung der durch die Untersuchung vorgegebenen Fertigkeiten/Fähigkeit nahezu gleich. Allerdings maßen weibliche Lehrende Publikationen stärkere Bedeutung bei (Abb. 6). Sie bewerten auch das Vorhandensein interaktiver Fähigkeiten höher als Männer dies tun (Abb. 7). Diese unterschiedlichen Bewertungen durch männliche und weibliche Lehrende gelten im Hinblick auf Frauen auch für die Bedeutung der Interaktion mit Lehrenden, der Teilnahme an Arbeitsgruppentreffen und dem Präsentieren von Lehrproben. Weibliche Lehrende bewerten diese Fähigkeiten bei Frauen signifikant höher als männliche Lehrende.

Abbildung 7: Bedeutung von Fertigkeiten: Weibliche Studierende

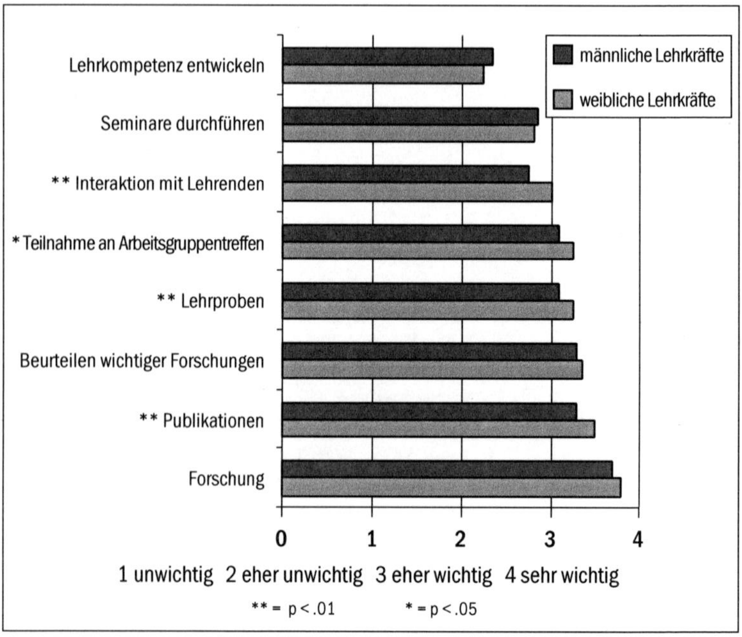

Weiterhin sind die Einschätzungen der weiblichen Lehrenden zu bestimmten interaktiven Fähigkeiten weiblicher und männlicher Studierender – d.h. die paarweisen Vergleiche – signifikant unterschiedlich. Abbildung 8 zeigt den Grad der Bedeutung von Fertigkeiten bezogen auf weibliche Studierende abzüglich des Bedeutungsgrads, der für männliche Studierende angegeben wurde (folglich zeigen die positiven Werte, daß diese Fertigkeiten für weibliche Studierende wichtiger sind). Es zeigt sich, daß weibliche Lehrende der Meinung sind, daß alle Fertigkeiten mit Ausnahme des Publizierens in Abhängigkeit vom Geschlecht der Promovierenden unterschiedlich wichtig sind. Das heißt, für weibliche Studierende sind sie wichtiger als für männliche Studierende.

Abbildung 8: Bedeutung von Fertigkeiten:
Weibliche Studierende gegenüber männlichen Studierenden

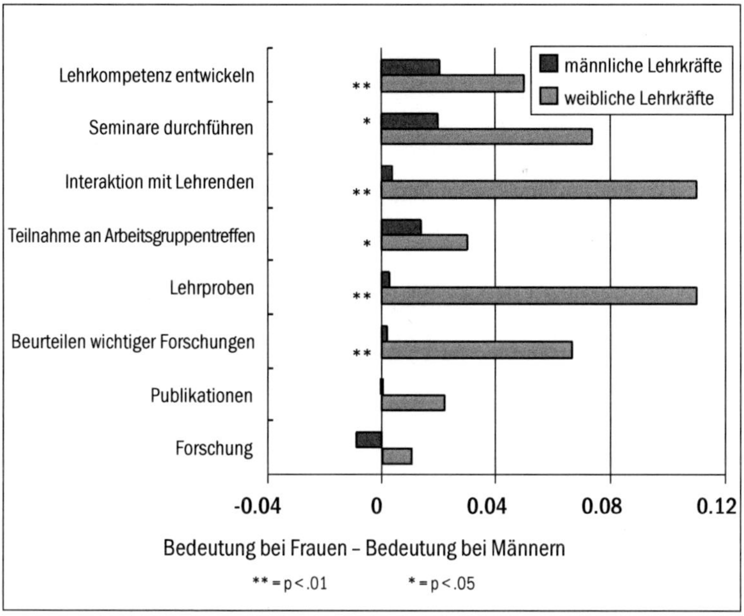

Bedeutung von Faktoren, die zum Erfolg beitragen

Ein drittes Set von Überzeugungen der Lehrenden betrifft die Bedeutung von Faktoren, die den Erfolg von Studierenden erklären. Gelegentlich werden diese auch als »Erfolgsattribute« bezeichnet. Diese Attribute können variieren, je nachdem welches Gewicht Faktoren beigemessen wird, die (vergleichsweise) eher auf das Verhalten der Studierenden selbst zurückgehen (wie »ehrgeizig« oder »hart arbeitend«), oder solchen, die auf äußere Bedingungen zurückgehen, z.B. »einer erfolgreichen Fakultät angehören« oder »in einem gut ausgestatteten Bereich arbeiten« (vgl. Fox/Ferri 1992).

In der Bewertung der Faktoren, die besonders zum Vorankommmen der »erfolgreichsten« Studierenden beitragen, betonen sowohl weibliche als auch männliche Lehrende am stärksten (d.h. es liegt die Bewertung nach der höchsten Bedeutung vor): »Ehrgeiz« und »harte Arbeit«, also eher Attribute, die auf das Verhalten der Studierenden selbst zurückgehen. Weibliche

Lehrende betrachten die Abhängigkeit des Erfolgs männlicher Studierender von den Faktoren »Zugehörigkeit zu einer erfolgreichen Fakultät« und »Vorhandensein eines früheren, an einer prestigereichen Universität erworben Abschlusses« signifikant als wichtiger als männliche Lehrende (Abb. 9).

Abbildung 9: Erfolgsattribution: Männliche Studierende

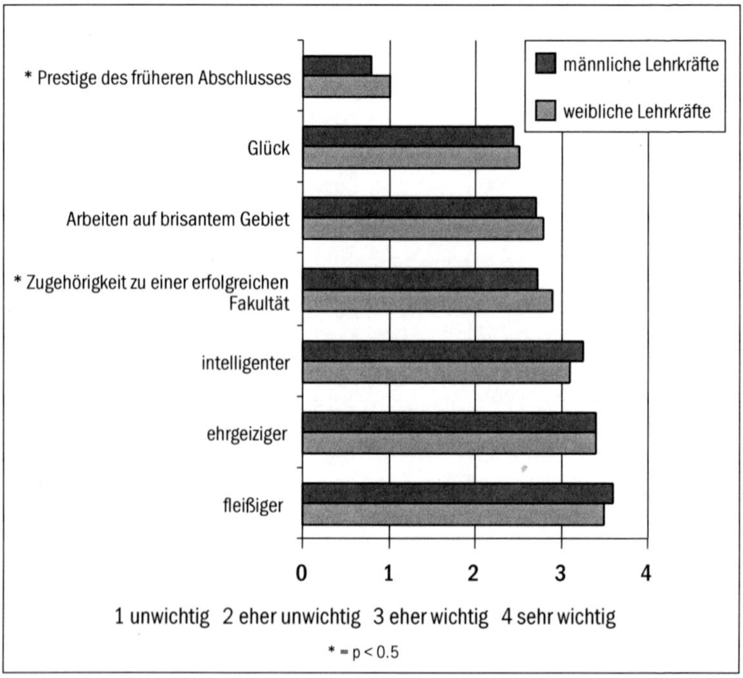

Weibliche Lehrende betonen den Einfluß »externer« Faktoren vergleichsweise stärker. Für weibliche Studierende veranschlagen weibliche Lehrende im Vergleich zu männlichen Lehrenden die Bedeutung der *Mehrheit* der Faktoren – interne Faktoren *und* externe Faktoren – höher (Abb. 10).

Eine weitere Möglichkeit, Erfolgszuschreibungen zu betrachten, sind paarweise Vergleiche unterschieden nach Bedeutungsstufen. Abbildung 11 zeigt die unterschiedliche Bewertung von Erfolgsfaktoren durch weibliche und männliche Lehrende, wenn es um die Bewertung der Bedeutung von Erfolgsfaktoren bei weiblichen und männlichen Studierenden geht. Die weiblichen Lehrenden bewerten die Unterschiede bei allen Faktoren signifikant höher. Kurz: Weibliche Lehrende sind der Meinung, daß alle Faktoren für den Erfolg von weiblichen Studierenden wichtiger sind als für denjenigen männlicher Studierender.

Abbildung 10: Erfolgsattribution: Weibliche Studierende

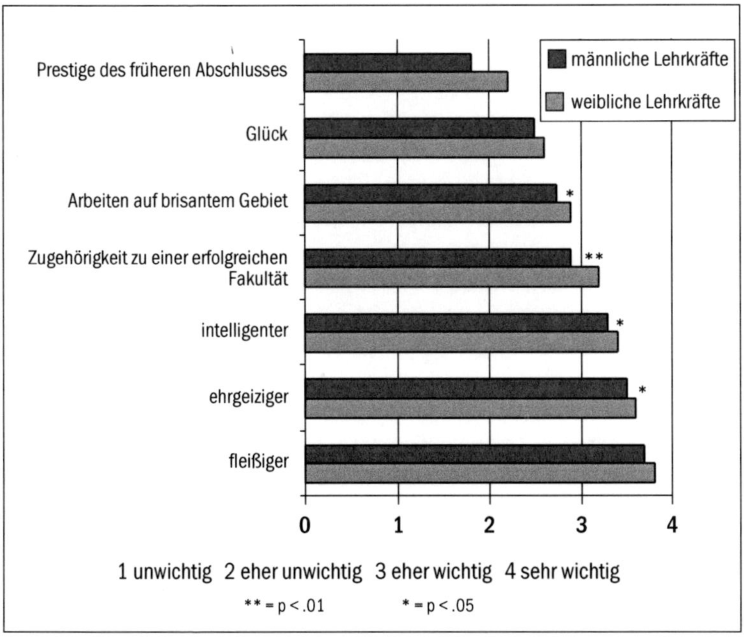

Abbildung 11: Erfolgsattribution: Studentinnen verglichen mit Studenten

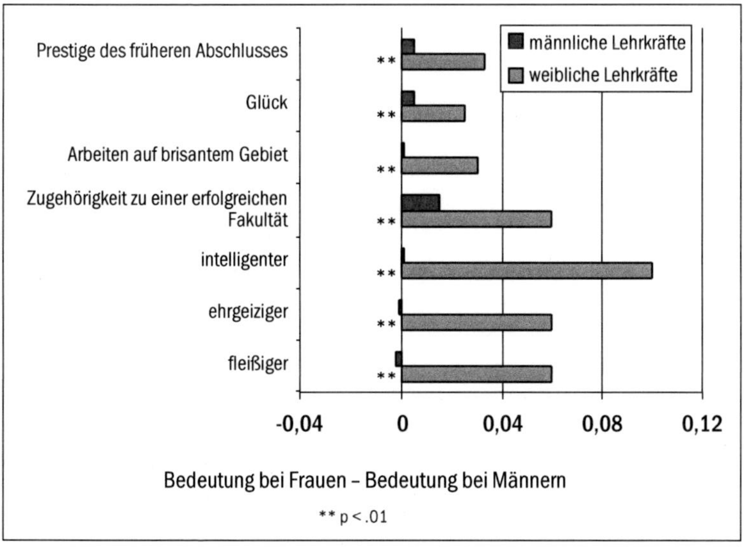

Zusammenfassung und Fazit

Abschließend sollen die Ergebnisse unter dem Gesichtspunkt ihrer Relevanz für die Erhöhung des Frauenanteils in der Lehre betrachtet werden und zwar mit Blick auf Praxis und Strategien. Insbesondere stellt sich die Frage, welche Konsequenzen ergeben sich daraus, daß Frauen in Lehre und Forschung mitwirken? Welchen Einfluß hat es, daß darin Frauen (ebenso wie Männer) vertreten sind?

Erstens fällt auf, daß weibliche Lehrende in größerer Anzahl Erstbetreuerinnen von weiblichen Doktoranden sind als männliche Lehrende.

Zweitens haben weibliche Lehrende in jenen Bereichen, in denen in Forschungsteams gearbeitet wird (und dies ist in 70 Prozent der natur- und technikwissenschaftlichen Disziplinen der Fall) einen höheren Anteil an Studentinnen in ihren Arbeitsgruppen. Überdies haben sie ebenso viele Studenten in ihren Gruppen wie männliche Wissenschaftler. Durchschnittlich treten in den Teams weiblicher Lehrender Studentinnen mithin nicht an die Stelle von Studenten. Vielmehr betreuen weibliche Lehrende beide Geschlechter und haben größere Gruppen.

Drittens weisen die Interaktionen von Wissenschaftlerinnen mit Studierenden – erhoben über die Absicht der Lehrenden bei der Ausbildung der Studierenden sowie mit Blick auf Struktur und Häufigkeit der Interaktionen – im Vergleich mit ihren männlichen Kollegen eher eine Haltung auf, die als »planvolles/überlegtes« Verhalten bezeichnet werden könnte. Frauen sehen die ideale Beziehung eher als Beratungsverhältnis (*Mentor[in]/Mentee*). Sie tendieren dazu, Verabredungen mit Studierenden zu treffen, um sie zu sehen und ihren Forschungsentwurf wöchentlich zu diskutieren. Dieses strukturierte Vorgehen könnte mit dem Wunsch zusammenhängen, Aufmerksamkeit und Unterstützung gerecht zu verteilen. Indem weibliche Lehrende wöchentliche Treffen mit ihren Studierenden vereinbaren, zielen sie möglicherweise bewußt darauf ab, den Studierenden eine gerechte und gleichgestaltete Zusammenarbeit mit ihren Betreuerinnen anzubieten.[3]

Viertens legen weibliche Lehrende im Hinblick auf das, was im Promotionsstudium wichtig ist, signifikant mehr Nachdruck auf unterstützende Angebote. Sofern ein Bezug auf das Geschlecht der Studierenden vorgegeben wird, legen weibliche Lehrende bei weiblichen Studierenden größeren Wert auf die Fähigkeiten, Aufsätze zu publizieren wie auch auf das Vorhandensein sozialer Kompetenzen. Weibliche Lehrende gehen davon aus, daß die Teilnahme an Arbeitsgruppentreffen, Präsentationen und Interaktionen mit Lehrenden für männliche und weibliche Studierende unterschiedlich wichtig sind, d.h. für Studentinnen sind diese signifikant wichtiger als für Studenten.

Schließlich wird vermutet, daß weibliche Lehrende davon ausgehen, daß der Erfolg weiblicher Studierender nicht nur von den Faktoren »Ehrgeiz« und »harte Arbeit« beeinflußt wird, sondern auch von externen Faktoren wie »Zugehörigkeit zu einer erfolgreichen Fakultät« abhängt. Um den Erfolg weiblicher Studierender verstehen und erklären zu können, weisen weibliche Lehrende ebenso auf die Relevanz sozialer und institutioneller Gelegenheiten und Bedingungen hin wie auf persönliche Fähigkeiten und Merkmale.

Was liegt diesen Ergebnissen zu Geschlecht, Lehre und Promotionsausbildung zugrunde? Warum legen weibliche Lehrende signifikant mehr Gewicht auf die verschiedenen Facetten der Hochschulausbildung, wenn es um weibliche Studierende geht? Vermutlich haben weibliche Lehrende ein erhöhtes Bewußtsein für ihre Position und Rolle in der Wissenschaft, für den Weg, den sie genommen haben, für die komplexen Bedingungen, die ein Vorankommen bestimmen, aber auch für Sanktionen im Fall von Versäumnissen. Unterschiedliche Erfahrungen von Wissenschaftlerinnen und Wissenschaftlern, unterschiedliche Ressourcen, die Art des Nutzens von Gelegenheiten und Privilegien (vgl. Fox 1991) können Unterschiede in den Interaktionen mit Studierenden und in den Einstellungen und Ansichten über die Bedeutung von Ereignissen und Angelegenheiten erzeugen. Weibliche und männliche Lehrende *erfahren* objektiv (und subjektiv) unterschiedliche soziale Bedingungen in der Wissenschaft und an der Hochschule. Das trifft insbesondere auf das länger andauernde und zahlenmäßig von weniger Frauen besuchte Promotionsstudium zu sowie auf die geringere Honorierung der Leistungen von Frauen in der Wissenschaft in Form von Entgelt und Rang (vgl. Fox 1996, 1999). In dem Maße, in dem auch für Doktorandinnen andere Arbeitsbedingungen als für Doktoranden überwiegen, scheint die ausdrückliche Betonung und Berücksichtigung der Arbeitsbedingungen von Frauen in der Wissenschaft nicht nur für die weiblichen Lehrenden selbst, sondern auch für die Unterstützung von Studentinnen ein gebotenes Vorgehen zu sein – solange jedenfalls bis (und sofern) geschlechtergerechte Bedingungen in der Hochschule herrschen werden.

Aus dem Amerikanischen übersetzt von Thea Geinitz und Ingrid Biermann

Anmerkungen

1 | Die vorliegende Forschungsarbeit wurde durch eine finanzielle Zuwendung der *National Science Foundation* (SF.D-9153994) unterstützt.

2 | Die Anzahl der Studierenden, bei denen weibliche und männliche Lehrende als »Erstberater/Erstberaterinnen« fungieren, entspricht nicht genau der Anzahl von Studierenden, wie sie von weiblichen Lehrenden im Vergleich zu männlichen Lehrenden als im »Forschungsteam sein« angegeben werden: a) weil eine große Mehrheit der Lehrenden (87 Prozent) als Erstbetreuende bei der Forschung für eine oder mehrere Graduierte fungiert und 30 Prozent der Betreuenden keine »Teamforschung« durchführen, b) weil in den Forschungsteams von Lehrenden Studierende mitarbeiten können, zu denen aufgrund des Frühstadiums der studentischen Arbeit (noch) kein Betreuungsverhältnis besteht.

3 | Für den Hinweis auf die Beziehung zwischen der Struktur der Interaktion und einem gerechten Zugang danke ich Angela Ginorio.

Literatur

Astin, Helen/Sax, Linda (1996): »Developing Scientific Talent in Undergraduate Women«, in: Davis et al., S. 96-121.

Clark, Shirley/Corcoran, Mary (1986): »Perspectives on the Professional Socialization of Women Faculty«, in: *Journal of Higher Education* 57, S. 20-43.

Davis, Cinda-Sue/Ginorino, Angela/Hollenshed, Carol/Lazarus, Barbara/Holland, Paula (Hg.) (1996): *The Equity Equation: Fostering the Advancement of Women in the Sciences, Mathematics, and Engineering*, San Francisco: Jossey-Bass.

Fox, Mary Frank (1989) »Disciplinary Fragmentation, Peer Review, and the Publication Process«, in: *The American Sociologist* 20, S. 188-191.

Fox, Mary Frank (1991): »Gender, Environmental Milieu, and Productivity in Science«, in: Harriet Zuckerman/Jonathan Cole/John T. Bruer, *The Outer Circle: Women in the Scientific Community*, New York: W. W. Norton, S. 188-204.

Fox, Mary Frank (1996): »Women, Academia, and Careers in Science and Engineering«, in: Davis et al., S. 265-289.

Fox, Mary Frank (1999): »Gender, Hierarchy, and Science«, in: Janet S. Chafetz (Hg.), *Handbook of the Sociology of Gender*, New York: Kluver Academic/Plenum Publishers, S. 441-451.

Fox, Mary Frank (2000): »Organizational Environments and Doctoral Degrees Awarded to Women in Science and Engineering Departments«, in: *Women's Studies Quarterly* 28, S. 47-61.

Fox, Mary Frank/Fern, Vincent (1992): »Women, Men, and their Attributions for Success in Academe«, in: *Social Psychology Quarterly* 55, S. 257-271.

Katz, Joseph/Hartnett, Rodney T. (1976): »Recommendations for Training Better Scholars«, in: dies. (Hg.), *Scholars at the Making*, Cambridge: Ballinger, S. 261-280.
National Research Council (1998): *Trends in the Early Careers of Life Scientists.* Washington, D.C.: National Academy Press.
Trow, Martin (1977): »Departments as Contexts for Teaching and Learning«, in: Dean E. McHenry und Mitarbeiter (Hg.), *Academic Departments*, San Francisco: Jossey-Bass, S. 12-33.
Zuckermann, Harriett (1977): *Scientific Elite*, New York: Free Press.

Anhang: Stichprobenmodell

Für jedes der Fachgebiete (mit Ausnahme der Mikrobiologie, die später besprochen wird) wurden aus jenen Abteilungen, die den Doktorgrad verleihen, Stichproben gezogen. Auf der Basis von Daten des National Research Council (NRC) (»Untersuchung über Promotionsabsolventen«) wurden sie identifiziert als a) signifikant niedrig, b) signifikant hoch oder c) am progressivsten im Hinblick auf den Frauenanteil bei den verliehenen Graden. Der Zeitraum der Untersuchung erstreckte sich über 17 Jahre.

Für die Fächer Chemie, Computerwissenschaften, Elektrotechnik und Physik wurde der Anteil der Grade, die Frauen verliehen wurde, in den ersten fünf Jahren und den letzten fünf Jahren des Zeitraums erfaßt, für den Daten verfügbar waren. Die ersten fünf Jahre umfaßten die Jahre 1974-1978, mit Ausnahme der Computerwissenschaften (Untersuchungszeitraum: 1977-1982) und der Elektrotechnik (Untersuchungszeitraum: 1977-1981). Die letzten fünf Jahre waren die Jahre 1986-1990. Auf jedem Fachgebiet wurden die Departments nach der Gesamtanzahl der Promotionen bewertet, die in diesem Zeitraum abgeschlossen wurden. Die Departments mit den meisten Promotionen (jene, an denen 70 Prozent aller Promotionen verfaßt wurden), wurden als »Populationen von besonderem Interesse« ausgewählt, mit Ausnahme der Computerwissenschaften, wo mit einer Obergrenze von 50 Prozent gearbeitet wurde.

Dann wurden innerhalb der vier Fachgebiete die Departments bewertet. Kriterien dafür waren die unterschiedlichen Abschlußraten von promovierten Frauen (d.h. der Rate über die letzten fünf Jahre) und die Anfangsrate (d.h. der Rate über die ersten fünf Jahre). In der Chemie waren die »fortschrittlichsten« Departments jene, mit einer 15-prozentigen Steigerung bei der Rate der Promotionen von Frauen. In den Computerwissenschaften und der Elektrotechnik lagen die fortschrittlichsten bei 8 Prozent und mehr, in der Physik bei 9 Prozent und mehr. Für jedes der vier Fachgebiete waren die »signifikant niedrigen« und »signifikant hohen« Departments jene, bei denen die Differenz der Rate der Promotionen von Frauen innerhalb eines Bereichs bei weniger als - 5 Prozent bzw. + 5 Prozent lag. Innerhalb eines jeden Fachgebietes wurden dann die konsistenten Departments eingestuft, basierend auf dem Durchschnitt der Anfangs- und Endrate. Abhängig von den Fachgebieten wurden die Obergrenzen durch eine »niedrige« Konsistenzrate bzw. eine »hohe« Konsistenzrate ausgewählt. Je nach Fachgebiet lagen diese Obergrenzen wie folgt: Chemie: hoch > 15 Prozent, niedrig < 13 Prozent; Computerwissenschaften: hoch > 10 Prozent, niedrig < 8 Prozent; Elektrotechnik: hoch > 5 Prozent, niedrig < 1 Prozent; Physik: hoch > 8 Prozent, niedrig < 4 Prozent.

Die Studie zeichnet sich durch Stichproben von Lehrenden der bekannten Population aus. Um das zu erreichen, erhielt ich Dienstpläne der Lehrenden von den jeweiligen Departments, wie sie durch die NRC-Daten vorgegeben waren. Aufgrund des geringen Anteils von weiblichen im Vergleich zu männlichen Lehrenden in diesen vier natur- und ingenieurwissenschaftlichen Fachgebieten und aufgrund des Ziels, eine Anzahl zu erhalten, die geschlechtsbasierte Vergleiche ermöglicht, wurden Stichproben für weibliche und männliche Lehrende getrennt erhoben. Für die Departments in den vier untersuchten Fachgebieten wurden so alle Frauen und 40 Prozent der Männer befragt. Da die Studie auf Unterschiede in organisatorischen und ergebnisorientierten Variablen bezüglich der Departments-Kategorien (niedrig, hoch, progressiv) fokussiert, war es auch wünschenswert, diese Kategorien ins Design aufzunehmen und die Ereignisse der Stichprobe nicht dem Zufall von Departments-Kategorien zu überlassen.

Die Mikrobiologie konnte nicht nach demselben Modell (mit Departments, die niedrig, hoch, oder progressiv hinsichtlich der Verleihung von Doktorgraden an Frauen bewertet wurden) stichprobenartig erhoben werden. Das liegt daran, daß die Mikrobiologie ein Fachgebiet ist, in dem der akademische Grad eher lose mit dem Department gekoppelt ist (vgl. NCR). Ein akademischer Grad im Bereich der Biologie oder Mikrobiologie kann zum Beispiel aus verschiedenen Departments stammen, so z. B. der Molekulargenetik, der Neurobiologie oder aus anderen Richtungen. So wurden für die Mikrobiologie von 69 entsprechenden Departments der insgesamt 103 US-amerikanischen Mikrobiologie-Fakultäten, die Doktortitel verleihen, und die in der Auflistung der »Colleges und Universitäten zur Erlangung der Doktorwürde in Mikrobiologie« der Amerikanischen Gesellschaft für Mikrobiologie aufgeführt sind, Dienstpläne genommen. Die Stichprobe wurde dann aus den 19 Departments, die 50 Prozent aller Mikrobiologie-Abschlüsse vergeben, erhoben. Stichprobenanteile wurden zwischen weiblichen und männlichen Lehrenden separat aufgeteilt, mit 40 Prozent männlichen Lehrenden und 50 Prozent weiblichen Lehrenden.

Strukturmerkmale universitärer Personalselektion und deren Folgen für die Beschäftigung von Frauen[1]

Jutta Allmendinger

I don't hope for a good education, I expect one.
(Werbung für ein amerikanisches College in Chicago, August 2002)

Einleitung

Wie die vergleichende Sozialstrukturanalyse zeigt, bestehen zwischen einzelnen Ländern in den Erwerbsquoten von Frauen und in ihren Verdienst- und Aufstiegsmöglichkeiten große Unterschiede. Die Gründe für diese Unterschiede ergeben sich aus vielen Merkmalen, die sich in ihren Ausprägungen oft länderspezifisch unterscheiden, so etwa in der Entwicklung des Arbeitsmarktes, der Sozialpolitik, der Tarifpolitik, der Infrastruktur für heranwachsende Kinder. Diese Merkmale sind miteinander verzahnt, was insbesondere in typisierenden Ansätzen gut herausgearbeitet wird. In den meisten Ansätzen dieser Art werden dabei Verbindungen zwischen den je nationalen rechtlichen und kulturellen Bedingungen und der Repräsentanz von Frauen gezogen, ohne die Arbeitsorganisationen bei der Analyse der Sozialstruktur zu berücksichtigen und ohne zu fragen, inwieweit bestimmte Merkmale von Organisationen ihren Teil zu den festgestellten Unterschieden im Status von Frauen auf dem Arbeitsmarkt beitragen.

In der folgenden Ausarbeitung geht es um die Repräsentanz von Frauen in einem ausgewählten Bereich, der Wissenschaft, und um die Frage, inwieweit der Frauenanteil von Strukturmerkmalen universitärer Personalselektion abhängig ist. Wir vergleichen vier Länder, Deutschland, die USA, Schweden und die Türkei. Die Auswahl der Länder orientiert sich an der Typologie von Gøsta Esping-Andersen (1990); entsprechend werden konservative Regimes durch Deutschland, liberale Regimes durch die USA und sozialdemokratische Regimes durch Schweden vertreten. Mit der Türkei beziehen wir ein Land in die Untersuchung ein, das aus dem Raster dieser Regimebildung fällt. Bereits diese Auswahl legt Länderunterschiede im Frauenanteil nahe: Liberale und sozialdemokratische Regimes zeichnen sich durch eine hohe Erwerbsquote von Frauen aus, entsprechend erwarten wir in diesen beiden Ländern auch in der Wissenschaft höhere Frauenanteile als in Deutschland. Aus der Logik dieser Regimebildung lassen sich allerdings keine Aussagen über das Ausmaß der vertikalen Segregation – und damit über die Repräsentanz von Frauen in hohen wissenschaftlichen Positionen –, ableiten.

Uns interessiert, inwieweit der Zuschnitt universitärer Personalselektion auf die Höhe und auf die Entwicklung der Frauenanteile in der Wissenschaft Einfluß nimmt. Ausgangspunkte dieser auf Strukturen gerichteten Betrachtung sind Ergebnisse der vergleichenden bildungssoziologischen Forschung, innerhalb derer die Bedeutung der Strukturmerkmale *Stratifizierung* und *Standardisierung* herausgearbeitet worden ist, sowie Erkenntnisse aus der Organisationssoziologie, durch die die Wirkung *formalisierter* Organisationsabläufe auf die Segregation des Arbeitsmarktes belegt wird. Wir argumentieren, daß die Aspekte der Standardisierung und Formalisierung entscheidend zum Verständnis der Repräsentanz von Frauen beitragen. Da beide auf ähnliche Gestaltungsprinzipien zurückgreifen, sollen sie im folgenden zusammengefaßt und als Standardisierung bezeichnet werden. Ziehen wir nun das Merkmal der Stratifizierung hinzu, so werden Prognosen über den Frauenanteil zu Beginn einer wissenschaftlichen Karriere und über den Verbleib von Frauen in der Wissenschaft möglich. Wir verdeutlichen diese Zusammenhänge am Beispiel der vier ausgewählten Länder und schließen mit der Frage, inwieweit die gegenwärtigen Hochschulreformen in Deutschland das Potential haben, die Repräsentanz von Frauen in hohen akademischen Positionen zu vergrößern.

Die Struktur wissenschaftlicher Karriereverläufe

Die folgenden Dimensionen, die zur Untersuchung der Repräsentanz von Frauen in wissenschaftlichen Positionen behandelt werden, beruhen auf Grundlagen der vergleichenden Bildungs- und Organisationssoziologie. Sie sollen zunächst kurz umrissen werden.

Bildungssoziologie

Bildungs- und Ausbildungssysteme sind von herausragender Bedeutung für die vergleichende Erforschung von beruflichen Verläufen und Mobilität. Dabei stehen weniger Güte oder Höhe des *individuellen* Bildungsniveaus im Vordergrund als *Systeme* der Bildung und Ausbildung samt ihrer Auswirkungen auf den Übergang von der Schule in das Erwerbssystem und auf den weiteren Erwerbsverlauf (vgl. Maurice u.a. 1982; Haller u.a. 1985; König/Müller 1986; Allmendinger 1989; Müller/Karle 1994). Ohne die Berücksichtigung der institutionellen Einbindung kann über das individuell erreichte Bildungs- oder Ausbildungsniveau vergleichsweise wenig ausgesagt werden. Betrachtet man Systemmerkmale, so lassen sich schulische Bildung sowie berufliche Ausbildung vornehmlich hinsichtlich des Ausmaßes ihrer Stratifizierung und Standardisierung kennzeichnen (vgl. Allmendinger 1989). Das Ausmaß der Stratifizierung ist an der Selektivität eines Bildungssystems zu erkennen: Auf welcher Ebene, in welcher Altersstufe finden Selektionen statt? Wie viele Personen eines Jahrgangs dürfen den höchsten formalen Schulabschluß und den höchsten Abschluß im tertiären Bereich erreichen? Der Standardisierung liegen folgende Indikatoren zugrunde: Gibt es eine einheitliche Ausbildung? Sind die Curricula und das Ausbildungsreglement für Auszubildende transparent und bekannt?

Daß sich Stratifizierung und Standardisierung von Bildungs- und Ausbildungsstrukturen auf die Erwerbsverläufe auswirken, ist ein mittlerweile gut belegtes empirisches Phänomen (vgl. Shavit/Müller 1998). Zunächst zur Stratifizierung: Ein hierarchisch organisiertes und stratifiziertes Schul- und Ausbildungssystem trifft auf den hierarchisch organisierten Arbeitsmarkt. Dort können und müssen sich die Arbeitgeber weitgehend auf die in den Schulen (und Universitäten) getroffene Vorselektion verlassen. Die Verbindung zwischen Bildung und Beschäftigung ist eng, führt zu schnellen Übergängen ohne allzu viele Jobwechsel, und sie erlaubt wegen der frühen Einstufung auf einer bestimmten Hierarchieebene nur wenig Mobilität im Lebensverlauf. Unstratifizierte Systeme zeichnen sich demgegenüber durch die Verbindung eines nicht hierarchisch organisierten Schulsystems mit dem hierarchisch organisierten Arbeitsmarkt aus. Nicht die Schule ist die *sorting machine*, sondern die Unternehmen selbst nehmen in höherem Ausmaß die Selektion für berufliche Stellungen vor. Die Verbindung zwischen Bildung und Beschäftigung ist eher locker, am Anfang der Erwerbsbiographie kommt es zu häufigen Jobwechseln; die Mobilität ist über den Erwerbsverlauf systembedingt hoch.

Auch die *Standardisierung* schulischer Systeme hat besondere Folgen für den Erwerbsverlauf. In standardisierten Systemen können sich Arbeitgeber auf den Informationsgehalt von Bildungszertifikaten verlassen, sie können Personen schneller ihrer Qualifikation entsprechenden Positionen zuordnen und müssen betrieblich keine lange Phase des Experimentierens in ihrer Personalpolitik vorschalten. In unstandardisierten Systemen müssen die Arbeitgeber auswählen und greifen dann etwa zu Eingangsprüfungen, Probezeiten oder sie verlassen sich auf persönliche Netzwerke.

Wie bereits angedeutet, sind die Achsen Stratifizierung und Standardisierung getrennt auf schulische und berufliche Bildung bzw. den tertiären Bildungssektor zu beziehen (vgl. Allmendinger 1989). Im Ländervergleich zeigt sich, daß das *cooling out* von Schülern und Studierenden an jeweils unterschiedlichen Stellen erfolgen kann, so etwa vor der Sekundarstufe, nach Abschluß der Sekundarstufe oder während der Zeit im tertiären Bildungssektor. Vergleicht man dabei die relative Bedeutung von Stratifizierung und Standardisierung, so ist für die schulische bzw. universitäre Bildung insbesondere Stratifizierung, für die berufliche Ausbildung insbesondere Standardisierung lebensverlaufsrelevant.

Bislang wurde die Bedeutung von Stratifizierung und Standardisierung für den tertiären Bildungssektor und die Entwicklung akademischer Werdegänge nicht untersucht, und auch geschlechtsspezifische Aspekte wurden im Zusammenhang mit diesen Strukturmerkmalen nicht thematisiert. Wendet man diese Dimensionen jedoch auf Übergänge in den akademischen Arbeitsmarkt an, so ließen sich Auswirkungen zeigen, die insbesondere für die Geschlechterforschung ergiebig sein könnten. Dies ist umso mehr der Fall, als sich eine große inhaltliche Nähe zwischen der Standardisierung von Bildungsstrukturen und der Formalisierung von Organisationsprozessen nachweisen lässt. Bevor wir diese Verbindung konkretisieren, soll kurz auf die Bedeutung von Formalisierung in der Organisationssoziologie eingegangen werden.

Organisationssoziologie

In den letzten Jahren hat die Untersuchung der horizontalen und vertikalen geschlechtsspezifischen Segregation des Arbeitsmarktes eine Wende erfahren. Auf der Suche nach den Prozessen, welche Segregationstendenzen bedingen, treten die bislang meist deskriptiven Untersuchungen ganzer Arbeitsmärkte in den Hintergrund und machen der Analyse von Organisationen Platz (vgl. Reskin/McBrier 2000; Tomaskovic-Devey et al. 1993, 1996; Hinz/Schübel 2001; Achatz et al. 2002a,b). In Organisationen werden Personen Positionen zugewiesen; Einstellungs- und Beförderungsentscheidungen von Personalverantwortlichen finden hier ihre unmittelbare Entsprechung. Die Untersuchung von Organisationen bietet sich auch deshalb an, da eine hohe intra- und internationale Variation im Anteil von Frauen in statushohen Positionen die Spurensuche nach den Gründen und Mechanismen wesentlich erleichtert. So hat die bisherige Forschung gezeigt, daß das Ausmaß der geschlechtsspezifischen Segregation etwa durch die Marktposition der Unternehmen, deren Größe und deren Spezialisierung, das Vorhandensein von Gleichstellungsmaßnahmen und das Ausmaß der Formalisierung von Einstellungs- und Beförderungsregeln erklärt werden kann. Im Zusammenhang mit Frauenanteilen in akademischen Positionen ist insbesondere der Aspekt der Formalisierung weiter zu verfolgen.

Formalisierung bezieht sich auf Regeln, welche organisationale Routinen festschreiben – so beispielsweise auf kennzeichnende Elemente von Vertragsbeziehungen (Arbeitsverträge, Arbeitszeiterfassung, Stellenbeschreibungen, Bewertungen der Arbeitsleistung), aber auch auf schriftliche Unterlagen über Einstellungsvoraussetzungen. Je weniger organisationale Routinen formalisiert werden, desto eher können Zuweisungen stattfinden, die nichts mit den Leistungen der Personen zu tun haben. In den Worten von Barbara Reskin und Debra Mc Brier:

> Formalization can be studied by analyzing rules and routines that shape the relation between employers and employees. The less formalized organizational routines are the more we can expect cronyism, subjectivity, sex stereotyping and bias. Formalized personnel practices undermine sex based ascriptions when assigning men and women to high prestige management jobs (Reskin/McBrier 2000: 214).

Eigene Untersuchungen (vgl. Achatz et al. 2002a) unterstreichen im deutsch-amerikanischen Vergleich die Bedeutung von Formalisierung. Zunächst gibt es in den USA wesentlich mehr Organisationen, die als formalisiert gelten können Hier sind es 39 Prozent der Organisationen, in (West-) Deutschland lediglich 8 Prozent. In beiden Ländern läßt sich der Zusammenhang zwischen Formalisierung und Segregation gut belegen. So sind etwa in Westdeutschland Organisationen mit einer ausgeglichenen Beschäftigung in ihren Kernberufen wesentlich formalisierter als Organisationen mit ausschließlich männlicher oder weiblicher Belegschaft.

Organisationssoziologische Arbeiten dieser Art wurden bislang weder in der Bildungssoziologie noch in der Lebensverlaufsforschung rezipiert. Dabei ist offensichtlich, daß sich die Kerninhalte formalisierter Leistungsanforderungen nur wenig von jenen Anforderungen und Erwartungen unterscheiden, die in standardisierten Ausbildungssystemen vorherrschen. So gesehen ist es also möglich, Formalisierung als eine Facette von Standardisierung zu verstehen. Kodifizierte, transparente Leistungsanforderungen und klare Kriterien für die Zulassung in Ausbildungs- und Beschäftigungssystemen zügeln Zuschreibungsprozesse und sollten damit allen, insbesondere aber Frauen zu Gute kommen.

Stratifizierung, Standardisierung und die Repräsentanz von Frauen in der Wissenschaft

Damit können wir die Dimensionen der Stratifizierung und Standardisierung auf die Frage nach der niedrigen Repräsentanz von Frauen in der Wissenschaft und die internationale Varianz ihrer Beteiligung an der Wissenschaft übertragen. Zunächst zu den Auswirkungen von Stratifizierung auf die Zusammensetzung von Frauen- und Männeranteilen zu Beginn einer universitären Laufbahn. Bildungssysteme, die in ihrem tertiären Bereich gering ausgebaut und stratifiziert sind, werden proportional mehr Männer als Frauen unter ihren Absolventen haben, da Männer historisch in allen Gesellschaften früher Zugang zur Bildung erhielten als Frauen (vgl. Müller/Haun 1994). Stellt das Bildungssystem nur wenige offene Plätze im sekundären Bereich zur Verfügung, so werden diese somit eher mit Männern als mit Frauen besetzt sein. Bei einer Expansion des Bildungssystems sollten mit zunehmend gesättigter Nachfrage der Männer dann auch Frauen ihren Platz finden, so daß Männer und Frauen proportional gleich vertreten sind. Dieser Zusammenhang zwischen Ausbau des Bildungssystems und Zusammensetzung nach Geschlecht gilt allerdings nur für offene Gesellschaften, die prinzipiell Mitgliedern aller sozioökonomischen Schichten den Zutritt zu Bildungssystemen gestattet. In stark klassengeprägten Gesellschaften wie der Türkei kann dagegen erwartet werden, daß die Klassenzugehörigkeit wichtiger als die Geschlechtszugehörigkeit ist und gerade hoch stratifizierte Systeme einen ausgewogenen Geschlechteranteil bei hoher Homogenität der sozialen Herkunftsschicht haben.

Auch die Dimension der Standardisierung ist zunächst getrennt auf einzelne Phasen wissenschaftlicher Werdegänge zu beziehen, auf die schulische Bildung bis zum Abschluß der Sekundarstufe, auf die Prüfungsmodalitäten bei Abschluß der Sekundarstufe, auf Modalitäten bei Eintritt in den tertiären Bereich, auf die Ausgestaltung des tertiären Bereichs, auf Prüfungen zum Abschluß des tertiären Bereichs, auf die Aufnahme und Ausgestaltung der postgradualen Ausbildung und die Eingangsvoraussetzungen zum Erhalt von Positionen im akademischen Arbeitsmarkt. Übergreifend lassen sich damit die Aspekte der Auswahl und des Curriculums sowie der Anzahl der Übergänge und des Schnitts zwischen Qualifikation und Arbeitsmarkt unterscheiden.

In der Auswahl von Personen für akademische Tätigkeiten und Qualifikationen sollten standardisierte Systeme stärker nach Leistung selektieren als nicht standardisierte. Des weiteren sind standardisierte Systeme wesentlich transparenter in ihren curricularen Anforderungen als nicht standardisierte Systeme, in denen die Anforderungen oft unklar und unausgesprochen bleiben und entsprechende Informationen nur über Netzwerke zu erhalten sind. Betrachtet man weiterhin den Zusammenhang zwischen akademischer Ausbildung und akademischer Tätigkeit, so dürften Personen in Systemen mit transparenten, auf Leistung zugeschnittenen Ausbildungsanforderungen weniger auf Mentoren und Fürsprecher angewiesen sein als in eher unstandardisierten Systemen. Bezogen auf die Frage des Übergangs zwischen Qualifikation und Arbeitsmarkt kann angenommen werden, daß eine klare Trennung zwischen Qualifikationsphase und Arbeitsmarkt wesentlich standardisierter und strukturierter sein *kann* als der parallele und simultan zu bewältigende Verlauf beider Phasen. Wenn Standardisierung die Möglichkeit von Zuschreibungen verringert, wäre dementsprechend zu erwarten, daß sich in standardisierten Systemen der Frauenanteil in hohen akademischen Positionen nur wenig von dem Frauenanteil in Einstiegspositionen einer wissenschaftlichen Karriere unterscheidet.

Die Wissenschaftssysteme in Deutschland, USA, Schweden und der Türkei als Fallillustrationen

Der Zusammenhang zwischen dem Frauenanteil auf unterschiedlichen Stufen einer akademischen Karriere und den Dimensionen der Stratifizierung und Standardisierung soll nun am Beispiel von vier Ländern verdeutlicht werden. Wir beschreiben zunächst die jeweiligen Wege in die Wissenschaft und stellen dann die länderspezifische Repräsentanz von Frauen auf den verschiedenen Karrierestufen dar.

Wege in die Wissenschaft

Studium und Promotion sind international gleichermaßen die ersten Schritte einer wissenschaftlichen Karriere. Allerdings trifft der akademische Nachwuchs international auf sehr unterschiedliche Strukturen der jeweiligen Wissenschaftssysteme. In diesem Abschnitt werden die nationalen Systeme höherer Bildung von vier Mitgliedsstaaten der OECD beschrieben und miteinander verglichen. Als Bezugspunkt wurde das deutsche Hochschulsystem gewählt; Vergleichsländer sind die Vereinigten Staaten, Schweden und die Türkei. Beginnend mit dem Hochschulzugang stehen der Verlauf von und die Übergänge zwischen einzelnen Stufen einer wissenschaftlichen Karriere im Mittelpunkt der folgenden Ausführungen. Der Vergleich stützt sich auf international standardisierte Bildungsindikatoren der OECD. Zu diesen zählt die 1997 eingeführte *International Standard Classification of Education* (ISCED), welche die derzeit einzig brauchbare und regelmäßig aktualisierte Datenquelle für einen internationalen Vergleich verschiedener Hochschulstrukturen im Hinblick auf Partizipations-

und Abschlußraten darstellt. Im folgenden benutzen wir Daten der ISCED von 1999.

Vor Aufnahme der Promotion

Beginnen wir mit der Achse der Stratifizierung und bestimmen den jeweiligen Personenkreis, der die Berechtigung für ein Hochschulstudium erworben hat, der dieses aufnimmt und es schließlich auch beendet (siehe Abbildung 1). In Deutschland erfüllen 33 Prozent einer Altersgruppe die Voraussetzung zur Aufnahme eines Hochschulstudiums, 28 Prozent nehmen in der Folge ein (tertiary-type A) Studium auf, dessen Abschluß zur Promotion berechtigt, 16 Prozent erreichen einen entsprechenden Studienabschluß.[2] In den USA erfüllen demgegenüber 78 Prozent einer Alterskohorte die formale Voraussetzung zur Aufnahme eines Hochschulstudiums, 45 Prozent nehmen ein entsprechenden Studium auf und 33 Prozent erreichen den Hochschulabschluß. In Schweden liegen diese Anteile bei 74 Prozent (Berechtigung), 65 Prozent (Aufnahme) und 26 Prozent (Abschluß). In der Türkei liegen leider nur die Anteile der Hochschulberechtigten (20 Prozent) und der Anteile der Personen mit Hochschulabschluß (10 Prozent) vor.

Der Vergleich zwischen den Ländern zeigt sehr unterschiedliche Selektionsschwellen gemessen am jeweiligen Anteil einer Geburtskohorte auf den unterschiedlichen Stufen des tertiären Bildungssystems. In Deutschland findet die deutlichste Selektion bereits *vor* Erhalt der Hochschulzugangsberechtigung statt, in den USA liegt die Schwelle *zwischen* Hochschulzugangsberechtigung und Aufnahme eines Studiums, in Schweden dagegen erst *nach* der Aufnahme eines Studiums und vor dem Studienabschluß. Während zwischen den Ländern der Anteil einer Geburtskohorte mit Hochschulzugangsberechtigung zwischen 20 Prozent und 78 Prozent streut, liegen die Anteile von Personen mit Hochschulabschluß zwischen 10 Prozent und 33 Prozent.[3]

Diese Verläufe sind mit einer jeweils unterschiedlichen Bildungspolitik zu erklären. In Deutschland entscheidet weitgehend das Abitur über die Möglichkeit einer Aufnahme des Studiums, *sorting machines* sind hier die Schulen. In den USA führen die Universitäten Aufnahmetests durch, deren Ergebnis dann über die Zulassung an der betreffenden Universität entscheidet. Diese Universitäten vergeben indes nicht alle Diplome, die im weiteren zur Aufnahme einer Promotion berechtigen; und nicht wenige dieser Einrichtungen sind *community colleges*, die hauptsächlich eine berufliche Aus-

Abbildung 1: Zugangsberechtigung und Abschlüsse

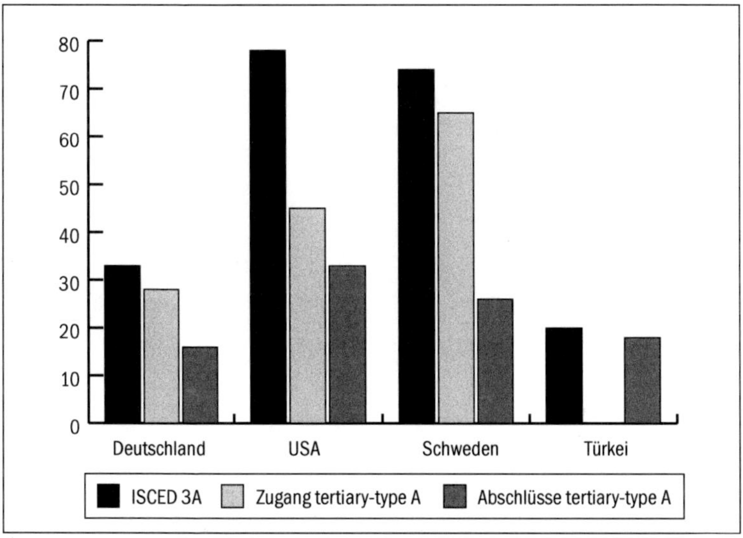

bildung vermitteln.[4] Des weiteren beenden bei weitem nicht alle der Studierenden ihr Studium mit einer Promotionsberechtigung, sondern verlassen die Universität mit dem B.A. In den USA übernehmen somit die Universitäten und die Differenzierung zwischen und innerhalb der Universitäten die Aufgabe der *sorting machines*.

Die hohe Zahl der Studienberechtigten und Studienanfänger in Schweden erklärt sich durch den starken Ausbau des zweiten Bildungsweges. Nach dem 25+4 Kriterium besteht ab einem Alter von 25 Jahren und mit mindestens vierjähriger Berufserfahrung die Möglichkeit, ohne weitere Tests ein Hochschulstudium aufzunehmen. In Schweden selektieren die Universitäten bei Studienbeginn nur wenig, der stark sinkende Anteil der Hochschulabschlüsse ergibt sich hauptsächlich durch Abschlüsse unterhalb von *tertiary-type A*, also durch Abschlüsse ohne anschließende Promotionsberechtigung. Wiederum anders fällt die türkische Bildungspolitik aus, da hier der Schulabschluß *und* ein nationaler Hochschuleingangstest über die Zulassung an eine Hochschule entscheiden. Ein nationaler Leistungstest wird auch dann durchgeführt, wenn dem B.A. Abschluß ein M.A. folgen soll.[5]

Zusammenfassend sind folgende Systemmerkmale der untersuchten Länder festzuhalten. Das Ausmaß der Stratifizierung ist in den USA und in Schweden gering, mehr als zwei Drittel aller Personen eines Geburtsjahrgangs erreicht eine Hochschulzugangsberechtigung. Die Klassifikation dieser beiden Länder als vergleichsweise gering stratifiziert gilt auch dann, wenn wir den Anteil von Hochschulabgängern betrachten. In den USA erhalten 33 Prozent, in Schweden 26 Prozent eines Jahrgangs ein Hochschulzeugnis, das im weiteren zu einer Promotion berechtigt. In Deutschland und in der Türkei ist die Stratifizierung dagegen ausgesprochen hoch. Die Hochschulzugangsberechtigung erhalten nur 33 Prozent bzw. 20 Prozent eines Jahrgangs, einen Hochschulabschluß erzielen in Deutschland 16 Prozent, in der Türkei 10 Prozent eines Jahrgangs. Aufgrund der geringen Expansion des tertiären Sektors erwarten wir in diesen beiden Ländern niedrigere Frauenanteile bereits zu Beginn einer wissenschaftlichen Karriere als in den beiden Vergleichsländern.

Zwischen Hochschulabschluß und Promotion

Auch bezüglich der Wege zur Promotion unterscheiden sich die vier Länder. In Deutschland ist das formale Zulassungskriterium ein abgeschlossenes Hochschulstudium. Nach dem Studium kann die Promotion auf ganz unterschiedlichen Wegen erfolgen, d.h. als wissenschaftliche MitarbeiterIn mit einer ganzen, halben oder auch nur viertel Stelle an einem Lehrstuhl, als ProjektmitarbeiterIn mit einer Projektstelle (gegenwärtig sind dies maximal Teilzeitverträge), als MitarbeiterIn in einer Forschungseinrichtung oder als StipendiatIn. Die Promotion in einer *graduate school* oder in einem Graduiertenkolleg bleibt [nach der *Deutschen Forschungsgemeinschaft* als (Teil-)Finanzier der Graduiertenkollegs] dem Zehnt der wissenschaftlichen *Exzellenz* vorbehalten und bildet in Deutschland die Ausnahme.

In Schweden und in den USA wird über die Zulassung zur Promotion auf der Ebene der Hochschulen bzw. der des Departments entschieden. Formales Kriterium der Zulassung ist in Schweden eine landesweit vorgegebene Mindestanzahl an erworbenen *credit points*. In den USA ist es der *degree bachelor* bzw. der *master*. In beiden Ländern promovieren die Graduierten in *graduate schools* im Rahmen eines weitgehend standardisierten Kurssystems.

Am stärksten formalisiert ist der türkische Weg zur Promotion. Absolventen mit einem *master degree* müssen sich, um zu promovieren, erneut einem landesweit einheitlichen Aufnahmetest stellen, der die Voraussetzung für die Promotion in einer *graduate school* ist. Das Promotionsstudium nimmt in den USA, in Schweden und in der Türkei vier Jahre in Anspruch, wobei die ersten zwei Jahre in Kursform organisiert sind. In den folgenden zwei Jahren erhalten die Graduierten Zeit, um ihre Dissertation anzufertigen. In Deutschland sind die Promotionszeiten wesentlich unbestimmter. Dies liegt auch daran, daß die Arbeit an der Dissertation meist parallel zu anderen Aufgaben, wie der eigenen Lehre, der übergeordneten Projektarbeit oder der Zuarbeit für die LehrstuhlinhaberIn zu erfolgen hat. Qualifikation und Erwerbstätigkeit sind hier parallel und nicht sequentiell organisiert. In den anderen Ländern sind Qualifikationsarbeiten und Erwerbstätigkeit dagegen voneinander getrennt.[6] Nach Abschluß der Dissertation erfolgt der Übergang in das Beschäftigungssystem, und zwar mit allen Rechten und Pflichten und ohne Weisungsgebundenheit.

Tabelle 1: Standardisierung der Promotionsphase

Land	**Auswahl**	**Curricula**	**Übergang**
Deutschland	durch Doktorvater/-mutter	nicht formalisiert	parallel
USA	Eingangstests der Hochschule	formalisiert	konsekutiv
Schweden	Eingangstests der Hochschule	formalisiert	parallel
Türkei	nationale Auswahlverfahren	formalisiert	konsekutiv

Von der Promotion zur Professur

In Deutschland kann man, beginnend mit einem Hilfskraftjob während der Studienzeit, unterbrochen bis zur Habilitation (bzw. bis zu drei Jahren nach der Habilitation) einem Lehrstuhl an einer Universität verbunden sein; das entspricht leicht einem Zeitraum von fast zwanzig Jahren. Erst die Habilitation markiert das Ende der Qualifikationsphase und den Zwang zur Mobilität. Hausberufungen sind kaum möglich und auch zwischen einer C3- und C4-Professur muß die Hochschule zumeist gewechselt werden. In den USA, in Schweden und in der Türkei ist ein solches Lebensverlaufsmuster unbekannt und es wäre auch unmöglich. In den wenigsten Fällen besucht man die *graduate school* der Universität, an welcher der *bachelor* erworben wurde, eine Hausberufung nach der Dissertation ist völlig ausgeschlossen. Eine universitäre Bindung erstreckt sich somit zunächst über maximal fünf Jahre. Nach der Promotion, also nach Eintritt in den Arbeitsmarkt, stehen interne Arbeitsmärkte allerdings oft offen. In den meisten Fällen finden sich *tenure tracks* im Übergang vom *assistant* zum *associate professor* oder vom *associate* zum *full professor*. Übergänge zwischen den Positionen erfolgen allerdings immer erst nach einer Evaluation durch externe Kollegen und Kolleginnen. In Schweden können sich Promovierte nach der Promotion um einen Posten als *part-time lecturer, junior lecturer* oder *postdoctoral fellow* bewerben. Die weitere Karriere verläuft über den *senior lecturer* zum *full professor*. Allein *senior lecturers* und *full professors* haben den umfassenden Angestellten-Status. Die Entscheidung über die Besetzung der einzelnen Positionen liegt bei den Hochschulen bzw. den einzelnen Departments. Das schwedische Hochschulgesetz gibt zwar Richtlinien über die Beförderung zwischen den einzelnen Positionen vor, läßt aber den einzelnen Institutionen bei den tatsächlichen Entscheidungen einen großen Spielraum.

Der am stärksten formalisierte Weg zur Professur findet sich in der Türkei. Promovierte können sich um eine Assistentenstelle bewerben, dies ist ein notwendiger Zwischenschritt an der Schwelle zum *assistant professor*. Über die Besetzung dieser Position entscheidet ein landesweit einheitlicher Test. Nach fünfjähriger Tätigkeit als *assistant professor* kann man sich um eine freie Stelle als *associate professor* bewerben, über deren letztendliche Besetzung wird auf zentralstaatlicher Ebene unter Beurteilung der vom Bewerber geleisteten Forschungsarbeit bestimmt.

Zusammenfassend kann nun auch die Dimension der Standardisierung ausgefüllt werden. Hier haben wir eingangs drei Aspekte unterschieden. Deutschland kann in allen drei Bereichen als unstandardisiert gelten. Die Auswahl auf die überwiegende Zahl der Promotionsstellen erfolgt oft nicht nach formalisierten und strukturierten Verfahren, gleiches gilt für die Habilitationsstellen. An diesen beiden Schaltstellen wird Askription noch ein breiter Raum gelassen. Der Status und die Aufgaben der Promovierenden sowie der Habilitierenden sind oft unklar und unterscheiden sich maßgeblich zwischen Hochschulassistenz, Projektmitarbeit, freien Promotionen und Graduiertenkollegs. Von einer Standardisierung der Curricula kann nicht die Rede sein. Letztlich besteht in Deutschland kein deutlicher Übergang zwischen Ausbildung und Berufstätigkeit, da Qualifikations- und Erwerbsarbeit bei der Mehrheit der Promovierenden und Habilitierenden parallel und nicht sequentiell erfolgen.

Die USA und die Türkei bilden eindeutige Gegenpole zu Deutschland und können als standardisiert bezeichnet werden. Sie nutzen hoch strukturierte, formalisierte Auswahlverfahren, die Ausbildung erfolgt in *graduate schools* mit meist klaren zeitlichen Vorgaben und wissenschaftlichen Inhalten, und nach der Promotion erfolgt der Übergang in den Arbeitsmarkt ebenfalls nach transparenten Kriterien. Schweden stellt einen Mischtyp dar. Zwar werden auch hier *graduate schools* eingesetzt, die zeitlichen Vorgaben sind hier allerdings sehr flexibel; oft findet sich eine Erwerbstätigkeit neben dem Studium, und der Übergang zwischen Qualifikation und Arbeitsmarkt ist weniger deutlich markiert als in der Türkei oder den USA.

Hinsichtlich des Frauenanteils in der Wissenschaft sind daher folgende Ergebnisse zu erwarten: 1. Aufgrund der geringeren Stratifizierung dürfte der Frauenanteil zu Beginn einer wissenschaftlichen Karriere in den USA und Schweden höher als in der Türkei und Deutschland sein. 2. Aufgrund der höheren Standardisierung dürfte der Frauenanteil in den unterschiedlichen Phasen einer wissenschaftlichen Karriere in der Türkei und in den USA geringer abfallen als in Deutschland. Schweden dürfte eine Zwischenstellung einnehmen. 3. Aus dem gleichen Grund dürfte der Frauenanteil in den statushöchsten Positionen in der Türkei und den USA höher als in Deutschland liegen. Schweden dürfte wiederum eine Zwischenstellung einnehmen.

Frauen in der Wissenschaft

In diesem Abschnitt werden die Frauenanteile auf den verschiedenen Karrierestufen betrachtet. Zunächst ergibt sich das bereits angesprochene einheitliche Bild eines linearen Abfalls der Frauenquote je höher die Stufe des Wissenschaftssystems ist.[7] In Deutschland liegt der Frauenanteil bei den Hochschulabschlüssen bei 45 Prozent. Schon bei der nächsten Schwelle, der abgeschlossenen Promotion, fällt der Anteil auf 33 Prozent. Nur 13 Prozent der C3- und gerade einmal sechs Prozent der C4-Stellen werden an Frauen vergeben. In den USA liegt der Frauenanteil bei den *tertiary A* Abschlüssen bei 56 Prozent, bei den Promotionen bei 42 Prozent, bei den *assistant professors* bei 30 Prozent. Zum eigentlichen Sinken des Anteils kommt es auf der Ebene der *associate professors*, bei den *tenured professors* liegt der Anteil bei 17 Prozent. In Schweden liegt der Frauenanteil bei den Hochschulabschlüssen mit über 60 Prozent vergleichsweise am höchsten. Bei den Promotionen erreicht der Frauenanteil eine Höhe von 34 Prozent, bei

Abbildung 2

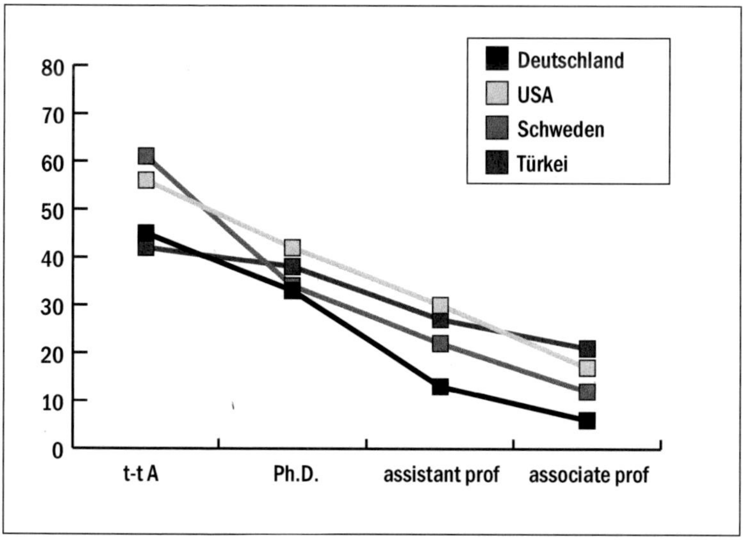

den *assistant professors* von 22 Prozent. Auf der höchsten wissenschaftlichen Stufe findet sich ein Frauenanteil von 12 Prozent.

Neben Deutschland ist die Türkei das einzige Land in unserem Vergleich, das bei den Hochschulabschlüssen einen Frauenanteil unter 50 Prozent aufweist. Bei den Promovierenden liegt der Frauenanteil bei 38 Prozent, für die *assistant professors* bei 27 Prozent und für die *associate professors* bei 21 Prozent. In der Türkei sinken die Frauenanteile also mit höherer Karrierestufe am langsamsten.

Damit entsprechen die empirischen Ergebnisse unseren Erwartungen. Die hohe Stratifizierung in Deutschland und in der Türkei geht mit niedrigen Frauenanteilen zu Beginn einer wissenschaftlichen Karriere einher. Der Abfall des Frauenanteils über die verschiedenen Karrierestufen ist dabei in Deutschland und Schweden wesentlich höher als in der Türkei und den USA. Im Durchschnitt beträgt hier die prozentuale Abnahme des Frauenanteils bei jeder höheren Statusposition zehn Prozentpunkte, in Schweden liegt die Abnahme bei neun und in der Türkei bei fünf Prozentpunkten.[8]

Zusammenfassung

Trotz ihrer unterschiedlichen Verortung in den Dimensionen des *welfare capitalism* gilt für alle ausgewählten Länder, daß der Frauenanteil in der Wissenschaft umso niedriger ausfällt je höher die akademischen Positionen sind. Die Unterschiede des Frauenanteils zwischen den Ländern liegen bei den Einstiegspositionen, also zu Beginn des wissenschaftlichen Werdegangs, bei den akademischen Spitzenpositionen und entsprechend auch bei dem Anteil der Frauen, die nach der Aufnahme einer wissenschaftlichen Karriere in der Wissenschaft verbleiben können. Auf der Grundlage von Ansätzen in der vergleichenden Bildungsforschung und der Organisationssoziologie gehen wir davon aus, daß zwei strukturelle Merkmale akademischer Qualifizierungssysteme ausschlaggebend dafür sind, wie hoch der Anteil von Frauen in akademischen Spitzenpositionen ist. Vor allem das Ausmaß von Standardisierung dürfte maßgeblich für eine Verringerung von Askription und eine Zunahme von leistungsorientiertem vertikalem Aufstieg in der Karriere bestimmend sein. Diese Annahme konnte hier nur an einigen Länderbeispielen illustriert werden.

Wie sind diese Ergebnisse nun einzuordnen? Zunächst belegt bereits die hohe internationale Varianz im Frauenanteil in akademischen Spitzenpositionen, daß Zuschreibungen wie Frauen *können nicht* oder Frauen *wollen nicht* einer Basis entbehren. In allen Ländern *dürfen* Frauen auch. Die maßgeblichen Unterschiede zwischen den Ländern liegen in Strukturmerkmalen universitärer Personalselektionskriterien, die in einigen Ländern universelle, in anderen eher partikulare Selektionen bedingen. Diese Strukturunterschiede erscheinen uns dabei für den Verlauf wissenschaftlicher Karrieren wichtiger zu sein als weitere und hier nicht beachtete Unterschiede zwischen den Ländern, nämlich die Infrastruktur für die Erziehung von Kindern, das gesellschaftlich verliehene Sozialprestige sowie die Gehälter der Professorinnen und Professoren, das Stadium der Tertiarisierung, usf.. Um diese These von der größeren Relevanz der Strukturmerkmale universitärer Personalselektion im Vergleich zu anderen Merkmalen zu belegen, wäre allerdings eine vergleichende Forschung notwendig, die in der Soziologie bislang noch ein Schattendasein führt.

Neben dem Einwand, in diesem Beitrag relevante intervenierende Variablen vernachlässigt und damit die Bedeutung von Stratifizierung und Standardisierung überhöht zu haben, lassen sich auch grundlegende Vorbehalte gegen die implizite Forderung nach höherer Standardisierung formulieren. Meist seien diese Kriterien nicht zwingend, sondern beliebig gewählt, und zumeist folgten sie auch Normvorstellungen, die typischerweise männlichen Lebensverläufen angepaßt sind. Wir teilen diese Kritik, den vorgestellten Ansatz trifft sie allerdings kaum. Für uns ist der Nachweis entscheidend, daß strukturierte Bildungs- und Ausbildungsverläufe – solange die Strukturen und Leistungsanforderungen transparent gehalten werden –, insbesondere die Karrieremöglichkeiten von Frauen fördern, da sie sich so zumindest auf die Normen und Spielregeln ihrer männlichen Mitbewerber einstellen können. Wird das Spiel verstanden, sind Frauen nicht schlechter als Männer. Dann stellt sich nur noch die Frage, ob Frauen das Spiel spielen wollen.

Folgt man diesem Ansatz, so ist der gegenwärtigen Hochschulpolitik in Deutschland ein schlechtes Zeugnis auszustellen. Noch immer ist das ehemals gültige Kriterium der Habilitation nicht durch klar definierte andere Leistungsanforderungen ersetzt worden, so daß man in Zukunft vor allem nicht mehr wissen wird, wann die Qualifikationsphase eigentlich abgeschlossen ist. Andere Vorschläge, so sie denn umgesetzt werden, gehen dagegen in die richtige Richtung, dies gilt insbesondere für die Einführung von Promotionsstudiengängen. Leider bleibt dieser Reformbeschluß jedoch bei der Vielfalt der Promotionswege stecken. Auch nach der Umsetzung besteht das Nebeneinander der vielen Wege zur Promotion fort, es bleibt folglich die Parallelität von Qualifikation und Erwerbstätigkeit bestehen und damit nichts anderes als die Hoffnung auf, nicht aber das Wissen um eine gute Ausbildung.

Anmerkungen

1 | Dieser Text wurde in Zusammenarbeit mit Stephan Pflaum erstellt, dem ich für seine exzellenten Recherchen sehr danke. Dank gilt auch Andrea Eickmeier, Stephan Leibfried und – wie immer – Tine Wimbauer für hilfreiche Anmerkungen.

2 | Unter ISCED 3A fallen die Abschlüsse der Sekundarstufe, die zur Aufnahme eines Studiums der Kategorie *tertiary-type A* berechtigen. Unter *tertiary-type A* wiederum werden diejenigen Studiengänge zusammengefaßt, deren Abschluß die Aufnahme eines Promotionsstudiums ermöglicht. Die Prozentzahlen geben den Anteil von Schülern bezogen auf die jeweils typischen Altersgruppen wieder.

3 | Dabei verändert sich das Verhältnis zwischen Deutschland und den USA nur wenig. Der Anteil deutscher Personen mit Studienberechtigung liegt bei 41 Prozent, der Anteil der Deutschen mit Hochschulabschluß liegt bei 48 Prozent des amerikanischen Wertes. Der Vergleich zwischen Deutschland und Schweden ergibt dagegen deutliche Unterschiede: Liegt Deutschland bei der Hochschulzugangsberechtigung bei gerade 43 Prozent des schwedischen Wertes, so sind es beim Anteil der Personen mit Hochschulabschluß 61 Prozent.

4 | Diese Differenzierung zeigt sich auch bei der Höhe der Studiengebühren.

5 | Neben den Zugangswegen ist kurz auf die Organisation des Studiums einzugehen. In Deutschland stellen Hochschulen und Fakultäten in ihren Diplom- und Magisterstudiengängen unterschiedliche Leistungsanforderungen. In den USA werden die akademischen Curricula zwar weitgehend autonom auf lokaler Ebene von den einzelnen Hochschulen bestimmt, die Festlegung von *credit points* und klare Richtlinien für die Übergänge zwischen *bachelor-* und *master-*Studiengängen erlaubt dennoch eine größere Vergleichbarkeit. Gleiches gilt für das schwedische, insbesondere aber für das nach nationalen Richtlinien organisierte Studium in der Türkei. Damit beenden amerikanische, schwedische und türkische Studierende die erste Phase ihres Hochschulstudiums in der Regel nach 2-3 Jahren mit einem *first degree*, der bereits einen ersten Übergang in das Beschäftigungssystem ermöglicht. In Deutschland endet hier das Grundstudium ohne vergleichbaren Abschluß. Erst nach zwei weiteren Jahren in der Hochschule wird aufgrund der Vorgaben der Regelstudienzeit mit dem Magister bzw. dem Diplom ein erster akademischer Rang erworben. Im gleichen Zeitraum wird in den USA, in Schweden und in der Türkei bereits der zweite Hochschulabschluß (*master degree*) abgelegt.

6 | Zwar betätigen sich auch schwedische, amerikanische und türkische Promovierende als *research* oder *teaching assistants,* aber in weitaus geringerem Maße als in Deutschland. So ähneln deren Tätigkeiten gemessen am Zeitaufwand mehr denen einer deutschen studentischen Hilfskraft.

7 | USA: C3 = *assistant professor;* C4 = *associate professor;* Schweden: C3 = *lecturers;* C4 = *professors;* Türkei: C3 = *assistant professor;* C4 = *associate professor.*

8 | Die Prozentzahl für die Eingangsstufe und die Verringerung an Prozentpunkten je Karrierestufe wurden errechnet, indem die Daten, die der Tabelle 1 zugrunde liegen, in eine OLS Regression eingegeben wurden.

Literatur

Achatz, Juliane/Allmendinger, Jutta/Hinz, Thomas (2002a): *Sex Segregations in Organizations: A Comparison of Germany and the U.S.*, München: Institut für Soziologie, Manuskript.

Achatz, Juliane/Fuchs, Stefan/Stebut, Janina von/Wimbauer, Christine (2002b): »Organisierte Ungleichheit. Zur Beschäftigung von hochqualifizierten Frauen«, erscheint in: Jutta Allmendinger/Thomas Hinz (Hg.), *Soziologie der Organisationen. Kölner Zeitschrift für Soziologie und Sozialpsychologie,* Sonderband 42, Opladen: Westdeutscher Verlag.

Allmendinger, Jutta (1989): »Educational Systems and Labor Market Outcomes«, in: *European Sociological Review* 5, S. 231-250.

Clark, R. Burton/Neave, Guy R. (Hg.) (1992): *The Encyclopedia of Higher Education,* Bd. 1: *National Systems of Higher Education,* Oxford: Pergamon Press.

Esping-Andersen, Gøsta (1990): *The Three Worlds of Welfare Capitalism,* Cambridge: Polity Press.

Etzkowitz, Henry/Kemelgor, Carol/Uzzi, Brian (2000): Athena Unbound. The Advancement of Women in Science and Technology, Cambridge: Cambridge University Press.

Garcia-Garrido, Joel L. (1992): »Spain«, in: Clark/Neave (Hg.), S. 663-676.

Haller, Max/König, Wolfgang/Krause, Krause/Kurz, Karin (1985): »Patterns of Career Mobility and Structural Positions in Advanced Capitalist Societies: A Comparison of Men and Women in Austria, France, and the United States«, in: *American Sociological Review* 50, S. 579-603.

Hinz, Thomas/Schübel, Thomas (2001): »Geschlechtersegregation in deutschen Betrieben«, in: *Mitteilungen aus der Arbeitsmarkt- und Berufsforschung* 34, S. 286-301.

Högskoleverket – National Agency for Higher Education (Hg.) (1998a):

Women and Men in Higher Education from Upper Secondary to Postgraduate Training 1986/87-1995/1996, Stockholm: Printgraf.

Högskoleverket – National Agency for Higher Education (Hg.) (1998b): Handbook for Postgraduate Students, Stockholm: Printgraf.

Högskoleverket – National Agency for Higher Education (Hg.) (2000): *Swedish Universities & University Colleges 1999*, Short Version of Annual Report, Stockholm: Printgraf.

International Association of Universities (2000): *http://www.unesco.org/iau/whed-2000.html*

Kalleberg, Arne L./Knoke, David/Marsden, Peter V./Spaeth, Joe L. (Hg.) (1996): *Organizations in America*, Thousand Oaks/CA: Sage.

König, Wolfgang /Müller,Walter (1986): »Educational Systems and Labour Markets as Determinants of Worklife Mobility in France and West Germany: A Comparison of Men's Career Mobility«, in: *European Sociological Review* 2, S. 73-96.

Maurice, Marc/Sellier, Francois/Silvestre, Jean-Jacques (1982): *Politique d'Éducation et Organisation Industrielle en France et en Allemagne. Essai d'Analyse Sociétal*, Paris: Presses Universitaires de France.

Ministry of Education and Science in Sweden (Hg.) (1992): Higher Education Ordinance, Stockholm: Printgraf.

Mora, José-Ginés/Vidal, Javier (2000): *Changes in Spanish Universities. Improvements and Unsolved Conflicts, http://www.scup.org/29/29-2-moravidal.pdf*

Müller, Walter/Haun, Dietmar (1994): »Bildungsgleichheit im sozialen Wandel«, in: *Kölner Zeitschrift für Soziologie und Sozialpsychologie* 46, S. 1-42.

Müller, Walter/Karle,Wolfgang (1993): »Social Selection in Educational Systems in Europe«, in: *European Sociological Review* 9, S. 1-23.

OECD (Hg.) (2001): *Education at a Glance. OECD Indicators*, Paris.

Öney, Banu A. (1992) : »Turkey«, in : Clark/Neave (Hg.), S. 1003-1008.

Peisert, Hansgert/Framhein, Gerhild (1997): *Das Hochschulsystem in Deutschland* (Hg. Bundesministerium für Bildung, Wissenschaft, Forschung und Technologie), 2. Aufl., Bonn.

Reskin, Barbara F./McBrier, Debra Branch (2000): »Why not Ascription? Organization's Employment of Male and Female Managers«, in: *American Sociological Review* 65, S. 210-233.

Shavit, Yossi/Müller, Walter (Hg.) (1998): *From School to Work – A Comparative Study of Educational Qualifications and Occupational Destinations*, Oxford: Clarendon Press.

Stadtmann, Valerie (1992): »United States«, in : Clark/Neave (Hg.), S. 777-788.

Tomaskovic-Devey, Donald (1993): *Gender and Racial Inequality at Work: The Sources and Consequences of Job Segregation*, Ithaka/NY: ILR Press.

Tomaskovic-Devey, Donald/Kalleberg, Arne L./Marsden, Peter V. (1996): »Organizational Patterns of Gender Segregation«, in: Kalleberg et al. (Hg.), S. 276-301.

UNESCO (1997) (Hg.): *International Standard Classification of Education* (ISCED), *http://www.unesco.org*

Young Researchers' Federation (Hg.) (2001): *http://www.precarios.org/english. html*

Frauen in der Wissenschaft – Frauen und Wissenschaft. Liberale und radikale Perspektiven in einem globalen Rahmen

Francisco O. Ramirez

Der größte Teil der geschlechtersoziologischen Literatur beschäftigt sich mit der Thematik der fortdauernden Ungleichheit zwischen Frauen und Männern. Die These der Persistenz von Ungleichheit wird mit verschiedenen interaktions- und organisationstheoretischen sowie sozialstrukturellen Ansätzen gestützt, die ihrerseits im Forschungsdesign und in der Methode beträchtliche Unterschiede aufweisen. Eine so starke Übereinstimmung könnte darauf hinweisen, daß sich in bezug auf die Ungleichheit zwischen den Geschlechtern wenig verändert hat. Doch gibt es gleichzeitig viele Hinweise darauf, daß im Gegenteil Frauen und Männer in den verschiedenen Bereichen zunehmend gleichgestellt sind. Der Beitrag greift dieses Paradox auf und diskutiert die folgende These: Der historische Siegeszug egalitärer Standards führt weltweit zu faktischen Zugewinnen an Gleichheit und trägt ebenfalls zur Verbreitung von Gleichheitserwartungen bei. Diese Erwartungen erhöhen wiederum die Wahrscheinlichkeit, daß fortbestehende Unterschiede überhaupt wahrgenommen werden und der Grad dieser Wahrnehmung ausgedehnt wird. Schließlich liefern egalitäre Erwartungen Interpretationsmodelle, um geschlechtsbezogene Ungleichheiten überhaupt als grundlegende Ungerechtigkeit klassifizieren zu können. Selbstverständlich gilt diese These für alle Formen der Ungleichheit in der jetzigen Welt. Die breitere Diskussion über Ungleichheit trägt wiederum dazu bei, geschlechtsbezogene Ungleichheit wahrzunehmen wie auch umgekehrt. Dieser Beitrag beschränkt sich auf die Ungleichheiten zwischen Frauen und Männern und konzentriert sich dabei vor allem auf die Asymmetrie im Bereich der Wissenschaft.

Der erste Teil des Beitrags behandelt zunächst das Aufkommen der modernen Prinzipien der Staatsbürgerschaft und die politische Inkorporation von Frauen. Betont werden dabei zum einen die Unterschiede zwischen liberalen und radikalen Auffassungen über den Erwerb der staatsbürgerlichen Rechte für Frauen; zum anderen wird der weltumspannende Charakter dieses Wandels und dessen Beschleunigung in der Zeit nach dem Zweiten Weltkrieg unterstrichen. Die Rechte von Frauen und deren Verletzung sind inzwischen fester Bestandteil eines globalen Themenkatalogs und national-staatlicher Programme. Globale Fortschritts- und Gerechtigkeitsstandards werden oftmals aufgegriffen, um auf den Status von Frauen in der gesamten Welt hinzuweisen.

Im zweiten Teil gehe ich auf die weltweite Institutionalisierung der Wissenschaft ein. Über die Wissenschaft als elitäre Domäne und als Bastion männlicher Privilegien ist bereits viel geschrieben worden. Der institutionelle Charakter der Wissenschaft hat historisch und räumlich unterschiedliche Formen angenommen, zudem variieren der Prestigegrad und die Ebene der männlichen Vorherrschaft. Das wachsende Interesse an geschlechtsspezifischen Fragen im Bereich der Wissenschaft reflektiert den weltweiten Triumph der Wissenschaft als den Entwicklungspfad mit der höchsten Legitimation. In beiden Teilen verweise ich auf international vergleichende Studien, die bezüglich der Staatsbürgerschaft von Frauen, der Entwicklung der Wissenschaft und der Wissenschaft als Entwicklungsmodell internationale Trends aufzeigen.

Der dritte Teil beschäftigt sich mit der Unterscheidung zwischen Frauen *in* der Wissenschaft und Frauen *und* Wissenschaft. In der Literatur zu Frauen *in* der Wissenschaft dominieren Fragen des Zugangs und der Partizipation; sie sind zumeist durch ein liberales Verständnis von Staatsbürgerschaft und ein Verständnis von Gleichheit als *Ähnlichkeit* (*sameness*) bestimmt. Dagegen geht die Literatur zu Frauen *und* Wissenschaft eher von radikalen Perspektiven aus und unterstreicht den Gesichtspunkt, die Wissenschaft zu *entmännlichen*. Selbstverständlich spielen in diesen Studien Zugang und Partizipation ebenfalls eine wichtige Rolle, aber akzentuiert wird vor allem die Konstitution der Wissenschaft und ihr vermeintlich maskuliner Charakter. Für die Geschlechtersoziologie geht es in der Wissenschaftsforschung vor allem um verbesserte Zugangsmöglichkeiten, Beschäftigung und anerkannte Partizipation und die Umgestaltung der Wissenschaft.

Staatsbürgerschaft und die politische Inkorporation von Frauen

Das Werk von T. H. Marshall kann weiterhin als Ausgangspunkt einer Analyse der Staatsbürgerschaft herangezogen werden, trotz seiner Begrenzungen und der wachsenden Kritik an seiner Konzeptualisierung. Aus seiner Perspektive beinhalten die modernen Prinzipien der Staatsbürgerschaft die Entwicklung ziviler, politischer und sozialer Rechte des Individuums. Historisch waren diese zunächst und in erster Linie gesetzlich verankerte Rechte und Rechtsgleichheit vor dem Gesetz, nicht unbedingt materielle Gleichheit oder Gleichheit der Lebensumstände. Beispiele für zivile und politische Rechte sind das Recht auf freie Meinungsäußerung und auf Versammlungsfreiheit, das Recht, Repräsentanten zu wählen oder sich selbst zur Wahl zu stellen. Diese Rechte werden oft als Abwehrrechte, als Begrenzung der Staatsmacht bezeichnet, da sie es dem Staat verbieten, Maßnahmen zu ergreifen, die die Ausübung dieser Rechte einschränken. Demgegenüber erfordern soziale Rechte Maßnahmen des Staates, die den einzelnen Bürgern ein gewisses Maß an ökonomischer Fürsorge und Sicherheit gewährleisten und ihnen einen bestimmten Anteil am nationalen Reichtum sichern. Diese Rechte werden zumeist unter dem Gesichtspunkt diskutiert, daß sie den Marktmechanismus und private Interessen begrenzen. Beispiele dafür finden sich in den Bestimmungen zur Sozialversicherung, aber auch im Anrecht auf Schulbildung (vgl. Marshall 1964; Bendix 1964). Die Abgrenzung zwischen den unterschiedlichen Typen von Rechten ist nicht immer eindeutig: Einige Liberale des 19. Jahrhunderts, wie z. B. John Stuart Mill, befürworteten zwar das Recht auf allgemeine Schulbildung, lehnten es aber ab, dafür den Staat in die Pflicht zu nehmen. Heute unterstützen einige Zeitgenossen das Recht der Frauen auf den Zugang zu wissenschaftlichen Ausbildungsplätzen; den Forderungen nach staatlicher Intervention, die die Durchsetzung dieses Rechts erleichtern könnten, stehen sie aber durchaus skeptisch gegenüber. Ob Bildungsrechte zu den sozialen Rechten gehören, ist also zum Großteil davon abhängig, ob der Staat diese Rechte und ihre Umsetzung unterstützt.

Die politische Theorie des 19. Jahrhunderts postulierte das *abstrakte Individuum* als Träger von bürgerlichen Rechten, das seine öffentlichen Pflichten verantwortungsbewußt erfüllt, obwohl die Staatsbürgerrechte in der Praxis zunächst auf besitzhabende Männer beschränkt blieben. Die Ausdehnung dieser Rechte auf die Arbeiterklasse bzw. auf die unteren Schichten wurde damit begründet, daß auch diese Gruppen als verantwortungsvolle Bürger politisch integriert werden könnten. Die Konstruktion des Nationalstaats als *imagined community* beinhaltete die Idee einer *horizontalen Kameradschaft* (*horizontal comradeship*), also das Konzept eines kameradschaftlichen Verbunds von Gleichen, der der Staatsbürgerschaft den Weg ebnete (vgl. Anderson 1991). Wenn auch einige Rechte in manchen Ländern früher und vollständiger ausgebildet waren – in Deutschland fand sich frühzeitig eine Betonung der Sozialversicherung, während in den Vereinigten Staaten die zivilen und politischen Rechte zuerst entwickelt wurden –, so kann man doch Komplexe von Staatsbürgerrechten ausmachen, die zunächst in Westeuropa und in großen Teilen des amerikanischen Kontinents institutionalisiert wurden. Heute ähneln sich nationalstaatliche Verfassungen stark in ihrer Betonung von Staatsbürgerrechten, trotz der Verschiedenheit des historischen Erbes, des aktuellen Grades der Industrialisierung, der Urbanisierung und sogar der Formen von politischer Herrschaft (vgl. Boli 1987). Zudem werden viele dieser Rechte heute als Menschenrechte deklariert, was für den Staat beides, nämlich weitere Beschränkungen und auch weitere Verpflichtungen mit sich bringen kann. So ist z. B. das Recht auf eine Basisschulausbildung inzwischen Teil der Allgemeinen Erklärung der Menschenrechte. Auf Weltkonferenzen wird dieser Sachverhalt gern ins Feld geführt, um Nationalstaaten zur Sicherstellung einer allgemeinen Schulbildung zu bewegen (vgl. Chabbott 2002).

Die Entstehung moderner Prinzipien der Staatsbürgerschaft ist freilich kein geschlechtsneutraler Vorgang gewesen. Das *abstrakte Individuum* war männlich, und die vorgestellte Gemeinschaft zog eine scharfe Grenze zwischen dem Privaten und Öffentlichen, eine Grenzziehung, die ihre Lebensfähigkeit in unterschiedlichem Ausmaß auch der Konstruktion von Mutterschaft und Hausfrauendasein verdankt.

Die feministische Kritik an älteren Theorien der Staatsbürgerschaft konstatierte häufig deren Blindheit in bezug auf den Geschlechteraspekt von Bürgerschaft. Für einige Kritiker und Kritikerinnen geht es vor allem darum, daß Frauen nicht dieselben Rechte wie die Männer erhielten. Es ist somit die Ausschlußdimension dieser Rechte, die kritisiert wurde. Die Lösung des Problems bestand dann darin, Frauen ebenso wie Männer als erwachsene Bürger anzuerkennen und sie als eigenständige Personen und aktive Bürgerinnen vor dem Gesetz zu achten. Diese Kritik und die damit verbundene Problemlösung bilden den Kern der liberalen Perspektive, welche bis heute nationale und internationale politische Diskurse und Analysen prägt.

Anderen Kritikern und Kritikerinnen geht es jedoch vor allem darum, daß die Menschenrechte faktisch Rechte von Männern, einer Hälfte der Menschheit, waren. Demzufolge sind diese Rechte und die daraus abgeleiteten politischen Maßnahmen begrenzt und entsprechen den Interessen von Männern mehr als denen von Frauen (vgl. Orloff 1993; Pateman 1995). Diese Sicht erfordert einen komplexeren Lösungsansatz, der die Grundlagen der Staatsbürgerrechte, deren Annahmen über die Natur des erwachsenen Individuums und seiner Bedürfnisse hinterfragt. Diesen Ansatz bezeichne ich aufgrund seiner Kritik am modernen Konzept der Staatsbürgerschaft als die radikale Perspektive. Wachsenden Zuspruch findet diese Sicht auch deswegen, weil ihre Vertreter und Vertreterinnen beide Aspekte aufgreifen, d.h., sie wollen die Erfolge des liberalen Konzepts sichern, aber auch über die Ableitung der Staatsbürgerschaft für Frauen aus männlichen Rechten hinausgehen (vgl. O'Connor et al. 1999).

Wie lassen sich nun angesichts der weiten Verbreitung des Topos der fortdauernden Ungleichheit Erfolge im Bereich der Staatsbürgerrechte überhaupt messen? Bislang wurden Zugewinne hier nur behauptet, nicht aber dokumentiert. In diesem Beitrag bieten verschiedene Studien, die transnationale Trends untersuchen, die Grundlage für den Beleg der Zugewinne. Keine dieser Untersuchungen weist nach, daß die Gleichheit der Geschlechter erreicht worden ist. Sie kommen dagegen nur zu dem Ergebnis, daß im Vergleich zu früher die Ungleichheit zwischen den Geschlechtern abgenommen hat. Zudem gelten diese Ergebnisse nur für bestimmte Dimensionen der Ungleichheit. Dies bringt uns wieder zu den Unterschieden zwischen liberalen und radikalen Perspektiven zurück.

Betrachten wir zunächst den Fall des Wahlrechts. Anfang des 20. Jahrhunderts hatten Frauen nur in Neuseeland dieses Recht. Trotz jahrzehntelanger Kämpfe besaßen Frauen weder in Großbritannien noch in den Vereinigten Staaten das Wahlrecht. Im späten 19. Jahrhundert schienen die Gegner übermächtig, doch am Ende des 20. Jahrhunderts hatten Frauen in 96 Prozent aller Nationalstaaten das Recht zu wählen und gewählt zu werden. Während dieses Zeitraums schrumpfte die zeitliche Distanz, in der zunächst Männern und dann Frauen das Wahlrecht verliehen wurde. So erwarben Frauen und Männer in der zweiten Hälfte des 20. Jahrhunderts das Wahlrecht fast immer gleichzeitig. Das frühere Muster, nach dem Frauen das Wahlrecht später als Männer erkämpften, setzte sich nicht mehr einfach fort. In den neuen Nationalstaaten, die nach dem Zweiten Weltkrieg entstanden, bildete die gleichzeitige Verleihung des Wahlrechts das vorherrschende Muster. Dort, wo es von repressiven Regimes wieder entzogen wurde, geschah dies für beide Geschlechter, nicht nur für Frauen. Aus dem Wahlrecht, das einst umstritten gewesen war, wurde schließlich eine Selbstverständlichkeit des politischen Lebens.

Zudem änderten sich historisch die Faktoren, die die Verleihung des Wahlrechts beeinflußten. In der ersten Hälfte des 20. Jahrhunderts waren es interne soziale Unterschiede der Nationalstaaten, die den Zeitpunkt der Einführung bestimmten, später wurden internationale Verbindungen und Einflüsse wichtiger. So hatte zwischen 1890 und 1940 der Grad der *Verwestlichung* eines Landes einen positiven Effekt auf die Verleihung des Frauenwahlrechts, danach aber spielten regionale Politik und weltweite Einflüsse eine größere Rolle (vgl. Ramirez et al. 1997). Nationale Geschlechterpolitik orientierte sich nun zunehmend an internationalen Standards und weniger an lokalen Bedingungen oder an dem spezifischen historischen Erbe.

Die weltweite Anerkennung dieses politischen Rechts für Frauen kann nicht hoch genug bewertet werden. Es ist Teil einer weltweiten Transformation, in der internationale Organisationen zunehmend die Rechte von Frauen auf ihre Agenda setzen. So untersucht z. B. Berkovitch (1999) die veränderte Haltung der *Internationalen Arbeitsorganisation* (IAO) in Debatten über den Status von Frauen. Die frühere, protektionistische Gesetzgebung wurde abgelöst durch ein Verständnis von Frauen als erwachsene Bürgerinnen, die Anspruch auf Gleichheit bei der Einstellung und auf gleichen Lohn für gleiche Arbeit haben. Die nationale Gesetzgebung verlief oft parallel zu internationalen Erklärungen, und auf nationaler und internationaler Ebene wurden geschlechtsspezifische Argumentationen zur Rechtfertigung der Ungleichbehandlung von Frauen am Arbeitsplatz entkräftet. Berkovitch (1999) sieht in diesem Wandel eine entscheidende Akzentverschiebung eines Verständnisses von Frauen als Mütter, die auf besonderen Schutz angewiesen sind, hin zu Frauen als Individuen, die gleiche Chancen beanspruchen. In den letzten Jahrzehnten geht dieser Wandel manchmal einher mit Auffassungen von Frauen als Humankapital und als unerschlossene nationale Ressource, die für die Entwicklung des Landes unverzichtbar ist. Doch diese Auffassungen beinhalten auch ein Verständnis von Gerechtigkeit und fairer Behandlung. Hierbei wird oft stillschweigend angenommen, daß Gerechtigkeit und faire Behandlung darin bestehen, Frauen genauso wie Männer zu behandeln.

Parallele Entwicklungen sind im Bildungssystem zu beobachten. Die früheren Debatten über den Sinn von Bildung für Frauen sind inzwischen obsolet geworden. Die absoluten Zahlen von Mädchen und Frauen im Schul- und Bildungswesen haben auf allen Ebenen zugenommen. Außerdem lassen sich Zuwachsraten in den entsprechenden Altersgruppen der Bildungsstufen feststellen sowie ein relativer Anstieg von Schülerinnen und Studentinnen im Vergleich zu der Anzahl männlicher Schüler und Studenten. Besonders auffällig ist in den letzten Jahrzehnten die weltweit wachsende Präsenz von Frauen im höheren Bildungswesen; ein Großteil dieses Anstiegs kann nicht als Resultat endogener sozialer Faktoren erklärt werden (vgl. Bradley/Ramirez 1996). Die Debatten über Geschlecht und Bildung haben sich ebenfalls verschoben. Sie weisen ein ähnliches Muster auf, wie es Berkovitch im Bereich der ökonomischen Rechte untersucht hat. Früher vertraten die Verfechter einer Zulassung von Mädchen und Frauen an Schulen und Universitäten ihre Position mit dem Argument, daß Bildung aus ihnen gute Mütter machen würde, die ihre Kinder richtig erziehen würden. Heute ist die Argumentation viel stärker auf Frauen als Individuen bezogen. Auch nach Geschlecht differenzierte Lehrpläne waren um die Jahrhundertwende die Norm, während sich die Curricula heutzutage offensichtlich mehr an Gleichheit orientieren (vgl. Ramirez/Cha 1990). Selbst die einführenden Textbücher für naturwissenschaftliche Schulfächer beziehen Mädchen inzwischen stärker ein (vgl. McEneaney/Meyer 1999). Es ist nicht überraschend, daß diese individualistischere Argumentation sich zudem auch auf Begriffe wie Humankapital und Menschenrechte stützt. Der persönliche Entwicklungsprozeß ist zu einem Menschenrecht geworden, und es wird allgemein angenommen, daß diese Entwicklung im größeren Rahmen auch zum nationalen Fortschritt beiträgt.

Diese Veränderungen im politischen Gemeinwesen, in der Wirtschaft und im Bildungssystem, dies muß betont werden, beziehen sich auf den Grad des Zugangs und der Partizipation. Ebenso wichtig ist der Aspekt, daß diese Rechte Männern bereits früher eingeräumt wurden. Der Erfolg einer ganzen Reihe von Frauenbewegungen bestand darin, die Anerkennung von Frauen als Bürgerinnen mit Bürgerrechten zu erreichen. Die politische Inkorporation von Frauen erfolgte dabei unter der Kategorie des *abstrakten Individuums*. Heute werden diese Erfolge oft übersehen oder trivialisiert, da angesichts des inzwischen vorherrschenden Gleichheitsstandards selbst Vertreter einer liberalen Perspektive höhere Erwartungen entwickeln. Denn heute geht es nicht mehr nur darum, ob Frauen wählen dürfen, sondern wieviele Frauen in Machtpositionen gelangen. Es geht nicht nur um gleiche Chancen für Frauen auf dem Arbeitsmarkt, sondern um ihren beruflichen Statusgewinn. Nicht nur die wachsenden Zahlen von Frauen im höheren Bildungswesen sind von Interesse, sondern ihre Positionen in prestigereichen Disziplinen und an angesehenen Universitäten. Dieses historische Muster des Zugewinns und der inzwischen etablierte Gleichheitsstandard bilden den Maßstab für höhere Erwartungen und führen dazu, daß bestimmte Mängel nicht nur als Ungleichheit, sondern auch als Ungerechtigkeit wahrgenommen werden. In sozialpsychologischen experimentellen Studien über Gerechtigkeit ist das Prinzip, das dieser Wahrnehmung zugrunde liegt, gut belegt worden: Die Wahrnehmung von Ungerechtigkeit resultiert nicht einfach aus Ungleichheiten, sondern wird gerade dann wahrscheinlich, wenn Gleichheitserwartungen enttäuscht werden. Derselbe Grad der Ungleichheit wurde – abhängig vom Umfang egalitärer Erwartungen – unterschiedlich wahrgenommen und bewertet.

Aus radikaler Perspektive geht es nicht um die Frage, ob der Kreis von Personen mit bestimmten Rechten bereits um Frauen erweitert wurde. Im Mittelpunkt steht vielmehr der Inhalt dieser Rechte selbst. Die radikale Perspektive rückt Frauen in ihrer spezifischen Körperlichkeit in den Mittelpunkt. Sie legt den Akzent auf Frauen als *verkörperte Individuen* (*bodied individuals*) und betont das weibliche Recht auf körperliche Integrität und

Selbstbestimmung. Hervorgehoben werden dabei z. B. die reproduktiven Rechte und der Kampf gegen Mißbrauch und Gewalt gegen Frauen, und zwar auch innerhalb der Familie. Thema sind also nicht abgeleitete Rechte, also nicht Rechte, über die Männer bereits früher verfügten. Es handelt sich vielmehr um Frauenrechte, die Frauen *als* Frauen beanspruchen. Noch wichtiger ist vielleicht, daß es aus dieser Perspektive die Spielregeln selbst sind, die in Frage gestellt werden. Inklusion bleibt zwar weiterhin ein wichtiges Thema, doch nun wird das Konzept der Inklusion zur Debatte gestellt. Radikale Ansätze gehen davon aus, daß das *abstrakte Individuum* faktisch ein männliches ist. Von Frauen wurde demzufolge im Zuge ihrer politischen Inkorporation implizit verlangt, wie Männer zu sein, um von Staatsbürgerschaft und sozialpolitischen Regelungen in gleichem Maße zu profitieren (vgl. Orloff 1993; Okin 1989). Aus dieser Perspektive ist somit eine grundlegende Revision der Logik der Staatsbürgerschaft notwendig.

Für jene Rechte, die Männern zuerst gewährt wurden, lassen sich, und das ist nicht verwunderlich, mehr Belege in international vergleichenden Studien finden. Der Inkorporationsgrad von Frauen im Bildungswesen, in der Politik und auf dem Arbeitsmarkt hat allgemein zugenommen, und der historische Widerstand dagegen befindet sich oftmals im Konflikt mit dem Recht und sogar mit der öffentlichen Meinung. Der Grad der Einbeziehung variiert von einem Land zum anderen, doch es ist auffällig, wieviel mehr Frauen sich im Bereich der Politik engagieren und dort auch beschäftigt sind. Bei der Diskussion von Frauen in der Wissenschaft wird deutlicher werden, daß die gegenwärtigen Gleichheitserwartungen weit über die bloße Zulassung, Beschäftigung und Tätigkeit hinausgehen.

Wenden wir uns für einen Moment dem Status jener Rechte zu, die Frauen als Frauen beanspruchen. Reproduktive Rechte sind hierfür ein naheliegendes Beispiel. Sind diese Rechte tatsächlich zugestanden worden und haben sie denselben selbstverständlichen Status erlangt wie die abgeleiteten staatsbürgerlichen Rechte, also das Wahlrecht? Diese Frage wird in einem Aufsatz ausführlicher behandelt, der die Liberalisierung der Abtreibung in verschiedenen Ländern mit den Trends bei der Vergabe des Wahlrechts vergleicht (vgl. Ramirez/McEneaney 1997). Zwei Ergebnisse sind hier besonders erwähnenswert. Zuerst geht der weltweite Trend dahin, Gesetze zur Abtreibung weiter zu liberalisieren. Dies mag angesichts der andauernden Abtreibungskontroversen in den Vereinigten Staaten erstaunlich scheinen. Es wäre jedoch falsch anzunehmen, daß weltweite Trends in direktem Zusammenhang mit Mustern in den Vereinigten Staaten stehen und von diesen beeinflußt werden. Geht man statt dessen davon aus, daß globale Einflüsse auf verschiedenen Ebenen wirksam sind, u. a. durch eine Reihe relativ autonomer nicht-staatlicher Organisationen, so ist die Ausbreitung dieses besonders auf Frauen bezogenen Rechts nicht sonderlich überraschend. Der zweite Befund ist jedoch, daß dieses Recht rückläufig ist. Rumänien liefert das extremste Beispiel dafür, wie Veränderungen des politischen Regimes zu Änderungen in der Abtreibungsgesetzgebung führen können. Eine staatlich beschlossene Begrenzung des Rechts auf Selbstbestimmung stellt die *Ein-Kind-Regelung* in China ebenfalls dar, wenn auch hier die Abtreibung verordnet statt verboten wird. Abtreibungsrechte sind heutzutage kontroverser und gefährdeter als Wahlrechte oder andere abgeleitete Staatsbürgerrechte. Dennoch spricht der weltweite Trend für eine langsame Bestätigung auch dieser Rechte, die nicht auf der männlichen Staatsbürgerschaft beruhen.

Mit den reproduktiven Rechten ist eine Reihe von staatsbürgerlichen Forderungen verknüpft, die – von der sexuellen Belästigung bis hin zur Vergewaltigung – Mißbrauch und Gewalt gegen Frauen thematisieren. Es liegt kaum Literatur vor, die diese Fragen im Ländervergleich behandelt, um Trends in der Gesetzgebung oder der öffentlichen Meinung zu identifizieren. Doch scheinen diese Themen auf globaler Ebene und bei internationalen Konferenzen zunehmend eine wichtigere Rolle spielen. Die Phasen dieses Wandels erstrecken sich von der geschlechtsneutralen *Erklärung der Menschenrechte* der Vereinten Nationen im Jahr 1948 über die abgeleitete *Konvention über die Politischen Rechte der Frau* im Jahr 1952 über die 1979 offener formulierte *Konvention über die Beseitigung jeder Form von Diskriminierung der Frau* bis hin zur sehr spezifischen *Konvention über die Beseitigung von Gewalt gegen Frauen* im Jahr 1994. Für die Bekämpfung der sexuellen Belästigung von Frauen zieht man den Menschenrechtsdiskurs heran, und dies sogar in Kontexten, in denen Frauen historisch kaum individuelle Rechte eingeräumt wurden wie in Japan (vgl. Tiberghien 2000). Selbstverständlich wäre es naiv zu behaupten, daß diese Erklärungen der Vereinten Nationen zu einer tatsächlichen Reduzierung des Mißbrauchs und der Gewalt gegen Frauen führen. Die Konventionen sind vielmehr als ein globaler kultureller Rahmen zu verstehen, in dem Praktiken männlicher Dominanz als verletzende und gewalttätige Verstöße gegen die Menschenrechte von Frauen klassifiziert werden können. Folglich tragen die Konventionen dazu bei, Bedingungen politischer Inklusion zu problematisieren.

Auf nationaler Ebene bestehen ähnliche Entwicklungen, z.B. in der Einrichtung von Ministerien oder administrativer Stellen, die sich mit Frauenfragen beschäftigen. Am Ende des Zweiten Weltkriegs verfügten nur 10 Prozent der damals existierenden Staaten über solche Stellen. Bis 1970 hatte sich diese Zahl verdreifacht und schnellte bis 1980 sogar auf 80 Prozent (vgl. Berkovitch 1999). Hier ist wiederum nicht entscheidend, daß sich die realen Zustände auf allen Ebenen tatsächlich verbessert haben, sondern daß Themen politisch relevant werden, sobald öffentliche Ämter sich damit befassen. Außerdem sind es nicht nur nationale Behörden, die sich als Organisationen dieser Themen annehmen. Auf globaler Ebene hat die Anzahl von internationalen Nicht-Regierungsorganisationen zugenommen, die sich mit Frauenfragen befassen, und ihre Anstiegsrate ist höher als die anderer internationaler Nicht-Regierungsorganisationen (vgl. Boli/Thomas 1997). Die Anzahl der 13 Nicht-Regierungsorganisationen, die im Jahr 1975 Frauenrechte vertraten, explodierte auf 265 im Jahr 1995 (vgl. Tiberghien 1997).

Abbildung 1: Nicht-Regierungsorganisationen 1895-1995

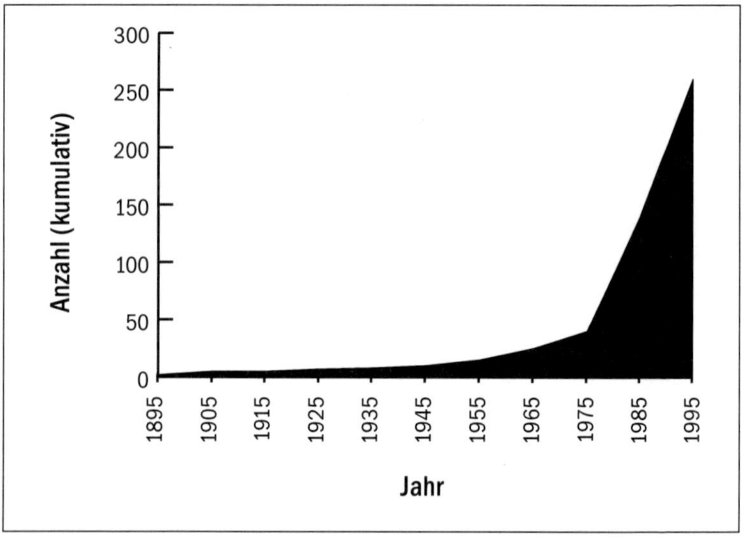

Was zeigt nun die international vergleichende Forschung insgesamt? Zunächst kommt sie zu dem Ergebnis, daß während des gesamten 20. Jahrhunderts weltweit Trends zur Ausweitung von staatsbürgerlichen Rechten für Frauen bestehen. Zweitens dokumentiert diese Forschung, daß die Zugewinne deutlicher und unumstrittener waren, wenn die betreffenden Rechte aus männlichen Rechten abgeleitet waren. Drittens erweist sich, daß auf globaler Ebene und auf internationalen Konferenzen Frauenrechte inzwischen als Rechte von *Frauen* stärker betont werden. Doch diese Rechte sind kontroverser und laufen eher Gefahr, wieder entzogen zu werden. Schließlich zeigt sich auch in den Debatten nationaler und internationaler Entwicklungshilfe-Organisationen ein gesteigertes Interesse an Frauenrechten und -themen. In diesem anwachsenden Diskursfeld werden Gleichheitsstandards entwickelt und ausgedehnt, mit deren Hilfe wiederkehrende, aber auch neue Formen geschlechtlicher Ungleichheit leichter identifiziert werden können. Weltweit verbreitete Fortschritts- und Gerechtigkeitsmodelle prägen diesen Diskurs, der Nationalstaaten, internationale Organisationen und auch soziale Bewegungen gleichermaßen beeinflußt.

Der große Teil dieser Debatten ist bereits seit geraumer Zeit universalistisch. Frauen beschränken sich bei der Forderung von Rechten nicht auf ihr eigenes Land, sondern sprechen weltweit alle Frauen als Nutznießerinnen von Rechten an. Selbst dann, wenn Feministinnen in den weniger entwickelten Ländern die westlichen Spielarten des Feminismus als eurozentrisch angreifen, berufen sie sich dabei auf universalistische Standards, die in den globalen Fortschritts- und Gerechtigkeitsmodellen verankert sind. Alle Völker, so wird argumentiert, haben ein Anrecht auf ihr historisches Erbe und ihre eigenen Traditionen, und zwar auch auf jene, die eine stärkere geschlechtliche Differenzierung beinhalten als im Westen akzeptiert. Es sind universalistische Ideen von nationaler Souveränität und kultureller Autonomie, die in diese Kritik eingehen, bzw. zumindest in solche, die die Widerlegung relativ gut überstehen und Bestand haben. Kultur kann folglich als akzeptables Argument benutzt werden, um Zweifel über ein koedukatives Bildungswesen zu äußern, nicht aber um gleiche Bildungschancen für Frauen in Frage zu stellen. In Saudi-Arabien wurde auf diese Weise die Trennung der Geschlechter im Bildungswesen beibehalten, während der Anteil von Frauen im höheren Bildungswesen sich gleichzeitig ausgeweitet hat (vgl. Bradley/Ramirez 1996). Diese Ausdehnung und weitere Veränderungen des Staatsbürgerstatus von Frauen deuten darauf hin, daß sich darin eine nationale Verpflichtung zu Fortschritts- und Gerechtigkeitsmodellen manifestiert, die alle redlichen und konformen Nationalstaaten anstreben.

Nationale Rechtschaffenheit ist ein wichtiges Thema, das im Rahmen dieses Beitrags nicht erschöpfend behandelt werden kann. Nationalstaaten und solche, die es werden möchten, operieren nicht in einem Vakuum. Sie können ihre Nationalstaatlichkeit nicht nach eigenen Vorstellungen oder der ihrer Eliten improvisieren. Für den Nationalstaat sind vielmehr Skripte verfügbar, die auf unzähligen internationalen Konferenzen und in Organisationen von Professionellen und Experten formuliert werden. Vieles davon hat einen beratenden Charakter, wobei der Rat hinreichend abstrakt ist, um international unterschiedlich interpretiert und umgesetzt zu werden. Doch der zunehmende Isomorphismus der Nationalstaaten, d.h. ihre strukturelle Ähnlichkeit, wäre kaum zu erklären, wenn man für die Formation von Nationalstaaten nicht gemeinsame Modelle und Baupläne postulierte. Besonders augenfällig ist diese Ähnlichkeit bei den formalen Prinzipien, die offizielle staatliche Maßnahmen und Organisationen für ihre Politiken als Rationalitätsimperative benutzen. Aber auch in vielen konkreten Praktiken gleichen sich die Ziele von Nationalstaaten mit der Zeit einander an (vgl. Meyer et al. 1997). Die herausragende Bedeutung wissenschaftlicher Autorität, die diesen globalen kulturellen Modellen innewohnt, kann kaum überschätzt werden. Es ist diese Autorität der Wissenschaft, um die es im folgenden geht.

Die Globalisierung der Wissenschaft

Sowohl Kritiker als auch Befürworter erkennen den weltweiten Siegeszug der wissenschaftlichen Autorität an. Für die Befürworter haben die inhärente Nützlichkeit der Wissenschaft und die wissenschaftliche Forschung dazu geführt, daß andere, nicht-wissenschaftliche Realitätsbezüge weitgehend verdrängt wurden. Wissenschaft ist daher für die Gesellschaft in einem hohen Maße zweckdienlich, so daß ihre Autorität anerkannt und belohnt wird. Autoren, die in dieser Tradition stehen, halten diese Entwicklung für wünschenswert und beklagen jede noch so kleine Schwankung des öffentlichen Vertrauens in die Wissenschaft als Ignoranz.

In der Sicht der Kritiker sind es ökonomisch oder wissenschaftlich dominante Gruppen bzw. Klassen, die die Wissenschaft für ihre eigenen Interessen benutzen. Manchmal liegt die Macht sogar bei den Wissenschaftlern selbst, die erfolgreich Kräfte mobilisieren, um andere soziale Gruppen auszustechen. Die Kritiker stellen die Nützlichkeit der Wissenschaft zwar in Frage, aber sie erklären weder die Legitimität der Wissenschaft noch die Autorität von Wissenschaftlern, eine Autorität, die oftmals die Ressourcen von einzelnen Wissenschaftlern bei weitem übersteigt. Während die Befürworter der Wissenschaft die Nützlichkeit vieler wissenschaftlicher Anwendungen beweisen, bleibt bei ihnen erklärungsbedürftig, warum ein großer Teil der Wissenschaft nicht nutzenorientiert ist. Sie übersehen die kulturelle Funktionsweise der Wissenschaft, nämlich ihre Autorität, die in der kulturellen Konstitution der Wissenschaft als rationaler und rationalisierender Vorgang begründet ist. Diese kulturelle Geltung der Wissenschaft wird eher von ihren Kritikern erkannt, die dann allerdings fälschlichweise annehmen, daß Wissenschaft aufgrund ihrer kulturellen Bedeutung nicht funktionieren könne.

Aus der Perspektive des Weltgesellschaftskonzepts ist der hohe Legitimationsgrad entscheidend, durch den die Wissenschaft charakterisiert ist. Diese Legitimation beruht darauf, daß die Wissenschaft Zugang zu weitverbreiteten Entwicklungsmodellen, nämlich zu Fortschritt und Gerechtigkeit, verschafft (vgl. Drori et al. 2002). Folglich wird erwartet, daß wissenschaftliche und technologische Entwicklungen das wirtschaftliche Wachstum unmittelbar ankurbeln. Wissenschaftliche und technische Prozesse sollen entscheidend zur Entwicklung des sozialen und politischen Fortschritts beitragen. Als rationale Kultur führt Wissenschaft demzufolge zu einer verbesserten Gesundheitspflege, zu stabileren demokratischen Systemen, zu einem vernünftigeren Umgang mit der Umwelt und zu verbesserten Organisationsstrategien wie z. B. in der Verwaltungswissenschaft. Drori (1997) zeigt, daß wissenschaftliche Entwicklungen tatsächlich in einem positiven Zusammenhang mit vielen Indikatoren des sozialen und politischen Fortschritts stehen, wie etwa mit Maßnahmen zur Verbesserung des staatsbürgerlichen Status von Frauen. Ihre Ergebnisse legen nahe, daß viele Aspekte der Wissenschaft durch allgemeine und oftmals nicht-utilitaristische Merkmale bestimmt sind.

Sicherlich gibt es naturwissenschaftliche Anwendungen, die für eine Reihe von Umweltkatastrophen und ihre Folgen verantwortlich gemacht werden, z. B. für die Verschmutzung der Luft oder von Flüssen und ihre Auswirkungen auf den Menschen. Doch generell besteht die Erwartung, daß die Versäumnisse der industriellen oder militärischen Wissenschaft durch andere wissenschaftliche Projekte in den Bereichen Umwelt, Gesundheit und Bildung aufgefangen werden können. Die kulturell bevorzugte und politisch effektivste Antwort auf Probleme, die durch verfehlte Anwendungen von Wissenschaft entstanden sind, ist eindeutig der Appell an die ›gute‹ Wissenschaft, die ›schlechte‹ zu korrigieren. Andere denkbare Antworten, wie z. B. die grundsätzliche Ablehnung wissenschaftlicher Autorität oder die lokal verankerte, kulturelle oder historische Skepsis gegenüber wissenschaftlichen Expertisen werden dagegen international kaum Gehör finden.

Die Autorität der Wissenschaft ist in der Schule und in der gesamten Gesellschaft breit akzeptiert. Staatliche Regierungsstellen sind daran interessiert, wie Schüler in Mathematik und naturwissenschaftlichen Fächern abschneiden und wie die Leistungen von Mädchen im Vergleich zu denen der Jungen ausfallen. Veränderungen der Lehrpläne und Ausbildungsreformen zielen auf die Verbesserung der naturwissenschaftlichen Ausbildung ab. Staatliche Stellen erheben Daten über die Belegung natur- und technikwissenschaftlicher Fächer, und die Statistik zu Studienabschlüssen in diesen Disziplinen hat große politische Bedeutung. Die Ergebnisse werden mit der Anzahl von Wissenschaftlern und Ingenieuren in der Arbeitswelt verglichen und mit dem zu erwartenden zukünftigen Bedarf an Fachkräften. Wenn Diskrepanzen vorliegen, werden Initiativen gestartet, um begabte Jugendliche in natur- und technikwissenschaftliche Studien- und Unternehmensbereiche zu führen. In den Vereinigten Staaten vergibt die *National Science Foundation* besondere Stipendien für Frauen und Minderheiten, die sich für natur- und ingenieurwissenschaftliche Fächer an den Hochschulen interessieren. Schließlich sind viele Indikatoren entwickelt worden, um wissenschaftliche Produktivität in Form eines Publikations- und Zitationsindexes wissenschaftlicher Aufsätze, Erfindungen und Patente zu messen.

Das staatliche Interesse an Daten und Reformen wird durch die Annahme geleitet, daß zwischen den Schulleistungen in naturwissenschaftlichen Fächern und der wissenschaftlichen Entwicklung in der Gesellschaft kausale Verbindungen bestehen. Die wissenschaftliche und technische Entwicklung soll wiederum das nationale Wirtschaftswachstum ankurbeln. Implizit findet sich dieser Gedanke in vielen Regierungsberichten über Schulen und die nationale Wirtschaftslage. Abbildung 2 verdeutlicht die Rolle, die Wissenschaft und Technologie für die nationale Entwicklung beigemessen wird. Sie hebt die Verbindungen zwischen naturwissenschaftlichem Grundverständnis, wissenschaftlicher Kompetenz auf dem Arbeitsmarkt und nationalem Wirtschaftswachstum hervor.

Abbildung 2: Die Bedeutung von Wissenschaft und Technologie für nationale Entwicklungen

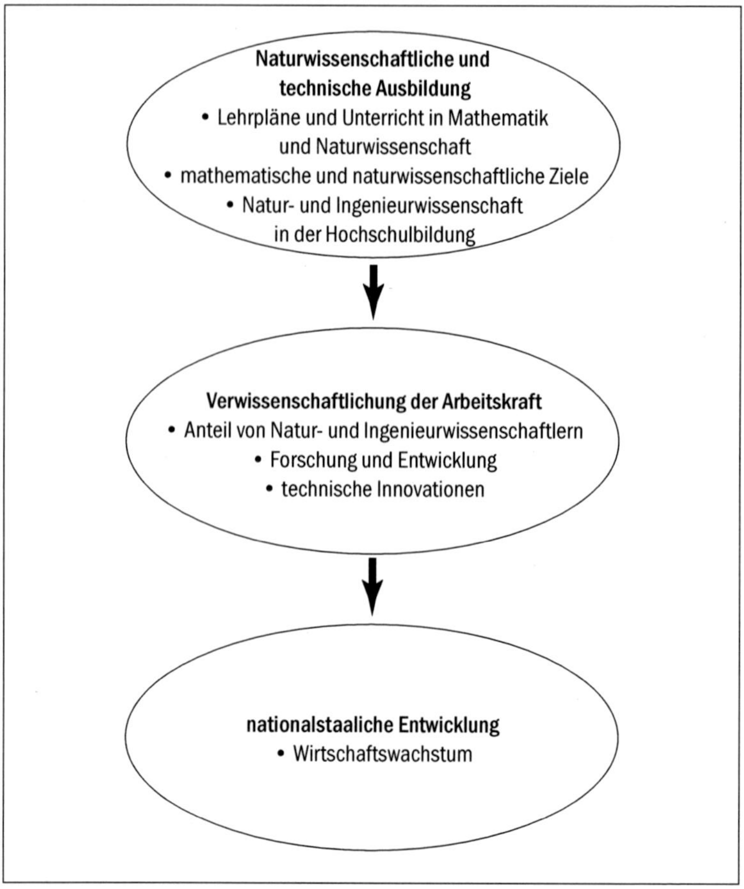

Für diese Zusammenhänge liegen kaum gesicherte Daten vor. Aber das verbreitete Interesse an Wissenschaft als Entwicklungsfaktor hat zur Einrichtung von umfangreichen, international vergleichenden Datenbanken geführt, die verschiedene Indikatoren für die wissenschaftliche Entwicklung berücksichtigen. Eine Langzeitstudie, die die Folgen wissenschaftlicher Entwicklung für das ökonomische Wachstum in verschiedenen Ländern untersucht, hat unterschiedliche Effekte festgestellt. Einige Aspekte der wissenschaftlichen Entwicklung haben tatsächlich positive Auswirkungen auf das Wirtschaftswachstum, wie Human-Kapital-Ansätze und Modernisierungstheorien voraussagen, während andere dagegen negative Konsequenzen haben. Danach wirken sich große Investitionen in kostenintensiven Elitebereichen der wissenschaftlichen Forschung zumindest kurzfristig negativ auf das Wirtschaftswachstum aus, und zwar insbesondere in den Forschungsfeldern, die einen geringeren Bezug zur wirtschaftlichen Produktion haben (vgl. Schofer et al. 2000). Außerdem hat sich die Wissenschaft auf nationaler und internationaler Ebene in weite Bereiche der Forschung und Organisationen ausgebreitet. Das Vertrauen in die Wissenschaft als Entwicklungsmodell übersteigt diesen Studien zufolge bei weitem die empirische Grundlage für solche Zuversicht. Dieses Vertrauen bezieht sich nicht nur auf das wirtschaftliche Wachstum, sondern auch auf den weiteren Bereich sozialer und politischer Probleme.

Historisch hat das Vertrauen in die Wissenschaften zugenommen, auch wenn man die weltweite Ausbreitung wissenschaftlicher Aktivitäten mit berücksichtigt. Abbildung 3 identifiziert einige Indikatoren für wissenschaftliche Aktivität und stellt ihre Ausdehnung im 20. Jahrhundert dar. Auffallend ist der Zuwachs an Ländern, die über nationale Wissenschaftsministerien und/oder staatliche wissenschaftspolitische Einrichtungen verfügen. Zudem läßt sich ein Anstieg zwischen-staatlicher Wissenschaftsorganisationen, internationaler Wissenschaftsverbände sowie ein Anstieg der Mitgliedschaft von Nationalstaaten im *International Council of Scientific Unions* feststellen. Schließlich zeigt Abbildung 3 auch einen relativ neuen, bescheidenen Zuwachs an Organisationen, die sich der wissenschaftlichen Ausbildung widmen. Diese Trends weisen darauf hin, daß die Welt als Ganzes zunehmend durch nationale und internationale wissenschaftliche Organisationen strukturiert wird. Wissenschaft ist zum Aktionsfeld staatlich-nationaler und internationaler Bürokratien geworden; zugleich bildet sie auch einen wichtigen Bezugspunkt für Verbandsgründungen. Diese Zusammenschlüsse steuern zunehmend weitgefaßte Entwicklungsziele an, liefern wissenschaftliche Positionen zu immer mehr Themen und führen Experten zusammen, deren Rat überall auf der Welt gefragt ist.

Ein Teil dieser Expertenvorschläge spezialisiert sich auf den Status von

Abbildung 3: Indikatoren für wissenschaftliche Aktivitäten im 20. Jahrhundert

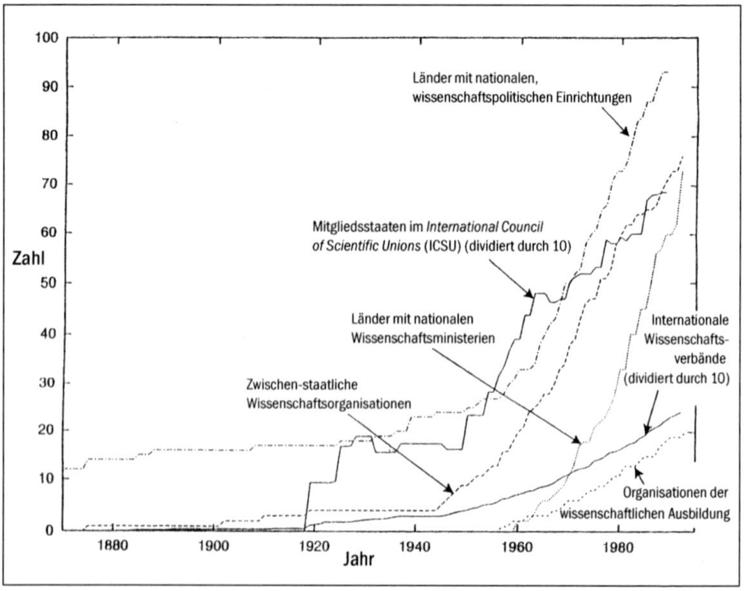

Frauen und auf Frauenfragen. In öffentlichen Diskussionen über die Dimensionen des Status von Frauen werden ebenso wie in politischen Diskursen zahlreiche Indikatoren herangezogen, die sich auf eine Vielzahl von international vergleichenden Daten zur Wissenschaft stützen. Diese Omnipräsenz wissenschaftlicher Autorität, ihre Mystik als elaborierte Form der Rationalität und die verbreitete Tendenz, formale Rationalität mit Männlichkeit gleichzusetzen, haben dazu geführt, daß die feministische Kritik sich in letzter Zeit zunehmend mit der Wissenschaft und bestimmten Wissenschaftsbereichen beschäftigt. Zum Großteil erfolgen diese Untersuchungen aus einer liberalen Perspektive. Sie diskutieren zumeist Fragen der relativen Unterrepräsentanz von Frauen in der Wissenschaft. Im Gegensatz dazu kritisieren radikalere Ansätze Wissenschaft als männliche Institution und befassen sich mit dem Verhältnis von Frauen zur Wissenschaft.

Frauen in der Wissenschaft – Frauen und Wissenschaft

Im folgenden geht es zunächst um verschiedene Fragen, die aus der liberalen Perspektive von *Frauen in der Wissenschaft* angesprochen werden und um die entsprechenden Studien. Anschließend werden Fragen behandelt, die der eher radikale *Frauen-und-Wissenschaft-Ansatz* diskutiert. Beide Ansätze sollen nicht beurteilt, sondern ihre Differenzen und folglich auch ihre eventuellen Übereinstimmungen dargelegt werden.

Aus liberaler Perspektive geht es unter anderem um folgende Themen: 1. die Erfolge von Mädchen in Mathematik und Naturwissenschaften im Vergleich zu denen von Jungen; 2. die Zugangsmöglichkeiten von Mädchen zu fortgeschrittenen Bildungsangeboten in diesen Fächern; 3. der Anteil von Frauen an der Studentenschaft in natur- und ingenieurwissenschaftlichen Studiengängen; 4. der Anteil von Frauen in den natur- und ingenieurwissenschaftlichen Berufen. Dabei wird oftmals folgender Kausalzusammenhang hergestellt: Angesichts ihrer Unterrepräsentanz in den entsprechenden Studiengängen sind Frauen auch in diesen Berufen unterrepräsentiert. Die Untervertretung hängt wiederum mit den unterschiedlichen schulischen Ausbildungsmustern zusammen, die den weiblichen Leistungsrückstand entweder reflektieren oder ihn aber überhaupt erst begründen. Damit gibt es auf der beruflichen oder auf der Bildungsebene ein *Nachschubproblem (pipeline problem)*, das für die niedrigeren Zahlen von Studentinnen und/oder weiblichen Berufstätigen verantwortlich ist (vgl. Hanson et al. 1996). Dieses Problem wird oftmals unter dem Aspekt der Nichtausschöpfung des weiblichen Humankapitals oder der mangelnden Chance auf soziale Fairneß und Gerechtigkeit behandelt. Zwei weltweite Tendenzen tragen dazu bei, die positionalen Diskrepanzen zwischen Frauen und Männern als ernsthaftes Problem wahrzunehmen und zu definieren: Die Globalisierung der Wissenschaft als Entwicklungsmodell (*science for development*) und die Universalisierung egalitärer Geschlechterstandards. Das Vertrauen in die Wissenschaft als Entwicklungsmodell führt zu der Effizienzüberlegung, auch das weibliche Potential in den für die Entwicklung wichtigen wissenschaftlichen Berufen zu nutzen. Der Siegeszug von Gleichberechtigungsstandards führt zu ähnlichen Überlegungen, die es als Ungerechtigkeit bezeichnen, Frauen von der Teilnahme an prestigereichen wissenschaftlichen Projekten auszuschließen. Obwohl die Sprache der Effizienz anders konnotiert ist als die der Gerechtigkeit, werden beide Begriffe immer wieder benutzt, um die Unterrepräsentanz von Frauen in der Wissenschaft zu kritisieren (vgl. z. B. European Technology 2000). In globalen Fortschritts- und Gerechtigkeitsmodellen wird der *gender gap* als schwerwiegendes individuelles und gesellschaftliches Problem diskutiert, dessen Bekämpfung wiederum Anlaß zu einer Vielzahl von Konferenzen, wissenschaftlichen Studien und staatlichen Maßnahmen gibt.

Den Ausgangspunkt der Kausalkette bilden zumeist geschlechtsspezifische Unterschiede bei den schulischen Leistungen. Der zweite und der dritte *International-Mathematics-and-Science-Studies-Report* listen die Ergebnisse von Leistungstests für Mädchen und Jungen in den beteiligten Ländern getrennt auf. Baker, und mit ihm andere Wissenschaftlerinnen und Wissenschaftler, haben diese Daten im Ländervergleich analysiert und aus ihren Ergebnissen lassen sich instruktive Schlußfolgerungen ziehen (Baker/Perkins Jones 1993; Baker et al. 2000). Ihre Studien zeigen, daß das Ausmaß der Geschlechterdifferenz bei den schulischen Leistungen im Ländervergleich stark variiert. Diese Ergebnisse laufen biologisch-deterministischen Erklärungen zuwider. Sie zeigen außerdem, daß sich die Kluft zwischen den Geschlechtern verringert und Mädchen zunehmend auch anspruchsvolle Kurse belegen. Insgesamt sprechen diese Befunde für die These, daß egalitäre Geschlechterstandards weit verbreitet sind, und daß diese Verbreitung folgenreich ist. Denn die erhöhte Sensibilität für diese Standards scheint bei Mädchen zu verbesserten Leistungen und zur Belegung von anspruchsvolleren Kursen zu führen. Allerdings bedarf es sehr viel mehr Studien, um die Mechanismen zu bestimmen, durch die diese internationalen Trends entstehen.

Für den ersten und auch den zweiten Bericht stellt Baker fest, daß in den Ländern Mädchen im Vergleich zu Jungen besser abschneiden, in denen Frauen stärker in den relevanten Bildungs- und Berufskategorien vertreten sind. Dies weist darauf hin, daß zur Erklärung der momentanen Leistungsmuster die künftige Gelegenheitsstruktur eine Rolle spielt. Die Wahrscheinlichkeit, daß sich die Leistungen von Mädchen zukünftig in Bildung und Beruf auszahlen, könnte motivierend wirken und eine verstärkte Anstrengung in bestimmten Fächern rechtfertigen. Außerdem werden auch Eltern und Lehrer vermutlich mehr Zeit und Arbeit in die schulischen Leistungen von Mädchen investieren, wenn die zukünftige Bedeutung dieser akademischen Leistungen sich deutlicher abzeichnet. Diese Wahrnehmung verknüpfter Chancen modifiziert die oben skizzierten Kausalketten. Es sind dann nicht nur die heute erbrachten Leistungen, die die Zukunft beeinflussen, sondern auch eine *antizipierende Sozialisation (anticipatory socialization)* im Hinblick auf zukünftige Möglichkeiten, die sich auf jetzige Aktivitäten und Leistungen auswirkt.

Angesichts dieses Wandels können die verbesserten Zugangschancen von Frauen zum höheren Bildungswesen, die im ersten Teil dieses Beitrags empirisch als weltweiter Trend festgestellt wurden, neu gewichtet werden (vgl. Bradley/Ramirez 1996). Einerseits weisen die verbesserten Zugangschancen im Bildungswesen in Richtung auf ähnliche Veränderungen beim künftigen Zugang zu prestigereichen Berufen. Andererseits sollte der gestiegene Anteil von Frauen im höheren Bildungswesen die geschlechtsspezifischen Leistungsdifferenzen in der Schule verringern. Diese Gerechtigkeits- und Effizienzmaßstäbe sind mit hoher Wahrscheinlichkeit eher in einer Welt anzutreffen, in der Frauen auch Zugang zur Universität haben.

Selbst im Rahmen der liberalen Perspektive wird dieser Optimismus allerdings mit dem Hinweis auf die Heterogenität der verbesserten Zugangschancen im höheren Bildungswesen gebremst. D.h., in den prestigeträchtigen Bereichen des Bildungswesens und an den angesehensten Universitäten bleibt die Zuwachsrate für Frauen wahrscheinlich geringer. Angesichts der geschlechtlichen Segregation im höheren Bildungswesen kann man den verbesserten Zugang dann allerdings auch als Phyrrus-Sieg begreifen (vgl. Bradley 2000). Denn eine gründliche Untersuchung der betreffenden Daten zeigt in der Tat, daß Frauen zwar insgesamt einen verbesserten Zugang zum höheren Bildungswesen haben, doch daß dies für die natur- und ingenieurwissenschaftlichen Fächer nicht im gleichen Maße gilt (vgl. Ramirez/Wotipka 2001). Für die Daten von 1972, 1982 und 1992 bleibt dieser Befund konstant. Es ist tatsächlich schwieriger für Frauen, zu diesen Studienfeldern Zugang zu finden. Gleichzeitig hat aber der Anteil von Frauen in den Natur- und Ingenieurwissenschaften zwischen 1972 und 1992 weltweit zugenommen. Lag der nationale Durchschnitt des Frauenanteils anfangs bei 14 Prozent, so befand er sich 1992 bei 21 Prozent. In einigen Regionen der Welt war der Zuwachs mäßig (Osteuropa), während er sich in anderen sehr deutlich abzeichnete (Asien). Schließlich läßt sich nirgendwo ein Abwärtstrend beobachten. Der Wandel in Richtung Gleichheit der Geschlechter mag zwar nur langsam erfolgen, doch er vollzieht sich in Richtung Egalität.

Doch selbst dieser bescheidene Optimismus kann mit dem Argument untergraben werden, daß es einfacher ist, Verbesserungen im höheren Bildungswesen zu erreichen, sogar in den naturwissenschaftlichen Fächern, als im Beschäftigungssystem (vgl. Jacobs 1996; Charles 1992). Dies zeigt sich bei der Segregation der Berufe und bei den Einkommensunterschieden zwischen Frauen und Männern (aber selbstverständlich auch bei den Unterschieden zwischen Berufen und Tätigkeitsunterschieden). Diese Befunde sollen in der Regel die Fortdauer von Ungleichheit belegen. Allerdings wird dabei zumeist die Tatsache übersehen, daß die Meßlatte für Geschlechtergleichheit angehoben worden ist, und dies Auswirkungen darauf hat, was als relevante Ungleichheit angenommen wird. Um einen entscheidenden Punkt zu wiederholen: Die Anhebung egalitärer Standards erhöht die Wahrscheinlichkeit, daß alte und neue Ungleichheiten entdeckt und als Ungerechtigkeit, aus einigen Perspektiven sogar als Ineffizienz, bezeichnet werden. Aus dieser Sicht scheinen die entdeckten Ungleichheiten nur geringfügige Abstriche bei den eigentlichen Zugewinnen mit sich zu bringen. Dies ergibt sich aus der Forschungsperspektive, nämlich dadurch, daß der Zugang zur Universität statt zum höheren Bildungswesen untersucht wird, oder daß zwischen dem Zugang zum akademischen Lehrkörper und dem zu Studienplätzen im höheren Bildungswesen unterschieden wird. Aber die Entdeckung einiger neuer Ungleichheiten verdankt sich den radikaleren Ansätzen, die den *abstrakten*, individuellen Staatsbürger in Frage stellen.

Diese Ansätze plädieren dafür, die gesamte Wissenschaft grundsätzlich neu zu überdenken.

Die zentrale Annahme dieser Ansätze besteht darin, daß die Wissenschaft eine männliche Institution ist. Dies meint selbstverständlich nicht die einfache Feststellung, daß in der Wissenschaft und gerade in hohen wissenschaftlichen Positionen mehr Männer als Frauen vertreten sind. Zwei häufig wiederkehrende Themen der radikalen Positionen sollen im folgenden aufgegriffen werden. Zunächst ist es der grundlegende Gedanke, daß die begriffliche Dichotomie Mann/Frau eine kulturelle Konstruktion darstellt, die dazu verwandt wurde, Frauen sowohl von Männern zu unterscheiden als auch sie ihnen gegenüber abzuwerten. Es handelt sich um eine Dichotomie, die mit anderen primitiven Gegensätzen wie etwa rational/gefühlsbetont ko-variiert. Argumentationen über den männlichen Charakter der Wissenschaft gehen von diesem Konzept der kulturellen Konstruktion der Dichotomie Mann/Frau aus. Im Zuge der historischen Entwicklung der Wissenschaft als Domäne der Rationalität wurde – dieser Argumentation zufolge – die Wissenschaft angeblich durch ihren maskulinen Charakter imprägniert (es ist umstritten, ob dies zufällig oder absichtlich geschah). Diese Verknüpfung garantiert, daß Frauen in der Wissenschaft *per definitionem* Fremde sind. Eine weitere Überlegung ist, daß das Kriterium von Gleichheit als *Ähnlichkeit (sameness)* die Wissens- und Existenzformen von Frauen untergräbt. Da die Wissens- und Daseinsweisen von Männern zum relevanten Bezugspunkt werden, verkörpern Frauen das *Andere,* und sie bezahlen einen Preis dafür, daß sie nicht mit Männern identisch sind. Beide Konzepte tauchen zwar manchmal in demselben Kontext auf, doch sie setzen unterschiedliche Akzente. Aus der ersten Sicht war es eine nach Geschlecht differenzierende und klassifizierende Wirklichkeitswahrnehmung, die zur Vermännlichung der entstehenden modernen Wissenschaft führte und noch heute für Frauen eine Barriere darstellt. Aus dieser Perspektive werden die Unterschiede zwischen den Geschlechtern also durch das Kategoriensystem der Wissenschaft erzeugt und sind durch seine Legitimität und Reichweite bedingt. Die zweite Vorstellung geht davon aus, daß Unterschiede, egal woher sie rühren, entscheidend sind, und daß die Wissenschaft deswegen vermännlicht ist, weil dort nur männliche Orientierungen honoriert werden. Vertreter dieser zweiten Sicht plädieren eher für einen Wandel, der Gleichheit ohne den Zwang zur *Ähnlichkeit* (*sameness*) fördert oder zumindest zuläßt. Verfechter des ersten Gedankens befürworten hingegen nicht nur in der Wissenschaft, sondern in der gesamten Gesellschaft, die Abschaffung der geschlechtlichen Klassifizierung von Tätigkeiten und Identitäten.

Ein Ausgangspunkt für die radikale Perspektive könnte folgendermaßen aussehen: Die historische Entwicklung von Wissenschaft als Berufung ging Hand in Hand mit der Herausbildung der Mutterschaft und des Hausfrauendaseins als Berufung. Bezogen auf Deutschland mag die Verklärung der Hausfrauenexistenz und der Mutterschaft besonders ausgeprägt gewesen sein, doch diese Modelle wurden auch anderswo institutionell verankert. Die Transformation der Wissenschaft von einer Kuriosität und Freizeitbeschäftigung hin zu den tiefen, idealisierten Bindungen, die mit der Ausübung einer Berufung einhergingen, ko-variierte mit einer Transformation des Familienlebens. Dieses wandelte sich von einem veränderlichen Konglomerat von Erfahrungen, die nicht wissenschaftlich normiert waren, zu einem vergleichbaren Bereich idealisierter Bindungen, die die Mutterschaft als Berufung priesen. Während durch diese Transformationen im Bereich der Wissenschaft ein unpersönliches Ideal der Rationalität und Objektivität etabliert wurde, entstand im Bereich der Familie ein gefühlsbetontes Ideal von zwischenmenschlichen Beziehungen und von Subjektivität. Die Dichotomien konnten mit der Zeit zunehmend weniger hinterfragt werden, so daß die Bereiche (Wissenschaft und Familie) und die Personen (Männer und Frauen) nur noch mit spezifischen Orientierungen identifiziert wurden. Darüber hinaus erodierte auch die Unterscheidung zwischen Bereichen und Personen, wodurch die bloße Assoziation von Frauen und Wissenschaft ähnlich problematisch wie die von Männern und Kinderpflege wurde. Das Argument lautet nicht, daß Männer und Frauen in besseren Zeiten sowohl in der Kinderpflege als auch in der Wissenschaft gemeinsam tätig waren, sondern daß ihre unterschiedlichen Verhaltensweisen früher nicht vergleichbar rigiden Kategorien und normativen Vorschriften unterworfen wurden. In dem Maße, wie der Wert der Wissenschaft sich erhöht, erhalten auch die damit einhergehenden Orientierungen eine größere Relevanz. Das Resultat ist eine Vermännlichung der Wissenschaft, die für Frauen eine massive Barriere darstellt.

Diese Ausgangsannahmen sind nicht wirklich neu. Sie repräsentieren lediglich eine bestimmte Form der Familiengeschichtsschreibung. Danach war die Ausdifferenzierung der Familie aus der Gesellschaft oder die Entstehung der modernen gefühlsbetonten Familie eine funktionale Anpassung an die Folgen der Industrialisierung, welche wiederum selbst an die Entstehung der modernen Wissenschaft gekoppelt war. Diese Prozesse, die Frauen ausgegrenzt und ihren Beitrag zur Gesellschaft entwertet haben, enthalten aus feministischer Sicht aber kaum etwas spezifisch Funktionales. Zu wessen Vorteil waren diese Differenzierungsprozesse und durch wessen Arbeit waren sie möglich? So lautete der Protest der feministischen Kritik an den funktionalistischen Varianten dieser Geschichtsschreibung. Wenn man sie von ihren funktionalistischen Annahmen befreit, dann entspricht diese Geschichtsschreibung aber durchaus der Stoßrichtung der radikal-feministischen Kritik an der Wissenschaft als Institution.

Worin bestehen die Implikationen der radikalen Kritik? 1. Frauen in der Wissenschaft sind oftmals gezwungen, ihre Anwesenheit in einem männlich kodierten Bereich zu erklären. 2. Angesichts ihrer zwiespältigen Identität als Wissenschaftlerinnen ist es wahrscheinlich, daß ihre Leistungen weniger Wertschätzung erfahren. In dem Fall, daß ihre außergewöhnlichen Leistungen ihnen als Wissenschaftlerinnen doch Anerkennung verschaffen, wird freilich ihre Identität als Frau in Frage gestellt. Ohne die Koppelung von Rationalität an Männlichkeit wäre dieser Anerkennungsmechnismus nicht plausibel.

Außerdem wird Wissenschaft als Berufung oftmals als eine Ganztagsbeschäftigung imaginiert, die andere ganztägige Verpflichtungen kaum zuläßt und umgekehrt. Somit werden Frauen als potentielle oder tatsächliche Mütter im Wissenschaftsbetrieb an die Peripherie gedrängt. Sicherlich ist dies bei den Pionierinnen der Wissenschaft offensichtlicher gewesen, doch auch heute werden Wissenschaftlerinnen oftmals als *token*, d.h. als Angehörige einer Minderheit (vgl. Kanther 1977) betrachtet. In der Praxis nimmt dies zwei Formen an: Entweder wird die Frau als Ausnahme-Erscheinung integriert, die letztlich die Regel des *Du-bist-wirklich-eine-von-uns* bestätigt, oder aber sie muß zu allen möglichen Angelegenheiten die weibliche Sicht der Dinge beisteuern. Beide Dynamiken stärken das *Wir*, jene männliche Sichtweise, die die Norm darstellt. Es ist ein schwieriges Unterfangen, diese Dynamik nicht zu akzeptieren, und es endet oft mit dem Austritt aus der Wissenschaft. Aus liberaler Perspektive stellt die verstärkte Repräsentanz von Frauen in den Institutionen den Schlüssel zum Erfolg dar (vgl. ebd.). Aus radikaler Perspektive bildet die Normalität der Männlichkeit in der Wissenschaft hingegen das zentrale Problem, und folglich kann die Lösung auch nicht darin bestehen, mehr Frauen die Chance zu geben, *männliche* Wissenschaftler zu werden.

Die Konzentration auf Lehrpläne und Ausbildung betreffen weitere Implikationen dieser Kritik. Auch hier geht es nicht darum, daß Frauen einen besseren Zugang zu anspruchsvollen Lehrplänen und Lehrern an Schulen und Universitäten erhalten sollten. Die Kursauswahl, die Belegung der Hauptfächer, die Mitgliedschaft in wissenschaftlichen Forschungsteams und angesehenen Labors ist vor allem ein liberales Anliegen. Aus radikaler Perspektive wird dagegen thematisiert, warum einige Kurse oder Studienfächer höher bewertet werden als andere, weil angenommen wird, daß die höher bewerteten Fächer vor allem Männer anziehen. Ein weiterer wichtiger Untersuchungsgegenstand ist die Frage, wie Wissen vermittelt wird, und welche Ausbildung Lehrkräfte für einen effektiven Unterricht erhalten. Der zentrale Gesichtspunkt in der betreffenden Literatur ist, daß Mathematik und Naturwissenschaften in einer Weise unterrichtet werden können, die Mädchen stärker einbindet. Aus dieser Perspektive wird daher zumeist das verteidigt, was als *reformierte Mathematik* oder *kontextualisierte* und *integrierte* Naturwissenschaft bekannt ist, weil diese Konzepte Mädchen angeblich mehr entgegenkommen (vgl. Boaler 1997). Herkömmliche Ansätze, Wissen aufzuspalten und zu vermitteln, werden demgegenüber als mädchenfeindlich kritisiert.

In der Praxis schließen sich liberale Feministinnen selbstverständlich jeder Kritik an Lehrplänen und Lehrformen an, die im Verdacht stehen, Mädchen und Frauen zu benachteiligen. Ebenso selbstverständlich setzen sich radikale Feministinnen für die verstärkte Einbeziehung von Frauen in die Wissenschaft ein. Doch sie hinterfragen eher die Bedingungen der Inklusion und befassen sich mit dem Problem der Kooptierung, während die liberalen Positionen dazu neigen, eine Korrelation zwischen stärkerer Inkorporation und Machtzuwachs anzunehmen. Das Ziel der stärkeren Inklusion von Frauen unter veränderten Bedingungen bildet die Gemeinsamkeit beider Positionen. Die politische Maßnahmen, die mehr Frauen in die Wissenschaft bringen und diese zugleich *entmännlichen*, werden bevorzugt. Reformversuche schließen alltägliche Praktiken wie die Produktion von Textbüchern und Lehrplänen ein, die Wissenschaft nicht nur als von Männern produziertes Wissensfeld präsentieren, das in typisch männlichen Kontexten entsteht. Dieses politische Projekt umfaßt auch tiefergreifende Herausforderungen wie die Darstellung von Wissenschaft als Kooperation zwischen Gemeinschaften von Forschern, statt als Wettbewerb zwischen charismatischen Einzelpersonen.

Der Eintritt von Frauen in die Wissenschaft mag, wie es die liberalen Feministinnen behaupten, ihren maskulinen Charakter vielleicht nicht direkt verändern. Doch ihre Zunahme ist nicht folgenlos. In einer Welt, in der individuelle Rechte vielleicht bald auch das Recht auf eine kollektive und vielfältige Identität beinhalten, wie etwa Geschlecht und Ethnizität, kann die Grenze zwischen individuellen und kollektiven Rechten erodieren. Dies könnte wiederum die Unterscheidung zwischen liberalen und radikalen feministischen Positionen verwischen. Der ironische, vielleicht unbeabsichtigte und indirekteste Effekt dessen könnte darin bestehen, daß die steigende Anzahl von Frauen in der Wissenschaft zu ihrer Entmaskulinisierung führt und damit auch das Verhältnis zwischen Frauen und Wissenschaft verändert.

Schlußbemerkung

Die Agenda des liberalen Feminismus besitzt eine deutliche Affinität zu globalen Fortschritts- und Gerechtigkeitsmodellen und wird durch diese verstärkt. Angesichts der wachsenden Bedeutung der Wissenschaft als Entwicklungsmodell ist es nicht überraschend, daß liberale feministische Kritiken in ihr fest verankert sind. Denn beide feministische Kritiken basieren auf der Wahrnehmung erweiterter egalitärer Standards und dehnen diese aus. Politische Planer, für die umfassendere Gleichheitsstandards selbstverständlich sind, beschäftigen sich mit weiteren Ungleichheiten zwischen den Geschlechtern. Der Informationsbedarf vieler dieser Planer, die Frauen und Männer in den Wissenschaftsbereichen vergleichen, ist direkt auf das Establishment liberaler feministischer Kritik zurückzuführen. Diese Kritik fokussiert auf Frauen als Individuen und betont ihr Humankapital-Potential sowie ihre staatsbürgerlichen Rechte und Menschenrechte. Aus der Perspektive der Menschenrechte und des Humankapital-Ansatzes verbessern mehr Frauen in der Wissenschaft die Situation von Frauen als Individuen und auch die der Gesellschaften.

Da sie die Bedingungen der Inklusion von Frauen in die Wissenschaft direkter hinterfragen, sind radikale feministische Ansätze problematischer. Sie fordern eine *Entmaskulinisierung* der Wissenschaft. Hierfür ist wiederum zweierlei notwendig, nämlich die Koppelung von Rationalität und Männlichkeit aufzulösen und ein Gleichheitskonzept ohne die Norm der *Ähnlichkeit* (*sameness*) anzustreben. Es reicht nicht, daß mehr Frauen so werden können wie männliche Wissenschaftler sind. Der radikale feministische Diskurs konzentriert sich daher auf Frauen *und* Wissenschaft, nicht nur auf Frauen *in* der Wissenschaft.

Ein großer Teil der Literatur zu *Frauen in der Wissenschaft/Frauen und Wissenschaft* hat keinen Bezug zur makrosoziologischen Forschung über den weltweiten Wandel von staatsbürgerlichen Rechten und Menschenrechten von Frauen. In diesem Forschungsbereich wird indes weltweit ein Trend hin zu mehr Rechten für Frauen konstatiert. Nationale sowie internationale Bürokratien und Verbände beschäftigen sich mit diesen Entwicklungstrends und deren Grenzen. Ihre Debatten haben sich im Laufe der Zeit verändert: Lag der Schwerpunkt früher auf Rechten, die zunächst nur Männer erhielten und dann von Frauen eingefordert wurden, so geht es inzwischen um Frauenrechte, die Frauen als *Frauen* erwerben. In diesen Debatten entstehen neue Rechte und neuartige Diskussionen über Formen kultureller Vielfalt. In einer sich verändernden Welt, in der kollektive Identitäten möglicherweise individuelle Rechte werden, könnte sich auch das jetzige Verständnis von liberalen und radikalen Perspektiven auf Frauen in der Wissenschaft verändern.

Aus dem Amerikanischen übersetzt von Kira Kosnick

Literatur

Anderson, Benedict (1991): *Imagined Communities: Reflections on the Origin and Spread of Nationalism*, New York/NY: Verso.

Baker, David P./Perkins Jones, Deborah (1993): »Creating Gender Equality: Cross-national Gender Stratification and Mathematical Performance«, in: *Sociology of Education* 66, S. 91-103.

Baker, David P./Riegle-Crumb, Catherine/Wiseman, Alex W./LeTendre, Gerald K./Ramirez, Francisco O. (2000): *Shifting Gender Effects: Opportunity Structures, Mass Education, and Cross-national Achievement in Mathematics and Science*, Pennsylvania State University, School of Education, unveröffentlichtes Manuskript.

Bendix, Reinhard (1964): *Nation-Building and Citizenship: Studies of Our Changing Social Order*, Berkeley/CA: University of California Press.

Berkovitch, Nitza (1999): *From Motherhood to Citizenship: Women's Rights and International Organizations*, Baltimore/MD: Johns Hopkins University Press.

Boaler, Jo (1997): »Reclaiming School Mathematics: The Girls Fight Back«, in: *Gender and Education* 9, S. 285-305.

Boli, John (1987): »Human Rights or State Expansion? Cross-National Definitions of Constitutional Rights, 1870-1970«, in: George M. Thomas/John W. Meyer/Francisco O. Ramirez/John Boli (Hg.), *Institutional Structure: Constituting State, Society, and the Individual*, Newbury Park/CA: Sage, S. 133-149.

Boli, John/Thomas, George M. (1997): »World Culture in the World Polity: A Century of International Non-Governmental Organization«, in: *American Sociological Review* 62, S. 171-190.

Bradley, Karen (2000): »The Incorporation of Women into Higher Education: Paradoxical Outcomes«, in: *Sociology of Education* 73, S. 1-18.

Bradley, Karen/Ramirez, Francisco O. (1996): »World Polity and Gender Parity: Women's Share of Higher Education, 1965-1985«, in: Aaron M. Pallas (Hg.), *Research in Sociology of Education and Socialization* 11, Greenwich/CT: JAI, S. 63-91.

Chabbott, Colette (2002): *Constructing Educational Development: International Development Organizations and the World Conference on Education for All*, New York/NY: Falmer Press.

Charles, Maria (1992): »Cross National Variation in Occupational Sex Segregation«, in: *American Sociological Review* 57, S. 483-501.

Drori, Gili S. (1997): *The National Science Agenda as a Ritual of Modern Nation-Statehood: The Consequences of National ›Science for National Development‹ Projects*, Stanford/CA: Stanford University, unveröffentlichte Doktorarbeit.

Drori, Gili S./Meyer, John W./Ramirez, Francisco O./Schofer, Evan (2002): *Science in the Modern World Polity: Institutionalization and Globalization*, Stanford/CA: Stanford University Press.

European Technology Assessment Network (ETAN) on Women and Science (2000): *Science Policies in the European Union: Promoting Excellence Through Mainstreaming Gender Equality*, Brüssel: Europäische Kommission.

Hanson, Sandra L./Schaub, Maryellen/Baker, David P. (1996): »Gender Stratification in the Science Pipeline: A Comparative Analysis of Seven Countries«, in: *Gender & Society* 10, S. 271-290.

Jacobs, Jerry A. (1996): »Gender Inequality and Higher Education«, in: *Annual Review of Sociology* 22, S. 153-185.

Kanther, Rosabeth Moss (1977): »Some Effects of Proportions in Groups Life: Skewed Sex Ratios and Responses to Token Women«, in: *American Journal of Sociology* 82, S. 965-990.

Marshall, Thomas H. (1964): *Class, Citizenship, and Social Development*, Garden City/NY: Doubleday.

McEneaney, Elizabeth H./Meyer, John W. (1999): »The Content of the Curriculum: An Institutional Perspective«, in: Maureen Hallinan (Hg.), *Handbook of Sociology of Education*, New York/NY: Plenum, S. 189-212.

Meyer, John W./Boli, John/Thomas, George M./Ramirez, Francisco O. (1997): »World Society and the Nation-State«, in: *American Journal of Sociology* 103, S. 144-181.

O'Connor, Julia S./Orloff, Ann Shola/Shaver, Sheila (1999): *States, Markets, Families: Gender, Liberalism, and Social Policy in Australia, Canada, Great Britain, and the United States*, New York/NY: Cambridge University Press.

Okin, Susan (1989): *Justice, Gender and the Family*, New York/NY: Basic Books.

Orloff, Ann Shola (1993): »Gender and the Social Rights of Citizenship: The Comparative Analysis of Gender Relations and Welfare States«, in: *American Sociological Review* 58, S. 303-328.

Pateman, Carole (1995): *Participation and Democratic Theory*, Cambridge: Cambridge University Press.

Pateman, Carole (1988): *The Sexual Contract*, Stanford/CA: Stanford University Press.

Ramirez, Francisco O./Cha, Yun-Kyung (1990): »Citizenship and Gender: Western Educational Developments in Comparative Perspective«, *Research in Sociology of Education and Socialization* 9, S. 153-173.

Ramirez, Francisco O./McEneaney, Elizabeth H. (1997): »From Women's Suffrage to Reproduction Rights? Cross-National Considerations«, in: *International Journal of Comparative Sociology* 38, S. 6-24.

Ramirez, Francisco O./Soysal, Yasemin/Shanahan, Suzanne (1997): »The Changing Logic of Political Citizenship: Cross-National Acquisition of Women's Suffrage Rights, 1890 to 1990«, in: *American Sociological Review* 62, S. 735-745.

Ramirez, Francisco O./Wotipka, Christine Min (2001): »Slowly But Surely? The Global Expansion of Women's Participation in Science and Engineering Fields of Study, 1972-92«, in: *Sociology of Education* 74, S. 231-251.

Schofer, Evan/Ramirez, Francisco O./Meyer, John W. (2000): »The Effects of Science on National Economic Development, 1970-1990«, in: *American Sociological Review* 65, S. 866-887.

Tiberghien, Jennifer (1997): *The Power of Unarmed Prophets: Non-Governmental Organizations as Carriers of Human Rights Organizations*, Stanford University, School of Education: Masters Thesis.

Tiberghien, Jennifer (2000): »Daring to Talk: Nongovernmental Organizations and the Diffusion of Norms on Violence Against Women in Japan.« Vortrag, Jahrestreffen der *National Women's Studies Association*, Boston/MA.

Anhang

Die AutorInnen

Jutta Allmendinger, seit 1992 Professorin für Soziologie an der Ludwig-Maximilians-Universität München, seit 2003 in München beurlaubt und Direktorin des Instituts für Arbeitsmarktforschung, Nürnberg. 1996-97 Fellow des Center for Advanced Study in the Behavioral Sciences in Stanford/CA. 1999-2002 Vorsitzende der Deutschen Gesellschaft für Soziologie. Forschungsgebiete: Organisationssoziologie, Bildungssoziologie, Soziologie sozialer Ungleichheit. Veröffentlichungen: Soziologie des Sozialstaats. Gesellschaftliche Grundlagen, historische Zusammenhänge und aktuelle Entwicklungstendenzen (2000, Hg. mit Wolfgang Ludwig-Mayerhofer); Gender, Science, and Scientific Organizations in Germany, in: Minerva (2001, mit Stefan Fuchs und Janina von Stebut); Segregation und Diversität in Organisationen, in: Bettina Heintz (Hg.), Geschlechtersoziologie. Sonderband der Kölner Zeitschrift für Soziologie und Sozialpsychologie (2001, mit Astrid Podsiadlowski).

Lorraine Daston, ist Direktorin am Max-Planck-Institut für Wissenschaftsgeschichte Berlin, Honorarprofessorin an der Humboldt-Universität Berlin und Gastprofessorin an der Harvard Universität. Forschungsgebiete: Geschichte der Wahrscheinlichkeit und der Statistik, der Objektivität und wissenschaftlichen Beobachtung im 16. bis 20. Jahrhundert. Publikationen: Wonders and the Order of Nature, 1150-1750 (1998, deutsch 2002, mit Katherine Park); Biographies of Scientific Objects (2000); Wunder, Beweise und Tatsachen. Zur Geschichte der Rationalität (2001).

Sophie Forgan, University of Teesside, UK, School of Arts & Media. Forschungsgebiet ist das Schnittfeld von Architektur und Wissenschaft. Veröffentlichungen auf dem Gebiet der Architekturgeschichte, Architektur von

Wissenschaftsgesellschaften, Museen und Ausstellungen. Veröffentlichungen u.a.: Bricks and Bones: Architecture and Science in Victorian Britain, in: Peter Galison und Emily Thompson (Hg.), The Architecture of Science (1999); ›But Indifferently Lodged ...‹: Perception and Place in Buildings for Science in Victorian London, in: Crosbie Smith und Jon Agar (Hg.), Making Space: Territorial Themes in the History of Science (1998, mit Graeme Gooday); Constructing South Kensington: the Buildings and Politics of T.H. Huxley's Working Environment, in: British Journal for the History of Science (1996).

Mary Frank Fox, NSF Advance Professor of Sociology und Ko-Direktorin des Center for the Study of Women, Science, & Technology am Georgia Institute of Technology, USA. Forschungsgebiete: Gender, Wissenschaft und Universität, z.Zt. Projekt zu undergraduate-Programmen für Frauen in den Natur- und Technikwissenschaften und zur institutionellen Transformation und Fortkommen in Natur- und Technikwissenschaften. Veröffentlichungen in über 40 verschiedenen wissenschaftlichen Zeitschriften und Sammelbänden. Aktuelle Veröffentlichungen: Careers of Young Scientists: Preferences, Prospects, and Realities by Gender and Field, in: Social Studies of Science (2001); Women, Science, and Academia: Graduate Education and Careers, in: Gender & Society (2001); Women, Men, and Engineering, in: Dana Vannoy (Hg.), Gender Mosaics (2001).

Catherine Goldstein, Mitglied des Centre national de la recherche scientifique (CNRS) der Université d'Orsay, seit 2003 am Institut de Mathématiques de Jussieu-Chevaleret (Paris). Mitbegründerin (1986) und Präsidentin (1990-1991) der französischen Association Femmes et Mathématiques. Forschungsgebiete: Arithmetische Theorie elliptischer Kurven und kontextuelle Geschichte mathematischen Wissens. Mitarbeit im Projekt Eléments d'histoire des sciences, geleitet von Michel Serres (gleichnamige franz. Veröffentlichung 1989, deutsch 1995); Mathematical Europe (1996); Un théorème de Fermat et ses lecteurs (1995).

Karin Hausen, seit April 1995 Professorin für interdisziplinäre Frauenforschung der Technischen Universität Berlin und Leiterin des Zentrums für Interdisziplinäre Frauen- und Geschlechterforschung. Gastaufenthalte an der Johns Hopkins University, Baltimore; am Kulturwissenschaftlichen Institut, Essen; am Europäischen Hochschulinstitut, Florenz und der University of Michigan, Ann Arbor. Forschungsgebiet: Sozial- und Wirtschaftsgeschichte des 19. und 20. Jahrhunderts. Veröffentlichungen: Die Polarisierung der ›Geschlechtscharaktere‹ – eine Spiegelung der Dissoziation von Erwerbs- und Familienleben, in: Werner Conze (Hg.), Sozialgeschichte der

Familie in der Neuzeit (1976); Frauen suchen ihre Geschichte. Historische Studien zum 19. und 20. Jahrhundert (1983); Geschlechterhierarchie und Arbeitsteilung. Zur Geschichte ungleicher Erwerbschancen von Männern und Frauen (1993); Arbeit und Geschlecht, in: Jürgen Kocka und Claus Offe (Hg.), Geschichte und Zukunft der Arbeit (2000). Mitbegründerin und -herausgeberin der Publikationsreihe Geschichte und Geschlechter.

Bettina Heintz, Professorin für Soziologie an der Johannes Gutenberg-Universität Mainz. Forschungsschwerpunkte: Wissenschaftssoziologie, Geschlechtersoziologie, soziologische Theorie, Soziologie der Weltgesellschaft. Ihre Veröffentlichungen sind u.a.: Die Herrschaft der Regel. Zur Grundlagengeschichte des Computers (1993); Ungleich unter Gleichen. Studien zur geschlechtsspezifischen Segregation des Arbeitsmarktes (1997, mit Eva Nadai, Regula Fischer und Hannes Ummel); Die Innenwelt der Mathematik. Zur Kultur und Praxis einer beweisenden Disziplin (2000); Geschlechtersoziologie. Sonderband 41 der Kölner Zeitschrift für Soziologie und Sozialpsychologie (2001); Wissenschaft, die Grenzen schafft. Geschlechtliche Differenzierung im disziplinären Vergleich (2003 im Erscheinen, mit Martina Merz und Christina Schumacher).

Dorinda Outram, Franklin W. and Gladys I. Clark Professor der Geschichte an der University of Rochester, USA. Gastaufenthalte an der Griffith University, Australia; an der Harvard University, am Max-Planck-Institut für Wissenschaftsgeschichte und am Dibner Institute for the History of Science and Technology am Massachusetts Institute of Technology. Veröffentlichungen: The Enlightenment (1995, 2. Aufl. 1996, italienisch und türkisch 1997, portugiesisch 1999); The Body and the French Revolution: Sex, Class and Political Culture (1989, japanisch 1992); Uneasy Careers and Intimate Lives: Women in Science, 1789-1972 (1987, 2. Auf. 1989, Hg. mit Pnina G. Abir-Am); Georges Cuvier: Vocation, Science and Authority in Post-Revolutionary France (1984); The Letters of Georges Cuvier: A Summary Calendar (1980).

Francisco O. Ramirez, Professor für Bildungssoziologie und Soziologie an der Stanford University. Forschungsgebiete: Vergleichende Bildungssoziologie, Geschlechtersoziologie, Politische Soziologie und Kultursoziologie; z.Zt. Forschungsprojekt zur Entstehung und Institutionalisierung eines globalen Menschenrechtsregimes und dessen Einfluß auf Nationalstaaten, Organisationen usf. Mitautor von Science in the Modern World Polity: Globalization and Institutionalization. Aktuelle Publikationen sind u.a. international komparative Studien über Frauen in den Natur- und Technikwissenschaften (in Sociology of Education), Effekte der Wissenschaftsentwicklung auf ökonomisches Wachstum (in American Sociological Review) und Universitäts-, Staats- und Ökonomieverbindungen in Europa und den Vereinigten Staaten (in European Journal of Education).

Margaret W. Rossiter, Marie Underhill Noll Professor für Wissenschaftsgeschichte an der Cornell University, USA. Herausgeberin der internationalen Zeitschrift für Wissenschaftsgeschichte ISIS. Veröffentlichungen: Women Scientists in America. Struggles and Strategies to 1940 (1982); Women Scientists in America. Before Affirmative Action 1940-1972 (1995); The ~~Matthew~~ Matilda Effect in Science, in: Social Studies of Science (1993).

Annette Vogt, Promotion in Mathematikgeschichte, seit September 1994 wissenschaftliche Mitarbeiterin am Max-Planck-Institut für Wissenschaftsgeschichte in Berlin, seit Wintersemester 1997/98 Lehrbeauftragte an der Humboldt-Universität Berlin. Forschungsgebiete: Mathematik-Geschichte; Geschichte jüdischer Wissenschaftler in Deutschland; vergleichende Geschichte der Wissenschaftlerinnen im 19. und 20. Jahrhundert. Seit 1997 Secretary of the President der Women's Commission of the Division for History of Science (DHS) of the International Union for History and Philosophy of Science (IUHPS). Veröffentlichungen: Vertreibung und Verdrängung. Erfahrungen von Wissenschaftlerinnen mit Exil und ›Wiedergutmachung‹ in der Kaiser-Wilhelm-/Max-Planck-Gesellschaft (1933-1955), in: Dahlemer Archivgespräche (2002); Von Warschau nach Berlin, von Berlin nach Jerusalem – das Schicksal der Biologin Estera Tenenbaum, in: Jörg Schulz (Hg.), Fokus Biologiegeschichte. Zum 80. Geburtstag der Biologiehistorikerin Ilse Jahn (2002).

Theresa Wobbe, Professorin für Soziologie an der Universität Erfurt. Forschungsgebiete: Geschlechtersoziologie, Politische Soziologie, Wissenssoziologie, Institutionalisierungsprozesse in der Europäischen Union, Weltgesellschaft. Publikationen: Wahlverwandtschaften. Die Soziologie und die Frauen auf dem Weg zur Wissenschaft (1997); Frauen in der Soziologie. Neun Portraits (1998, Hg. mit Claudia Honegger); Weltgesellschaft (2000); (Hg.) Frauen in Akademie und Wissenschaft. Arbeitsorte und Forschungspraktiken, 1700-2000 (2002); From Protecting to Promoting: Evolving EU Sex Equality Norms in an Organisational Field, in: Jo Shaw und Antje Wiener (Hg.), European Law Journal. Special Issue on Constitutionalism (2003).

Textnachweise

Mary Frank Fox (2002): »Gender, Faculty, and Doctoral Education«, in: Lilly S. Hornig (Hg.), *Equal Rites, Unequal Outcomes: Women in American Research Universities*, New York: Kluwer Academic/Plenum Publishers, S. 91-109.

Karin Hausen (1993): »Wirtschaften mit der Geschlechterordnung. Ein Essay«, in: dies. (Hg.), *Geschlechterhierarchie und Arbeitsteilung. Zur Geschichte ungleicher Erwerbschancen von Männern und Frauen*, Göttingen: Vandenhoeck & Ruprecht, S. 40-67.

Rossiter, Margaret W. (1993): »The ~~Matthew~~ Matilda Effect in Science«, in: *Social Studies of Science* 23, S. 325-341.